지식인의 눈으로 바라본 개화와 망국의 역사
매천야록

매천야록

지식인의 눈으로 바라본 개화와 망국의 역사

초판 1쇄 발행 2006년 10월 20일
초판 11쇄 발행 2022년 7월 10일

지은이	황현
엮어옮긴이	허경진
펴낸이	이영선
편집	이일규 김선정 김문정 김종훈 이민재 김영아 이현정 차소영
디자인	김회량 위수연
독자본부	김일신 정혜영 김연수 김민수 박정래 손미경 김동욱

펴낸곳 서해문집 | 출판등록 1989년 3월 16일 (제406-2005-000047호)
주소 경기도 파주시 광인사길 217 (파주출판도시)
전화 (031)955-7470 | 팩스 (031)955-7469
홈페이지 www.booksea.co.kr | 이메일 shmj21@hanmail.net

ⓒ 허경진, 2006
ISBN 978-89-7483-295-7 03900

이 도서의 국립중앙도서관 출판시도서목록(CIP)은 e-CIP 홈페이지(http://www.nl.go.kr/ecip)에서
이용하실 수 있습니다.(CIP제어번호: CIP2006002115)

지식인의 눈으로 바라본 개화와 망국의 역사

매천야록

황현 지음 · 허경진 엮어옮김

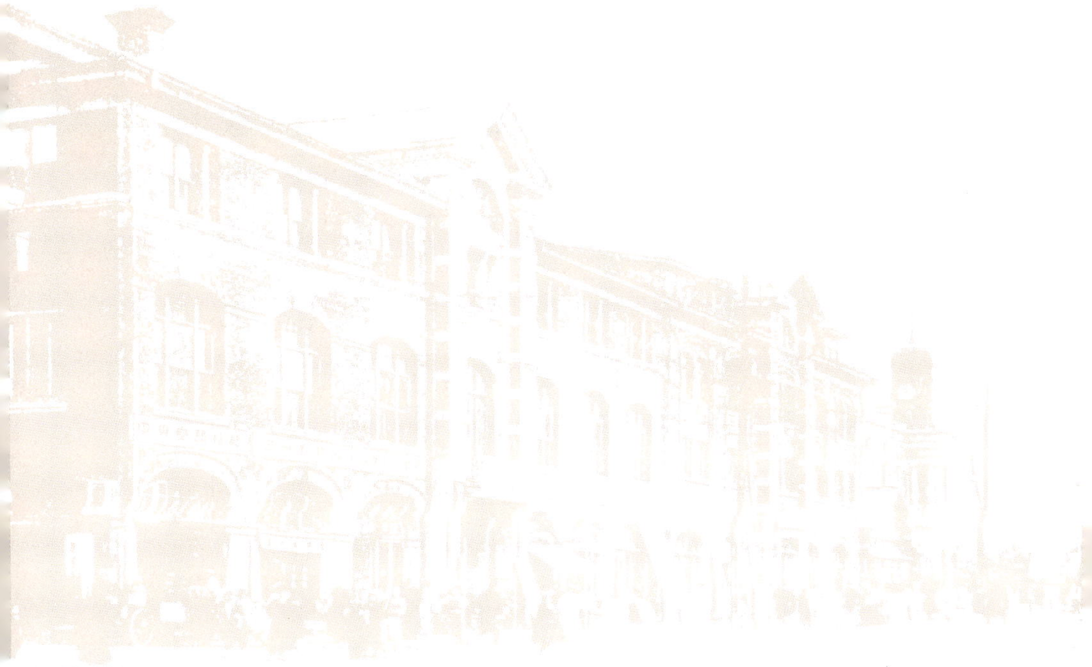

서해문집

《매천야록梅泉野錄》은 매천 황현이 1864년(고종 1년)부터 1910년(순종 4년)까지 사십칠 년간의 역사를 편년체로 서술한 역사책으로, 6권 7책으로 되어 있다. 이 시기 조선은 외세의 침략과 개화와 척사의 갈등 속에 망국의 길을 걸어가고 있었다. 황현은 이러한 시대를 살면서 민족의 존망을 걱정하는 지식인의 눈으로 당대의 역사를 기록했다.
 《매천야록》 제1권에서는 갑오경장 이전 삼십 년간의 역사를 짧게 기록했다. 황현은 이 시기를 갑오경장을 위한 준비 단계로 파악했다. 듣고 본 대로 기록했으므로 여기에는 정확한 연월일도 없고, 연대순이 바뀐 것도 있으며, 과장된 기록도 있다. 그러나 제2권부터는 비교적 정리가 잘 되어 있다.
 황현은 서른이 되기 전에 과거 초장에서 장원으로 뽑혔지만 시험관이 그를 시골 출신이라 하여 둘째로 내려놓았다. 이에 그는 조정이 얼마나 부패했는지 절감했고, 더는 과거를 치르지 않고 벼슬길을 단념했다. 오 년 뒤 아버지의 명을 어기지 못해 다시 생원 회시에 응시하여 장원했지만, 역시 임오군란과 갑신정변 뒤 다시 정권을 잡은 수구파 민씨들의 극심한 부정부패와 가렴주구를 보고 "도깨비 나라의 미치광이들"이라 꾸짖고는 다시 고향으로 돌아왔다.

지리산 아래에 서재를 마련한 황현은 삼천 권이 넘는 책에 파묻혀 독서와 학문에 전념했다. 시대를 걱정하는 그의 관심은 언제나 역사적인 현실에 가 있었다. 유건에 학창의를 입고 돋보기를 쓴 그의 사진을 보면, 정면을 매섭게 쏘아보는 눈이 인상적이다. 그는 그 매서운 눈으로 현실을 똑바로 바라본 것이었다.

그는 동학을 비적이라 표현했고, 의병도 처음에는 부정적으로 보았다. 그 역시 시대의 한계를 넘어서지 못한 것이었다. 그러나 일본에게 나라를 강탈당한 소식을 듣고 자결하기 직전에 남긴 마지막 시에서 "인간 세상에 글 아는 사람 노릇하기 어렵기만 하구나"라고 탄식한 것처럼, 그는 자기 시대 지식인으로서의 책임을 다했다.

내가 황현의 글을 읽기 시작한 것은 삼십 년 전 대학원에 다닐 때다. 연민 선생님 연구실에 있다 보면 이따금 옛 책을 파는 노인이 찾아와서 여러 가지 책을 내어 놓았는데, 어느 날 필사본 《매천시초梅泉詩草》를 한 권 보여 주었다. 물론 황현이 직접 쓴 글씨는 아니었지만, 이름 모를 선비의 글씨가 무척 단아해 보였다. 그 글을 읽다 보면 마치 황현의 사람됨까지도 엿보는 듯했다. 그 필사본에는 백팔십오 수의 한시가 실려 있었는데, 다른 책을 읽다가 지치면 그 책을 꺼내 읽었다.

황현의 시와 《매천야록》을 번역하기 시작한 것은 그 뒤 십 년이 지난 1984년부터다. 동천사를 운영하는 소설가 백우암 선생이 황현을 좋아했는데, 황현의 시와 《매천야록》을 번역해 요즘의 젊은이들에게 꼭 읽히자고 했다. 나도 그의 글을 읽으며 언젠가 한번 번역해 보고 싶었기에 능력을 생각하지도 않고 약속했다. 일 년 뒤 백여 수의 황현 시를 번역 출판하여 '오늘의 책'으로 선정되기도 했다.

　그러나 곧이어 번역하기 시작한 《매천야록》은 작업이 쉽지 않았다. 삼십만 자나 되는 분량도 문제거니와 개화기와 망국기의 역사를 파악하기가 어려웠기 때문이다. 중요한 부분만 뽑아서 삼분의 일쯤 하다가 그만두었다. 더 많은 공부가 필요했기 때문이다. 다행히 한양출판에서 '한글세대를 위한 우리 옛글'을 기획하면서 십 년 묵은 옛 원고를 꺼내 작업을 계속하게 되었다. 이때 나온 책도 이미 십 년이 지났기에 문장을 다듬고 보태어 다시 낸다.

　《매천야록》은 6권 7책이라는 구성 말고는 분류가 없다. 국사편찬위원회에서 간행한 활자본을 읽으면서 항목마다 소제목을 붙이고, 비교적 중요한 항목만 뽑아서 번역했다. 모두 번역하자면 이백 자 원고지로 오천 매나 될 뿐만 아니라, 사십칠 년간의 역사를 한눈에 보여 주자면 중요한 항목만 뽑아서 번역하는 것도 의미 있다고 생각했다. 가능한 한 황현의 분위기를 살리기 위해 한자로 쓴 외국의 지명과 인명은 그대로 살렸으며, '왜'와 '일본'이라는 말도 구별해서 번역했다.

　대원군의 정치와 명성황후와의 반목, 민씨들의 부정부패, 외세의 침입과 민족의 항거, 개화와 척사, 동학의 봉기와 의병의 투쟁, 고종과 순종의 무능력, 북간도와 미국·멕시코·러시아로 이민 간 동포들의 고생과 활약, 지배층과 외세에 시달린 민중의 수난, 독립협회와 민권 의식, 강제적인 을사조약에서 한일합방까지 숨 가쁘게 전개되는 개화와 망국의 역사를 오늘날 다시 읽어 보는 것도 값진 일이라 생각한다.

역사는 계속해서 반복한다. 이 책을 엮으면서 집권자들의 무능력과 부정부패, 우리나라를 합병하기 위해 온갖 만행을 저지른 일제의 악랄한 행동에 분노한 것은 역자만이 아닐 것이다. 역사를 왜곡해서 교과서를 집필하고 독도를 자기 땅이라고 우기는 일본의 행태를 보면서 역사는 반복된다는 사실을 다시 절감한다.

2006년 10월
허경진

머리말　4

매천야록 제1권(상)　11
　　갑오년[1894, 고종 31년] 전 • 12

매천야록 제1권(하)　147
　　갑오년[1894, 고종 31년] 전 • 148

매천야록 제2권　175
　　갑오년[1894, 고종 31년] • 176　을미년[1895, 고종 32년] • 226
　　병신년[1896, 고종 33년] • 250　정유년[1897, 고종 34년] • 255
　　무술년[1898, 고종 35년] • 259

매천야록 제3권　269
　　　기해년[1899, 고종 36년] • 270　경자년[1900, 고종 37년] • 274
　　　신축년[1901, 고종 38년] • 283　임인년[1902, 고종 39년] • 288
　　　계묘년[1903, 고종 40년] • 291

매천야록 제4권　303
　　갑진년〔1904, 고종 41년〕•304　　을사년〔1905, 고종 42년〕•323

매천야록 제5권　363
　　을사년〔1905, 고종 42년, 을사조약 후〕•364　병오년〔1906, 고종 43년〕•369
　　정미년〔1907, 고종 44년, 융희 전〕•387　정미년〔1907, 순종 1년, 융희 후〕•401

매천야록 제6권　407
　　정미년〔1907, 순종 1년〕•408　무신년〔1908, 순종 2년〕•414
　　기유년〔1909, 순종 3년〕•426　경술년〔1910, 순종 4년〕•442

구한말 주요 사건　459
찾아보기　464

일러두기

1. 이 책은 구한말 개화와 망국의 역사를 한눈에 보여 주기 위해 매천梅泉 황현黃玹이 지은 《매천야록梅泉野錄》[전 6권] 가운데 중요한 항목만 가려 뽑아 엮은 것이다.

2. 역주 작업은 국사편찬위원회에서 간행한 《매천야록》[국편본]을 근간으로 했으며, 필요한 경우 황현의 친구 창강滄江 김택영金澤榮이 교열한 《매천야록》[창강본]을 참조했다.

3. 본문의 소제목은 독자의 편의를 위해 역자가 임의로 붙인 것이다.

4. 이 책에 쓰인 외래어는 당대의 분위기를 반영하기 위해 한자의 한국어 독음대로 따르되 현재의 정식 표기 방식을 나란히 병기했다. 다만 본문 이외의 부분인 주석과 도판 설명 부분 등에서는 현재의 외래어 표기법대로 따랐다
   예) 안련安連[알렌; H. N. Allen]
   　　동향평팔랑東鄕平八郞[도고 헤이하치로]
   　　법국法國[프랑스]

5. 독자의 이해를 돕기 위해 생략한 주어나 목적어 등을 살려 ( ) 안에 넣었다.

6. 주석은 황현이 쓴 원주와 역자가 붙인 역주로 나누어진다. 원주는 본문 안에서 〔 〕으로 표시하고 '원주'임을 밝혔으며, 역주는 각주로 달았다.

7. 몇 가지 고유명사는 원문대로 따름으로써 황현의 어세를 그대로 살렸다.
   예) 일본 – 왜, 왜병, 저들
   　　명성황후 – 민비, 명성, 명성왕후
   　　흥선대원군 – 운현, 이하응, 대원군

매천야록 제1권 (상)

갑오년 [1894, 고종 31년] 전

운현궁에 왕기가 서리더니 임금이 태어나다

관상감觀象監을 일명 서운관書雲觀이라고도 하는데, 금상의 잠저潛邸가 바로 서운관 자리다. 그래서 이곳을 운현궁雲峴宮이라고 부른다. 철종 초에 장안에는 '관상감 터에서 성인이 나온다'는 동요가 떠돌았고 '운현궁에 왕기王氣가 서려 있다'는 이야기가 있었는데, 얼마 안 되어 금상이 태어났다. 임금이 즉위한 뒤 대원군 이하응李昰應이 이곳을 넓히고 새롭게 했으며, 몇 리나 되는 담장에 네 개의 문을 만들고 궁궐처럼 장엄하게 꾸몄다.

관상감 천문 지리를 맡아 보던 관청.

금상의 잠저 금상은 고종을 가리키며, 잠저는 임금이 되기 전에 살던 집을 말한다.

관상쟁이 박유붕이 임금이 될 것을 예언하고 출세하다

청도에 사는 박유붕朴有鵬이 관상을 잘 보았는데, 자기의 얼굴을 보고 한쪽 눈이 애꾸가 되면 귀하게 된다고 하여 결국 한쪽 눈을 찔렀다. 그는 임금이 어렸을 때 찾아뵙고 주위를 물리치게 한 뒤 이렇게 말했다.

"당신은 임금이 되실 분입니다. 그러니 이 말을 누설치 마십시오."

갑자년[1864, 고종 1년] 이후 그는 남양부사에서 수사水使에까지 올랐다.

운현궁
흥선대원군 이하응의 사가이자 고종의 잠저인 운현궁은, 고종이 임금에 오른 뒤 궁궐에 필적할 만큼 대폭 확장하여 궁으로 불렸으나 일제 침략기를 거치면서 파괴되고 변형되어 그 원형을 알 수 없다. 흥선대원군의 위세를 상징하는 건물로, 조선조 말기의 역사적 사건 대부분이 이곳에서 시작되었다고 해도 과언이 아니다.

완화군을 원자로 삼지 못하게 말리다가 독살당하다

궁인 이씨가 완화군完和君을 낳자 계桂씨 성을 내려 주었다. 이때 임금의 나이 17세로, 매우 기뻐하여 완화군을 원자元子로 삼으려 했다. 그러나 대원군이 "중전에게 경사가 생기면 어떻게 하겠습니까?"라고 하면서 서두르지 말라고 간했다. 고종이 박유붕을 불러다 (완화군의) 관상을 보게 했는데, 박유붕이 생각에 잠겨 머뭇거리다가 대답했다.

"(원자 책봉을) 조금 늦추십시오."

임금이 매우 노여워하며 박유붕이 운현궁의 사주를 받았다고 의심했다. 오래되지 않아 박유붕은 죽었다.

구례 사람 류제관柳濟寬은 무과에 급제하여 서울에 살면서 박유붕과 내왕하는 사이였다. 그가 하루는 박유붕의 집을 찾아갔더니 박유붕이 마침 뒹굴면서 죽어 가고 있었다. 아홉 개의 구멍에서는 피가 흘러나왔다. 놀라서 물어보니 박유붕이 팔을 저으면서 대답도 못 하다가 얼마 뒤에 죽었다. 어떤 사람이 "사약을 내려 죽게 했다"고 말했다며 류제관이 내게 말했다.

외척 장동 김씨*가 세도를 잡다

김조순金祖淳은 예전에 자하동紫霞洞*에서 살았다. 이 동네는 경복궁 북쪽 창의문 아래에 있는데, 북악산과 인왕산 사이 시냇가에 숲이 우거져 깊숙하고 고요하니 성안의 다른 곳과는

장동 김씨 장동 김씨는 김방경 가문의 구안동 김씨와 구분하여 신안동 김씨라고도 하는데, 서울에 사는 안동 김씨를 지칭한다.

자하동 지금의 종로구 효자동과 창성동 일대.

김조순
1765(영조 41년)~1832(순조 32년). 조선 후기의 문신으로, 일찍이 기량과 식견이 뛰어나고 시벽 당파에 휩쓸리지 않아 정조의 사랑을 받았으며, 순조의 장인이 된 뒤로는 왕을 보필해 군덕을 함양하는 데 힘썼다. 여러 요직에 제수될 때마다 조심스럽게 사양하는 등 그 자신은 권세를 탐하지 않은 듯하나, 그를 둘러싼 척족 세력이 훗날 안동 김씨 세도정치의 폐단을 남겼다. 문장이 뛰어났으며, 저서로 《풍고집楓皐集》이 있다.

달랐다. 동네 이름을 부를 때 어쩌다 소리가 줄어들면 자동紫洞이라 들리고, 어쩌다 빨리 부르면 장동壯洞이라 들린다.

김조순은 국구國舅가 되어 조정의 권세를 잡은 뒤에 장동에서 교동校洞으로 이사했다. 임금 대신 국명을 집행하면서 삼대에 걸쳐 국혼을 맺으니, 나라가 생긴 이래로 이처럼 외척이 번성한 적이 없었다. 그래서 세상에서는 안동 김씨를 '장김壯金'이라고 불렀다.

김조순이 죽자 그의 아들 김유근金逌根과 김좌근金左根, 손자 김병기金炳冀가 계속 교동에 살았다. 김문근金汶根도 철종의 국구가 되었는데, 아들 김병필金炳弼이 어려서 조카 김병학金炳學과 김병국金炳國이 정사에 참여했다. 그들은 모두 전동典洞에 살면서 김병기와 함께 권력을 잡았다. 그래서 서울에서는 전동과 교동을 (외척이 사는 동네라고) 하며, 지금까지도 여염에서는 전동과 교동 시절의 이야기가 전해져 온다.

국구 임금의 장인으로 부원군이라는 호칭을 받았다.

전동 지금의 종로구 견지동과 공평동 일대로, 전의감典醫監이 있어서 전동이라고 불렸다.

장동 김씨가 있는 것만 알고 나라가 있는 것은 알지 못하다

장김의 선대先代인 선원仙源 김상용金尙容, 청음淸陰 김상헌金尙

憲, 문곡文谷 김수항金壽恒, 몽와夢窩 김창집金昌集 같은 분들은 모두 덕망과 공훈으로 나라 안에 이름이 높았다. 김조순도 글을 잘 짓고 일을 잘 처리하여 후덕하다고 칭찬을 들었지만, 그 자손들이 탐욕스럽고 완고하며 교만하고 사치하여 참으로 외척이 나라를 망치는 화의 시작이 되었다. 장김이 나라 권세를 잡은 지 오래되자 세인들은 장김만 알 뿐 나라가 있는 것은 알지 못했다. 어떤 사람은 이렇게 말했다.

"장김이야말로 나라의 기둥이요 주춧돌이다."

하지만 어찌 그렇겠는가.

벼슬을 사양하던 김흥근도 권력을 놓지 않다

장김 중에서 김흥근金興根만 일찍이 헌종 때 힘을 다하여 간하다가 귀양을 간 바 있었는데, 곧 풀려난 뒤 양화도 별장에서 머물렀다. 이조판서로 일곱 번이나 부름을 받았지만 나아가지 않아 그 이름이 일시에 높아졌다. 그러나 조정에 나아가서는 다시는 벼슬을 사양하지 않았다. 여러 번 재상이 되었지만 훌륭한 정치를 하지는 못했다.

대원군이 김흥근의 별장을 빼앗다

철종이 승하하자 대를 이을 아들이 없었다. 철종이 일찍부터 금상에게 뜻을 두었으므로 여러 김씨들이 그를 임금으로 세우는 것을 도우려고 했다. 김홍근이 말했다.

"흥선군興宣君이 있으니 두 임금이 있는 것이다. 두 임금을 섬길 수 있겠는가? 그럴 수 없다면 흥선군을 왕으로 모시는 것이 좋겠다."

김병학은 자기 딸을 왕후로 간택하자고 흥선군과 약속했다. 그렇게 하면 친척들이 무사할 것이라고 생각한 것이었다. 그러나 임금이 즉위하고 흥선군이 대원군으로 봉해지자 김병학과 한 약속을 어겼다. 대신 민치록閔致祿의 외동딸과 국혼을 정하니, 그가 바로 명성왕후明成王后다. 김병학의 딸은 그 뒤 조신희趙臣熙에게 시집갔다.

갑자년[1864, 고종 1년] 초에 대원군이 차츰 정권을 잡으려고 하자 김홍근이 조정에서 큰소리로 말했다.

"예부터 임금의 사친私親*은 정사에 참여하지 않았습니다. 그러니 사제私第로 돌아가시어 평생 부귀를 보전하는 것이 좋겠습니다."

그러나 얼마 지나지 않아서 안팎의 대권이 모두 대원군에게 돌아갔다. 대원군은 이 말 때문에 여러 김씨 가운데 김홍근을 가장 미워했고, 김홍근의 농장 수십 경頃을 빼앗았다. 김홍근이 북문 밖 삼계동三溪洞*에 별장을 가지고 있었는데, 서울에서도 가장 아름다운 곳이었다. 대원군이 그 별장을 팔라고 청했지만 김홍근이 듣지 않자 다시 청했다.

"하루만이라도 노닐게 빌려 주시오."

대개 별장이나 정자를 소유한 자에게 "노닐게 빌려 달라"고 청하면 주인은 빌려 주지 않을 수 없었다. 이것이 서울의 옛 습속이다. 김홍근이 마지못해 허락하자 대원군이 임금에

사친 철종이 죽고 아들이 없자 이하응의 둘째 아들인 이재황李載晃(고종)을 익종의 양자로 정해 철종의 뒤를 잇게 했다. 따라서 고종은 사사롭게는 이하응의 아들이지만 공적으로는 익종과 조 대비趙大妃의 아들인 셈이다.

삼계동 인왕산 북쪽에 있는 골짜기 이름으로, 지금의 종로구 부암동에 있다. 여기에는 대원군의 별장이던 석파정石坡亭이 있고 그 옆에 '삼계동三溪洞'이라고 새긴 바위가 있다. 석파정은 서울시 유형문화재 제26호로 지정되어 있다.

게 권하여 행차하게 하고 자기도 따라갔다. 김흥근은 임금이 머물던 곳을 신하가 다시 머물 수 없다고 하여 다시는 삼계동을 찾지 않았다. 이에 그것은 운현궁 소유가 되었다.

동네 이름을 붙여서 세도를 가리키다

홍국영洪國榮이 권세를 잡은 이래 무릇 외척으로서 정권을 잡은 자들을 세도勢塗라고 일렀다. 이들을 가리킬 때는 반드시 사는 동네 이름을 붙여서 불렀다. 세상에 이름난 재상들을 지명에 따라 불렀으니, 장사長沙·강릉江陵·분의分宜·귀계貴溪 따위가 그것이다. 그러므로 김씨를 전동·교동이라 불렀고, 조씨를 박동礴洞°이라 불렀다. 대원군은 운현궁에 살았으므로 운현雲峴이라 불렀다.

　세도를 부리던 외척만 그렇게 부른 것이 아니라 근세에는 대신도 그렇게 불렀으니, 반드시 합閤 자를 그 동네 이름에다 붙여서 '모합某閤'이라고 불렀다. 회동會洞°에 살면 회합이라 불렀고, 승동升洞에 살면 승합이라 불렀다.

대원위분부에 온 나라가 떨며 무서워하다

대원군이 나랏일을 맡던 갑자년〔1864, 고종 1년〕에서 계유년〔1873, 고종 10년〕까지 십 년간은 온 나라가 떨며 무서워했다. 백성들은 서로 혀끝을 경계하며 조정의 일을 감히 말하지 못

박동　지금의 서울 종로구 수송동과 송현동 일대. 땅이 질어서 박석을 깔았으므로 박석고개, 박석골이라고도 했다.

회동　지금의 서울 회현동과 충무로 일대로, 동래 정씨가 대대로 살았다. 황현이 살던 당시에는 정원용, 정기세, 정범조가 삼대에 걸쳐 잇달아 재상을 지냈다.

했으니, 언제나 귀신이 문 앞에 와서 두드리는 것 같았다. 예전 제도에서는 교령敎令 아래에 반드시 '왕약왈王若曰'이라는 글자로 첫머리를 삼았는데, 이 십 년간은 '대원위분부大院位分付'라는 다섯 글자만으로 안팎으로 명이 시행되었다. 갑술년〔1874, 고종 11년〕에 임금이 직접 정치를 하면서부터 비로소 예전의 제도가 회복되었다.

남대문을 높이고 태산을 평지로 깎아 내리겠다

대원군이 처음 집권할 무렵 어느 공회 석상에서 성난 목소리로 여러 재상들을 향해 이렇게 말했다.

"나는 천 리千里를 끌어 지척을 삼을 것이고, 태산을 깎아 내려 평지로 만들 것이며, 남대문을 3층으로 높이고 싶소. 여러분은 어떻게 생각하시오?"

흥선대원군
1820(순조 20년)~1898(고종 35년). 영조의 현손인 남연군南延君 이구李球의 넷째 아들로, 일찍이 부모를 잃고 한직을 돌며 젊은 날을 불우하게 보냈다. 철종 때는 안동 김씨의 막강한 세도 아래에서 몸을 보전하기 위해 시정의 무뢰한과 어울려 파락호 생활을 하기도 했다. 뛰어난 정략가인 그는 왕궁 안의 최고 어른인 조 대비에게 접근하여 후사가 없는 철종의 왕위 계승자로 둘째 아들인 이명복李命福(고종의 아명)을 지목하게 했다. 고종이 열두 살의 나이로 즉위하자 이후 십 년간 수렴청정하며 안으로는 세도 정치 분쇄와 서원 철폐 등을 추진하여 왕권 강화를 도모했고, 밖으로는 쇄국양이 정책을 고수했다. 남달리 정권에 집착한 탓에 권좌에서 물러난 뒤에도 명성황후와 첨예하게 대립했으며, 생애 후반의 정치 노선도 변화무쌍했다.

모두 대답할 말을 모르고 있었는데 김병기가 머리를 떨치며 말했다.

"천 리도 지척이라면 지척이 되는 것이고, 남대문도 3층으로 만들면 3층이 되는 것입니다. 그러니 대감이 오늘날 무슨 일인들 못하겠습니까? 그러나 태산은 스스로 태산이니 어찌 평지로 바꾸겠습니까?"

김병기가 나가자 운현이 한참 동안 생각하다가 말했다.

"그놈이 저 혼자 잘났군."

대개 천 리를 지척으로 삼겠다는 말은 종친을 높이겠다는 뜻이요, 남대문을 3층으로 높이겠다는 말은 남인에게 길을 열어 주겠다는 뜻이며, 태산을 평지로 깎아 내린다는 말은 노론을 억누르겠다는 뜻이다.

김병기를 욕보이려 이세보를 여주목사로 임명하다

경평군慶平君 이세보李世輔는 철종과 종형제 사이로서, 철종 때 장동 김씨에게 미움을 받아 여러 번 죽을 지경에 처했다. 갑자년〔1864, 고종 1년〕 이후 이인응李寅應으로 이름을 고치고 군君에 봉해진 것을 파한 뒤 과거에 급제했다. 운현은 김병기가 드센 것을 꺼려 그를 없애려고 했지만 일족이 강성한 것을 두려워하여 오랫동안 참았다. 때마침 김병기가 여주로 물러가 살자 이인응을 여주목사로 임명해 갖가지로 어렵게 하고 욕보였다. 그러나 끝내 해를 입히지는 못했다. 장동 김씨의 대단한 위세가 사람들을 몹시 두렵게 했음을 알 수 있다.

이세보 조선 후기 왕족 문신으로, 안동 김씨의 전횡을 비판하다 삼사의 탄핵을 받아 전라도 강진 신지도로 유배되어 삼 년간 고초를 겪기도 했다. 고종 원년에 조 대비와 흥선대원군의 배려로 유배에서 풀려난 뒤 여주목사, 한성부판윤, 형조판서, 공조판서, 판의금부사 등을 지냈다.
그러나 그는 우리 시조 문학사에서 커다란 발자취를 남긴 데서 더욱 우뚝하다. 그는 관료 사회의 부정부패와 시국의 참상에 대한 비판, 유배 생활, 기행, 농사 등 다양한 주제로 약 사백오십 수의 시조를 남겼다. 시조집으로《풍아風雅》,《시가詩歌》가 있다.

경복궁 중건을 위해 원납전을 받아들이다

경복궁은 조선 중엽에 여러 차례 불이 났다. 임진왜란 때 불탄 뒤로는 버려져 수축하지 못하고 층계와 주춧돌만 남았을 뿐이었다. 금상 을축년(1865, 고종 2년)에 중건하기 시작하여 몇 년 뒤에 공사를 끝내고 정묘년(1867, 고종 4년)에 이사했다. 우리나라에서 그처럼 웅장한 모습은 일찍이 볼 수가 없었다.

역사役事를 시작할 때 재정이 메말라 일을 할 수 없게 되자 팔도 부자 명단을 뽑아서 돈을 거둬들였다. 그리하여 파산자가 잇달았다. 이때 거둬들인 돈을 원납전이라 했는데, 백성들은 입을 비쭉거리면서 이렇게 말했다.

"원납전願納錢이 아니라 원납전怨納錢*이다."

경복궁 중건을 위해 갖가지 세금을 거둬들이다

이때 돈을 거둬들이기 위해 여러 가지 수단을 동원했다. 도성에서는 문세전門稅錢*을 받아들였다. 지방에서는 정구丁口*를 헤아려 거둬들였는데, 백성들은 이 돈을 신랑전腎囊錢*이라 불렀다. 논밭의 넓이를 따져서 거두기도 했는데, 백성들은 이 돈을 수용전水用錢*이라 불렀다. 심지어는 민간에서 부서진 솥과 보습, 가래 조각까지 거둬들이며 집집마다 상하로 그 분량을 정해 주었다.

원납전 앞의 것은 '스스로 내는 돈'을 뜻하고, 뒤의 것은 '원망하며 바친 돈'을 뜻한다.

문세전 도성 문을 들어올 때 바치는 돈.

정구 장정의 숫자.

신랑전 불알을 단 값으로 내는 돈.

수용전 물을 쓰는 값으로 내는 돈.

민폐를 없애기 위해 서원을 철폐하다

만동묘萬東廟*는 청주 화양동에 있는데, 묘를 창건한 것은 우암尤庵 송시열宋時烈의 뜻이었다. 그래서 그 옆에 우암의 사당을 세웠는데, 세상에서는 화양동서원華陽洞書院이라 부른다. 서원을 책임지는 자들은 대개 충청도에서 행패를 일삼던 양반집 자제들로서 묵패墨牌*로써 평민들을 잡아다 껍질을 벗기고 골수까지 빼내니, 남방의 좀이라 불렸다. 백 년이 지나도록 수령들은 그 무리가 두려워 죄를 따지지 못했다.

운현이 젊었을 때 이 서원에 들렀다가 유생들에게 모욕을

> **만동묘** 임진왜란 때 군대를 보내 조선을 도와준 명나라의 신종神宗과 마지막 황제 의종毅宗을 받들기 위해 숙종 43년(1717)에 세운 사당.
>
> **묵패** 서원에서는 관행적으로 도장을 찍은 문서를 각 고을에 보내 서원의 제수에 쓸 명목으로 돈을 바치게 했는데, 민폐가 가장 심한 화양동서원의 것을 '화양동 묵패지'라 했다.

우리나라 최초의 서원인 소수서원
본래 선현을 배향하고 인재를 양성하며 유교적 사회 질서 유지에 힘쓴 서원은, 조선 후기로 오면서 혈연·지연·학벌·당파 등과 연결되어 많은 병폐를 낳았다. 지방 양반들은 서원을 거점으로 토색질을 일삼았는데, 화양동서원의 작폐는 19세기 서원이 사회에 끼친 역기능을 극명하게 보여 준다. 이에 대원군은 양반 토호들의 발호를 막고 민폐를 줄이기 위해 사표가 될 만한 서원 마흔여덟 곳만 남기고 모두 철폐할 것을 명했다.

당하고 크게 원한을 품었다. 그리하여 정권을 잡은 뒤 그 유생을 죽이고 서원을 철폐하라고 명했다. 운현은 이것이 편파적인 것으로 비칠까 봐 전국에 있는 서원과 사묘祠廟도 모두 철폐하라고 명했다.

남겨 둔 곳은 마흔여덟 군데였는데, 모두 승무명현陞廡名賢*과 나라에 큰 공이 있는 사람들의 것이다. 만동묘를 없애고 황묘위판皇廟位版*은 북원北苑 대보단大報壇*으로 옮겨 모시니, 화양동서원은 드디어 철폐되었다.

유생들, 서원 철폐에 반대하다

처음에 서원은 좋은 뜻에서 설치되었지만 오래되면서 점점 어지러워졌다. 《심경心經》과 《근사록近思錄》을 읽으며 몸을 수양하던 사람도 변방에 변란이 생기면 자진해서 창을 메고 군대에 들어갔는데, 그 자손들이 많은 곡식을 쌓으면서 마음이 교활해지기 시작했다. 단청이 화려한 집에 재물이 즐비했으니, 물질이 극에 이르면 변하는 것이 참다운 이치다. 서원을 철폐하라는 명령을 어찌 그만둘 수 있으랴만 그 명령이 운현에서 나왔다는 것은 옳지 않다. 그래서 비난을 받는 것이다.

이때 백성들에게는 아무런 일도 없었지만, 서원에 소굴을 만들던 유생들은 마치 비상지변非常之變이라도 당한 것처럼 하루아침에 처소를 잃었다. 미쳐 날뛰고 부르짖으며 잇달아 대궐 문밖에 엎드려서 상소했으니, 양식 있는 이들이 비웃었다.

> 승무명현 학덕이 높아 문묘에 함께 모신 현인들. 조선 중기까지 신라의 최치원·설총, 고려의 안향·정몽주, 조선의 김굉필·정여창·조광조·이언적·이황 아홉 사람을 모셨으며, 그 뒤로 이이·성혼·김장생·송시열·송준길·박세채·김인후 등을 모셨다.
>
> 황묘위판 명나라 신종과 의종의 신주.
>
> 북원 대보단 명나라 황제들을 제사하기 위해 고종 2년(1865)에 만든 단. 만동묘를 없애기 위해 대원군이 만들었다.

흥선군이 명당에 아버지 남연군의 묘를 쓰다

남연군南延君 이구李球에게는 네 아들이 있었는데, 흥선군이 그 막내다. 남연군이 죽을 때 흥선군은 겨우 18세였다. 흥선군이 지사地師를 따라다니다가 덕산 대덕사에 이르렀는데, 지사가 오래된 탑 하나를 가리키면서 이렇게 말했다.

"저곳은 큰 길지이니 얼마나 귀하게 될지 알 수가 없다."

흥선군이 곧 돌아와 살림을 모두 팔아서 이만 냥을 만들었는데, 그 절반을 대덕사 주지승에게 주고 불을 지르게 했다. 그리하여 절이 다 타버렸다. 흥선군이 상여를 모시고 그곳에 이르러 재를 쓸어 내고 쉬었다. 한밤중에 형들이 모두 일어나 꿈 이야기를 하는데, 흰옷을 입은 늙은이가 성을 내며 이렇게 꾸짖었다고 했다.

"나는 탑신塔神인데, 너희는 어찌하여 내가 사는 곳을 빼앗았느냐? 너희가 끝내 장례를 치른다면 삼우제를 마치기도 전에 네 형제가 폭사할 테니 빨리 돌아가는 게 좋을 것이다."

세 사람이 같은 꿈을 꾸었다. 흥선군이 흥분하면서 말했다.

"그렇다면 이곳은 참으로 명당자리입니다. 명命이란 타고나는 것이니 귀신이 어찌 우리를 죽일 수 있겠습니까? 종실이 나날이 기울어져 우리 형제들도 떠돌고 있으니, 날마다 장동 김씨네 문 앞에서 옷자락을 끌며 얻어먹고 구차하게 살기를 바라는 것보다 차라리 한 번에 통쾌해지는 것이 좋지 않겠습니까? 형님들은 모두 아들이 있고, 핏덩이 하나 없는 것은 저뿐입니다. 죽어도 두렵지 않으니 형님들은 더 말씀하지 마십시오."

이른 아침에 탑을 깨뜨리니 그 자리가 모두 돌이었다. 도끼질을 해도 도끼가 튀기만 했다. 그리하여 도끼를 치켜들고 공중을 향해 크게 꾸짖었더니 그제야 도끼가 튀지 않았다. 장례를 치렀지만 다른 사람이 나중에 관을 옮기지나 않을까 걱정되어 수만 근의 쇳덩이를 녹여 붓고 그 위에다 흙을 비벼서 다졌다. 스님과 함께 도성으로 돌아오다가 수원 대포진大浦津을 건너는데, 스님이 배 안에서 큰소리를 지르더니 불을 꺼달라고 머리를 휘저으며 발광하고는 갑자기 물속으로 뛰어들어 죽었다. 사람들은 남연군의 묘가 복치형伏雉形*이라고 말한다.

그로부터 십사 년 뒤 금상이 태어났다. 갑자년[1864, 고종 1년] 이후 나라의 재정으로 대덕사가 있던 음지에 보덕사報德寺라는 절을 지었는데, 토목과 단청이 웅장하고 화려했다. 이곳에 논밭과 보화를 매우 많이 내렸다.

병인년[1866, 고종 3년] 겨울에 양구洋寇*가 강화도를 거쳐 들어왔다. 사교邪敎에 물든 우리 백성들*이 그들을 인도했는데, 덕산에 이르러 남연군 묘를 파헤치려 했지만 딱딱하게 굳어서 파보지도 못하고 불만 지르고 달아났다.

대원군이 일찍이 이건창李建昌에게 장례 치를 때의 일을 이렇게 이야기해 주었다.

"탑을 쓰러뜨리니 그 속에 백자白磁 두 개와 단다團茶* 두 병, 사리 세 알이 있었다. 사리는 작은 머리통만한 구슬이었는데 매우 밝게 빛났다. 물속에 잠겼지만 푸른 기운이 물을 꿰뚫고 끊임없이 빛나는 것 같았다."

복치형 꿩이 엎드려 있는 형국.

양구 '서양 도적'이란 뜻으로, 독일 상인 오페르트 일당을 가리킨다.

사교에 물든 우리 백성들 조선의 천주교 신자들을 가리킨다.

단다 둥근 달 모양의 떡차. 떡차란 떡처럼 틀에 박아 내어 만든 덩어리차를 일컫는다. 삼국시대에 유행하기 시작해서 한국전쟁 직전까지 만들었다.

대원군의 석파란이 세상에 널리 퍼지다

운현은 자기의 호를 석파石坡라고 했다. 젊었을 때 완당阮堂 김정희金正喜를 따라 서화를 익히고, 난초 치는 법을 배웠다. 한때 석파란石坡蘭이 세상에 널리 퍼졌는데, 그가 청나라 보정부保定府*에 갇혀 있을 때 중국인들도 많이 사갔다.

금상은 운현의 차남으로, (철종에게) 양자로 들어가 대통을 계승했다. 맏아들 이재면李載冕은 자가 무경武卿으로, 철종 말에 급제하여 이미 벼슬이 대교待敎에 이르렀다. 딸은 둘인데, 맏딸은 조경호趙慶鎬에게 시집갔고, 작은딸은 조정구趙鼎九에게 시집갔다. 서자 이재선李載先은 무과에 급제하여 별군직別軍職에 있었는데, 신사년[1881, 고종 18년] 겨울 안기영安驥泳의 옥사*에 연루되어 사사賜死되었다. 그의 딸은 이윤용李允用에게 시집갔다.

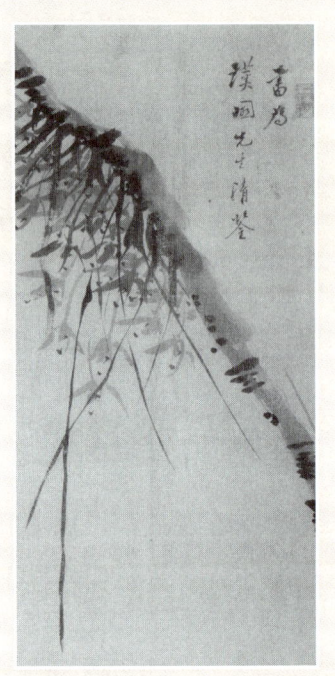

석파란
대원군이 그린 난초를 석파란이라 한다. 일세를 풍미한 정치가인 그는 서화가로도 이름이 높았는데, 특히 그의 난초 그림은 조선 말기 서화가로 일가를 이룬 김응원金應元에 의해 계승되는 등 널리 유행했다. 그러나 그만큼 모작도 많아 신빙성에 문제가 있는 것이 적지 않다.

당백전을 만들자 물가가 뛰어오르다

경복궁을 중건할 때 원납전이 넉넉하지 않자 병인년[1866, 고종 3년] 봄에 당백전當百錢을 주조했다. 그러자 물가가 갑자기

> 보정부 중국 북부에 있는 고을로, 임오군란 뒤에 청나라 군대가 대원군을 납치해 간 곳이다.

뛰어오르고 몰래 사주私鑄*하는 자가 많아졌다. 그래서 엄히 다스렸지만 막을 수가 없었으므로 얼마 안 되어 파했다.

또 정묘년〔1867, 고종 4년〕에 청국전淸國錢을 쓰기 시작했는데, 비록 사주하는 자는 없었지만 물가가 뛰어올랐으므로 사, 오 년 지나 갑술년〔1874, 고종 11년〕 정월부터는 통용하지 않게 되었다. 청국전을 사용할 때도 영남이나 관북에서는 쓰지 않았다.

천주교를 박해하다

천주교가 우리나라에 들어온 것은 정조 때다. 그 후 여러 차례 뿌리를 뽑으려 했으나 몰래 믿는 자들이 있어 끝내 근절되지 않았다. 갑자년〔1864, 고종 1년〕 초에 전前 승지 남종삼南鍾三, 진사 홍봉주洪鳳周, 법국法國〔프랑스〕 사람 장경일張慶一* 등이 모두 형을 받아 죽었다. 남종삼은 승지 남상교南尙敎의 아들로, 북인 명문가 출신이다. 부자가 모두 문장으로 이름을 떨쳤다. 남종삼은 범죄 사실을 진술하면서 이렇게 말했다.

"전에 두세 번 서양에 가서 좋은 벼슬을 했는데, 품계가 우리나라 이조판서에 해당한다."

홍봉주는 장경일을 사위로 맞아들였다. 그의 재산을 몰수할 때 서양 바늘이 여러 상자 나왔다고 한다. 남상교는 공주 감옥에서 굶어 죽었다. 그때부터 그 무리를 샅샅이 조사하여 뿌리까지 다 파헤쳤는데, 용서받지 못하고 죽은 자가 전후로 이만 명쯤 되었다고 한다.

안기영의 옥사 안기영 등이 이재선을 임금으로 추대하여 개화파를 제거하려고 모의했다.

사주 개인이 돈을 만드는 것. 돈을 주조하는 권리는 나라에 있었으므로 사주는 곧 불법이었다.

장경일 프랑스 선교사인 베르뇌(Simeon Francois Berneux)를 가리킨다. 만주 등지에서 약 십 년간 선교 활동을 하다가 1853년에 우리나라 교구장 페레올 주교가 병으로 세상을 떠나자 입국하여 제4대 교구장이 되었다.

포도대장 이경하가 사람을 잘 죽이다

이경하李景夏는 운현이 가장 부리기 좋은 사람으로 뽑혔다. 그는 대장에다 포도대장까지 아울러 맡았으므로 죄인을 처형하지 않는 날이 없었다. 일찍이 운현이 이렇게 말했다.

"이경하는 다른 장점이 없다. 오직 사람을 잘 죽이므로 쓸 만하다."

그러나 어떤 사람은 이렇게 말했다.

"이경하는 사람을 마구 죽이지 않았다. 사학邪學*이나 사주私鑄처럼 죽을죄를 저지른 사람만 죽였다."

임금이 될 것을 예언한 만인에게 대장경을 간행케 해주다

일찍이 만인萬印이라는 한 산인山人이 금상의 잠저를 찾아뵙고 두 번 절하며 축하했다.

"훗날 중흥지주中興之主가 되실 분입니다."

갑자년[1864. 고종 1년] 초에 운현이 만인을 찾아 소원을 물었더니 이렇게 말했다.

"산인이 어찌 하고 싶은 일이 있겠습니까? 한 가지 은혜를 받자면, 해인사에 있는 《대장경大藏經》 천 부만 주시면 소원을 이룰 것입니다."

그리하여 불경 간행 사업을 크게 벌였는데, 만인도 스스로 참여했다. 일이 끝나자 그것을 바다에 띄웠는데 어디로 갔는지 알 수가 없다. 해인사 경판각經板閣은 예부터 새들이 똥을 싸지

사학 주자학에 위배되는 학문을 이르던 말로, 조선 중기에는 양명학을, 후기에는 천주교나 동학을 가리켰다.

않아서 영험한 곳으로 널리 알려졌는데, 만인이 떠난 뒤로는 그렇지 못했다. 말하기 좋아하는 사람들은 이렇게 말했다.

"경판 속에 부적이 있었는데, 만인이 훔쳐 가서 그리 되었다."

또 어떤 사람은 이렇게 말했다.

"운현이 젊었을 때 술사術士에게 '앞날에 환난이 없겠느냐'고 물었더니, '만인萬人을 죽이면 뜻을 이룰 수 있다'고 했다. 그래서 사람 만 명을 죽이겠다고 기약했다."

만인萬人이란 것이 만인萬印인지는 알 수 없다. 그러나 운현이 결국 만인萬印으로 말미암아 화를 일으킨 일은 없었으니, 역시 항간에서 와전된 말일 것이다. 다만 그때 이러한 말이 떠들썩하게 전해졌다.

병인년 법국 군함의 침입을 양헌수가 물리치다

병인년[1866, 고종 3년] 9월에 법국 군함이 강화도에 정박했는데, 놀기도 할 겸 훈련하러 온 것일 뿐 침략할 뜻은 없었다. 어떤 사람은 이렇게 말했다.

"장경일 등이 죽자 서양 선박을 더욱 엄하게 금했다. 그러므로 보복하기 위해 온 것이다."

강화유수 이인기李寅夔가 겁에 질려 달아나자 성이 함락되었다. 이에 서양인들이 열흘 동안 그곳을 점령하며 모조리 약탈하고 돌아갔다. 나라에서는 강화도의 지형이 험준하다고 여겨 군량미와 무기와 진귀한 보물을 많이 저장해 두었는데, 이때 모두 없어졌다. 이경하가 순무사巡撫使가 되고 이원희李

병인양요 당시의 강화유수촌
강화도는 한강 입구에 위치하여 예부터 서울 사진四鎭의 하나로 중요하게 여긴 곳이다. 가장 먼저 개화의 밀물이 밀려온 곳으로, 병인양요와 신미양요 등이 모두 이곳에서 일어났다. 병인양요는 대원군의 천주교 탄압에 대한 보복으로 프랑스 군이 침범한 사건이다. 프랑스 군은 한때 강화도를 점령했으나 양헌수의 뛰어난 전략으로 인해 거의 한 달 만에 물러났다. 이 싸움에서 우리나라는 역사상 최초로 서구 제국주의의 침략을 격퇴했다.

元熙가 중군中軍이 되어 훈련도감의 오천 군사를 이끌고 문수산성으로 나아가 진을 쳤지만 강화도를 내려다보기만 할 뿐 감히 건너가지 못했다. 천총千摠 양헌수梁憲洙가 쫓아가 싸우길 청했지만 이원희가 말했다.

"군령을 어기는 자는 죽이겠다."

양헌수가 말했다.

"죽으면 어찌 적을 죽일 수 있겠습니까? 군사 한 무리라도 주십시오."

이원희가 마지못해 포수 삼백 명을 내어 주었다. 양헌수가 그날 밤 손돌목에서 바다를 건너가 정족산성에 진을 쳤다. 이

난리 대원군이 천주교를 탄압하면서 프랑스 사람 장경일 신부를 죽였는데, 프랑스 군함이 이에 보복하려고 강화도에 왔다. 이 사건을 병인양요라고 한다.

척사윤음 천주교를 배척하라는 임금의 말씀.

신임당화 신축년(1721, 경종 1년)과 임인년(1722, 경종 2년)에 걸쳐 일어난 대옥사로, 왕위 계승 문제를 둘러싼 노론과 소론 간의 싸움에서 비롯되었다.
숙종 말년에 소론은 세자인 윤(昀)(훗날의 경종)을 지지했고, 노론은 연잉군延礽君(훗날의 영조)를 지지했다. 경종은 세자 때 생모인 장희빈이 죽은 뒤 여러 질환에 시달렸는데, 숙종은 이를 걱정하여 노론의 이이명을 불러 세자의 이복동생인 연잉군을 후사로 정할 것을 부탁했다. 이에 소론은 경종 보호의 명분을 더욱 내세웠고, 노론은 연잉군 추대로 맞섰다.
마침내 소론은 노론 4대신인 이이명, 김창집, 이건명, 조태채가 역모를 꾀했다고 모함하여 축출한 뒤 환국을 단행했다. 이때 노론 4대신이 사사되었고, 오십여 명이 국청으로 처단되었으며, 백칠십여 명이 교살되거나 유배되거나 스스로 목숨을 끊었다.

사기리 지금의 인천시 강화군 길상면 사기리로, 이건창의 생가 뒤에 이시원의 무덤이 있다.

강만리 송나라 충신으로, 고향에 은거해 있다가 원나라 군사가 남으로 내려오자 강에 투신 자살했다.

튿날 서양인들이 강화부에서 나와 배를 타려고 했지만 밀물이 얕아 잠시 산성에서 쉬려고 했다. 천천히 걸어서 남문 밖에 이를 무렵, 복병이 갑자기 일어나자 적들은 엉겁결에 물러났다. 우리 군사가 뒤쫓아 포를 쏘며 약 삼십 명을 죽이고 개선했다. 양헌수는 발탁되어 황해도 병사兵使가 되었고, 일 년 만에 대장이 되었다. 이 난리˚ 뒤에 조정에서는 사학을 금했으며, 척사윤음斥邪綸音˚을 반포했다.

서양 오랑캐가 강화성을 점령하자 이시원이 자결하다

판서 이시원李是遠은 덕천군德泉君의 후손이다. 그 집안이 중간에 신임당화辛壬黨禍˚에 연루되어 벼슬길이 막히자 강화도 사기리˚로 물러가 살았다. 순조 때 과거에 급제했는데, 인품이 청렴 강직하고 늘 순국의 뜻을 지녔다.

서양 도적이 강화성을 점령하자 강만리江萬里˚의 고사에 비추어 둘째 아우인 전 군수 이지원李止遠과 함께 분연히 독약을 마시고 죽으니, 그의 나이 77세 때다. 유소遺疏가 올라가자 조정에서는 몹시 슬퍼하여 '충정忠貞'이란 시호를 내리고 정경正卿을 보내 제사를 지내 주었다. 당시 사람들 중에는 더러 '용기가 지나쳤다'고 헐뜯기도 했다.

후일 그의 손자인 이건창이 사신으로 북경에 가서 시랑 황옥黃鈺과 교유한 일이 있었는데, 황옥이 이건창에게 지어 준 글에서 그의 선대의 덕을 서술하며 "죽지 않아도 될 처지에서 배운 바를 저버리지 않는 마음을 지녔다"고 했으니, 세인들이 알맞은 기록이라고 했다.

과거를 치르는 종친들을 모두 급제시키다

예전에는 진사의 정원을 매번 이백 명으로 한정했는데, 금상 정묘년[1867, 고종 4년]에 와서는 특명을 내려 예전의 정원을 풀어 뽑았다. 게다가 임금과 나이가 같은 자들을 방목榜目* 끝에 덧붙였다. 종친 가운데 시험장에 들어온 자는 가까운 친척이건 먼 친척이건 가리지 않고 특전을 베풀었는데, 그러다 보니 결국 시험장이 어지러워지고 말았다.

운현궁의 청지기들이 사대부를 모욕하다

세상에서 손님을 접대하는 하인들을 일컬어 청지기라고 한다. 운현의 청지기들은 모두 호탕하고 사납고 간악하여 손님이 올 때마다 조롱하고 비웃었다. 재상들 중에서도 그들에게 모욕당하는 이들이 자주 있었다.

대원군이 전주이씨를 십만으로 늘리다

병인년[1866, 고종 3년] 이후에 이따금 대과大科를 베풀었는데, 종친에게만 응시를 허용하여 종친과宗親科라고 불렀다. 또 대

* 방목 과거 급제자의 이름을 발표한 명단으로, 문과방목·무과방목·잡과방목·사마방목 등이 있었다.

동보大同譜를 만들어 본관이 완산完山*인 이씨는 모두 붙여 주었으니, 한번 이 족보에 오르면 사족士族과 같이 되었다. 그래서 시골에 사는 천민들 중에서 본관을 완산 이씨로 고쳐 대동보에 오른 자가 잇달았다. 종친부에서 화수회花樹會*를 연 적이 있었는데, 참석한 자가 육, 칠만이나 되었다. 흥선군이 기뻐하며 이렇게 말했다.

"내가 나라를 위해 십만 정병을 얻었다."

무진년[1868, 고종 5년]에 대종회大宗會를 열고 종친문무과를 베풀었다.

흥인군 이최응이 대원군의 정책을 비난하다

흥인군興寅君 이최응李最應은 운현의 숙형叔兄*으로, 아우가 제멋대로 하는 것을 자주 비난했다. 당백전을 사용하던 시절, 그의 포인庖人*이 생선이나 푸성귀를 살 때마다 장사꾼들을 불러 모아 직접 몇 전을 대어 주며 이렇게 말했다.

"어찌 한 푼짜리 동전이 백 푼과 맞먹을 수가 있겠는가? 그저 한 푼으로 쓸 뿐이다."

그래서 (그에게 물건을 팔고서) 큰 이득을 본 자들이 많았다.

삼남 지방에서 포량미를 거둬들이다

병인년[1866, 고종 3년] 이후 서양인들이 침입하는 것을 경계

완산 전주의 옛 이름이다. 전주 이씨를 완산 이씨라고도 부른다.

화수회 같은 성을 가진 사람들의 친목 모임.

숙형 형제들의 서열을 백伯·중仲·숙叔·계季라 하는데, 자를 지을 때도 이 순서대로 한 글자씩 넣으면 몇 째 아들인지 알아보기가 쉬웠다.

포인 부엌일을 맡아보는 사람.

하기 위해 강화도에 진무영鎭撫營을 설치하고, 경내에서 포수 삼천 명을 뽑아 강화유수로 하여금 관장하게 했다. (그 비용을 대기 위해) 삼남 지방에 전세田稅를 부과하고 이것을 포량미砲糧米라 했는데, 수만 석에 이르렀다. 관리들이 이것을 핑계 삼아 농간까지 부렸으니, 남도 백성들이 더욱 곤경에 빠졌다.

북촌에서 노론의 썩는 냄새가 나다

남인 최우형崔遇亨이 잇달아 높은 벼슬에 발탁되어 이조판서와 홍문관제학을 거쳐 군君에 봉해져 충훈부忠勳府를 아울러 관장했다. 그가 한번은 초헌軺軒을 타고 북촌에 이른 적이 있었는데, 부채를 들어 코를 가리며 말했다.

"노론의 썩는 냄새가 어찌 이다지도 고약하게 나는가?"

도성 큰길에서 종각 북쪽을 북촌이라 부르는데 노론이 살았으며, 남쪽을 남촌이라 부르는데 소론 이하 삼색三色*이 섞여 살았다.

대원군이 자신의 무덤 위에 아소당을 짓다

공덕리 강가 동작나루 하류에 산기슭이 아름답고 여염집이 즐비한 곳이 있는데, 운현이 민가를 철거하고 자신의 수장壽藏*을 만들었다. 그 위에 당을 세워 광중壙中*을 덮고, 당의 이름을 아소당我笑堂*이라 했으며, 광중을 우소처尤笑處라 하고,

삼색 서인은 노론과 소론으로 나누어졌고, 동인은 남인과 북인으로 나누어졌는데, 노론이 정권을 오래 잡자 나머지 세 당파를 삼색이라 했다.

수장 살아 있을 때 미리 만들어 놓은 무덤.

광중 시체가 놓이는 무덤구덩이.

아소당 지금의 서울시 마포구 염리동 동도중고등학교 자리에 있었다. 무덤은 1927년에 파주 대덕리로 옮겼고, 아소당은 1962년에 봉원사로 옮겨 세웠다.

신헌申櫶에게 명하여 당기堂記를 짓도록 했다.

미국 군함의 침입을 막다가 어재연이 전사하다

신미년〔1871, 고종 8년〕여름에 미국인들이 강화도를 침범했는데, 전병사 어재연魚在淵이 순무중군巡撫中軍으로 나가 싸우다가 패해 죽었다. 어재연은 군사를 이끌고 광성보廣城堡로 들어가 배수진을 치고도 척후병을 세우지 않았다. 적군은 안개가 낀 틈을 타 엄습했으며, 보堡를 넘어 난입했다. 어재연은 칼을 빼들고 맞서 싸웠지만 칼이 부러졌다. 그래서 연환鉛丸을 움켜쥐고 던졌는데, 맞은 자들이 그 자리에서 쓰러졌다. 그러나 연환마저도 다 떨어지자 적들이 그를 창으로 마구 찔렀다. 그가 반걸음도 물러서지 않고 그 자리에서 죽자 적들이 그의 머리를 베어 갔다. 어재연은 이미 죽었지만 적들은 또 다른 방

강화도 앞바다에 정박한 미국 극동 함대
1871년 미국의 로저스 제독이 이끄는 군함 세 척이 강화도에 침입함으로써 최초의 조미 전쟁인 신미양요가 일어났다. 미국은 1866년에 대동강에서 불타 침몰한 제너럴셔먼 호 사건에 대해 응징하고 조선 개항을 위해 원정을 결행했다. 그러나 미국의 목적은 무위로 끝났고, 그 결과 위정척사사상에 젖어 있던 대원군은 쇄국책을 더욱 강화하여 각지에 척화비를 세웠다.

비가 있는 줄 알고 곧 달아났다.

　패보가 전해지자 조정과 민간에서는 깜짝 놀랐다. 조정에서는 그를 병조판서에 추증하고 시호를 충장忠壯이라 했다. 그의 상여가 돌아오자 운현이 조정에서 이렇게 말했다.

　"어魚 병사兵使의 상여를 맞이하지 않는 자는 모두 천주학을 하는 자다."

　이에 모두 조정을 비우고 나가 맞았는데, 수레와 말이 수십 리나 이어졌다. 어느 노인이 말했다.

　"순조 계유년[1813, 순조 13년] 충장공忠壯公 정시鄭蓍* 이후 처음 있는 일이다."

　어재연의 아우 어재순魚在淳도 백의종군했다가 형과 함께 죽었다. 그도 이조참의에 추증되었다.

민란이 자주 일어나다

기사년[1869, 고종 6년] 봄에 지방 도적들이 광양을 함락하여 현감 윤영신尹榮信을 사로잡았다. 신미년[1871, 고종 8년] 봄에는 영해 백성들이 난을 일으켜 부사 이정李烶이 달아나다가 죽었다. 그리하여 민심을 선동하여 반란을 일으키려는 자들이 많아졌다.

　윤영신은 낫 놓고 기역 자도 모르는 자로, 평소 호탕하여 운현에게 잘 보였다. 이에 공을 인정받아 통정대부通政大夫[정3품]에까지 올랐다.

　이정은 문정공文正公 이재李縡의 후손이다. 인척들이 귀하

정시 1811년 가산군수로 있을 때 홍경래의 난이 일어났는데, 반군에게 항복하지 않고 저항하다가 죽임을 당했다.

게 되고 번성했으며, 그가 절개를 지키다 죽은 것을 자랑했다. 관직과 시호를 내렸으며, 그 아들도 등용했다.

재상 정원용이 고종의 혼례에 폐백함을 지다

경산經山 정원용鄭元容은 소과와 대과에 모두 회방연回榜宴*을 맞았고, 또 회혼례도 지냈다. 세 아들을 두었는데, 맏아들 정기세鄭基世는 벼슬이 판서에 이르렀고, 손자 정범조鄭範朝는 참판*에 이르렀다. 이는 모두 그의 생전의 일이었다. 복록을 완전히 누리고 수고壽考하고 강녕하기로 근세에 그에 견줄 만한 자가 없었다. 금상이 혼례를 올릴 때 복이 많은 사람을 택하여 책례사冊禮使로 삼아 폐백함을 지게 했는데, 그가 뽑혔다.

병인양요 때 김병기가 도성으로 돌아오다

병인양요 때 김병기가 여주에 있었는데, 서울이 뒤숭숭하고 사방으로 피난 간다는 소문을 듣고 집안사람들에게 이렇게 말했다.

"우리는 대대로 나라의 은혜를 입었으니, 존망을 사직과 함께하는 것이 마땅하다. 너희는 죽음을 두려워하지 말라."

그러고는 그날로 가족을 이끌고 서울로 돌아왔다. 운현이 이 소식을 듣고 (그를 미워하던) 마음을 누그러뜨렸다.

회방연 과거에 급제한 지 육십 년이 되는 해에 치르는 잔치. 정원용은 90세까지 장수하여 회방연을 치를 수 있었다.

참판 참판이 아니라 우의정 총리대신까지 올랐다.

양요 때 달아난 자들을 벼슬에서 제외하다

시골 사람으로 서울에서 벼슬하던 자들 가운데 양요洋擾가 일어나자 달아나는 자들이 잇달았다. 이에 운현이 노하여 《잠영록簪纓錄》*을 펼쳐 그들의 이름 옆에다 모두 선仙 자를 써놓았으니, 그들이 죽었다고 인정한 것이다. 난리가 평정되자 그들을 물리치고 등용하지 않았다.

이항로와 기정진을 산림에서 발탁하다

광해군 때 이이첨李爾瞻이 정권을 잡았을 때 (산림처사로 이름난) 정인홍鄭仁弘을 천거하여 삼공三公의 자리에 앉혔다. 그들은 큰일을 처리할 때마다 안팎에서 서로 어울리며 유림의 여론임을 빙자하여 자신들의 뜻대로 행했다. 그때부터 집권

《잠영록》 벼슬 높은 관리들의 이름을 기록한 책. 잠영이란 관원들이 쓰던 비녀와 갓끈을 뜻한다.

이항로
1792(정조 16년)~1868(고종 5년). 조선 말기의 성리학자로, 호남의 기정진, 영남의 이진상과 더불어 침체되어 가는 주리철학을 일으켰다. 일찍이 과거 응시를 포기하고 세속을 피해 성리학 연구에 힘을 쏟아 위정척사론의 사상적 기초를 마련했다. 병인양요 때는 입궐하여 대원군에게 주전론을 건의하기도 했다. 구한말 위정척사론자로 유명한 최익현, 김평묵, 류중교 등이 그의 문하에서 수학했다. 저서로 《화서집華西集》, 《화동역사합편강목華東歷史合編綱目》, 《벽계아언檗溪雅言》 등이 있다.

자들은 이들이 한 짓을 답습하여 정국이 한번 바뀔 때마다 임하林下에서 한 사람을 내세워 영수로 삼았다. 그중에는 현명한 자도 있고 간사한 자도 있었는데, 산림이라는 명분을 내세우지 않은 자가 없었다.

운현이 집권할 때는 그러한 산림처사가 없어 부끄럽게 여겼는데, 마침 벽계蘗溪 이항로李恒老와 노사蘆沙 기정진奇正鎭이 양경항의척사洋警抗議斥邪˙를 주장했다. 그중 벽계의 상소문이 더 강직하여 당시에 백 년 이래 가장 이름난 상소라고 불렀다. 이항로와 기정진은 함께 갑작스럽게 발탁되어 아경亞卿˙에 이르렀다. 두 사람의 학술과 문장은 많은 사람들의 기대에 부응했고, 입신하는 과정에서도 본말이 있었으니, 예전에 지름길로 벼슬에 나아가 권력자에게 머리를 굽히던 자들과는 분명 달랐다.

사대부에게서도 군포를 거두다

군정軍丁 명부에 오른 자들에게 군역을 베로 대신하게 하면서 폐단이 많아졌다. 이는 약한 백성들에게는 뼈에 사무치는 원한이 된 반면, 사족들은 한가롭게 노닐며 죽을 때까지 신역身役을 부담하지 않아도 되었다. 예전에 이름난 많은 신하들이 이를 반대했지만 관습에 끌려 끝내 개혁하지 못했다. 갑자년〔1864, 고종 1년〕초에 운현이 이러한 백성들의 원성을 힘껏 떠맡으면서 귀천을 막론하고 해마다 장정 한 사람당 이 민緡씩 내게 했으니, 이를 동포전洞布錢이라 했다.

양경항의척사 서양인들의 침범에 항의하고 천주교를 배척하자는 뜻.

아경 卿 바로 아래 벼슬로, 육조의 참판(종 2품)을 가리킨다.

척양비를 세우다

경오년(1870, 고종 7년)과 신미년(1871, 고종 8년) 무렵, 각 주와 현에 명을 내려 척양비斥洋碑를 세우라 했다. 비문에는 다음과 같이 썼다.

"서양 오랑캐가 쳐들어오니 싸우지 않으면 화해하자는 것이다. 화해를 주장하면 나라를 파는 것이니, 우리 만대 자손에게 경계하노라."

명당을 써서 이시원이 태어나다

이시원은 호가 사기沙磯이며 27세에 과거에 급제했다. 그의 오대조 이진급李眞伋은 이진유李眞儒·이진검李眞儉과 형제였는데, 이진유와 이진검이 당파 싸움에서 패하자 그의 집까지 연루되어 양 대에 걸쳐 정배定配˙와 금고禁錮에 처해졌다. 이진급의 손자인 이충익李忠翊은 호가 초원椒園으로, 강화도의 초봉椒峰 밑에 살았는데 폐족이 되어 벼슬을 할 수 없었다. 그는 의술에 정통하고 풍수에도 밝았으며 문장이 기이하여 세상에서 삼절三絶로 불렸다. 일찍이 강화도 동쪽 둔포芚浦에 선조의 묘를 쓰고 이렇게 말했다.

"우리 자손 가운데 분명 세상에 이름을 떨칠 자가 나올 것이다."

또 이렇게 말했다.

"이곳은 백로가 날아들면 복이 깃드는 백로하수형白鷺下水

˙ 정배 죄인을 지방이나 섬으로 보내 일정 동안 감시를 받으며 생활하게 한 형벌.

形이다."

그의 아들 이면백李勉伯이 진사시에 합격하자 사람들이 축하했는데, 이충익은 이렇게 말했다.

"아직 때가 되지 않았다."

이시원이 과거에 급제하기 몇 년 전에 백로가 조금씩 날아드니, 이충익이 손가락을 꼽아 보며 말했다.

"이상하다. 어째서 맞지 않는가?"

이시원이 급제했다는 소식이 전해지자 그가 웃으며 말했다.

"꼭 이런 일이 있을 줄 알았다."

그 뒤 얼마 안 되어 이충익은 세상을 떴다. 이시원은 명망과 충절로 널리 알려졌고, 그의 손자 이건창은 문장으로 한 시대를 울렸으며 일찍이 벼슬에서 고결하게 물러나 당세의 명신으로 이름을 떨쳤다.

이시원의 글씨
이시원[1790(정조 14년)~1866(고종 3년)]은 조선 후기 문신으로, 충의와 강직으로 이름이 높아 특히 철종의 신임이 두터웠다. 양명학을 근본으로 한 그의 학문 경향은 관직 생활 동안 소외된 백성들에 대한 호의로 나타났다. 향리인 강화도에서 지내던 중 병인양요가 일어나자 아우인 이지원과 함께 유서를 남기고 자결했다. 뒤에 영의정에 추증되었으며, 저서로 시문집인 《사기집沙磯集》이 있다.

철종이 이시원을 자주 낙점하다

철종은 유약하고 아둔한 자질을 타고났다. 게다가 김씨에게 견제당해 관리 한 사람을 뽑을 때조차도 자기 뜻대로 하지 못했다. 그가 (강화도) 잠저에 있을 때 이시원과 같은 마을에 살았는데, 이 승지가 좋은 관원이라는 말을 익히 듣고 속으로 기억해 두었다.

철종은 임금 자리에 오른 뒤 관리를 임명할 때마다 이시원의 이름이 주의注擬*에 있는 것을 보면 그의 이름이 비록 부망副望이나 말망末望에 올라 있더라도 꼭 서열을 건너뛰어 기꺼이 그를 낙점落點했다. 개성유수 자리가 비었을 때도 손수 이시원의 이름을 추가해 쓰고 낙점했다. 그리하여 이시원은 삼년간 개성에 살았는데, 이건창도 유수 관아에서 낳았다. 이건창의 아명이 송열松悅이었는데, 이는 개성을 송도松都라고 불렀기 때문이다.

귀신같은 감식안을 가진 이시원

우리나라 제도에 성균진사과成均進士科*는 인寅·신申·사巳·해亥년에 치르고, 회시會試*는 자子·오午·묘卯·유酉년에 치렀다. 식년式年 때마다 경시관京試官을 지방으로 나누어 보내 향시鄕市에서 주관하여 인재를 뽑도록 했는데, 여기서 합격한 자를 초시初試라 불렀다.

삼남과 평안도는 좌소左所와 우소右所로 나누어 시험을 치렀으므로 각 도에 두 명씩 보냈고, 강원도·함경도·황해도는 각 도에 한 명씩 보냈다. 오직 경기도만은 서울에서 1소와 2소로 나누어 경기도와 서울의 선비들로 하여금 시험을 보게 했는데, 다른 지방에서 서울로 올라와 시험 보기를 원하는 자들도 모두 허용했다. 응시자가 많았으므로 뽑는 인원도 많았는데, 그 수가 일곱 도에서 뽑은 인원의 절반이나 되었다. 서

주의 벼슬아치를 임명할 때 임금에게 후보자 세 사람을 정해 올리던 일을 말한다. 문관은 이조에서, 무관은 병조에서 정했는데, 이들 후보자를 차례로 수망首望·부망·말망이라 했다. 이 가운데 임금이 마음에 드는 사람의 이름에다가 표시를 했는데, 이를 낙점이라 한다.

성균진사과 문과는 세 차례에 걸쳐 치렀는데, 진사를 뽑는 이 첫 시험을 소과小科나 사마시司馬試라고 했다. 이 시험에 붙으면 성균관에 들어가 대과大科를 치르기 위해 더 공부했다.

회시 각 지방에서 초시에 합격한 자들이 도성에 모여 치르는 복시覆試로서, 여기서 합격하면 마지막으로 임금 앞에서 전시殿試를 치렀다.

울은 밖이 따로 없다는 뜻을 나타내 보인 것이다.

시험 규칙은 차츰 느슨해졌다. 처음에는 법이 매우 엄하여 아버지와 아들이 함께 응시할 수 없었고, 한 사람이 다른 곳에서 시험을 보고자 하면 증명서를 받아 와야만 했는데 이를 '월소越所'라 한다. 증명서가 없이 월소한 자는 비록 합격하더라도 그 이름을 뺐는데, 이를 '발거拔去'라 한다. 다만 서울에 와서 응시한 자는 1소와 2소를 막론하고 증명서를 따지지 않았다. 순조 중엽까지만 해도 과거 시험의 규칙이 크게 허물어지지 않아서 경시관은 반드시 당대에 가장 뛰어난 사람으로 골랐다. 문장이 뛰어나지 못한 사람은 아무리 문벌이 좋다고 하더라도 경시관으로 뽑힐 수 없었다.

이시원이 영남 좌도에서 향시를 주관하여 명망이 높았는데, 그 뒤 영남 우도에서 식년시를 주관했다. 대구는 영남 좌도의 관할 지역이었다. 대구의 응시자 가운데 이씨 성을 가진 자가 지난번 이시원이 주관한 향시에서 뽑혔는데, 올해는 서울로 가서 시험을 보려고 새재를 지나다가 이시원이 영남 우도의 시험을 주관한다는 소문을 들었다. 그는 발길을 돌려 영남 우도로 오며 생각했다.

'이분이 온 걸 일찍 알았더라면 어찌 꼭 서울로 갔으랴. 내 반드시 합격하리라.'

과연 그는 수석으로 뽑혔다. 수석으로 뽑힌 자의 답안지는 곧 조리棗籬*에 내다 걸었는데, 이를 휘장麾壯이라 한다. 이시원이 휘장 뒤로 가서 여러 사람들에게 말했다.

"이 글은 대구에 사는 이 아무개의 글이 아닌가. 이 사람은 내가 예전에 뽑은 사람으로, 그가 아니면 이런 글을 지을 수

조리 과거 시험장 주위에 꽂아 놓은 작은 대추나무.

가 없다. 내가 온다는 소문을 듣고 왔을 것이고, 또 휘장되었을 것이다. 그러나 증빙 문서가 없으니 법을 어긴 것을 어찌하랴. 부득이 발거할 수밖에 없다."

이에 그의 어머니는 한탄했으나 그 사람은 기뻐 뛰면서 말했다.

"휘장도 세상에 있고 발거도 세상에 있다. 또한 시관의 귀신같은 감식안도 있으니, 오늘의 나처럼 기이한 인연도 있지 않으랴."

그는 눈물을 흘리며 고무되어 돌아갔다. 영남 사람들은 지금도 그 일을 이야기하며 아까워한다.

금상 경진년〔1880, 고종 17년〕봄에 왕세자가 천연두를 앓다가 쾌차하자 증광경과增廣慶科*를 실시했다. 서울 1소와 2소에 방이 나붙자 비방 여론이 들끓었는데, 임금이 매우 노하여 방을 파할 것을 명하자 지방도 함께 파했다. 얼마 뒤 다시 시험장을 설치하고 지난번에 주관한 시관들로 하여금 주관하게 했다. 마침 영남 우도의 시관 조병필趙秉弼이 친상을 당해 이교하李敎夏가 그 자리를 대신하게 되었다. 그가 도착하기 전에 이건창이 시관으로 영남에 내려온다는 헛소문이 돌았다. 두메산골에서 이따금 칠, 팔십을 바라보는 노인 응시자들이 서로 부축하고 걸어오면서 말했다.

"우린 강화 이 판서가 과거 시험을 주관하던 것을 봤지. 이번에 오는 시관이 이 판서의 손자라니 어찌 가보지 않겠는가."

그러나 와서 살펴보고는 이건창이 아닌 것을 알고 모두 흩어져 돌아갔다.

*증광경과 식년이 아니더라도 나라에 큰 경사가 있을 때 실시하던 임시 과거 시험.

미국 상선 제너럴셔먼 호를 박규수가 불태우다

무진년〔1868, 고종 5년〕*에 박규수朴珪壽가 평양감사가 되었다. 미국인 최란헌崔蘭軒〔로버트 저메인 토머스; Robert J. Thomas〕이 군함 한 척을 이끌고 밀물을 타고 대동강으로 들어왔다가 썰물이 되자 움직이지 못했다. 박규수가 상금을 걸고 그들을 붙잡을 수 있는 자를 구했는데, 한 장교가 나섰다. 그는 조그만 고깃배 수백 척을 모아서 땔감을 가득 실어 불 지르게 하고, 쇠뇌를 잘 쏘는 궁수를 뽑아 고깃배에다 주살을 매고 일제히 화살을 당기게 했다. 쇠뇌는 맹렬하고 고깃배는 가벼운지라 미국 군함 둘레로 고슴도치처럼 모여들었다. 군함 안에 있는 인화물에다 불을 지르자 군함 전체가 다 타버렸다. 적들은 사나운 불길 속에서 함께 뛰쳐나와 날래게 물살을 헤치며 달아났다. 뒤쫓아 가며 대포를 쏘았더니 네댓 사람이 넘어졌다. 이 일이 조정에 알려지자 박규수는 품계가 올랐고, 장교는 상을 받아 진장鎭將이 되었다.

* 무진년 실제로는 병인년(1866, 고종 3년)의 일이다.

박규수
1807(순조 7년)~1877(고종 14년). 북학파 거두인 연암 박지원의 손자로, 일찍이 정약용과 서유구 등을 사숙하며 실학적 학풍에 눈을 떴고, 1860년대에서 1870년대에 걸쳐 대외적 위기에 대응하면서 점점 개화사상으로 관심이 옮겨 갔다. 그는 제너럴셔먼 호 사건과 신미양요를 겪고도 미국과 먼저 수교 맺기를 힘써 고립되는 우환을 면해야 한다고 주장했는데, 이는 당시로서는 매우 진취적인 견해였다. 북학파와 개화파를 잇는 중심인물로서, 김옥균·박영효·김윤식·유길준 등 개화 운동의 선구자들이 그의 문하에서 배출되었다. 저서로 《환재집瓛齋集》, 《환재수계瓛齋繡啓》가 있다.

박규수, 척화파에서 개화파로 돌아서다

박규수는 관청 일에 통달하고 문학으로도

조선, 개화의 길로 들어서다
강화도조약

1854년 미국의 압력에 못 이겨 개항한 일본은, 열강에 의한 불평등 조약의 멍에를 벗어나려면 스스로 제국주의적인 강대국 반열에 올라야 한다는 것을 절감했다. 그러나 서구 여러 나라와 정면 대결할 수 없는 그들에게 방법은 한 가지뿐이었다. 그것은 자신들보다 뒤처진 주변 국가들을 병탄倂吞하여 아시아에서 절대 강자가 되는 것이었다. 이를 위해서는 대륙으로 통하는 길목에 있

조약 체결을 강요하려고 강화도 앞바다에 나타난 일본 함대

는 한반도를 반드시 차지해야만 했다.

운양호雲揚號 사건은 일본이 강제로 조선을 개항하기 위한 첫 신호탄이었다. 1875년 9월 20일 일본은 한 척의 군함을 이끌고 서해 최전선 요새인 강화도 초지진에 접근했다. 조선은 정체 모를 괴선박의 침입에 즉각 선제 발포에 나섰다. 이에 운양호도 기다렸다는 듯이 월등히 성능이 앞서는 무기를 내세워 초지진을 초토화했고, 그 여세를 몰아 영종도에도 무차별 사격을 가하고 방화와 약탈을 자행했다. 그 결과 일본군은 겨우 두 명만 부상을 입은 반면, 조선군은 서른다섯 명이 전사하고 열여섯 명이 포로로 잡혔으며, 백성들의 손실도 이만저만이 아니었다.

이로써 기선 제압에 성공한 일본은 다음 해 운양호 사건의 책임을 추궁한다는 핑계로 대규모 병력과 함께 강화도에 다시 나타났다. 이는 물론 무력으로 조선을 협박하여 통상 조약을 맺으려는 것이었다. 당시 조선은 쇄국책을 고집하던 대원군이 물러난 상태였고, 그 대신 민씨 세력이 늑세하며 이 기회를 통해 대원군 세력을 약화하려고 했다. 대외적으로는 유일한 우방으로 여겨온 청나라가 "만일 조선이 일본과 통상을 끝내 거부한다면 그 뒤의 일은 책임질 수 없다"고 함으로써 사실상 방관적 태도를 취했다. 결국 1876년 2월 26일 조선은 국제 조약에서도 찾아보기 힘든 불평등한 일본의 요구를 대부분 수용함으로써 일을 일단락 지었다.

여기서 특히 주목할 것은 조선과 일본이 평등한 권리를 갖는다는 제1조 내용이다. 이는 표면적으로는 조선의 자주를 인정하는 것인 듯하나 사실은 청나라와 조선의 사대 관계를 부정하는 것이다. 이로써 일본은 조선에 대한 청나라의 영향력을 약화하려고 한 것이었다.

이름나 당시 쓸 만한 인재로 추앙받았다. 다만 운현 시절에는 서양 세력을 배척하자고 힘껏 주장하다가 (고종이 직접 다스리기 시작한) 갑술년〔1874, 고종 11년〕 이후로는 왜국과 외교를 트자고 주장하여 시류에 영합하는 태도를 취했으므로 사람들이 그를 의심했다.

최익현이 운현을 배척하라고 상소하다

최익현崔益鉉은 경주 사람으로, 대대로 포천에서 살았다. 이항로의 문하에서 배웠으며, 철종 때 명경과明經科로 뽑혔다. 신창군수로 있을 때 백성들을 은혜롭게 다스렸다고 이름이 높았다. 그 후 오래도록 등용되지 못해 집에서 머물렀다.

계유년〔1873, 고종 10년〕 봄에 최익현이 운현을 권신으로 지목하는 상소를

최익현
1833(순조 33년)~1906(고종 43년). 한말의 애국지사로, 위정척사론의 거두인 이항로의 문하에서 성리학의 기본과 우국 애민 정신을 배웠다. 1868년에 올린 그의 상소는 경복궁 재건을 위한 대원군의 정책을 비판한 것으로, 대원군 하야의 계기가 되었다. 이에 고종의 신임을 받아 호조참판에 제수되었으나 간곡히 사양했고, 이어 민씨 일족을 비판한 상소를 올렸다가 과격하다는 이유로 제주도로 유배되었다. 삼 년간의 유배 생활을 마친 그는 관직 생활을 청산하고 위정척사의 길을 걸었다.

올렸으나 임금이 부드럽게 비답을 내렸다. 운현은 분노를 이기지 못해 문을 닫고 직무를 거부했지만 임금은 문안 인사도 하지 않았다. 얼마 뒤 운현 스스로 임금 앞에 가서 자신의 수고로움을 말했지만 임금은 묵묵히 있었다.

이에 서석보徐碩輔 등이 떼 지어 최익현을 공격하며 "골육을 이간시키고 임금을 핍박하여 천륜을 멀어지게 만들었다"고 했다. 서석보가 상소에서 "요순의 도는 효제일 따름이다"라는 말까지 하자 임금이 크게 노여워하여 서석보를 친국할 때 묶어 매달아 거의 절명할 지경에 이르게 했고, 임자도荏子島로 천극안치荐棘安置하라는 엄명을 내렸다. 이어 최익현을 발탁하여 호조참판에 이르게 했으나, 최익현이 상소를 올려 간곡히 사양했다.

청전을 못 쓰게 하자 상품과 돈이 유통되지 않다

청전清錢을 못 쓰게 한 것은 갑술년〔1874, 고종 11년〕 정월부터다. 그때까지 서울이나 지방에서 교역에 쓰인 것은 청전뿐이었는데, 하루아침에 명을 내려 청전을 못 쓰게 하니 온 나라에 전황錢荒*이 생겨 상품이 유통되지 않고 실업자가 많아졌다. 상평전常平錢을 쌓아 둔 사람들은 장롱 속에 쟁여 놓고 몇 곱절이나 이문을 남겼다. 몇 달이 지나서야 차츰 유통되기 시작했다.

전황 돈이 잘 유통되지 않아 귀하게 되는 현상.

민씨들이 정권을 잡자 백성들이 대원군 시절을 그리워하다

운현이 정권을 잡은 십 년간 안팎으로 위엄이 두루 미쳤다. 대원위분부라는 다섯 글자가 삼천리에 바람처럼 행해졌는데, 천둥이나 끓는 물 같아서 관리와 백성들이 무서워했으며, 관청의 법률이라면 언제나 두려워했다. 아침저녁으로 헛소문이 마구 나돌았고, 시골 사람이 서울에 오면 붙잡아 죽인다고도 했다. 깊은 산골이나 먼 바닷가의 백성들이 이를 원망하고 탄식하며 살고 싶어 하지 않았다. (그러다가 운현이 정권을 내어 놓자) 서로 기뻐하며 축하했다. 어떤 사람은 이렇게 말했다.

"운현이 정권을 내어 놓지 않았다면 나라가 망해 오늘 같은 날도 없었을 것이다."

그러나 민씨들이 정권을 잡은 뒤로 백성들은 그 착취를 견디지 못해 자주 탄식하며 도리어 운현의 정치를 그리워했다. 이는 후한後漢 백성들이 슬퍼 탄식하면서 망조莽朝* 시절을 다시 생각한 것이나 마찬가지이니, 운현의 어진 덕이 남아 있어서 그런 것은 아니었다.

고종이 정권을 잡으면서 남인들을 숙청하다

남인 재상의 자제 가운데 젊은 나이에 이름이 나 운현의 사인私人이 된 자는 다 헤아릴 수 없지만, 특히 한기동韓耆東·최봉구崔鳳九·채동술蔡東述·권정호權鼎鎬·정현덕鄭顯德 등이 두드러진다.

망조 왕망王莽이 전한前漢을 멸망시키고 잠시 신新나라를 세웠는데, 이 나라를 망조라 부른다. 한나라의 왕족들은 곧 신나라를 멸망시키고 후한을 세웠다.

갑술년〔1874, 고종 11년〕초에 (고종이 정권을 잡으면서) 이들에게 비밀리에 봉한 글을 내려 성 밖에 나가서 열어 보라고 했다. 열어 보니 멀리 변방으로 가서 한가롭게 살라는 내용이 들어 있었다. 여기에는 북인 신헌구申獻求도 끼여 있었다. 여섯 사람이 창황히 길을 떠나니, 실은 유배였다. 삼, 사 년 뒤에 차츰 돌아왔는데, 모두 안면을 바꾸고 민씨들에게 달라붙어서 벼슬이 높아졌다. 다만 권정호는 안기영의 역모 사건에 참여하여 신사년〔1881, 고종 18년〕겨울에 처형당했고, 채동술도 그 사정을 알면서 고발하지 않았다 하여 함께 처형당했다.

대원군을 송시열처럼 대로로 추대하다

현종과 숙종 때 서인들이 우암 송시열을 추대하여 대로大老라고 불렀는데, 운현도 일찍이 스스로 호를 지어 "나도 대로다〔我亦大老〕" 하며 우암을 조롱했다. 계유년〔1873,

고종
1852(철종 3년)~1919. 조선 제26대 국왕으로, 1864년부터 1907년까지 재위했다. 흥선군의 둘째 아들로, 흥선군과 익종 비인 조 대비 간의 묵계에 의해 임금이 되었다. 그러나 12세의 어린 나이였으므로 조 대비가 수렴청정하게 되었고, 흥선군은 흥선대원군으로 높여져 국정을 총괄했다. 그러나 고종이 장성하면서 친정에 대한 의욕을 보이자 대원군과 대립하게 되었다. 마침내 1873년에 대원군이 하야하자 정권은 민씨 척족이 장악했다.

고종 10년]에 최익현이 상소한 뒤, 성균관생 이세우李世愚가 대원군을 높여 대로라 부르자고 청했다. 임금이 매우 옳다고 하여 (권좌에서 물러나는) 대원군을 겉으로나마 높여 대우하려는 뜻을 보였다. 이세우도 임금의 뜻을 헤아리고 그렇게 청한 것이었다.

흥인군 이최응이 민씨들의 심부름꾼이 되다

흥인군 이최응은 아우 대원군과 평소 사이가 좋지 않았다. 민승호閔升鎬가 이최응을 추대하여 영의정으로 삼고 대원군과 맞서도록 했다. 임금에게 아뢰기 난처한 일이 생기면 반드시 이최응을 시켜 임금 앞에 나아가 아뢰게 했다. 이최응이 그들의 심부름꾼*이 되는 것을 좋아하여 그 남은 찌꺼기를 핥아먹자 운현이 몹시 한탄했다. 운현이 그의 침실을 찾아간 적이 있었는데, 휘장을 걷어올리고 뚫어지게 바라보다가 이렇게 말했다.

"형님께서 오래도록 나오지 않으시니 수양대군 같은 음모라도 꾸미는 것입니까?"

당시 이최응은 병중임을 알려 왔다.

민승호가 정권을 잡자 기강이 해이해지다

민승호는 성품이 부드럽고 온화하지만 아둔하고 잘 잊어버렸

심부름꾼 원문에 나오는 '창倀'은 범의 앞장을 서서 먹을 것을 찾아 준다는 못된 귀신을 가리킨다.

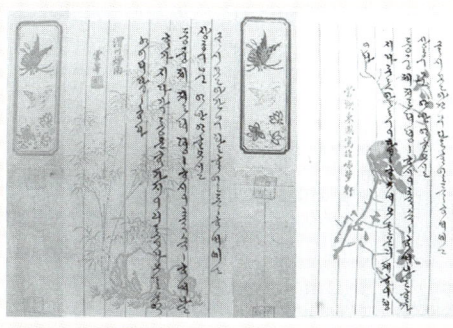

명성황후가 민승호에게 보낸 한글 편지
1874년 스물넷의 한창인 명성황후가 오빠 민승호에게 보낸 한글 편지로, 을사조약 이후 민영환의 가문에서 전해 내려오던 것이다. 명성황후는 이 편지에서 당시 대원군의 그늘에서는 벗어났지만 어수선한 국내외 정치 상황으로 편치 않은 심신을 털어놓았다. 민승호는 1873년 대원군의 실각과 함께 민씨 족당의 수령으로서 국정 전반에 관여했다. 그러나 1874년 폭탄이 내장된 소포가 우송되어 가족과 같이 폭사했다.

다. 하루아침에 국정을 맡다 보니 기강을 제대로 잡지 못해 아랫사람들이 두려워하지 않고 곧잘 속였다. 결국 반년도 채 되기 전에 모든 법도가 해이해지고 보는 이들이 어지러워했다.

얼마 안 되어 생모 상을 당했으므로 머리를 숙이고 여막廬幕●을 지키느라 대궐에 나가지 못했다. 이에 봉서封書로만 의견을 주고받으니 때에 맞게 정사를 처리할 수가 없었다. 임금을 사사롭게 뵙는 무리가 또한 중전의 뜻에 따라 정사를 돌보니, 정문政門이 쥐구멍 같아지고 권력도 많이 새어 나갔다.

김보현이 선혜청 일을 맡아 국고를 빼돌리다

호조와 선혜청宣惠廳은 나라의 전곡錢穀을 맡아 다스리는 관청이다. 선혜청은 쌀과 베를 전적으로 관할했으므로 재부아문財賦衙門이라고 불렀다. 따라서 청렴과 검약으로 스스로 지키더라도 녹봉이 아주 많았다. 예로부터 호조판서와 선혜청 당상

● **여막** 제연이나 무덤 가까이 두어 상제가 거처한 초막. 부모상을 당하면 벼슬을 내어 놓고 여막에 머물며 삼년상을 치렀다.

관, 훈련대장은 회계하는 일이 없었다. 이 세 자리는 마음대로 전곡을 끌어 쓸 수 있었는데, 나중에라도 감사를 받는 일이 없었다.

김보현金輔鉉이 몇 년간 선혜청 일을 맡았는데, 창고지기나 조졸漕卒*들과 같이 짜고 간악한 짓을 저질렀다. 양곡을 실은 배가 물에 빠졌다고 속여 남몰래 빼돌리기도 했고, 창고 쌀을 제멋대로 팔아서 이익을 챙기고는 쌀 대신 돈을 내놓기도 했다. 그리하여 선혜청에 저장해 둔 쌀이나 베는 차츰 없어졌고, 장안 백성들은 구제받을 길이 없어졌다. 김보현의 전원은 더욱 살졌고, 누각도 잇달아 들어섰다. 풍류를 즐기는 가락도 당대에 으뜸이었다.

대원군이 십 년간 모은 국고를 일 년 만에 탕진하다

원자가 탄생하면서 궁중에서는 복을 비는 제사를 많이 벌였는데, 팔도 명산을 두루 돌아다니며 지냈다. 임금도 마음대로 잔치를 베풀었으며, 하사한 상도 헤아릴 수 없었다. 임금과 중전이 하루에 천금씩 썼으니, 내수사內需司의 재정으로는 감당할 수가 없었다. 결국 호조나 선혜청에서 공금을 빌려 썼는데, 재정을 맡은 신하 가운데 그것이 잘못되었다고 따지는 자가 한 명도 없었다. 그리하여 운현이 십 년간 모은 것을 일 년도 안 되어 모두 탕진했다. 이때부터 벼슬을 팔고 과거를 파는 나쁜 정치가 잇달아 생겨났다.

조졸 지방에서 세금으로 거둬들인 곡식을 배에 실어 도성으로 나르는 일을 맡은 뱃사공.

까치 판서 정기세

정기세鄭基世는 정원용의 아들이다. 정씨 집안은 재상을 많이 배출했는데, '화이근신和易謹愼'을 집안 대대로 지키는 규범으로 삼았다. 혁혁하게 높은 벼슬을 했으나 내세울 만한 기풍이 없어 세상에서는 그 집안을 대수롭지 않게 여겼다. 정기세는 더욱 겸손하게 자신을 지켜 남들의 뜻을 거스르지 않았으며, 남에게 좋은 소식 전하는 것을 좋아했다. 그래서 당시 사람들이 그를 까치 판서라고 불렀다.

민승호의 집에 불이 나 삼대가 타 죽다

병자년〔1876, 고종 13년〕봄에 경복궁에 불이 나서 고종이 창덕궁으로 이사했다. 그때 민승호의 집에도 불이 나 그가 타 죽었으며, 얼마 뒤에는 흥인군 이최응의 집에도 불이 났다.

당시 민승호는 삼년상을 치르는 중이었는데, 산승으로 하여금 조용한 곳에서 자기 아들을 위해 복을 빌게 하고는 그를 기다리고 있었다. 하루는 바깥에서 함 하나가 전해져 왔는데, 기도하던 곳에서 그 스님이 와서 이렇게 말했다.

"골방에서 열어 보십시오. 이 속에 복이 담겨 있으니 바깥사람은 함께하지 못하게 하십시오."

민승호가 함을 전해 준 이를 찾았지만 이미 돌아간 뒤였다. 민승호는 반신반의했지만 그의 말을 따르기로 했다. 함을 보니 구멍이 있었는데, 자물쇠로 잠겨 있었다. 곁에 열쇠가 달려 있어 열어 보니 요란한 소리와 함께 불이 일어났다. 열 살인 그의 아들은 할머니*와 함께 그 자리에서 죽었고, 민승호는 높이 떴다가 떨어졌는데 온몸이 시커멓게 탄 채로 말 한 마디 하지 못하다가 하루 만에 죽었다. 죽을 때 그는 운현궁 쪽을 두세 번 가리켰다. 운현이 범인이라고 지목하는 여론이 자자했지만 누가 함을 보냈는지는 끝내 밝히지 못했다. 임금과 중전이 매우 슬퍼했는데, 명성왕후는 운현에게 더욱 이를 갈았지만 설욕할 길이 없었다.

마침 홍인군의 집에도 불이 났는데, 왕후는 운현이 홍인군에게 원한을 품어 일어난 일로 생각했다. 두 차례의 화재가 모두 운현의 음모에서 나온 것이라 여기고 곧 비밀스럽게 조사하여 장張씨 성을 가진 사람을 잡아들였다. 그는 신철균申哲均의 문객이었는데, 신철균은 예전 운현의 문하를 드나들던 자였다. 드디어 혹독하게 다루어 옥사를 벌였다.

대원군의 문객인 신철균이 방화범으로 처형되다

신철균은 초명初名이 효철孝哲로, 병인년(1866, 고종 3년)에 영종첨사로 재직하다가 서양인 유병遊兵(프랑스 해군) 몇 명의 목을 베고 진주병사晉州兵使로 승진했다. 갑술년(1874, 고종 11년) 이후로는 문을 닫고 집에 들어앉았지만, 방술方術을 좋아하여 잡객들이 많이 드나들었다.

그 무렵 장 아무개가 신철균에게 아무 날 홍인군의 집에 불이 날 것이라고 했는데, 얼마 안 가 그 말대로 되었다. 이

할머니 《매천야록》 국편본에는 '조祖'로 되어 있지만, 창강 교열본에는 '조모祖母'로 되어 있다.

말이 퍼지자 함께 체포되어 엄히 심문을 당했으며, 신철균이 거짓으로 자복하여 세 차례 화재를 모두 뒤집어썼다. 이로써 그는 대역죄로 참형을 당했고, 가산은 몰수되었으며, 처자는 멀리 보내져 노비로 충원되었다.

민영익이 민승호의 양자가 되다

민승호에게는 특별히 충정忠正이라는 시호를 내렸다. 민승호에게 아들이 없어 명성왕후가 양자를 들이려 했다. 당시 민겸호閔謙鎬·민두호閔斗鎬·민관호閔觀鎬 등에게는 모두 아들이 있어 (자신의 아들을 민승호의) 후사로 세우려 했지만, 왕후의 마음에 들지 않았다.

민태호閔台鎬에게 민영익閔泳翊이라는 아들이 있었는데, 촌수가 다소 멀기는 하나 영리하고 숙성하여 왕후의 마음에 들었다. 민태호가 거절하고 따르지 않자 그의 아우 민규호閔奎鎬가 윽박지르며 말했다.

"하늘의 뜻을 어찌 어길 수 있겠습니까. (양자로 보내) 함께 부귀를 도모하는 것이 더 나을 것입니다."

민태호가 허락하니 민영익은 드디어 민승호의 양자가 되고 왕후도 크게 기뻐했다.

민영익
1860(철종 11년)~1914. 조선 말기의 개화사상가로, 1875년 민승호가 죽자 그의 아들로 입양되어 명성황후의 친정 조카인 이른바 '죽동궁竹洞宮 주인'이 되었다. 개화당 인사들이 그의 사랑에 자주 드나들었는데, 임오군란이 일어났을 때는 민씨 척족 세력의 우두머리로 몰려 집이 파괴되기도 했다. 그러나 1884년 십개월에 걸친 미국·유럽 시찰을 마치고 돌아와서는 개화파와 다른 길을 걸었다. 개화파가 청나라의 그늘에서 벗어나 일본에 기대어 개화를 추진하려는 것과는 달리 그는 청나라와의 유대를 강조했기 때문이다.

덕분에 민규호는 이조판서 겸 도통사都統使가 되었다.

민규호가 자신의 호를 황사라고 하다

근세의 권문으로는 황산黃山을 손꼽는데, 황산은 김유근의 호다. 필가筆家로는 추사秋史를 쳐주는데, 추사는 김정희金正喜의 호다. 민규호는 이 두 사람을 흠모하여 자신의 호를 황사黃史라고 했으니, 권력은 황산처럼 되고 글씨는 추사같이 되고자 한 것이었다.

언제나 "옳다"고만 하는 영의정 이최응

흑전청륭黑田淸隆〔구로다 기요타카〕*이 처음 우리나라에 왔을 때 여러 고관들이 날마다 의정부에 모여 의논했다. 어떤 사람이 말했다.
  "응당 화해하는 것이 옳습니다."
  수상 홍인군 이최응이 "옳다"고 했다. 또 한 사람이 말했다.
  "응당 싸우는 것이 옳습니다."
  (홍인군이) 또 "옳다"고 했다. 또 한 사람이 말했다.
  "싸웠다가 이기지 못하면 어떻게 하겠소?"
  (홍인군이) 또 "옳다"고 했다. 또 한 사람이 말했다.
  "(싸웠다가) 이기지 못하면 (그때 가서) 화해합시다."
  (홍인군이) 또 "옳다"고 했다. 결국 가부를 결정하지 못하

흑전청륭 병자수호조약 체결 때의 일본 대표.

고 날이 저물어 흩어졌다. 이 때문에 서울에서는 그를 유유정승唯唯政丞*이라고 불렀다.

전라감사 정범조가 민폐를 끼치지 않다

날씨가 몹시 가물면 고을마다 곳곳에서 기우제를 지냈다. 수령이나 방백들도 축문을 지어 예에 따랐으니, 민폐만 더할 뿐이었다. 심지어는 절간에서 소를 잡고 술을 가져오게 하며 창기까지 데리고 노는 자도 있었다.

전라감사 정범조만은 조그만 나귀에 어린아이 하나만 데리고 다니면서 주전廚傳*을 번거롭게 하지 않았다. 그는 도내의 여러 산을 찾아다니며 직접 기도를 드렸는데, 무등산에서 기도를 드릴 때는 타는 듯한 햇볕 아래 앉아 머리가 땅에 닿도록 절하며 하늘에 부르짖었다. 그러자 그가 꿇어앉은 곳에 갑자기 구름과 안개가 끼면서 가는 빗줄기가 내리니, 백성들이 기이하게 여겼다.

정범조가 그해 9월에 모친상을 당했는데, 감사가 된 지 얼마 안 되었으므로 감영의 장부에는 아직 처리하지 못한 것이 많았다. 그의 아버지 정기세가 집권자에게 간청하여 후임으로 같은 당파의 사람을 오게 하여 미봉책을 세웠다. 그 뒤 이돈상李敦相이 전라감사로 임명되었다.

유유정승 유唯는 옳다는 뜻이니, 언제나 옳다고만 말하는 대신을 비웃는 말이다.

주전 주廚는 주방이나 음식점을, 전傳은 객사나 역마를 일컫는다. 관리가 출장 가면 늘 이러한 시설을 이용했다.

정범조가 전주 아전의 기강을 잡다

전주의 아전들은 돈 많고 성질이 사납기로 온 나라 안에서 으뜸이었다. 운현은 일찍이 이렇게 말했다.

"조선에는 세 가지 커다란 폐단이 있으니, 충청도 사대부와 평안도 기생과 전주 아전이 그것이다."

정범조가 감사로 있을 때 아전 하나가 한 선비에게 매질하여 욕보였는데, 정범조가 그를 죽이라고 명했다. 아전이 정기세에게 많은 뇌물을 주며 호소하자 정기세가 정범조를 불러 완곡히 타일렀다.

"아전이 참으로 죄를 짓기는 했다. 그러나 우리 집안은 이 감영에서 삼대째 벼슬하면서 한 사람도 죽인 적이 없었다. 너는 어찌 이것을 생각하지 않느냐?"

정범조가 대답했다.

"삼대가 이 감영에서 벼슬했으니 소자가 어찌 직책도 다하지 않으면서 녹봉만 타 먹겠습니까?"

정기세는 아무 말도 하지 못했다. 아전은 결국 죽임을 당했다.

김상현이 출세하기 위해서 스승 정약용을 떠나다

경대經臺 김상현金尙鉉은 젊었을 때 광주에 살면서 다산茶山 정약용丁若鏞에게 글을 배웠다. 나이가 많아지자 다산이 그를 사절하여 보내며 말했다.

"자네는 노론의 명문가 자제이니 어찌 나를 스승으로 받들어 친구들의 놀림거리가 된단 말인가. 북촌에 대산臺山 김매순金邁淳이 살고 있는데, 참으로 자네의 스승이 될 만하네. 자네는 그분을 스승으로 받들게나."

경대는 결국 대산의 뛰어난 제자가 되었지만, 그에게 가르침을 준 연원은 다산이다. 그런데 노년에 후배들에게 대산을 말할 때는 반드시 '선생'이라 부르고, 다산을 말할 때는 그냥 '다산'이라 불렀을 뿐이었다. 이 때문에 세인들은 그를 낮게 평했다.

정약용이 실학을 연구하다

정다산丁茶山의 이름은 약용若鏞으로, 남인이다. 정조 때 급제했는데, 벼슬은 승지에서 그쳤다. 일찍이 초계문신抄啓文臣*으로 내각에 들어가 크게 칭찬받았는데, 이 때문에 그를 시기하고 질투하는 자들이 많았다. 형 정약종丁若鍾의 옥사에 연좌되어 강진으로 귀양 갔다가 십구 년 만에 풀려났다.

그는 유배지에서 일이 없어 고금의 학문을 연구했고, 백성을 살리기 위한 정책에 유의하여 탐구한 것을 저술했다. 근원과 끝을 다 찾아내어 현실에 쓸모가 있는 학문이 되도록 힘썼으니, 모두 후세에 본이 될 만했다. 《목민심서牧民心書》, 《흠흠신서欽欽新書》, 《방례초본邦禮艸本》, 〈전제고田制考〉 같은 책이 그러하다. 우리 동방에서 이런 학문은 이전에도 없고 앞으로도 없을 것이다. 반계磻溪 유형원柳聲遠과 성호星湖 이익李瀷의

* 초계문신 조선 후기 규장각에 특별히 마련한 연구 과정을 밟던 문신.

추사 김정희가 쓴 다산초당 현판
다산 정약용[1762(영조 38년)~1836(헌종 2년)]의 일생은 크게 세 시기로 나눌 수 있다. 제1기는 정조의 지극한 총애를 받으며 벼슬살이하던 시절이요, 제2기는 귀양살이하던 시절이요, 제3기는 향리로 돌아와 유유자적하던 시절이다. 다산초당은 그가 유배 시절 십일 년간 머물던 곳으로, 《목민심서》를 비롯한 경세론經世論의 대작이 이곳에서 나왔다. 그의 학문은 무엇보다도 주자학의 공소한 이념을 거부하고 현실의 모순을 해결하기 위한 실천 정신을 강조했다는 점에서 우리 학문사에서 독자적인 위상을 갖는다.

학문과 견주어 보면 더욱 확대하여 넓힌 것이다. 그의 시, 문, 잡저로는 또한 《여유당집與猶堂集》 이백 권이 있다.

이서구가 정약용의 기억력을 시험하다

다산은 기억력이 뛰어나서 세인들은 계곡溪谷 장유張維*에 견주었다. 어느 날 강산薑山 이서구李書九* 대감이 영평永平*에서 대궐로 오다가 길에서 한 소년을 만났는데, 책을 한 짐 지고 북한산의 절로 가고 있었다. 열흘쯤 뒤에 고향으로 돌아가다가 다시 그 소년을 만났는데, 또 책을 한 짐 지고 오고 있었다. 강산이 이상하게 여겨 물었다.

"자네는 뉘기에 책도 읽지 않으면서 번거롭게 왔다 갔다 하는가?"

*장유 1587(선조 20년)~1638(인조 16년). 조선 중기의 문신으로, 김장생의 문인이다. 일찍이 양명학을 접한 그는, 당시 주자학의 편협한 학문 풍토에 대해 "학문이 실심實心 없이 명분에만 빠지면 허황한 것이 되고 만다"고 비판했다. 주자와 반대되는 것이 많다 하여 비판도 받았지만, 송시열은 "그는 문장이 뛰어나고 의리가 정자程子와 주자를 주로 했으므로 그와 견줄 만한 이가 없다"라고 했다. 천문·지리·의술·병술 등 각종 학문에 두루 능통했으며, 서화와 문장에도 뛰어나 이정구·신흠·이식과 더불어 조선 문학의 사대가로 불렸다.

소년이 대답했다.

"이미 다 읽었습니다."

강산이 놀라서 물었다.

"지고 있는 책이 무엇인가?"

"《강목綱目》입니다."

"《강목》을 어찌 열흘 만에 다 읽을 수 있단 말인가?"

"읽기만 한 것이 아니라 외울 수도 있습니다."

강산이 곧 수레를 멈추고 책 하나를 뽑아서 시험했더니 돌아서서 잘 외웠다. 이 소년이 바로 다산이었다.

이최응과 심순택이 시험을 주관하면
실력 없는 자들이 좋아했다

홍인군 이최응과 심순택沈舜澤은 영의정으로 있으면서 여러 차례 명관命官에 임명되었는데, 두 사람 모두 몽매하여 '어魚' 자와 '노魯' 자를 구분하지 못했다. 시권試券을 대할 때마다 잘되고 못된 것을 분간하지 못했으므로 운이 좋으면 급제하고 그렇지 않으면 떨어졌다. 그러므로 이 두 사람이 시험을 주관하면 문장 솜씨가 없는 자들이 모두 좋아했다.

생원과 진사

우리말에 유생으로 늙은 자를 가리켜 생원이라고 한다. 그래

영평 지금의 경기도 포천군에 속한 고을로, 이서구의 집이 여기에 있었다.

《강목》 송나라 때 주자가 지은 《자치통감강목資治通鑑綱目》을 말한다. 이것은 사마광이 이백구십사 권으로 지은 편년체 역사책인 《자치통감》에서 요목만 뽑아 59권으로 만든 것이다.

명관 조선시대 임금이 친히 임한 과거를 주관하던 시험관.

서 회시에서 생원에 합격한 자까지 함께 진사라고 부르니, 이는 (생원에 합격한 자들이) 유생과 같이 (생원이라고) 불리는 것을 싫어했기 때문이다. 초시에서 승보시와 복시로 뽑혀 올라간 자들은 모두 경향京鄕에서 유력한 자들이었으므로 더욱 생원이란 칭호를 싫어하여 초장에 많이 몰려들었다. 그래서 다 같은 회시라도 진사 시험이 더 어려웠다. 근자에 기회를 엿보는 데 재빠른 자들은 오히려 생원 시험이 쉽다 하여 종장으로 몰려드는 예가 적지 않다.

거벽과 사수

요즘 서울 사대부들은 부귀를 누리며 한가롭게 노니느라 평소 붓을 잡지 않고 가난한 선비를 집에 데려다 놓고 양육하다가 과거 시험이 있으면 급히 데리고 들어가 사역을 시켰

〈소과응시〉 부분
조선 후기로 오면서 과거장은 국가의 인재를 선발하는 신성한 곳이 아니라 각종 희한한 부정과 싸움이 난무하는 난장판이 되었다. 전문적으로 과거 답안지를 대신 지어 주는 거벽과 글씨를 대신 써 주는 서수의 존재는 당시 과거의 타락상을 여실히 증언한다. 그림 속 과거 시험 모습 또한 이러한 일면을 보여주고 있다.

다. 이때 대신 글 짓는 자를 거벽巨擘이라 하고, 대신 글씨 쓰는 자를 사수寫手라 한다. 그들은 드러누워 조보朝報˚를 들춰 보다가 아무 날에 어떤 과거를 실시한다는 기사만 보면 소리쳤다.

"거벽과 사수는 어디 있느냐?"

지방 부자들도 이를 따라하니, 글자 한 자 읽지 않아도 시권에 쓰인 것은 모두 훌륭했다. 시관이 아무리 공평하게 채점하더라도 선발한 자들은 모두 부귀한 집안의 자제들이었다. 이에 "공자가 시관을 하고 석숭石崇˚이 장원으로 뽑혔다〔孔子爲考官 石崇作壯元〕"는 노래가 불렸다.

과거 급제 값이 만 냥까지 오르다

초시를 매매하기 시작할 때는 이백 냥도 받고 삼백 냥도 받아 가격이 고르지 않았다. 오백 냥을 달라면 사람들이 혀를 내둘렀다. 그러나 갑오년〔1894, 고종 31년〕 이전의 몇 차례 과거에서는 천여 냥씩 해도 사람들이 아무렇지 않게 생각했다. 회시에서는 대략 만여 냥 했으니, 돈이 차츰 많아질수록 그 값어치가 천해졌기 때문이다.

조보 조선시대 승정원의 발표 사항을 필사해서 배포한 관보. 여기에는 조정의 결정 사항, 조칙, 장계, 관리 임면 사항, 사건 등을 실었다.

석숭 중국 서진西晉의 부호로, 무역과 항해로 거부가 되었다.

낙폭전

(시권을 채점하러 서울에서 내려간) 경시관은 녹봉이 없고 오

직 임금이 하사하는 노자 팔백 냥만 받았다. 이에 방을 내건 뒤 거둔 묵권墨券을 팔았는데, 이것을 낙폭전落幅錢이라고 불렀다.

충무공의 팔대손이 시원치 않다

충무공의 종손 이문영李文榮은 외양이 볼품없고 기개도 활달하지 못했다. 병자년(1876, 고종 13년) 봄에 흑전청륭이 강화도에 배를 대고 있었으므로 조정과 민간이 모두 두려워했다. 마침 이문영이 운현을 뵙게 되자 운현이 우스갯소리로 물었다.

"자네는 충무공의 후손이니 왜놈을 격파할 무슨 좋은 계책이라도 있는가?"

이문영이 즉시 대답했다.

"대감께서는 급히 서두르지 마십시오. 그들을 막는 것은 아주 쉽습니다."

"어떤 계책이 있는가?"

"충무공의 팔대손이 이처럼 못났으니 가등청정加藤淸正[가토 기요마사]의 팔대손인들 어찌 영특하고 용감하겠습니까."

이 말을 듣는 자마다 허리가 끊어지도록 웃었다. 그때 흑전청륭이 가등청정의 팔대손이라는 말이 있었는데, 이문영 역시 충무공의 팔대손이었다.

충무공과 우암의 후손 가운데 청렴한 자가 없다

선유先儒로는 우암〔송시열〕을 추앙하고 충훈忠勳으로는 충무공을 추앙하는데, 조정에서는 그 후손을 융숭히 대접하여 다른 명신의 집안과는 비교가 되지 않았다. 그런데 두 집안의 후손들은 벼슬하면서 탐욕스런 일을 많이 저질러 청렴결백하다고 알려진 자가 없다.

신래 길들이기

신래新來를 부르는 것은 고려 말의 홍분방紅粉榜*에서 시작되었는데, 국조國朝에 들어와서도 바뀌지 않았다. 이름난 선배 관원이 과거 급제자의 집에 찾아가 소리쳐 부른 뒤, 오라 가라 하며 수없이 욕을 보이며 몹시 괴롭히고 고통을 주었는데, 이를 '신래'라고 했으며 '묵희墨戲'라고도 했다. 과거에 급제하고도 신래 부르는 자가 없으면 세상에서는 부끄럽게 여겼다. 아무리 선배라 하더라도 반드시 문벌과 지위가 서로 비슷해야 신래를 부를 수 있었고, 그렇지 않으면 불러도 나가지 않았다. 선배라도 문과를 통해 진출한 자가 아니면 문과 급제자를 부를 수 없었고, 오직 문과 출신이라야 대과와 소과 급제자를 아울러 부를 수 있었다. 소과 출신은 소과 급제자를 부를 수 없었는데, 만약 부르고자 한다면 반드시 세 명의 소과 출신자가 모여야만 한 명의 소과 급제자를 부를 수 있었다. 무과 급제자도 무과 출신자가 불렀다.

홍분방 나이가 어린 권문자제가 과거에 급제한 일을 놀림조로 이르던 말.

민영익의 벼슬이 일 년에 몇 차례씩 뛰어오르다

민영익이 벼슬을 시작하면서 이튿날 대교가 되고 그 이튿날은 한림翰林이 되며 또 그 이튿날은 주서注書*가 되었다. 깨끗하고 화려한 벼슬을 두루 맡지 않은 것이 없더니 일 년 사이에 통정대부에까지 뛰어올랐다. 임금과 왕후가 몹시 총애하여 그의 말이라면 들어주지 않은 적이 없었고, 하루에도 세 번 입궐했다. 집으로 돌아오면 손님들이 몰려들어 나중에 온 자는 종일 기다려도 그를 만날 수 없었다. 민규호가 임금께 말했다.

"나이가 어린 자는 글을 읽으며 수양하는 것이 마땅합니다. 요직에 두어 나랏일을 망치게 하고 남들에게 비방을 받게 해서는 안 됩니다."

민영익이 이 말을 듣고 좋아하지 않았다. 민규호가 임금께 아뢸 때마다 민영익이 따라다니며 막아서 드디어 둘 사이에 틈이 벌어졌다.

민영익의 집에 팔학사가 드나들다

민영익의 자는 자상子相이고 호는 운미芸楣이며, 임금께 하사받은 호는 예정禮庭이다. 어려서부터 아주 총명했고 글과 그림을 좋아했다. 경박하고 아부하는 자들이 다투어 밀려들어 몹시 시끄러웠으며, 행동거지가 일정하지 않아 어린아이의 짓거리 같았다.

대교, 한림, 주서 대교는 예문관의 정8품 벼슬이었는데, 나중에는 규장각의 정7품부터 9품까지도 대교라고 했다. 한림은 예문관 검열檢閱의 별칭이고, 주서는 승정원의 정7품 벼슬이다. 모두 문과에 급제하고 문장 솜씨를 인정받은 젊은 문관들이 거치는 벼슬로, 출세의 지름길이었다.

당시 민영익의 집에 드나드는 자들을 팔학사라고 했는데, 이중칠李重七·조동희趙同熙·홍영식洪英植·김홍균金興均·홍순형洪淳馨·심상훈沈相薰·김옥균金玉均·어윤중魚允中이 그들이다. 민영익이 서첩을 본떠 글씨를 쓴 적이 있는데, 그 자리에 있던 손님들이 침이 마르도록 칭찬했지만 어윤중만 혼자 정색하며 말했다.

"영감은 금일 책임이 매우 크고 나랏일이 모두 자신의 집안일처럼 되었는데, 어찌 붓을 휘둘러 허물을 보태어 일을 방해하고 정신을 손상시키십니까?"

민영익이 낯빛을 고쳐 사죄하니, 이 말을 들은 사람들이 아첨을 잘한 것이라고 했다.

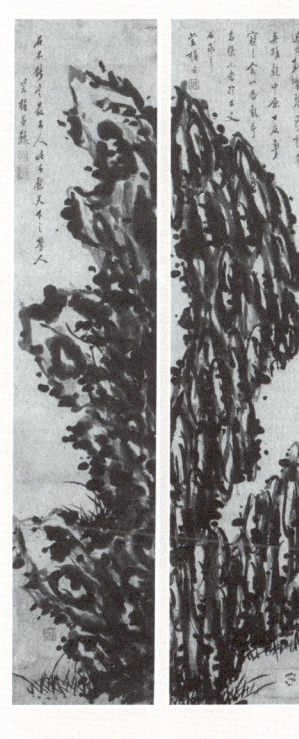

민영익의 괴석도
민영익은 행서에 능했고 묵화에도 독특한 경지를 개척하여 이하응과 마찬가지로 예술가로도 이름이 높았다. 러일전쟁 후 상해로 망명해서는 문인화와 전각으로 유명한 오창석吳昌碩과 교유하기도 했다. 그는 화면을 구성할 때 강약의 변화를 확실히 하여 강건하고 남성적인 기세를 잘 살린 것으로 평가받는다. 기괴할 만큼 무겁게 느껴지는 이 괴석도의 왼쪽에는 이렇게 쓰여 있다.
"돌은 말을 못해 사람에게 제일 좋지. 천하의 괴로운 사람들을 이것이 다 위로해 주리[石不能言最可人 此可慰天下之勞人]."

좋은 자리는 민씨와 민씨 사돈들이 차지하다

민영목閔泳穆은 민영익과 먼 친척인데, 문장을 잘하고 분별력이 있어 여러 민씨들이 차츰 훌륭하게 여겼다. 그 역시 남을 뛰어넘으며 발탁되어 몇 년 만에 정경에 이르렀다. 그때 민영위閔泳緯·민영규閔泳奎·민영상閔泳商 등이 모두 화려한 요직에 있었으며, 밖으로는 방백과 수령에 이르기까지 좋은 자리는 모두 민씨가 아니면 민씨의 사돈들이 차지했다. 게다가 명성明成도 자기 집안에 빠져서 성이 민씨이면 촌수가 멀고 가깝고를 따지지 않고 하나로 여겼는데, 몇 년 사이에 먼 시골까지 이어졌다. 민씨 성을 가진 자들은 모두 의기양양하여 사람을 물어뜯을 기세였다. 그러나 여러 민씨들은 모두 양자로 들어온 이들로, 민정중閔鼎重과 민유중閔維重의 피붙이는 민영익 부자와 민영위뿐이었다.

고종은 친척을 멀리하고 왕후는 친정을 가까이하다

문정공文正公 송준길宋浚吉은 우복愚伏 정경세鄭經世의 사위이며, 민유중은 송준길의 사위다. 명성은 문정공의 집안에 대해 가까운 외가의 의를 느꼈고 정씨 집안을 추대하여 외척처럼 여겼다. 그리하여 두 집안의 후손들은 크게 은택을 입어 과거에 급제하여 벼슬하는 자들이 잇달았다. 이때 임금은 운현 때문에 친척들과 사이가 멀어져 꺼리는 것 같았다. 그래서 어떤 자가 이렇게 말했다.

"내전內殿은 친척과 화목한 관계를 줄이고, 대전大殿*은 늘였으면 좋겠다."

왕후는 정경세를 우복 할아버지라고 불렀다.

> 내전과 대전 내전은 왕후이고, 대전은 임금이다.

김좌근의 첩 나합의 손에서 수령들이 많이 나오다

나합羅閤은 죽은 재상 김좌근의 첩이다. 나주 기생으로 김좌근의 집에 들어갔는데, 지략과 술수가 많고 살펴 헤아리기를 잘했다. 김좌근이 그 독에 빠져 들었다가 오랜 뒤에는 그 여자에게 제압되었다. 그 여자와 더불어 국정을 논하게 되었으니, 많은 방백과 수령들이 그 여자 손에서 나왔다. 버젓이 빈객들과 간통하여 한때 그 권세가 불꽃처럼 활활 타올랐으니, 부끄러움을 모르는 자들이 아첨하면서 나합이라 불렀다.

한번은 참판 조연창趙然昌이 나합의 부름을 받고 서로 마주 앉아 있는데, 김좌근이 갑자기 들어오다가 그를 보고 꾸짖었다.

"영감이 무슨 일로 여기에 와 있소?"

나합이 깜짝 놀라 웃으면서 말했다.

"대감도 이미 관상을 보지 않았습니까? 저 역시 관상을 보려는 것입니다."

그러자 김좌근이 이렇게 말하며 나갔다.

"그랬군 그래."

조연창은 평소 관상을 잘 본다고 이름났는데, 나중에 조병창趙秉昌이라고 이름을 고쳤다.

> 나합 나주羅州와 합하閤下의 준말. 합하는 신분이 높은 사람에 대한 존칭으로, 삼공이나 대신의 집에는 샛문[閤]이 세워져 있어 그렇게 불렀다.

김홍집이《이언》을 고종에게 바치다

경진년〔1880, 고종 17년〕 10월에 김홍집金弘集이 일본에서 돌아와 《이언易言》 두 책을 임금께 바쳤다. 《이언》은 청나라 사람이 지은 책으로, '오늘날 부강하려고 한다면 반드시 먼저 서양 제도와 기술을 익혀야 한다'는 것이 그 요지다. 무려 수십만 자에 달하는데, 대개 책사가 여기저기 돌아다니면서 남의 마음을 헤아려 자기의 마음과 같이 되기를 바라며 내놓은 견해다.

황준헌黃遵憲이 이 책을 갖고 일본에 갔는데, 김홍집이 얻어다 임금에게 보이려고 했다. 이는 임금으로 하여금 천하대세를 조용히 살펴보게 하고 어느 쪽이 좋을지 자문하려고 한 것일 뿐, 사사로운 뜻을 숨겨 온 것은 아니었다. 그러나 이를 곡해한 유생들이 김홍집이 천주학 서적을 임금께 바쳤다고 여겨 공박하는 의론이 어지럽게 일어났다.

〈이언〉
1871년 중국 청나라의 정관응鄭觀應이 펴낸 책. 서양 근대 문화 수용의 방책을 논한 것으로서, 동양의 도道는 그대로 유지하면서 서양의 과학 기술을 도입하여 부국강병을 이룩하자는 것이 그 요지다. 조선 후기 개화 사상가들에게 많은 영향을 끼쳤다.

이항로의 문하에서 최익현과 류인석 등이 나오다

이항로李恒老의 문하에서 최익현, 김평묵金平默, 홍재학洪在鶴, 류인석柳麟錫 같은 이들이 앞뒤로 기백과 절의를 드러내고 명분과 의리로 영향을 미치자 세인들이 (이항로를) 강학가講學家 중에서 빼어나다고 했다.

지석영이 우두법을 배워 오다

우리나라에 두진痘疹[천연두]이란 병이 있는데, 언제부터 시작되었는지 모른다. 천기에 따라 전염되기 때문에 시두時痘라고 하는데, 때가 되면 전염된다. 백 년 전부터 차츰 기술이 좋아져 비로소 접종법을 발명했는데, 이를 종두種痘라고 한다. 종두를 맞으면 잠시 전염된 듯하다. 시두는 증세가 상당히 위험해서 어릴 때 죽는 이들이 줄을 이었는데, 종두를 하면 감염이 되더라도 독이 차츰 죽으므로 완치하기가 아주 쉽다.

근세에 우두법牛痘法이 서양에서 나와 오대주에 이르기까지 성행한 지 이미 수십 년이나 되었지만 우리나라에서는 전혀 들어 본 적이 없었다. 서울에 지석영池錫永이란 자가 살고 있었는데, 역관의 집에서 태어나 시를 익혔고 서화도 알았다. 일본에 유학 갔다가 우두를 배웠는데, 기묘년[1879, 고종 16년]과 경진년[1880, 고종 17년]에 서울에 우두국을 설치하고 지방의 노는 사람들에게도 가르쳤다. 그리하여 우두법이 차츰 온 나라에 퍼지게 되었다.

종두는 시두 치료법으로 완전하다고 할 만하지만, 어쩌다 부작용으로 죽는 자도 있었다. 우두법이 나오면서 만 명 중 한 명도 죽지 않게 되자 드디어 종두를 폐지했다. 그러나 우두를 처음 시작할 때도 사람들은 종두를 처음 시작할 때처럼 여전히 의심을 품었다.

석유를 수입하다

석유는 영국과 미국 등 여러 나라에서 생산되는데, 어떤 사람은 바다 가운데서 꺼낸다 하고 어떤 사람은 석탄에서 빼낸다 하며 어떤 사람은 돌을 삶아서 걸러 낸다고 하는 등 설이 다양하나 천연자원임은 분명하다.

우리나라에서는 경진년[1880, 고종 17년]부터 석유를 사용했는데, 처음에는 빛깔이 붉고 냄새가 고약했으며 한 홉으로 열흘 밤을 켤 수 있었다. 몇 년 되지 않아 빛깔이 희어지고 냄새도 좋아졌지만 화력이 줄어들어 한 홉으로 겨우 사나흘 밤밖에 쓸 수 없었다.

석유가 등장하면서 산이나 들에 기름 짜는 열매가 더는 번성하지 않았으며, 온 나라에 아래위를 막론하고 석유 등잔 없는 집이 없었다. 대체로 같은 성질의 물건은 양쪽이 다 클 수가 없다. 가령 서양 솜이 나오면서부터 목화 농사가 시들해졌고, 양철이 나오면서부터 철광도 많이 줄어들었다. 이러한 현상이 종종 나타나니 또한 이상한 일이다. 석유가 나타나면서부터 양수화통洋燧火筒도 성행했는데, 민간에서는 이를 자기황自起黃*이라 불렀다.

공산품을 들여오고 천연자원을 내보내다

개항 이래로 우리나라에 들어온 외국 물건은 그 값이 매우 쌌는데, 장사꾼들이 넘겨다 팔면서 많은 이익을 얻었다. 몇 년

자기황 '스스로 불을 일으키는 유황'이라는 뜻으로, 성냥을 말한다. 양수는 서양 부싯돌을 뜻한다.

이 되지 않아 일본인들의 속임수가 우리나라 사람들보다도 더 심해졌는데, 모두 우리나라 간사한 자들이 그렇게 이끌었기 때문이다.

  수입한 외국 상품 가운데 열의 아홉은 공산품이고 외국으로 나가는 우리 상품은 열의 아홉이 천연자원이니, 우리의 아둔함이 너무 심하다. 대개 우리나라에 들어오는 상품은 비단·시계·칠기 등 교묘하고 기이한 물건이며, 외국으로 나가는 상품은 모두 쌀·콩·가죽·금·은 등 평소 생활에 필요한 보화다. 그러니 어찌 나라가 척박해지지 않을 수 있겠는가.

청년 백여 명을 천진으로 유학 보내다

신사년〔1881, 고종 18년〕 가을에 김윤식金允植을 영선사領選使로 삼아 중국 천진天津에 보냈다. 그때 임금이 외교에 특별한 관심을 두었는데, 왜국이나 서양을 많이 의심하고 오직 청나라에게만 급한 형편을 의지하려고 했다. 그리하여 북학北學이 거론되었다. 게다가 우리나라를 돌봐 주던 이홍장李鴻章이 그때 북양총독北洋總督이 되어 천진에 관청을 설치했다. 이에 조정에서는 문무관의 자제 가운데 총명한 자 백여 명을 뽑아 김윤식으로 하여금 이끌고 가서 이홍장의 도움을 받아 중국이나 서양의 학문을 배우도록 했다.

신사유람단을 일본으로 보내 정세를 엿보다

김윤식이 천진으로 떠난 뒤 조정에서는 다시 관리 가운데 재주와 덕망이 있는 자를 뽑았으니, 어윤중·박정양朴定陽·심상학沈相學·조준영趙準永·엄세영嚴世永·조병직趙秉稷·이원회李元會 등 여덟 명이다(한 사람은 생각나지 않는다. — 원주). 이들을 유람조사遊覽朝士라고 불렀는데, 일본으로 들어가 정세를 엿보게 했다.

얼마 뒤 모두 돌아왔지만 어윤중만은 (일본) 강호江戶*에서 곧바로 중국 상해로 건너갔다. 임금이 글을 보내 중국을 두루 둘러보면서 한 가지라도 얻어 오라고 했기에, 임금의 원대한 계략에 조금이라도 부응하려고 한 것이었다. 임금이 가까운 신하들에게 감탄하며 말했다.

"어윤중이 두 차례나 큰 바다를 건넜으니, 이는 내 뜻에서 나온 것이 아니라 나라를 위해 자신의 괴로움을 잊고 간 것이다. 어찌 아름다운 일이 아닌가."

조영하趙寧夏가 빙그레 웃으며 대답했다.

"그는 허락도 없이 국경을 넘어간 죄인입니다."

그러자 임금이 아무 말도 하지 않았다.

을사년 태생 네 사람의 부귀가 극에 달하다

조성하趙成夏와 그의 사촌 아우 조영하, 이재면과 조경호趙慶鎬는 모두 을사생乙巳生(1845, 헌종 11년)으로, 다 같이 부귀가

강호 도쿄의 옛 이름.

극에 이르렀다. 장안 사람들이 그들을 가리켜 사을사四乙巳라 했다. 굶어 보지 않으면 먹어도 맛을 모르는 것이 사람의 상례인데, 조성하는 자라면서 고량진미로 날마다 여섯 끼씩 먹었다. 그는 늘 이렇게 말했다.

"평생 음식 맛을 몰랐다."

당堂을 내려갈 때마다 그는 가마가 아니면 수레를 탔기 때문에 일 리도 걸어 본 적이 없었다. 대개 근세에 귀인이라고 불린 자들은 어릴 때 가난했거나 늘그막에 실패했는데, 오직 조성하만은 뱃속에 있을 때부터 죽을 때까지 단 하루도 부귀가 극에 이르지 않은 적이 없었다. 그래서 당시 사람들이 조성하를 가리켜 태중귀인胎中貴人이라 했다.

임오군란이 일어나다

임오년[1882, 고종 19년] 6월 9일[계해]에 경영군京營軍이 큰 소란을 일으켰다. 갑술년[1874, 고종 11년] 이래 대궐에서 쓰는 비용이 끝이 없다 보니 호조나 선혜청의 창고가 고갈되어 경관京官의 월급도 주지 못했고, 오영五營 군사들도 자주 끼니를 잇지 못하게 되었다. 그러다가 오영을 없애고 이영二營을 세워 노약자마저 쫓아내자 쫓겨난 자들이 갈 곳이 없었으므로 팔을 걷어붙이고 난리를 일으킬 생각을 했다. 이때 군인들의 월급은 이미 반년이나 밀려 있었다.

마침 호남의 세미선稅米船 몇 척이 경창京倉에 이르러 짐을 풀게 되자 군인들의 밀린 월급부터 먼저 주게 했다. 선혜청

당상 민겸호 집의 하인이 선혜청 창고지기로 출납을 담당했는데, 그가 속임수로 쌀에 겨를 섞어 사사롭게 많은 이익을 챙겼다. 이에 많은 군인들이 크게 분노하여 갑자기 일어나 그를 두들겨 팼다. 민겸호가 주동자를 잡아서 포도청에 가두어 죽이겠다고 선언하자 군인들이 더욱 원망하고 분노하여 칼을 뽑아 땅을 치며 말했다.

"굶어 죽는 것이나 법에 따라 죽는 것이나 죽는 것은 마찬가지다. 그러니 어찌 마땅히 죽일 놈을 죽여서 억울함을 풀지 않으랴."

마침내 서로 호응하여 여러 사람이 한데 모여 크게 외치고는 곧바로 민겸호의 집으로 달려갔다. 순식간에 점거하니, 진귀한 물건이 가득했다. 군중이 외쳤다.

임오군란 당시 구식 군대
1881년 일본의 지원으로 신식 군대 별기군을 창설하고 이듬해 종래의 오영五營을 무위영武衛營과 장어영壯禦營 이영二營으로 개편하자 여기에 소속된 구군영의 군병들은 자신들보다 월등히 좋은 대우를 받는 신설 별기군을 왜별기倭別技라 하며 증오했다. 게다가 구군영 소속의 군병들에게 십삼 개월이나 급료를 지급하지 않자 그들의 불만은 극에 달했다. 마침내 1882년 6월 9일에 이영의 군사들이 일본공사관과 별기군을 급습했는데, 그 결과 별기군 교관인 일본의 굴본예조와 고관 이최응, 민겸호가 살해되었고, 명성황후는 피신길에 올랐으며, 고종 친정 이후 세력을 거세당한 대원군은 이 사건을 이용해 다시 집권하게 되었다.

"한 푼이라도 훔쳐 가는 자는 죽이자."

물건을 뜰에 모아 불을 지르자 비단과 구슬에서 오색 불꽃이 타오르고, 인삼·녹용·사향 타는 냄새가 몇 리 밖까지 퍼졌다. 민겸호는 담장을 넘어 달아나 대궐 안에 숨었다.

굴본예조가 죽고 화방의질은 달아나다

이해 봄에 장정들을 모집하여 왜군식으로 군사 훈련을 시켰는데, 이를 별기대別技隊라고 불렀다. 왜군 굴본예조堀本禮造〔호리모토 레이조〕가 교관이었는데, 남산 북쪽에 훈련장을 만들었다. 총을 메고 뛰느라 먼지가 날려 공중을 덮으니, 장안 사람들이 처음 보는 일이라 놀라지 않는 이가 없었다. 또한 개화 이래 이해를 분간하지 않고 왜놈들 이야기만 나오면 어금니를 갈며 죽이려 했는데, 일반 백성들은 더욱 심했다. 이 때 성난 군인들이 벌떼처럼 일어나 그들을 뒤쫓으니, 굴본예조는 훈련장에서 구리개*로 달아나다가 돌에 맞아 죽었다. 그 밖에도 성에 들어왔다가 죽은 왜놈이 일곱이나 되었다.

난민들이 천연정天然亭*을 에워싸고 손에 몽둥이를 들고 죽이겠다고 외쳤다. 화방의질花房義質〔하나부사 요시모토〕*과 그를 따르는 왜놈들이 무리를 이루어 달아났는데, 포를 쏘고 칼을 휘둘러 가까이 접근할 수가 없었다. 그들은 밤새도록 달아나 인천에 다다랐는데, 길가에 있던 우리나라 사람들이 많이 죽었다. 화방의질은 인천에 이르러 부사 정지용鄭志鎔에게 거짓말을 했다.

구리개 지금의 을지로 입구 일대를 가리키며, 동현銅峴이라 했다.

천연정 독립문 근처에 있던 누각으로, 일본 공사관이 여기에 있었다.

화방의질 1871년부터 조선에 와서 통상 업무를 보았으며, 대리공사로 있다가 임오군란이 일어나자 일본으로 달아났다. 그 뒤 임오군란의 책임을 묻기 위해 다시 돌아와 제물포조약을 체결했다.

일본으로 탈출한 화방의질 일행
임오군란이 일어나자 당시 일본 공사관의 화방의질 일행은 인천으로 탈출한 뒤 영국 군함 비어호 편으로 서둘러 귀국했다. 가운뎃줄 중앙에 있는 자가 화방의질이다.

"우리는 공무로 동래까지 가야 합니다. 공은 배를 마련하여 우리를 보내 주시오."

그들이 조금도 틈을 주지 않고 재촉하자 정지용이 증명서를 보여 달라고 했다. 화방의질이 증명서를 꺼내 보여 주었다. 이는 당시 경기도관찰사로 있던 김보현金輔鉉이 정지용이 왜놈들의 출국을 막을까 염려하여 화방의질의 요구대로 만들어 준 것이었다. 화방의질은 곧 배를 타고 달아났다. 다음 날 서울에서 군대가 추격해 이르자 정지용은 김보현이 죽었다는 소식을 듣고 시국이 갑자기 변한 것을 알고 약을 먹고 죽었다.

왕후는 달아나고 대원군이 정권을 잡다

6월 10일[갑자]에 난병들이 대궐에 침입하니, 중궁은 밖으로 달아나고 이최응·민겸호·김보현은 모두 살해되었으며 대원군 이하응이 정사를 맡았다. 이날 새벽에 난병이 홍인군의 집을 에워싸니, 이최응이 담장을 타 넘다가 떨어져 불알이 터져 죽었다. 어떤 사람이 말했다.

"창에 찔려 돈화문으로 향했지만 문이 닫혀 있었다. 총알이 문짝을 맞혔는데, 멀리서 들으니 콩 볶는 소리 같았다. 궐문이 열리자 여러 사람이 따라 들어갔다."

임금이 변이 일어났다는 소식을 듣고 급히 대원군을 부르자 대원군이 난병을 따라 들어갔다. 난병들이 대전으로 올라가다가 민겸호와 마주치자 그를 끌어 잡아당겼다. 민겸호는 당황하여 대원군을 붙들고 머리를 도포 소맷자락 속으로 들이민 채 호소했다.

"대감! 날 좀 살려 주시오."

대원군이 차갑게 웃으며 말했다.

"내가 어찌 대감을 살릴 수 있겠소?"

말이 끝나기도 전에 난병들이 민겸호를 층계 아래로 잡아 내리고 총칼로 마구 때려 짓이겼다. 그러고는 크게 소리쳤다.

"중궁은 어디 있느냐?"

그들의 말은 흉악하고 무도하여 차마 다 들을 수 없었다. 사방을 수색하느라고 장막과 벽을 창으로 찔렀는데 마치 고슴도치 같았다. 이때 부대부인府大夫人도 입궐했는데, 중궁을 몰래 데려다가 사인교四人轎 안에 숨기고는 휘장으로 가리고 나왔다. 궁인 하나가 이들을 가리키자 난병들이 사인교의 휘장을 찢고 중궁의 머리채를 끌어내 땅바닥에 팽개쳤다. 무예별감武藝別監 홍재희洪在羲*가 크게 외쳤다.

"이 여인은 상궁으로 있는 내 누이이니 오인하지 말라."

> 홍재희 나중에 홍계훈洪啓薰으로 이름을 바꾸었다.

그가 중궁을 등에 업고 달아나자 군중이 의아하게 여기면서도 더 캐묻지 않았다.

김보현은 경기감영에 있다가 변이 일어났다는 소식을 듣고 창황히 대궐로 들어갔다. 승정원에 이르자 그의 조카 김영덕金永悳이 승지로 입직하고 있다가 그를 만류하며 들어가지 못하게 했다.

"오늘의 사태가 어찌될지 알 수 없으니 들어가지 마십시오."

김보현이 옷자락을 뿌리치고 나서면서 말했다.

"내가 재상의 지위만 차지한 채 책임을 다하지 못한 데다 또 방백까지 맡고 있다. 이제 나라에 변란이 일어났으니, 비록 죽는다 해도 어찌 가보지 않겠느냐?"

결국 그는 입궐하다가 섬돌에서 맞아 죽었다. 군중이 그의 시체를 발로 차면서 말했다.

"이놈은 돈을 좋아했으니 돈으로 그 배를 채워 주는 게 좋겠다."

이에 그의 입을 찢어 엽전을 집어넣고 총대로 마구 짓누르니, 엽전이 갈비뼈 사이로 튀어나왔다고 한다. 그의 시신은 민겸호의 시신과 함께 끌어다가 궁궐 개천에 버렸다. 마침 큰 비가 와서 물이 불어 개천이 넘쳤는데, 날씨까지 흐리고 무더워서 시신이 버려져 있는 며칠 동안 살이 물속에 잠겨 하얘졌다. 그것은 (짐승을) 잡아 놓은 것 같기도 하고 씻어 놓은 것 같기도 했다.

인심을 얻은 김병시와 조영하는 살아남다

임금이 중궁과 서로 떨어졌다가 변이 일어났다는 소문을 듣고는 반드시 죽음을 면치 못하리라 생각하여 두려워 떨며 말도 제대로 하지 못했다. 김병시金炳始가 임금을 업고 조영하가 그 뒤를 지키며 별전으로 피했다. 난병들이 섞여서 따라왔지만 그가 김병시인 것은 알지 못하고 손가락질하며 말했다.

"저놈도 죽여야 한다."

마침 그를 알아보는 자가 있어 이렇게 말했다.

"이분은 승동升洞● 대감이다. 죄가 없는데 어찌 범할 수 있느냐."

조영하는 몇 년간 훈련대장으로 있었으므로 훈국 병사들이 모두 그의 얼굴을 알아보았는데, 평소 그들을 잘 어루만졌기에 죽음을 면할 수 있었다.

대원군이 예전 제도를 되살리다

임금이 대원군에게 군국사무軍國事務를 처분하라고 명했다. 대원군이 곧 대궐 안에 머물면서 명령을 내려 기무아문機務衙門과 무위영武衛營, 장어영壯禦營을 폐지하고, 오영군五營軍 제도를 되살렸다. 그리고 군인의 급료를 지급하게 하고 난병을 물러가게 한 뒤 대사령大赦令을 내렸다.

● 승동 지금의 인사동과 종로2가에 걸쳐 있던 마을.

난병들이 죄지은 민씨들의 집을 불태우다

난병들이 대궐에서 나와 사방으로 흩어졌다. 도성 안팎의 여러 민씨들 가운데 죄악을 일삼던 자들, 세도를 부리던 재상들, 왜인들과 결탁하여 시세에 영합하며 은혜를 구하던 자들의 집은 모두 불타고 부서졌는데, 이루 다 기록할 수 없을 지경이다.

전 참판 민창식閔昌植도 살해되었는데, 그는 노봉老峰 민정중의 종손으로 음탕하고 더럽고 탐욕스럽고 잔인하여 동료들과도 어울리지 못했다. 색력色力도 뛰어나 일찍이 승정원에 입직하면서 양경陽莖을 발기시켜 창호지를 뚫은 적도 있었다. 그의 더러운 짓이 이와 같았는데도 늘 동궁東宮의 벼슬을 지냈다.

민영익이 보리밥에 부추김치를 맛있게 먹다

민영익은 머리를 깎고 삿갓을 쓰고 짚신을 신은 채 뒤뚝거리며 하루에 팔십 리를 달아나, 양근楊根*에 있는 김오위장金五衛將 집에 이르렀다. 김오위장은 그의 식객이었다. 보리밥에 부추김치를 차려 대접하니 민영익이 배불리 먹은 뒤 숟가락을 놓고 감사하며 말했다.

"어찌 이렇게도 맛이 있는가?"

김오위장이 웃으며 말했다.

"영감께서 이런 일이 없었다면 어찌 이 맛을 아셨겠습니

> 양근 지금의 경기도 양평.

까? 소인의 음식이 비록 거칠지만 영감 댁에서 식객들에게 먹이는 음식에 비하면 잘 차린 것입니다. 영감께서 댁으로 돌아가시면 밥 짓는 계집종들에게 주의를 주십시오."

그러자 민영익이 부끄러워 대답하지 못했다.

조충희가 말 판 돈을 왕후의 피난 비용으로 바치다

중궁이 궁궐을 빠져나가 화개동에 있는 전 사어司禦 윤태준尹泰駿의 집에 몰래 이르렀다. 윤태준이 중궁을 곁방에다 모시자 익찬 민응식閔應植과 진사 민긍식閔肯植이 문밖에서 엎드려 모셨다. 그러나 서울에서는 끝까지 머물 수가 없었으므로 시골로 피난 갈 생각을 했다. 여비가 없음을 걱정하다가 윤태준이 전 승지 조충희趙忠熙에게 소식을 보내자, 조충희가 마침 말 판 돈 오백 민을 가지고 있어 그 돈을 모두 바쳤다. 이것으로 가마를 세내어 중궁을 모셨는데, 두 민씨와 이용익李容翊이 따라갔다. 여주에 이르러 전 판서 민영위의 집에 며칠 있다가 다시 충주 장호원 민응식의 집으로 갔다. 중궁이 복위하자 조충희를 영광군수로 임명했다.

왕후가 피난길에서 모욕당한 마을을 없애다

중궁이 (피난하면서) 한강을 건너려고 하자 뱃사공들이 난색을 보이며 말했다.

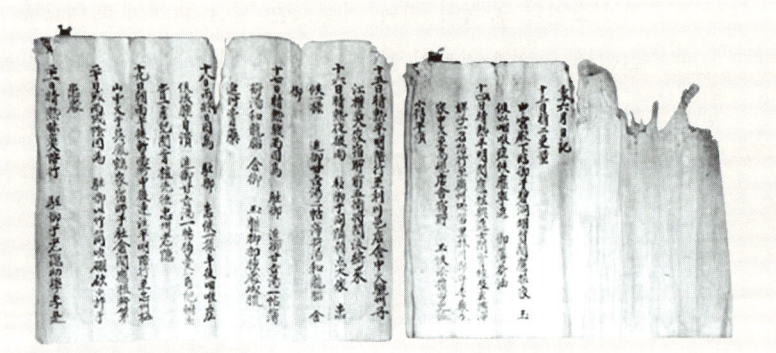

임오군란 때 명성황후의 피난 기록
"(6월) 18일 종일 비가 왔다. (한점대 집에) 그대로 머무셨다. 환후는 그만하시다. 오후에 목이 좀 아프셨다. (다리의) 고름이 저절로 터졌다. 감길탕 한 첩, 개고깃국 한 그릇, 붕어 곤 것 한 그릇을 올렸다. 민긍식이 먼저 충주 노은으로 갔다."
최근 1882년 6월 13일부터 8월 1일 환궁하기까지 명성황후의 피난 행적을 기록한 《임오유월일기》가 발견되었다. 이것은 당시 명성황후의 행적을 알려 주는 유일한 자료로, 명성황후의 심경을 담은 글귀는 없지만 건강 상태, 올린 음식, 만난 인물, 이동 경로 등이 간략하게 적혀 있다.

"서울에서 뱃길을 끊으라는 명령이 있었습니다. 게다가 행색이 의심스러우니 건네줄 수가 없습니다."

중궁이 금가락지를 빼 가마 밖으로 던져 주자 비로소 강을 건널 수가 있었다. 광주를 지나 쉬는데, 어떤 촌 할미가 다가와 보고는 피난 가는 아낙네로 생각하여 떠들며 말했다.

"중전이 음란하여 이런 난리가 일어나 낭자가 여기까지 피난 오게 되었구려."

중궁은 말없이 듣기만 했는데, 환궁한 뒤 이 마을을 모두 없앴다. 따라간 자들이 뱃사공의 죄도 다스리자고 했지만 그것은 허락하지 않았다.

대원군의 서자 이재선이 역모에 연루되어 죽다

신사년[1881, 고종 18년] 겨울에 이재선의 옥사가 일어났다. 이재선은 운현의 서자로, 갑자년[1864, 고종 1년] 이후 별군직에 있었지만 머리가 아둔하여 콩과 보리를 분간하지 못했다. 사람들은 그가 있다는 것을 알지 못하고, 다만 운현에게 서자가 있다는 것만 알았다. 운현이 세력을 잃은 지 오래되자 그의 가까운 문객으로 알려진 자들도 정권에서 소외되어 폐적廢籍된 것이나 다름없어졌다. 그들은 모두 이를 답답하고 분통하게 여겼다.

전 승지 안기영과 권정호가 유생 임철호任哲鎬, 정건섭丁健燮 등과 함께 이재선을 임금으로 추대하려는 음모를 꾸몄다. 그리하여 중양절에 높은 산에 올라간다는 핑계를 대고 자기 친구 채동술蔡東述을 끌고 남한산성으로 놀러 가 거사할 것을 알렸다. 채동술은 위험을 느껴 응하지 않았고 비밀을 누설하지 않겠다는 약속만 했다. 전 현감 유도석柳道錫은 죽은 재상 유후조柳厚祚의 손자로, 모의에 참여하면서 십 년 동안 경상감사 자리를 받기로 약속했다. 이 모의에 참석한 자는 남인과 북인뿐이었고, 노론으로서 참여한 자는 북촌의 서얼 몇 명뿐이었다.

광주의 토교土校 이풍래李豊來도 모의에 참여했지만 정세를 관망하다가 역모를 고발했다. 이로써 안기영·권정호·임철호·정건섭 이하의 여러 역적들이 처형당했고, 처자는 노비가 되고 재산도 몰수당했다. 채동술은 모의를 알고도 고발하지 않았다는 죄명으로 처형되었고, 유도석은 그의 할아버지가 임금이 등극하던 초기에 공을 세웠다 하여 사형을 면하는 대신 섬으로 유배되었다. 이재선은 서대문 밖에 있는 민가에서 사약을 받고 죽었다. 그는 죽을 때까지 자신이 무슨 죄에 연루되었는지 알지 못하고 슬퍼했다.

　이 옥사를 왕후가 꾸몄다고 말하는 자도 있지만, 안팎으로 운현이 화근이라는 얘기가 자자했다. 그러나 운현은 눈 하나 깜짝하지 않고 말 한마디 하지 않았다. 임오군란이 일어나 변이 왕후에게까지 미치자 사람들은 이 사건도 운현이 사주한 것이라고 의심하게 되었다.

이홍장이 마건충을 보내 대원군을 납치하다

7월 초에 청나라 군대가 서울에 이르렀고, 13일〔정유〕에 대원군을 구금하여 중국으로 돌아갔다. 이해 봄에 어윤중은 상해에서 천진으로 가서 김윤식이 있는 곳에 머물렀는데, 6월에 본국에 변란이 있어 중전이 시해됐다는 소식을 전보를 통해 알았다. 그는 김윤식과 함께 이홍장을 만나 (대원군의) 죄를 물으라고 간청했다. 이홍장 또한 중국이 오랫동안 다투지 않았으니 한번쯤 외번外藩*에게 위엄을 보여야겠다고 생각했다. 이에 마건충馬建忠과 정여창丁汝昌 등을 파견하고 수군 수천 명을 선발하여 별빛이 밝은 밤에 우리나라로 떠나게 했다. 그들은 남양 마산포에서 숭례문 밖까지 와서 진을 쳤는데, 민심을 달랜다 하여 군율을 엄히 하고 거동을 한가롭게 했다. 이에 서울 백성들이 두려워하지 않았다.

*외번 국경 밖에 있으면서 자기 나라를 방어해주는 속국을 말한다. 여기서는 조선을 가리킨다.

이홍장
1823~1901. 청나라 말 거물 정치인으로, 안으로는 태평천국운동을 진압한 뒤 양무운동을 이끌며 조국의 근대화를 위해 힘썼고, 밖으로는 '오랑캐로 오랑캐를 무찌른다'는 전통적 외교 수단으로 열강을 견제하는 가운데 주요 외교 문제를 혼자서 장악했다. 임오군란이 일어났을 때는 무력으로 대원군을 납치하고 원세개를 보내 일본을 견제하는 등 우리나라 내정에도 깊숙이 관여했다.

마건충 등이 대원군을 초대했는데, 대원군은 가고 싶지 않았지만 가지 않을 수 없었다. 결국 찾아가자 여러 장수들이 매우 정성껏 맞아 주었다. 두 번째 갔을 때도 역시 마찬가지였다. 이때 다시 초대받자 대원군이 아무 걱정 없이 수레를 준비하라고 명했는데, 정현덕이 말렸다.

"이번에 가시면 분명 돌아오지 못하십니다."

하지만 대원군은 듣지 않았다. 청나라 진영 제1문에 이르자 수레에서 내리게 했다. 제2문에서는 따라온 자들을 막았다. 전날과 달리 변이 생긴 것을 깨달았지만 어쩔 수가 없었다. 마건충이 대원군을 결박하라고 호령하더니 밀랍덩이로 그의 입을 막아 소리를 내지 못하게 했다. 그러고는 가마에 태워 힘세고 날쌘 장정 한 패로 하여금 교대로 들게 하여 뒷문으로 빠져나갔다. 번개처럼 동작 나루를 건너 마산포에 이르자 재빨리 떠났다. 시종들이 군영 밖에 있다가 대원군이 오래도록 나오지 않는 것을 보고 이상히 여겨 묻자 그들이 거짓으로 답했다.

"태공과 긴급히 타협할 일이 있다. 오늘은 군영에서 묵고 내일 돌아갈 것이다."

이튿날 숭례문에 방을 붙여 서울 백성들에게 알렸는데, 그 내용은 대략 이러했다.

"태공이 왕후 시해 사건에 간여했다는 소문이 중국에까지 알려졌다. 사실인지 아닌지를 가리기 힘들어 황제가 물어보고자 하여 어제의 일이 생겼다. 일이 밝혀지면 곧 돌려보내겠다."

이에 서울과 지방이 크게 뒤숭숭해졌다.

청나라 제독군문 오장경이 왕십리 백성들을 살육하다

청나라 시랑侍郎 오장경吳長慶이 제독군문提督軍門으로 (마건충에) 이어 부임했다. 오장경은 다음과 같이 말하면서 군사를 풀어 성내를 도륙하려고 했다.

"6월의 변란〔임오군란〕은 예부터 들어 본 적이 없다. 위아래의 신민이 적을 하나도 토벌하지 못했으니, 법대로 하면 모두 죽여야 한다."

마침 조영하가 접대의 책임을 맡고 있었는데, 중국말을 할 줄 알아서 힘껏 변명했다. 그는 대궐에서 오장경의 진영까지 하루 밤낮에 열 번이나 오갔다. 오장경이 수긍하고 허락하며 말했다.

"앞장서서 난을 일으킨 자들은 훈련도감 군사들이다. 그들의 집이 왕십리에 많이 있으니 왕십리만 도륙하겠다."

왕십리에 살던 난병들이 이 소문을 듣고는 가족을 데리고 먼저 달아났다. 이때 달아나지 못한 노약자들만 수십 명 죽임을 당했다.

오장경 임오군란 때 민씨 일파의 요청으로 병력을 이끌고 서울에 진주하여 대원군을 청나라로 압송했으며, 민씨 정권의 배후를 뒷받침해 주다가 이듬해 철수했다.

임오군란의 배상금을 사십만 원으로 협상하다

왜국 공사 화방의질이 달아났다가 얼마 뒤 정상형井上馨[이노우에 가오루], 고도병지조高島鞆之助[다카시마 토모노스케], 인례경범仁禮景範[니레 카케노리]과 함께 두 개 중대를 이끌고 서울에 진주했다. 그들은 군란에 대한 책임을 조선 정부로 돌린 뒤에 화의하자고 했는데, 매우 혹독하게 책임을 추궁했다.

조정에서는 황급히 이유원李裕元을 전권대신으로 삼고 협상하도록 했는데, 왜놈의 요구를 그대로 들어주어 죽은 왜놈들에게 오만 원을, 군비로 오십만 원을 배상하기로 했다. 이로부터 왜병이 서울에 주둔하게 되었다. 또한 저들은 (일본에) 사절단을 보내 사죄할 것을 요구했다. 이에 김만식金晩植, 박영효朴泳孝, 김옥균 등을 왜국으로 보냈다. 당시 김옥균 등은 미친 듯이 왜국을 흠모하여 개화에 열심이었다. 그가 정성껏 따르겠다는 뜻을 몰래 알리자 왜놈들이 기뻐하며 배상금을 사십만 원으로 줄여 주었다.

남산 발치 사십 리가 왜놈 마을이 되다

공사 궁본수일宮本守一[미야모토 슈이치]이 녹천정綠泉亭*에 들어가 머물렀는데, 이곳은 남산 발치 주동注洞 마루에 있었다. 소나무와 전나무가 울창하고 샘물이 솟아나는 깊숙한 곳으로, 예전에는 양절공襄節公 한확韓確의 별장이었고 근래에는 전 판서 김상현이 머물렀다. 왜놈들이 다시 오면서 전보다 몇

> 녹천정 원래 김이양金履陽의 별장으로, 경치가 좋기로 이름났다.

배나 으르렁대고 능멸하자 조정에서는 그들의 뜻을 거스를까 염려하여 자세를 굽히고 따랐다. 마침내 이 정자를 빼앗아 그들의 공관으로 삼으니, 이때부터 차츰 차지하여 주동注洞·나동羅洞·호위동扈衛洞·남산동南山洞·난동蘭洞·장흥방長興坊에서 서쪽으로는 종현鍾峴·저동苧洞까지 미치고, 옆으로는 진고개 일대까지 뻗쳤다. 이로써 상남촌上南村의 오분의 사를 아울러 사십여 리가 모두 왜놈 마을이 되었다.

묄렌도르프가 외무협판에 임명되다

목인덕穆麟德〔묄렌도르프; Paul George Möllendorff〕을 외무협판에 임명했는데, 그는 덕국德國〔독일〕 사람이다. 임금은 그가 외교와 통상에 뛰어나다고 몹시 사랑하여 박동에 집도 한 채 내려 주었다. 목인덕이 사모관대를 갖추고 다른 관리들처럼 조회에 참석하니, 백성들이 그를 목 참판이라 불렀다.

전환국을 설치하여 당오전을 만들다

전환국典圜局을 설치하여 당오전當五錢을 만들어 내니 물가가 급등했다. 명목으로는 다섯 푼에 해당한다고 했지만 실제 가치는 한 푼에 지나지 않았다. 그러나 북쪽의 함경도 이십 개 군과 남쪽의 전주 이남과 경상도 일대는 예전처럼 엽전을 쓰게 했다.

묄렌도르프의 저택
묄렌도르프는 청나라 주재 독일영사관에서 근무하다가 1882년 이홍장의 추천으로 우리나라 외무고문으로 초빙된 독일인이다. 갑신정변 때 개화파에 반대하고 수구파를 도왔고, 그 후 일본 주재 러시아 공사관과 결탁하여 한국에 러시아 세력을 끌어들이려다가 이홍장에게 미움을 받아 돌아갔다. 한국 역사에 특히 조예가 깊었다. 사진의 왼쪽 섬돌 위 관복을 입고 있는 사람이 묄렌도르프다.

김옥균을 포경사로 임명하다

김옥균을 포경사捕鯨使로 임명했다. 그는 장김의 먼 일가로, 그의 아버지 김병기金炳箕는 음직蔭職으로 부사를 지냈다. 김옥균은 재주가 많지 않아 급제한 지 십여 년이 되도록 벼슬에 오르지 못했다. 이에 서양 학문을 연구하고 손바닥을 치며 부강책을 담론하여 명예를 구했다. 박영교朴泳敎와 그의 아우 박영효, 이도재李道宰, 신기선申箕善, 서광범徐光範, 홍영식 등이 서로 당을 지어 김옥균을 영수로 추대했다.

이러한 소문이 임금에게도 알려졌는데, 기이한 재주와 남

다른 능력이 있는 것처럼 보여 임금도 그에게 마음이 기울었다. 이에 특별히 포경사라는 벼슬을 만들어 먼저 김옥균을 임명했다. 서양인들은 고래를 잡아 많은 이익을 얻었는데, 왜놈들 역시 그러했다. 그러나 가만히 있어 그렇게 되는 것은 아니었는데, 김옥균은 문밖도 나서지도 않고 입으로만 고래잡이의 이익을 말해 당시 사람들이 비웃었다.

대신들이 무당 진령군에게 아부하다

중전이 충주로 피난 가 있을 때 한 무당이 찾아와 뵙고 환궁할 때를 점쳐 주었다. 그 날짜가 들어맞자 중전이 신기하게 여겨 그 여자를 데리고 환궁했다. 몸이 좋지 않을 때 무당이 손으로 아픈 곳을 만져 주면 증세가 줄어들었다. 날마다 총애가 더해지니 무당의 말이라면 들어주지 않는 것이 없었다. 마침내 무당이 이렇게 말했다.

"나는 관성제군關聖帝君●의 딸이니 신당을 지어 정성껏 받들라."

중전이 그 말대로 따르고 무당을 진령군眞靈君으로 봉했다. 무당은 아무 때나 대궐에 나아가 임금과 중전을 뵈었으며, 때로는 남자 옷으로 단장하기도 했다. 임금과 중전이 그를 가리

김옥균
1851(철종 2년)~1894(고종 31년). 조선 후기 최대 족벌인 안동 김씨의 양자로 들어간 그는, 일찍이 박영효·김윤식·유길준 등과 함께 박규수의 문하에서 개화사상을 배웠고, 22세에 과거에 급제한 뒤 엘리트 코스를 두루 밟으며 개화당 형성에 진력했다. 그러나 임오군란 후 세력의 우위를 점한 청국과 개혁책을 추진하면서도 정권 안정을 위해 청에게 종속적인 관계를 유지하는 민씨 수구파 세력의 방해로 개화당은 극심한 탄압을 받는다. 김옥균은 민씨 정권을 제거하지 않고는 조선의 근대화를 이룩할 수 없다고 보고 정변을 일으켰는데, 이는 우리나라 근대사를 말할 때 중요한 분기점으로 꼽힌다.

관성제군 《삼국지연의》의 주인공인 관우關羽를 가리킨다. 도교에서는 그를 관성제군이라 높여 불렀다. 임진왜란 이후 우리나라에도 관우를 모신 사당이 많이 생겼는데, 이를 관왕묘關王廟라 불렀다.

키며 우스갯소리로 말했다.

"군君이 되니 믿음직하도다."

금은보화를 상으로 주니 이루 셀 수 없이 많았다. 화와 복이 그의 말 한마디에 달렸으니, 수령 방백들이 자주 그의 손에서 나왔다. 이에 부끄러운 줄 모르는 대신들이 앞 다투어 그에게 아부하니, 혹은 자매라 부르기도 했고 혹은 수양아들이 되기를 원하기도 했다. 조병식趙秉式, 윤영신, 정태호鄭泰好가 특히 심했다. 무당에게는 김창열金昌烈이라는 아들이 있었는데, 버젓이 벼슬아치들과 자리를 나란히 했다. 무당은 본디 제천과 청풍 사이에 살았다고도 한다.

이유인이 귀신 장난을 하여 진령군의 마음을 사로잡다

이유인李裕寅은 김해 사람으로, 가난하고 천한 무뢰배로 무과에 급제하여 서울 바닥을 떠돌아다녔다. 그는 진령군이 정권을 휘두르며 잡기를 좋아한다는 소문을 듣고 사람을 시켜 "이유인이 귀신을 부리며 비바람도 일으킨다"고 전하게 했다. 진령군이 깜짝 놀라 즉시 그를 불러 귀신을 시험해 보라고 청했다. 이유인이 말했다.

"그야 쉬운 일이지만 무서워 떨 것입니다. 며칠간 목욕재계해야 합니다."

이유인이 밖으로 나와 영남 사람들 가운데 떠돌아다니는 불량배들을 불러다 몰래 계략을 말해 주고, 정한 날짜가 되자 진령군을 끌고 한밤중에 북산 가장 깊숙한 곳으로 들어갔다.

솔숲이 깊고 칠흑 같은 데다가 날아다니는 반딧불이 반짝거려 벌써 사람이 사는 곳과는 달랐다. 이유인이 점잖게 말했다.

"내가 있으니 무서워하지 마십시오."

그러고는 머릿수건을 휘두르며 불렀다.

"동방청제장군東方靑帝將軍."

그러자 귀신 하나가 엄숙히 팔짱을 끼고 앞에 나타났다. 온몸이 남청색으로, 열 걸음 떨어진 곳까지 다가와서는 더 오지 않았다. 진령군이 낮은 목소리로 말했다.

"이 정도에 뭐가 떨리겠느냐?"

이유인이 말했다.

"조용히 하고 좀 기다리십시오."

다시 불렀다.

"남방적제장군南方赤帝將軍."

그러자 키가 십 척쯤 되는 한 귀신이 나타났다. 온몸이 붉은빛이고, 머리는 기성箕星 같으며, 튀어나온 사각 눈은 붉은 유리 같았다. 입으로는 붉은 피를 내뿜어 비린내가 나는 것이 야차夜叉처럼 무서웠다. 손을 뻗으며 일어서니 진령군이 잠깐 쳐다보다가 이유인의 발을 밟으며 말했다.

"빨리 거두어라. 더는 보고 싶지 않다."

붉은 귀신은 가면을 쓴 것이었다. 진령군이 돌아가 이 사실을 임금과 중전께 아뢰자 곧 이유인을 입시케 했다. 그는 일 년 만에 양주목사에까지 이르렀다. 이유인은 진령군과 모자의 연을 맺고 북묘北廟에서 머물렀는데, 추잡한 소문이 들렸다.

대원군의 측근 여덟 명에게 사약을 내리다

4월에 전 판서 이회정李會正, 임응준任應準, 조병창과 그의 아들 전 참판 조채하趙采夏, 전 승지 정현덕, 조우희趙宇熙, 군수 이원진李源進, 전 교리敎理 이재만李裁晩에게 모두 사약을 내렸다. 이 여덟 명은 모두 운현의 측근이다.

임오년[1882, 고종 19년] 여름에 운현이 달포간 정권을 잡았을 때 이회정은 예관禮官으로 국상 절차를 정했고, 임응준은 문임文任*으로 청나라에 아뢰는 글을 지었으며, 조병창은 다시 막하에 들어가 비밀스런 의견을 아뢰었다. 정현덕과 이재만 등은 운현의 수족으로 세상에 알려져 임금과 중전의 노여움을 샀다.

이들을 죽이자고 의논하니, 민태호가 아래에서 그 뜻을 받들어 계획을 다 정했다. 민태호가 개성유수로 임명되어 임금께 하직하고 서울을 떠난 그 이튿날 일이 일어났다. 재상 여덟 명이 머리를 나란히 하여 처형당하니, 백 년 이래 처음 있는 참사였다. 조병창 부자가 죽으니 사람들이 더욱 슬퍼했다.

이날 명을 내리자 서울 안은 무서워 벌벌 떨었고, 남촌에 사는 주요 사대부들은 기운을 잃었다. 이때 운현이 아직 돌아오지 않은 데다가 경향의 무뢰배들이 몰래 대궐로 들어가 임금께 아뢰었으므로 뜬소문이 일어났다. 임금은 조병창 등 여러 사람이 모의를 할까 두려워 이들을 먼저 없애 버렸다.

문임 임금을 보좌하여 주로 글을 짓던 벼슬아치. 대제학이 가장 높다.

조선시대 관리의 행차 모습
구한말로 접어들면서 벼슬아치들의 부패상은 극에 달했는데, 마치 벼슬아치들이 수탈하기 위해 백성들이 있는 것 같았다. 이에 정치 기강은 크게 흔들려 민중 봉기를 더욱 부채질했다.

성주에 민란이 일어나 목사 이용준을 내쫓다

성주에 반란이 일어나서 목사 이용준李容準을 내쫓았다. 당시 관리들이 탐욕스러워서 백성들이 소란을 일으켜 내쫓았지만, 위아래가 이를 대수롭지 않게 여겼고 법 집행도 느슨했다. 쫓겨난 자는 서울에 들어가 줄을 잘 타 승진하여 다른 고을로 부임해 갔다. 관리를 임명할 때는 아무 고을의 수령이 병이 났으니 바꿔 달라고 청하지만, 실제로는 아무 고을의 수령과 서로 바꿔 주었다. 사람들이 이 말을 듣고 민망하여 웃으며 서로 물었다.

"아무개 수령이 병이 났는데 그대로 있으면 낫지 않고 고을을 바꾸면 낫는단 말인가?"

대원군의 측근 이근수를 역모로 몰아 죽이다

경상도의 사대부 가운데 이름난 집안은 대부분 남인이다. 운현이 (집권하던) 십 년 동안 이들을 잘 보살펴 주었으므로 영남 사람들은 뼛속 깊이 고마워하며 이구동성으로 대원군을 칭송했다.

대원군이 서쪽으로 끌려갔는데도 조정에서 모셔 올 뜻이 없고 날마다 나쁜 소식만 들려오자 안팎에서 그를 가련하게 여겼는데, 특히 영남 사람들은 그를 친척처럼 가깝게 생각했다. 과거 응시를 포기하는 선비들도 많았는데, 세상이 이처럼 무도하니 사군자士君子가 과거에 응시할 시절이 못 된다고 생각한 것이었다.

이근수李根洙는 문학을 잘하고 사람됨이 뛰어나며 남에게 얽매이지 않았다. 서울에서 수십 년간 지냈는데, 조성하가 그를 국사國士로 대우했다. 운현과는 서로 모르는 사이였는데, 임오군란 초에 이근수가 다른 사람과 더불어 시국을 논하다가 몇 가지 정책을 건의하게 되었다. 그 내용이 운현에게 들리자 운현이 무릎을 치며 칭찬했다. 다른 사람과 마주하고도 큰소리로 말했다.

"국사를 의논할 수 있는 자는 오직 이근수뿐이다."

얼마 안 되어 또 변이 일어나자 운현의 여러 문객들은 저마다 의심하여 달아났고, 이근수도 고향으로 돌아갔다. 그는 방금 초시에 합격했지만 복시에는 나아가지 않았다. 그러고는 더욱 비분강개하여 술을 마셨고, 화제가 시국에 미치면 눈을 부릅뜨고 노했다. 그의 친구 이문구李文九 등도 그를 본받으니, 임금이 그 소문을 듣고 미워했다.

어사 조병로趙秉老가 조정을 떠나며 사은하자 임금이 그러한 사실을 알려 주고는 차츰 커지는 세력을 없애라고 했다. 조병로는 평소 잔인하고 혹독했는데, 이근수 등을 붙잡아 상주 감옥에 가두었다. 그 무리를 심문하며 대꼬챙이로 찌르고 불로 단근질하는 등 오독五毒*의 고문을 가했다. 이근수가 크게 외쳤다.

"선비는 저마다 뜻이 있다. 때에 따라서는 과거를 보지 않을 수도 있으니, 꼭 물어볼 것도 없다. 나는 모역을 하지 않았으니 어찌 일당이 있겠느냐. 죽이려면 편안하게 죽여라. 내 어찌 죽음을 두려워하겠느냐. 이탁원李卓元을 죄도 없이 끌어들이느냐?"

그러고는 입을 다물고 말을 하지 않아서 마침내 목을 매달아 죽였다. 그의 시신을 살펴보니 대꼬챙이에 찔린 곳이 대여섯 군데나 되었다.

그는 평소 이건창과 가까웠는데, 이건창이 슬퍼하며 〈추수자전秋水子傳〉*을 지었다. 이문구 또한 이 일에 연좌되어 죽었다. 조병로는 진주에 이르러 하루저녁에 갑자기 죽었다.

이근수는 쇠같이 검붉은 얼굴에 키도 커서 신선이나 검객처럼 늠름했다. 그는 자신의 뜻을 굽히지 않고 위험한 말을 많이 하다가 마침내 터무니없는 화를 당했다. 자기의 호를 위사韋士 또는 동인桐人이라고 했다.

오독 죄인을 참혹하게 다스리는 데 쓰는 다섯 가지 형구로, 편鞭·추箠·작灼·휘徽·전纏을 말한다.

〈추수자전〉 이건창이 자신의 지기인 추수자 이근수에 대해 지은 전으로, 이건창의 시문집인 《명미당집明美堂集》에 실려 있다.

복식 제도를 간편하게 개혁하다

6월에 복식 제도를 개혁하여 공사 귀천에게 모두 새로운 법식을 반포했다. 박영효 등은 서양 제도를 흠모하여 미친 듯이 좋아했다. 이에 임금께 복식 제도를 바꿀 것을 권하면서, 한 가지로 간편하게 하는 것이 나라를 부강하게 하기 위한 급선무라고 했다. 민영익이 청나라에서 돌아와 의논하고는 합당하다고 하여 윤5월에 비로소 절목節目을 정했다.

공복公服은 소매가 넓은 홍단령紅團領을 없애고, 위아래 관리들은 모두 소매가 좁은 흑단령黑團領을 입도록 했다. 사복도 도포, 직령直領, 창의氅衣처럼 소매가 넓은 옷은 다 없애고 양반과 천민이 모두 소매가 좁은 두루마기를 입도록 했다. 벼슬하는 사람은 전복戰服을 더하고, 그 밖의 자세한 조목은 대략 넓은 소매를 금하는 원칙에 따르며 지나친 장식도 없앴다. 그러자 나라 안이 발칵 뒤집히고 사람들이 새 절목을 받아들이지 않았다.

정언正言 이수홍李秀弘 등이 상소했고, 옥당玉堂에서는 연명으로 상소했으며, 성균관 유생 심노정沈魯正 등도 상소했다. 임하에서는 송병선宋秉璿이 상소했고, 재상 가운데는 박제교朴齊教가 상소했다. 예조판서 이인명李寅命은 곧바로 시행할 수 없다고 하면서 죄를 기다리며 상소했고, 지방의 대신으로는 봉조하奉朝賀* 이유원과 송근수宋近洙가 상소했다. 시원임대신時元任大臣* 김병국, 홍순목洪淳穆, 김병덕金炳德 등이 잇달아 연명차자聯名箚子*를 올려 힘껏 간했지만, 임금이 모두 물리쳤다. 임금과 신하 사이가 멀어지고 조정이 야단법석

봉조하 종2품 관리가 퇴임한 뒤 특별히 임명되던 벼슬로, 의식에만 나가며 종신토록 녹봉을 받았다.

시원임대신 현직에 있는 대신과 전직 대신.

연명차자 두 사람 이상이 이름을 함께 써서 간단히 임금에게 아뢰던 일.

을 떨다가 점점 가라앉자 비로소 안팎으로 반포하게 되었다.

왜국 공사관을 새로 짓고 이사하다

왜국 공사 죽첨진일랑竹添進一郎〔다케조에 신이치로〕이 교동에 신관을 짓고 이사했다. 그는 문장을 잘했는데, 예전에 중국에 들어가 하남성과 섬서성을 거쳐 촉蜀 땅까지 들어갔다가 삼협三峽*으로 나와서 오吳와 초楚까지 이르렀다. 이 여행을 기록하여 《잔운협우기棧雲峽雨記》라는 책을 썼는데, 이홍장이 머리말을 썼다. 공사로 임명되어 서울에 온 뒤 김옥균과 한 무리가 되어 날로 친해졌다. 김옥균 등이 정을 쏟으며 성원하여 이사를 시키고 가까이 끌어들였는데, 죽첨진일랑도 그대로 따랐다.

갑신정변이 일어나다

고종 21년〔1884〕 10월 17일〔무자〕 밤, 박영효와 김옥균 등이 반란을 일으켜 대궐을 침범하여 임금을 경우궁景祐宮으로 옮기고, 좌찬성 민태호, 지사 조영하, 해방총관海防摠官 민영목, 좌영사 이조연李祖淵, 우영사 윤태준, 전영사 한규직韓圭稷을 속여 불러서 모두 죽였다. 환관 류재현柳載賢은 역적들을 꾸짖다가 죽었다.

처음부터 박영효 등은 왜국과 서양을 다녀와서 부강을 누

* 삼협 양자강 중류에 있는 무협巫峽, 구당협瞿塘峽, 서릉협西陵峽 세 협곡을 가리킨다.

갑신정변의 네 주역
1884년 9월 17일, 김옥균을 비롯한 개화파는 박영효의 집에 모여 민씨 정권을 몰아내고 권력을 장악하기로 결의했다. 그들은 홍영식이 총판으로 있던 우정국 개설일을 거사일로 잡고 준비를 서둘렀다. 마침 청나라와 프랑스가 안남 문제를 둘러싸고 전쟁의 조짐을 보이자 청나라는 조선에 주둔하고 있던 병력 중 일부를 철수했다. 일단의 혁명가들은 이때가 기회라고 생각하고 10월 17일 마침내 '만고에 없던 변란'을 일으켰다. 그러나 거사는 삼 일 만에 막을 내렸고, 주동자들은 살해되거나 일본 망명길에 올랐다. 사진 왼쪽부터 김옥균, 서광범, 박영효, 홍영식이다.

리자고 했으며, 예전의 나라 풍속을 모두 버리고 서양 제도를 배워서 개화의 열매를 맺으려고 힘썼다. 그러나 임금이 우유부단한 데다 정책이 여러 곳에서 나와 획일적인 법을 시행할 수 없어 걱정했다. 이에 비밀스럽게 모의하여 임금을 위협하여 다른 궁으로 옮기고, 민태호 등 수구파 대신과 장병들을 모두 제거하며, 왜놈들에게 많은 이익을 주어 군대를 주둔케 하여 청나라 군사를 막으려 했다. 일이 성공하면 계획한 일을 차례로 시행하려 했다.

어떤 사람은 "임금을 꾀어 인천까지 가서 배에 태워 왜국으로 내보낸 뒤, 서양의 민주 제도를 본떠 박영효 등이 임금을 갈아 치우려 했다"고 하고, 또 어떤 사람은 "팔도를 분할해서 여러 역적들이 저마다 한 지방의 임금이 되려 했다"고도 하며, 또 어떤 사람은 "청나라와 관계를 끊고 왜국과 손을 잡으며 임금을 높여 대황제로 만들려 했다"고 한다. 그 뒤에 여러 역적들이 빠져나가 심문할 길이 끊어졌으므로 끝내 자세한 내용은 알 수가 없었다.

(그들이 거사를) 준비해 온 지 이미 오래되었으므로 모의한 사실이 차츰 새어 나갔다. 서재필徐載弼은 윤태준의 이종 조카로, 마침 윤태준에게 들렀더니 윤태준이 국수를 차려 주

어 함께 먹었다. 윤태준이 물었다.

"바깥에서는 금릉위錦陵尉〔박영효〕 일파가 장차 대사를 거행한다는 소문이 돌던데, 너는 듣지 못했느냐?"

서재필은 대답하지 않고 수저를 놓은 뒤 곧 나갔다. 오래도록 들어오지 않아 내다보니 그는 이미 달아나고 없었다. 윤태준이 크게 놀라 이 사실을 민태호에게 알리자 민태호가 말했다.

"그대는 이제야 그 말을 들었는가? 나는 이미 오래전에 들었네. 그러나 믿기 어려운 점도 있으니 사헌부에 뜻을 알리고 상소하여 울릉도 사건을 논의하려고 하네. 김옥균에게 캐묻는다면 반드시 단서가 잡힐 것일세."

그때 김옥균이 왜국에게 울릉도를 팔았다는 말이 있었다. 김옥균 등은 계획한 일이 이미 드러난 것을 알고, (거사를) 앞당기기로 했다. 10월 17일 밤에 우정국에서 연회를 베풀고 여러 대신들을 초대했지만 아무도 오지 않았다. 온 사람은 오직 민영익뿐이었다. 여러 역적들이 민영익을 친밀히 대접하니 거사를 숨기기 위해서였다.

얼마 뒤 밖에서 불이 일어나자 민영익이 이를 보려고 뛰쳐나갔다. 어떤 사람이 갑자기 일어나 그를 칼로 내리치자 귀가 떨어지고 어깨에도 상처를 입었다. 민영익이 땅에 쓰러지자 목인덕이 그를 부축해서 달아났다. 박영효 등이 대궐로 달려가 대궐 문밖 곳곳에 불을 지르게 하고 큰소리로 외쳐 기세를 돋웠다. 이어 중희당重熙堂으로 들어가 숨을 헐떡이며 말했다.

"청나라 군대가 난을 일으켜 사태가 급박하니, 상감께서는 잠시 왜국 공사관으로 가셔서 관망하십시오."

임금이 그 말을 따르려고 하자 중궁이 말했다.

"서둘러선 안 됩니다."

그러자 박영효 등이 온갖 협박을 하며 말했다.

"그러시면 경우궁으로 행차하시는 것이 좋겠습니다."

박영교가 앞에 엎드려 임금을 끌어 업고 경우궁으로 들어갔다. 그러고는 임금에게 '일병래호日兵來扈'라는 네 글자를 써달라 하여 왜국 공사관에 전했다. 이에 죽첨진일랑이 군사를 이끌고 바로 달려와 경우궁 담장을 에워쌌다. 날이 밝자 주모자들이 교지를 꾸며 민태호 등을 불러들였다. 조영하가 민태호에게 말했다.

"사태를 헤아리기 어려우니 여러 병영의 군사들을 일으키고, 원세개袁世凱 진영에 연락하여 그들을 끼고 들어가야 안전을 보장받을 수 있습니다."

민태호가 말했다.

"임금이 포위된 가운데 친히 조서를 내려 부르는데, 어찌 우리가 들어가지 않을 수 있겠소! 내가 마땅히 먼저 들어갈 테니 공은 뒤처리를 잘하고 들어오시오."

이에 조영하도 창졸간에 따라 들어갔고, 민영목 이하 여러 사람들도 어지러워 몸 둘 바를 모르다가 역시 감히 들어가지 않을 수 없었다. 이들이 들어서자 서재필이 생도들을 이끌고 칼을 휘두르며 오는 대로 내리치니 모두 죽고 사지가 떨어져 나갔다. 임금은 그 모습을 바라보고 눈물을 흘리며 괴로워할 뿐이었다. 조영하는 칼을 맞고 미처 죽기 전에 큰소리로 외쳤다.

"조선의 법에 누가 문신에게 칼을 차지 못하게 했느냐? 수

일병래호 '일본 군대가 와서 호위하라'는 뜻.

중에 칼이 있어 너희 무리를 만 동강으로 베지 못한 것이 한스럽구나."

내시 류재현이 수라를 올리자 김옥균이 발로 차며 말했다.

"지금이 어느 시국이라고 수라 따위를 편안하게 즐기느냐?"

류재현이 크게 꾸짖었다.

"너희는 모두 대대로 벼슬한 집안의 출신이 아니더냐. 무엇이 부족해서 이처럼 천고에 없던 미치광이 반역을 일으켰느냐?"

김옥균이 칼을 뽑아 베자 (류재현이) 섬돌 아래로 굴러 떨어졌다. 임금이 무서워 벌벌 떨었다. 김옥균이 옥새와 옥로玉鷺*를 가져다 박영효에게 주면서 말했다.

"곧바로 즉위하는 게 좋겠소."

여러 주모자들이 임금을 해치려고 모의하자 심상훈이 달래며 말했다.

옥로 옥으로 해오라기 모양을 만들어 갓머리에 달던 장식품으로, 높은 벼슬아치나 외국에 가는 사신들이 썼다.

갑신혁신정강
갑신정변 때 개화당이 개혁 정책의 지침으로 공포한 정강으로, 청에 대한 사대 외교 폐지, 인민평등권과 능력에 따른 인재 등용, 지조법 개정, 국가 재정의 일원화, 내각 회의를 통한 군주권 제한, 내각 권한 확대 등이 그 골자다.

"대가들이 무능하게 되었으니 공들은 실컷 안락하게 되었소. 이제 무엇을 꺼려서 (임금을 시해했다는) 천하의 악명을 얻으려는 것이오?"

이로써 모의를 그만두게 되었다. 심상훈은 임금을 호위하다가 저들의 흉악한 행동을 보고 겉으로 붙어서 충성을 다했는데, 저들도 그를 신임했다. 임금이 다행히 죽음을 면했으니 심상훈의 힘이 컸다. 시종하던 여러 신하들도 그를 많이 신뢰했다.

원세개가 왜군을 물리치고 고종을 환궁시키다

10월 19일, 청나라 제독군문 원세개가 대궐에 들어와 호위하니, 왜병은 물러가고 임금은 북관묘北關廟에 행차했다. 홍영식과 박영교는 죽임을 당했고, 박영효·김옥균·서광범·서재필 등은 왜병과 함께 달아났으며, 임금은 대궐로 돌아왔다.

이때 원세개는 하도감下都監에 진을 치고 있었는데, 궁궐에 변이 생겼다는 소식을 듣고 정세를 헤아릴 수 없어 갑옷을 걸치고 대기해 있었다. 전 승지 이봉구李鳳九가 보루를 치고 크게 통곡하며 구원을 요청하자 원세개가 소매를 떨치고 일어나 이천 명의 군사를 이끌고 궁문에 이르렀다.

왜병들은 소나무에 의지하거나 담장 구멍을 통해 총을 비 오듯 쏘아 댔다. 원세개가 변발한 머리를 목에 감고 뛰어올라 문을 지키던 병졸들을 죽이고 칼춤을 추며 충돌하니, 온몸이 마치 배꽃과 같았다. 총알이 어지럽게 땅에 떨어지는데, 여러 진영에서 온 우리 군졸들이 원세개가 이끄는 청나라 군사를 따라 들어갔다. 양군이 격전을 벌이다가 왜군이 조금 물러났다. 죽첨진일랑이 군사를 이끌고 후퇴하자 박영효 등도 일이 실패한 것을 알고 죽첨진일랑을 따라 달아났다. 임금이 명했다.

"창덕궁은 군사와 무기로 꽉 차 있으니 잠시 북묘로 행차하겠다."

홍영식과 박영교는 판세가 아직 정해지지 않았으므로 아직은 임금을 모시는 것이 힘을 얻는 길이라 생각하여 북묘까지 따라가 임금의 주위를 둘러서서 '어찰御札을 내려 원세개의 군사를 물리치게 하라'고 힘껏 청했다. 임금은 아직도 두려움이 진정되지 않았는데, 잠깐만 일어나려고 해도 두 역적이 끌어 앉히며 말했다.

"전하께서는 여기서 한 걸음도 떠나실 수 없습니다."

섬돌 아래에 있던 많은 군사들이 분노를 이기지 못했다. 무예청에서 먼저 소리쳤다.

"다 같이 역적을 죽이자."

모든 군사들이 번개같이 달려들어 두 역적을 끌어다 땅바닥에 내던지고 칼로 짓이긴 뒤에 모두 만세를 불렀다. 임금이 궁을 깨끗하게 치우라고 명한 뒤, 북묘에서부터 청나라 통령統領 오조유吳兆有의 영방營房을 두루 들렀다. 날이 저물고 길이 어두운데도 백성들이 기뻐 소리쳤는데, 집을 허물고 횃불을 내다 거는 자도 있었다. 이튿날 임금이 환궁했다. 이 싸움에서 원세개가 거느린 군사는 이천 명이었다.

개화파가 왜국으로 망명하다

도일 전의 박영효
1861(철종 12년)~1939. 1872년 철종의 사위가 되었으나 삼 개월 만에 사별했다. 큰 형을 따라 박규수의 사랑을 출입하면서 북학파의 학맥을 이은 개화사상에 눈을 떴다. 훗날 갑신정변을 일으켜 일시에 병권을 장악하는 듯했으나 청군의 개입으로 일본 망명길에 올랐다. 1894년 봄, 동학란을 계기로 청일전쟁이 일어나자 일본 정부의 주선으로 귀국한 뒤, 김홍집 내각의 내부대신으로 복귀했다.

도성 백성들은 왜당倭黨[개화당]의 반역에 분노하여 저들을 만나기만 하면 잡아 죽이고 떼로 몰려가 공사관을 불태웠다. 죽첨진일랑과 박영효 등은 이미 달아났다. 죽첨진일랑은 인천에 이르러 천세환千歲丸 호를 타고 본국으로 돌아갔다.

일본 공사관에는 큰 궤짝 하나가 있었는데, 태평관太平館이라 쓰여 있었다. 그 속에는 여러 역적들이 음모한 서류가 들어 있었는데, 일본으로 가져가려고 했다. 처음에는 여러 역적들이 왜국과 약속하여 군함이 와서 도와주기로 되어 있었다. 그러나 군함이 바다 가운데까지 오다가 두 차례나 화통이 터져 수리하느라 여러 번 기일을 어겼다. 이에 여러 역적들이 의심하고 두려워하여 서둘러 거사를 일으켰다. 일이 실패하자 군함은 스스로 물러갔다. 이 어찌 하늘의 뜻이 아니겠는가. 왜놈 기림진삼磯林眞三[이소바야시 신조]도 공사관이 불탈 때 죽임을 당했다.

갑신정변에 참여한 사관생도들을 처형하다

생도 서재창徐載昌과 오창모吳昌摸 등을 처형했다. 서재창은 서재필의 아우이며, 오창모는 전 병사 오진영吳晉泳의 서자다. 처음에 조정에서는 총명하고 준수한 젊은이들을 널리 뽑아 왜말과 기예를 익히게 하여 왜학생도倭學生徒라 불렀다. 여기에는 사대부 가운데 한미하고 가난한 자나 서얼, 중인, 무뢰배들이 많이 지원했다.

10월 변란 때 서재필이 이들을 지휘했는데, 이때 죽은 여러 대신들이 모두 이들의 손에 당했다. 일이 실패하자 이들은 머리를 깎고 왜놈 옷을 입고 왜군과 섞여 달아났다. 함께 가지 못한 자들은 밤낮으로 내달려 동래관에 이르렀는데, 그곳의 왜놈들이 그들을 감싸 주어 앞서거니 뒤서거니 하며 왜국으로 들어갔다. 오진영은 (아들의 죄에) 연좌되어 유배지 하동에서 죽었다.

홍영식의 아버지와 아내가 자살하다

홍순목이 탄식하면서 말했다.

"늙은 신하가 역적 아들을 길러 세상에 죄를 얻었으니, 만 번 죽은들 어찌 속죄하랴."

홍영식에게 아들 하나가 있었는데, 아직 열 살도 안 되었다. 홍순목이 말했다.

"이 씨를 어찌 남겨 둘 수 있으랴."

그러고는 독약을 먹여 죽인 뒤, 자신도 대궐을 향해 머리를 숙이고 약을 마시고 죽었다. 홍영식의 아내 한씨도 자살했는데, (홍영식의 형인) 홍만식洪萬植이 시킨 것이었다.

조영하의 아들이 홍만식의 딸을 친정으로 돌려보내다

조영하의 아들 조동윤趙東潤은 홍만식의 사위이고, 홍만식은 홍영식의 형이다. 조동윤이 결혼한 뒤로 금실이 좋았는데, 조영하가 살해되자 원수의 집 딸과는 함께 살 수가 없다고 하여 아내를 친정으로 돌려보냈다. 홍만식의 딸이 올린 머리를 풀어 댕기를 땋고 처녀라 자처하면서 말했다.

"맹세코 이승에서 다시 조동윤의 아내가 되겠다."

박영효의 아버지가 자살하다

박영교의 아버지 참판 박원양朴元陽이 자살했다. 박영교에게는 열 살 된 아들이 있었는데, 박원양이 먼저 죽였다. 박영효는 자식이 없었다. 박영교의 가운데 아우는 이름이 박영호朴泳好로, 진사에 급제했으나 이름을 바꾸고 진안의 산속으로 숨어들어 갑오년[1894, 고종 31년]에 (개화파가 집권하자) 나왔다.

서재필의 부모도 자살하다

서재필의 생부인 진사 서광언徐光彥이 아내 이씨와 함께 자살했다. 형 서재형徐載衡은 은진 감옥에서 죽었고, (동생인) 서재우徐載雨만 나이가 어려 죽음을 면했다.

서광범의 아버지는 무슨 죄인지도 모르고 감옥에 갇히다

서광범의 아버지 서상익徐相翊은 칠, 팔 년이나 감옥에 갇혀 있었지만 무슨 죄에 연좌되었는지도 모르고 날마다 돼지 먹이로 주는 술지게미를 먹다가 죽었다.

서광범의 아내 김씨는 감옥에 갇혀 있으면서도 절개를 지키다가 갑오년〔1894, 고종 31년〕 이후 남편을 다시 만나 함께 살았다. 오직 김옥균의 아내 송씨만 옥중에서 음탕한 짓을 했다.

일본 망명 당시의 김옥균
사진 왼쪽이 김옥균이다. 갑신정변이 실패로 돌아가자 김옥균은 훗날을 기약하고 박영효, 서광범, 서재필 등 아홉 명의 동지들과 함께 일본으로 건너갔다. 그러나 일본 정부는 그를 박해하여 1886년 오가사와라 섬으로 귀양 보냈으며, 1888년에는 북해도로 추방하여 연금했다. 그 뒤 1894년에 청나라로 건너갔으나 민씨 수구파가 보낸 자객인 홍종우에게 암살당함으로써 풍운의 사십삼 년 생애를 마감했다.

왜국으로 망명한 주동자들을 처벌하지 못하다

여러 역적들의 집은 헐어서 연못을 만들고 그 재산을 몰수했다. 그러나 네 명의 역적은 달아나 국법대로 다스리지 못했고, 이미 죽은 자도 역적을 다스리는 법으로 처리하지 못했으니, 이는 왜국을 두려워했기 때문이다. 사람들이 이를 분하게 여겼다.

민영익이 삼년상 중에 벼슬하며 외국으로 돌아다니다

민영익의 부상은 심했지만 목인덕이 서양 의사에게 치료를 부탁해 귀와 팔이 아물었다. 목인덕은 민영익을 데리고 중국으로 갔다. 전에 민태호의 아내가 죽었을 때 민영익은 기복起復*을 청해 외국을 드나들었다. 이번에는 민태호가 죽었지만 역시 삼년상을 지키지 않고 상해와 향항香港(홍콩)을 오가다가 기복하여 전영사前營使가 되었다.

전주 아전 이봉구가 이충신이라 불리며 총애받다

이봉구는 전주의 아전이다. 풍수지리술로 민영익을 설득하여 민치구閔致久*의 묘를 옮기게 했다. 얼마 뒤 그는 과거에 급제하여 옥당에 임명되었고, 박영교가 어사로 있을 때 그를 재주 있다고 천거하여 승지에 올랐다. 이때 원세개를 만났는데, 임금의 원수를 갚는 데 노고가 있다고 하여 사건*이 진정된 뒤 참판에 오르고 우영사右營使에 제수되었다.

임금은 그를 '이충신李忠臣'이라 불렀고 원세개도 그렇게 불러 한때 총애를 받았다. 수레가 종로를 지날 때면 수종들이 구름처럼 따랐고 발소리가 땅을 울렸다. 저자의 사람들이 손가락질하고 웃으며 말했다.

"저 사람이 전주 장신將臣이다."

이봉구는 매우 교만하여 사대부를 대할 때도 예의가 없었다. 이에 모두 그를 미워하여 '죽일 놈'이라 했다. 이듬해 고

기복 상중에 있는 관리를 탈상 전에 복직시키는 것. 본디 상중에는 벼슬을 하지 않는 것이 법도이며, 서민들이라면 혼사를 하지 않았다. 민태호의 아내라면 민영익의 생모다.

민치구 흥선대원군의 장인이자 고종의 외할아버지.

사건 갑신정변을 말한다. 이 책 107쪽의 '원세개가 왜군을 물리치고 고종을 환궁시키다' 편에서 그 기록을 볼 수 있다.

향으로 돌아가 죽으니, 특별히 시호를 충절忠節이라 내렸다.

갑신정변 주동자의 집안에서 돌림자를 바꾸다

(갑신정변을 일으킨) 여러 역적들은 모두 대대로 벼슬하던 집안 출신으로, 한꺼번에 역적들이 나란히 나오자 일가가 수치스럽게 여겨 항렬자를 고쳤다. 김씨는 균均을 규圭로, 박씨는 영泳을 승勝으로, 서씨는 광光을 병丙으로, 재載를 정廷으로, 홍씨는 식植을 표杓로 고쳤다.

만국공법에 의해 국사범들이 보호받다

근래 만국공법萬國公法에 이른바 국사범國事犯과 사사범私事犯이라는 조항이 있다. 사사로운 죄를 저지르고 달아났을 때 본국에서 죄인을 잡아 보내라고 하면 들어주지만, 백성이나 나라와 관련한 죄인은 모두 국사범이라 하여 (망명국에서) 힘껏 보호해 준다. 오랑캐 나라에는 임금이 없기 때문이다.

이때 여러 주모자들이 왜국으로 달아나자 조정에서는 이들을 송환할 수 있도록 요청했지만 왜놈들은 비웃었다. 대사 정상형은 조선에 와서 도리어 불탄 공사관과 살상된 왜놈들에 대해 배상하라고 요구했다. 그는 사상자에 대해서는 십만 원을, 소실된 공사관에 대해서는 이만 원을 배상하고, 기림진삼을 죽인 자는 엄벌하라고 했다.

(이때 우리 조정에서는) 김윤식을 관반館伴*에 임명했는데, 그가 이치에 맞게 따지자 정상형도 다소 수그러졌다. 그러나 국력이 이미 쇠약해져 옴짝달싹할 수 없었으므로 정상형의 요구대로 따를 수밖에 없었다.

화의의 국면으로 굳어 가자 외무독판 조병호趙秉鎬를 대관大官에 임명하고, 홍순학洪淳學을 부관으로 삼아 인천 상무商務를 감리하게 했다. 이어 예조참판 서상우徐相雨를 전권대신에 임명하고, 외무협판 묵인덕을 부사로 삼아 왜국에 들어가 외교 업무를 처리하게 했다. 죽첨진일랑이 본국으로 돌아가자 왜황이 갑신정변을 일으킨 죄를 물어서 관리 자격을 박탈했다고 한다.

조정에서 벼슬한 외국인이 늘어나다

이때 우리나라에 와서 벼슬한 외국인들이 많았다. 청나라 사람으로는 옥석창玉錫鬯이 군국아문의 참의가 되었고, 마건상馬建常이 찬의贊議가 되었으며, 미국인으로는 안련安連〔알렌; H. N. Allen〕과 혜론蕙論〔헤론; J. W. Heron〕이 함께 2품의 계를 받았고, 구례具禮〔그레이트하우스; C. R. Greathouse〕와 이선득李善得〔리젠드르; C. W. LeGendre〕과 덕니德尼〔데니; O. N. Denny〕가 아울러 내무협판이 되었다. 법국 사람 묵현리墨賢理〔메릴; M. F. Merrll〕와 하문덕河文德〔헌트; J. H. Hont〕이 아울러 호조참판이 되었고, 사납기史納機〔쉐니케; J. F. Schoenicke〕와 백리帛黎〔피티; T. Pity〕와 격류格類〔크리그; E. F. Creagh〕가 모두 통정대부

관반 서울에서 묵고 있는 외국 사신을 접대하기 위한 임시 관직.

에 올랐으며, 영국인 해래백사奚來白士〔핼리팩스; T. E. Hallifax〕도 통정대부가 되었다. 이 중 묄인덕이 가장 이름났다.

구주〔유럽〕나 미국 사람들은 성씨가 없고 이름만 있을 뿐인데, 자기 나라말로 서로 부르다가 동아시아에 와서 비로소 번역해서 썼다. 성을 가진 것 같지만 실은 이름만 있을 뿐이다. 그 발음도 새의 지저귐 같아서 글자가 궁해 번역하기가 힘들다. '타'가 굴러서 '토'가 되기도 하고, '하'가 굴러서 '호'가 되기도 한다. 그래서 번역한 인명이나 지명이 반쯤은 들어맞지 않고 육서법六書法으로도 풀 수 없으니, 이는 원래 동서가 가로막혔기 때문이다. 어떤 사람이 우리나라에 처음 들어와서 역관에게 말했다.

"나는 본래 성이 없습니다. 이제 귀국에 왔으니 마땅히 귀국의 풍속을 따르겠습니다. 귀국의 귀한 성이 무엇입니까?"

역관이 말했다.

"국성國姓 이씨가 가장 귀합니다."

묄렌도르프와 알렌
묄렌도르프는 대한제국 통리아문 참의와 협판을 역임하면서 외교와 세관 업무를 맡았다. 알렌은 의료 기술을 익힌 미국 선교사로, 1884년 갑신정변이 일어나기 몇 달 전에 조선에 들어왔다. 우리나라 개신교 역사는 그와 함께 시작되었다. 명성황후의 배려로 궁중 어의로 활동했으며, 오 년 뒤 미국 공사관 서기관 일을 맡아보았다.

그 사람이 다시 물었다.

"저도 마땅히 이씨로 성을 삼겠습니다."

이에 그를 이선득이라 했다. 그 다음은 왕후의 성인 민씨라고 하자 또 다른 사람이 말했다.

"저는 민씨로 성을 삼겠습니다."

이에 그는 민 아무개가 되었다. 이 말을 들은 사람들이 허리가 꺾어지게 웃었다.

서양 여러 나라와 차례로 통상하다

서양 여러 나라와 차례로 통상했다. 영국과 덕국과는 갑신년〔1884, 고종 21년〕에, 아라사〔러시아〕와는 을유년〔1885, 고종 22년〕에, 의국義國〔이탈리아〕과는 병술년〔1886, 고종 23년〕에, 법국과는 정해년〔1887, 고종 24년〕에, 오국奧國〔오스트리아〕과는 임진년〔1892, 고종 29년〕에 통상했다. 왜국에 이어 임오년〔1882, 고종 19년〕에 시작한 것은 미국이다. 임오년에 원산항을 열었고, 계미년〔1883, 고종 20년〕에 인천항을 열었으며, 병술년에 회령항을 열었다.

대원군이 청나라에서 돌아오다

고종 22년〔1885〕 8월 27일〔계사〕에 운현이 돌아왔다. 인천에서 서울로 들어왔는데, 임금이 숭례문까지 나가 휘장에서 맞이했다. 서로 말 한마디 하지 않아서 사람들이 이상하게 여겼다.

운현은 임오년[1882, 고종 19년] 7월 천진에 이르러 보정부에 구금되었는데, 물이 좋지 않아서 지내는 것을 근심했다. 땅을 파서 새 우물을 얻었는데 물맛이 좋았다. 이에 그곳 사람들이 이상하게 생각했다. 갇혀 사는 동안 할 일이 없어서 소일거리로 난초를 그렸는데, 이때부터 석파란이 중국에 퍼졌다.

청나라 조정에서는 논의가 일치하지 않아 혹은 운현을 멀리 귀양 보내라고 했고, 혹은 돌려보내라고 해 상소문이 수레에 넘쳤다. 오래 지나 운현도 다른 길을 통해 청나라 고관들에게 몰래 뇌물을 바쳤다. 또한 입고 먹는 것도 마땅치 않아서 본국의 배추김치나 새우젓 따위를 상선 편으로 실어 왔는데, 해마다 그 비용을 헤아릴 수가 없었다. 운현이 십 년간 축적한 재물을 이때 다 탕진했다고 한다. 그는 뇌물을 은으로만 줘서 청나라 사람들이 그를 '은항아리'라고 했다.

운현이 집으로 돌아오자 높고 낮은 사대부들이 그를 뵈려고 몰려들었는데, 그 이름을 기록한 것만 해도 여러 책이 되었다. 장사꾼, 군인, 아낙네들은 멀리서 바라보고 절하며 기뻐했

청나라 복장을 한 대원군
1882년 임오군란이 일어나자 대원군은 왕명으로 사태 수습을 위임받고 달아난 명성황후의 사망을 공포함으로써 재집권에 성공하는 듯했다. 그러나 민씨 세력이 요청한 청나라의 무력 개입으로 사태가 역전되면서 그는 삼 년간 청나라 보정부에서 감금 생활을 겪어야 했다. 1885년 조선통상사무전권위원으로 부임하는 원세개와 같이 환국한 뒤에도 대원군은 정권에 대한 집념을 버리지 않고 민씨 척족 타도를 위해 기회를 노려 정치적 부침을 거듭했다.

고, 교동과 재동 사이에는 열흘이나 사람들로 북적거렸다.

원세개가 대원군을 도와주다

원세개는 몇 년 동안 우리나라에 주둔하면서 운현의 사람됨을 익히 들었다. 그가 돌아오자 가서 뵙고 위급하게 되면 도와주겠다고 하면서 마음을 기울여 서로 사귀었다. 이때 중궁이 운현을 끊임없이 미워하여 꼭 해치려고 했지만, 원세개를 꺼려 뜻대로 하지 못했다.

조정에서 대원군의 환국을 달가워하지 않다

대원군이 보정부에서 아직 돌아오지 않았을 때 사신들이 북경으로 들어갔는데, 이들을 기청사祈請使라 했다. 그러나 소명하는 내용이 별스럽지 않았고, 운현의 억울함을 하소연하는 말은 한마디도 없었으며, 용서해 달라는 간청도 없었다. 그래서 사람들이 '기청'*이 아니라 '방색防塞'*이라 했다.

나중에는 이건창에게 명하여 소疏를 짓게 했다. 그는 대원군을 구금한 것은 잘못된 일이라며 낱낱이 설명했는데, 마음에서 우러나오는 말이라 감동을 주었다. 그러나 임금이 김윤식과 어윤중에게 은밀히 명령을 내려 고치게 했는데, 이건창이 듣지 않자 결국 그 글은 쓰이지 않았다.

<small>기청 돌려보내기를 청한다는 뜻이다.

방색 돌아올 길을 막는다는 뜻이다.</small>

토문강 국경

안변부사 이중하李重夏를 감계사勘界使로 삼아, 청국의 차관差官과 함께 토문강土們江* 상하의 국경선을 살펴 정했다.

이진상의 문집이 간행되자 영남에서 배척하다

이진상李震相의 호는 한주寒洲로, 은거하여 제자들을 가르치며 힘써 정진하여 학문에 스스로 얻은 바가 많았다. '심즉리心卽理' 세 글자를 종지宗旨로 삼고 그 학설을 설명하여《심학종요心學宗要》수십 권을 저술했다. 어떤 사람은 양명학이라고 의심하기도 했다.

토문강 백두산 천지에서 발원하여 북으로 흐르는 송화강의 한 지류.

이진상
1818(순조 18년)~1886(고종 23년). 조선 말기 유학자로, 호가 한주寒洲. 조선시대 유학은 크게 퇴계 이황을 잇는 영남학파와 율곡 이이를 잇는 기호학파로 나누어지는데, 19세기에 이르면 이 구분은 큰 의미가 없어지고 중요한 학자별로 독자적인 연원을 형성하는 경우가 많았다. 이에 화서 이항로를 연원으로 한 화서학파, 노사 기정진을 연원으로 한 노사학파, 간재 전우를 연원으로 한 간재학파, 한주 이진상을 연원으로 한 한주학파가 형성되었다. 이들은 모두 꺼져 가는 국운을 되살리기 위해 조선 성리학의 재무장을 시도했지만, 그 실천 방식은 조금씩 달랐다. 이진상의 한주학파는 화서학파, 노사학파와 더불어 전통 주자학을 수정하는 쪽에 서 있었는데, 특히 심心이 곧 이理라는 심즉리설을 제창함으로써 당시 학계에 큰 파문을 던졌다.

그가 죽은 뒤 그의 아들 이승희李承熙가 장차 유고집을 간행하려고 허훈許薰에게 교열을 부탁했다. 허훈은 심학의론心學議論이 퇴계의 학설과 어긋나 영남에서 죄를 얻을까 두려워하여 극구 사양했다. 결국 제자 곽종석郭鍾錫이 일을 맡았다. 문집이 나오자 먼저 퇴계의 서원에 보냈다. 여러 이씨들이 떠들썩하게 들고 일어나 이단으로 배척하여 책 뒤에 글을 써서 돌려보냈다.

"이 책은 가야산 골짜기에 깊이 감춰 두었다가 우리의 도가 끊어진 뒤에야 비로소 꺼내어 세상에 돌릴 수 있으리라."

이에 온 도내 선비들이 모여서 그 책을 모아 불살랐다. 이승희의 집안은 몇십 년 동안 영남에서 거의 용납되지 않았다. 허훈의 호는 방산舫山으로, 시와 문장을 잘 지었다. 일찍부터 과거를 그만두고 글과 술로 스스로 즐겼다. 아우 이위李蔿는 갑오년〔1894, 고종 31년〕에 비로소 세상에 이름이 알려졌다.

기정진의 문집이 간행되자 기호에서 배척하다

노사 기정진은 몸가짐이 독실하고 학문에도 정통했다. 그는 이기理氣를 논하면서 선인들에게 아부하며 기대지 않고 자기의 견해를 스스로 터득하여 문빗장을 뽑고 자물쇠를 열듯 아주 깊이 연찬했다. 그가 지은 《납량사의納凉私議》 여러 편은 충청도와 경기도의 유학자들을 쓸어 냈을 뿐만 아니라, 율곡에 대해서도 불만의 뜻을 나타냈다. 그가 죽은 뒤 대상大祥도 지내기 전에 그의 문집을 활자로 간행하려 했는데, 영남에 있는 그의 문인들이 나서서 이렇게 주장했다.

"활자는 오래갈 수 없다."

이에 신축년〔1901, 고종 38년〕과 임인년〔1902, 고종 39년〕 연간에 단성丹城에 문집간행소를 설치했다. 나무를 베고 판목에 글자를 새겨 일 년 만에 완성했다. 근래 문학을 한다는 자들은 재상이나 유림이나 따질 것 없이 모두 죽은 지 얼마 안 되어 문집을 간행했는데, 이처럼 성대한 적도 없었다.

연재淵齋 송병선宋秉璿은 기정진을 해칠 마음을 품고 자기 제자들을 사주하여 통문通文을 내어 공격하고 비뚤어진 학문으로 때렸다. 기정진이 율곡을 모독했다는 것이었다. 또한 자기 제자들에게 보낸 편지에서 "이는 마땅히 성토해야 한다"고 하자 그를 따르는 무리가 벌떼처럼 들고 일어났다. 경상도, 전라도, 충청도의 무리가 경기도 진위군에 모여 날마다 소를 올리며 대궐 문 앞에 엎드려 기정진의 문집 판목을 불사르라고 청했다. 당시 조정에서는 일이 많아 유생들의 논의가 옳은지 그른지 생각할 겨를이 없었다. 어떤 사람이 그들을 비웃으며 이렇게 말했다.

"노사가 비록 율곡과 다른 학설을 세웠지만 스스로 터득한 것을 설명한 데 지나지 않는다. 그대로 두었다가 후세의 공정한 판단을 기다리는 것이 옳거늘 어찌 급급하게 무리와 어울려 결판을 내려고 하는가."

《노사집蘆沙集》
조선 후기의 성리학자인 노사 기정진 〔1798(영조 22년)~1879(고종 16년)〕의 시문집이다. 대개의 문집이 문예 위주인 반면에 이것은 경학이나 이기理氣에 관한 철학 사상으로 채워져 있다. 기정진의 학문은 특정 학파에 연원을 둔 것이 아니라 송대 성리학에 대한 독자적인 탐구를 통해 높은 경지에 이르렀다. 그리하여 이황과 이이 이후 근 삼백 년간 계속된 주리主理와 주기主氣 논쟁을 극복하고 이일분수理一分殊의 이론에 의한 독창적인 이理의 철학을 수립했다.

또 어떤 이는 그들을 꾸짖으며 이렇게 말했다.

"저들은 난민이다. 저들이 대궐 문 앞에 엎드리기를 기다렸다가 마땅히 뽑아 군대에 편입시키자."

이에 모인 유생들이 스스로 흩어져 차츰 고향으로 돌아가자 사태가 끝났다. 이를 보고 어떤 사람이 이렇게 평했다.

"퇴계의 후손들이 《한주집寒洲集》을 불사른 것과 연재가 노사를 막으려고 한 것은 똑같이 상대를 시기했기 때문이다."

이건창이 기정진의 학문에 감탄하다

영재寧齋 이건창은 중년 이래 성명학性命學에 깊이 관심을 가져 그 보는 바가 아주 자세하고도 명석했다. 비록 늙어서야 극에 달했지만, 보성에 귀양 가서 처음으로 《노사집蘆沙集》을 얻어 읽고는 감탄하며 말했다.

이건창의 글씨

조선 말의 대문장가이자 대쪽 선비인 영재 이건창(1852(철종 3년)~1898(고종 35년)]은, 명망과 충절로 널리 알려진 이시원의 손자다. 천성이 강직하고 의례적인 언사 없이 소신대로 피력하는 성품 탓에 벼슬길이 순탄하지 않았다. 일찍이 고향 강화도에서 병인양요와 신미양요를 온몸으로 겪은 탓인지 개화에 매우 비판적이었다. 그러나 시대의 흐름을 무조건 거부한 것은 아닌 듯하다. "나에게도 새로움이 있고 새것을 추구하려는 의도가 어찌 없겠는가. 발전하는 나라의 모습을 본받고 싶은 생각이 어찌 없단 말인가"라는 말에서 개화와 전통 사이에서 고뇌한 그의 모습이 엿보인다. 황현, 김택영 등과 교분이 두터웠다.

"이것은 천하의 참다운 학문이다. 우리나라에만 없던 것이 아니라, 중국에서 찾는다 해도 원나라와 명나라의 여러 유학자들 가운데 짝할 만한 자가 드물다. 성리학에 관한 그의 글을 뽑아서 두세 책으로 엮어 천하에 전하고 이름난 산에 간직해 두는 것이 마땅하다."

이건창은 언제나 그의 문하에 찾아가지 못한 것을 한스럽게 여겼는데, 그의 문장에 대해서는 굴복하지 않았다.

류중교가 동문 김평묵을 스승으로 받들다

김평묵과 류중교柳重敎는 이항로 문하생 중 쌍벽으로 일컬어졌다. 김평묵은 재주와 기예가 뛰어났고, 류중교는 덕망과 기량이 뛰어났다. 나이도 서로 비슷했는데, 이항로가 죽을 무렵에 류중교에게 부탁했다.

"나를 섬기던 것처럼 김평묵을 섬겨라."

이항로가 죽자 류중교가 여러 문인들을 이끌고 앞장서서 김평묵을 섬겼는데, 처음부터 끝까지 배반하지 않았다. 사람들이 이를 어려운 일이라고 했다.

전우의 문인들

전우田愚가 자기 문인들에게 모두 심의深衣, 복건幅巾, 치포관緇布冠*을 걸치게 하고 일할 때도 벗지 못하게 했다. 혹은 대오

심의, 복건, 치포관 심의는 흰 천으로 만든 선비의 겉옷으로, 끝은 검은 천으로 둘러져 있다. 복건은 도복에 갖추어 머리에 쓰던 관으로, 검은 헝겊으로 위는 둥글고 뾰죽하게 만들고 아래로는 넓고 길게 늘어뜨렸다. 치포관은 선비들이 평상시에 쓰던, 검은 베로 만든 관이다.

리 갓끈을 매고 나막신을 신기도 하여 복장이 이상해 보였다.

목천군에 아천장鴉川場이 서는데, 벌판에 있는 큰 시장이다. 장날이면 심의·복건·치포관에 대오리 갓끈을 매고 나막신을 신은 자들이 구부정하게 가게 둘레를 돌아다녔는데, 시장 사람들이 그들을 보고 이렇게 말했다.

"이 사람들은 전田 학자의 문인들이다."

전우가 가난하면서도 올바르게 살다

전우가 몹시 가난하여 겨울에는 솜옷을 입지 못했고, 여름에는 쌀을 구경하지 못했으며, 울타리 밖에다 들쑥을 심어서 편할 대로 뜯어 먹었다. 아들 하나는 말총으로 체를 만들어 먹고 살았는데, 문인들이 민망하게 여겨 생계를 세우도록 권했다. 이에 그 말대로 따랐지만 밑천이 없어서 다시 예전처럼 되었다. 그런 까닭에 몇 년에 한 번씩 이사를 다녔

전우
1848(헌종 7년)~1922. 조선 말 성리학자로, 율곡의 성리학에 기초한 전통적 논의를 고수했다. 그는 이理는 본래 이 세계에 놓인 자명한 통일 원리이며, 문제는 이것을 실현하는 기氣의 세계에 있다고 보았다. 이러한 관점에서 본다면 유교적 질서에 의해 구축된 현실 세계의 원리는 변할 수 없는 것이며, 현실 세계의 혼란은 일시적인 것이다. 그가 말년에 서해의 외딴 고도를 전전하며 유학의 도를 전하는 데 힘쓴 것도 이러한 맥락에서 이해할 수 있다. 그는 전통적 도학을 중흥하는 것이야말로 국권을 회복하는 길이라 본 것이다. 저서로 《간재집艮齋集》, 《간재사고艮齋私稿》, 《추담별집秋潭別集》이 있다.

다. 세상에서 가난하기로 이름난 자 가운데 전우와 맞설 사람이 없지만, 그는 남이 주는 것은 엄격하게 따져 받았다. 말린 고기 한 조각, 비단 한 오리도 아무렇게나 받지 않았다. 많은 예물을 끌어안고 글을 얻으러 오는 자들이 줄지었지만 옳지 못한 자에게는 써주지 않았다.

곽종석이 여러 방면에 뛰어나다

곽종석은 기억력이 남달리 뛰어났다. 《동의보감》을 한 번 읽고는 보지 않고도 외웠다고 하니, 얼마나 총명했는지 짐작할 만하다. 예술에도 널리 통달했고 병학兵學까지 연구했다.
    하겸락河兼洛이란 무인이 있었는데, 곽종석을 따라다니며 항상 살림을 꾸려 주고 병법을 배웠다. 그리하여 운현에게 벼슬을 구했는데, 갑자기 출세하여 강계부사에까지 이르렀다. 곽종석이 명망을 얻자 영리하고 경박한 무리가 날마다 그의 주변에 모여들어 다른 방면에 기이한 재주를 가졌다고 극성스럽게 치켜세웠다. 곽종석이 그들을 싫어하여 몇 년간 태백산에 들어갔다가 다시 가야산에 들어갔고, 마지막에는 거창의 산속에서 살았다.

옛것을 좋아하고 세상 물정에 어두운 임헌회

임헌회任憲晦는 옛것을 좋아하고 세상 물정에 어두웠다. 한번은 학창의鶴氅衣를 입고 온양을 지나간 적이 있었는데, 그를 따르는 동자들이 모두 총각머리에 사규삼四揆衫˚을 입고 있었다. 고을 사람들이 크게 놀라 서양인인 줄 알고 때리려 했는데, 자세히 살펴보고 그가 임산림任山林˚인 것을 알고는 그만두었다.

임헌회의 아들이 정혼하고 죽자 며느릿감에게 빨리 와서 상을 치르라고 독촉하다

임헌회에게 어린 아들이 있었는데, 갈산˚에 사는 김씨 집안과 약혼했다. 그 집안은 선원[김상용]의 후손으로, 대대로 홍주 갈산에서 살았다. 임헌회의 아들이 열 살쯤 되어서 요절하자 임헌회가 김씨네 집에 부고를 하고 그 딸더러 분상奔喪˚할 것을 독촉했다. 김씨가 이를 크게 꾸짖고 약혼 예물을 돌려주자, 임헌회가 부끄러워 하면서도 화가 났다. 아들의 묘지墓誌를 지어 무덤에 묻었는데, 배위配位˚는 안동 김씨 아무개의 딸이라고 썼다.

관서 지방에서 박문일을 스승으로 받들다

박문일朴文一의 자는 공렬公烈이고 호는 운암雲菴이다. 그의 아우 박문오朴文五의 호는 성암誠菴이다. 형제가 가난을 견디며 열심히 배웠다. 박문일이 일찍이 벽계 이항로의 문하에 들어

사규삼 장가가기 전 소년의 복장.

산림 세상에 나오지 않은 은사를 일컫는다.

갈산 지금의 충남 홍성군에 있는 지명.

분상 먼 곳에서 상 당한 소식을 듣고 급히 집으로 돌아가는 것.

배위 부부가 다 죽었을 때 그 아내를 존칭하는 말.

가 관서 지방에서 돈암遯菴* 이후의 일인자로 손꼽혔다. 그래서 유생들이 모여들어 그를 스승으로 받들었으니, 관서 지방 유학의 연원은 대개 벽계를 종주로 한다.

육영공원을 세우고 서양인 교사를 초빙하다

육영공원育英公院을 세우고 문관, 무관, 유생 가운데 젊고 총명한 자 사십 명을 가려 뽑아 입학시켰다. 영국인 방거房巨〔벙커; D. A. Bunker〕와 길모吉毛〔길모어; G. W. Gilmore〕 두 사람을 불러다 선생으로 삼고, 서양 문자를 가르쳤다. 문관은 김승규金昇圭와 신대균申大均 이하 여러 명이고, 유생으로는 이만재李萬宰와 서상훈徐相勛 이하 여러 명으로, 사색당파를 고루 분배하여 당시 이름난 집안에서 신중하게 뽑았다. 수업 연한을 마치면 이미 벼슬에 오른 자는 장래가 촉망되는 자리로 발탁했고, 유생들은 차례로 급제시켜 고무하고 장려했다.

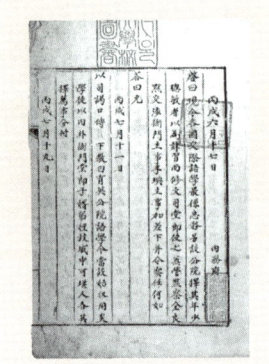

육영공원 등록
1886년 우리나라 최초의 관립 근대 학교인 육영공원의 규칙 등을 기록한 문서로, 육영공원 설립이 개화에 적절히 대응할 관료를 양성하기 위한 것임을 보여 준다. 육영공원은 그 역사적 의의에도 불구하고 정부 고관 자제만을 수용하는 신분 제한과, 어학만 가르치는 교육 내용의 한계, 외국인에 의한 교수 등으로 민족 사회에 뿌리 내리지 못하고 1894년에 폐교되었다.

이경하의 서자 이범진이 규장각 직각에 임명되다

이범진李範晉을 규장각 직각直閣에 임명했다. 이범진은 이경하의 서자로, 이경하가 진주병사晋州兵使로 있을 때 한 기생을

돈암 평양 출신의 성리학자인 선우협鮮于浹〔1588(선조 21년)~1653(효종 4년)〕을 가리킨다. 여러 차례 벼슬에 천거되었으나 사양하고 평생 후진 양성에 힘썼다. 이에 세인들이 관서부자關西夫子라 칭하며 존경했다. 저서로 《돈암전서遯菴全書》가 있다.

이범진
1852(철종 3년)~1910(순종 4년). 훈련대장 이경하의 아들로, 조선 말 친러파의 거두가 되어 아관파천을 주도함으로써 친일파 내각을 몰아내는 데 성공했다. 1907년 헤이그만국평화회의에 밀사를 파견할 때는 자신의 아들 이위종을 통역원으로 따라가게 했다. 1910년 국치를 당하자 통분을 이기지 못해 자결했다.

첩으로 삼아 낳았다. 그래서 이름을 범진이라 했다. 이범진은 몸이 날렵하여 담장을 뛰어넘을 정도였고, 방탕하고 무례했다. 약관에 진사가 되었는데, 점쟁이가 그의 운명을 점쳐 말했다.

"사십 대에 분명히 병조판서가 되겠습니다."

그러자 이범진이 탄식했다.

"헛된 말은 하지도 마라. 내 처지에 병조판서가 되겠는가?"

얼마 안 되어 대과에 급제했지만 답답하기만 했다. 그러다 갑신정변 때 대궐 안에서 숙직하다가 중궁을 업고 나와 노원蘆原으로 피난했는데, 이듬해 성천부사에 임명되었다. 다시 성천에서 순천으로 전임되었는데, 가는 곳마다 잔학하게 백성의 재산을 긁어모아 '젖 먹이는 호랑이'라고 했다. 순천부사로 있을 때는 여러 기생들을 발가벗겨 바람난 말 흉내를 내게 하기도 했다.

부유한 백성을 벌줄 때는 곤장을 때리지 않고 목에 칼을 쓰게 하여 팔짱을 낀 채로 뜰에 서 있게 했는데, 무릎을 조금이라도 구부리면 발가벗기고 마구 때렸다. 며칠 동안 서 있으면 다리가 부어올라 죽여 달라고 애걸하지 않는 자가 없었으니, 전 재산을 바치지 않으면 풀려나지 못했다. 그는 늘 긴 칼을 좌우에 놓고 주먹을 떨치며 말했다.

"어지럽히는 자가 있으면 칼로 쳐 죽이겠다."

이에 아전이나 백성들이 두려워하여 함께 들고 일어나 그를 쫓아내려고도 했지만, 그의 용맹을 두려워하여 감히 나서지 못했다.

망나니 민영주가 장국밥집을 거덜 내다가 망신당하다

서울의 서민들이 잔방棧房*을 설치하여 맑은 물에 고기를 삶아 그 국물에 면이나 밥을 넣어 팔았는데, 이를 장국밥이라고 했다. 이 장사는 겨울철에 더 잘되었는데, 추위에 떠는 나그네나 하인들이 즐겨 찾았다. 양반이나 부잣집의 내로라하는 젊은이들도 자주 떼 지어 와서 먹으며 기분을 냈는데, 이들은 으레 밤에 찾아왔다.

당시 민영주閔泳柱는 망나니로 불린 지 십여 년 되었는데, 길거리에서 떡이나 장국을 파는 사람들 가운데 돈꿰미 모은 자치고 그에게 돈을 빼앗기지 않은 자가 없었다. 그는 밤마다 무리를 이끌고 장국밥집을 에워싼 뒤, 수십 그릇을 먹고도 한 푼 주지 않고 가버렸다. 이렇게 몇 차례 당하면 그 가게는 반드시 거덜이 나고 말았다. 이범진이 이 소식을 듣고 침을 뱉으며 말했다.

"더럽구나! 좀도둑 같으니라고. 내 반드시 그자의 버릇을 고쳐 주리라."

한번은 밤에 우연히 두 사람이 부딪혔는데, 민영주가 그를 알아보지 못하고 전처럼 행동했다. 이범진이 크게 호통 치며

잔방 오늘날의 간이식당에 해당한다.

말했다.

"너는 범보範甫도 모르느냐?"

그러고는 장작을 뽑아들고 뒤쫓으며 때렸다. 민영주가 다급해져 "아버지!"라고 부르며 살려 달라고 빌었다. 비로소 풀어 주자 그때부터 민영주가 감히 나다니지 못했다. 무뢰배들이 이범진을 '범보'라고 불렀는데, 이는 거의 '망나니'와 맞먹었다.

노론 출신의 서얼들이 출세하다

서얼을 속칭 초림椒林이라고도 하는데, 이는 산초 맛이 얼얼하기 때문이다. 다르게는 일명逸名, 편반偏班, 신반新班, 건각蹇脚〔절름발이〕, 좌족左族, 점족點族이라고도 한다. 서얼은 보잘것없고 비천해서 아무리 재상의 아들로 태어났다 하더라도 품계의 등급이 겨우 중인과 맞먹으므로 이들을 통틀어 '중서中庶'라고 한다.

이들은 벼슬길이 제한되어 있어서 단지 배부름만 영위할 뿐이다. 어쩌다 무관에 종사한다 하더라도 영장營將이나 중군中軍에 그치며, 감영이나 병영의 막하에 의지하면 비장裨將이 되고, 고을 관아에 근무하면 책실冊室이 된다. 어쩌다 음로蔭路에 따르더라도 안으로는 학관學官이나 검서檢書가 되고 밖으로도 찰방察訪이나 감목관監牧官밖에 되지 못했으니, 늙을 때까지 못난 그대로 아무것도 할 수가 없어 그 천함이 더욱 심해졌다. 그래서 뜻 있는 자는 흰머리로 굶을 바에야 차라리

음로 조상의 공덕으로 얻는 벼슬을 음관蔭官이라고 하는데, 음관을 얻을 수 있는 길을 음로나 음도蔭道라 일컫는다.

숨어 사는 것을 고상하게 여겼다. 재주가 그대로 시들었으니, 유식한 것이 오히려 걱정이었다.

수백 년을 내려오면서 서얼에게도 벼슬길을 터주자는 논의가 없지 않았지만, 그들에게도 벼슬길을 열어 주면 권세가 반드시 나누어질 것이므로 대대로 벼슬하던 집안에서 백방으로 막아 서민의 한계를 넘지 못하게 했다. 강상綱常의 명분을 문란하게 할 수 없다는 것이었다.

그러나 천하 고금에 이러한 법은 없었다. 법이 이미 한쪽으로 치우쳐 가혹하게 시행되었지만 (하늘이) 한쪽으로만 후할 리 없다. 서울과 시골 할 것 없이 종가의 적자 집안은 대를 이어 가기가 차츰 힘들어졌지만, 서얼들은 날로 달로 번성하여 거의 나라 안의 절반을 차지할 정도가 되었다. 아무리 옛날처럼 영영 얽어매려고 해도 실패할 수밖에 없다. 지금의 임금은 이미 외국과 통상 관계를 맺어 고루한 선왕들의 제도를 변통해서 고쳐야 한다고 생각했다. 이에 드디어 격식을 깨고 (서얼에 대한 차별 없이) 인재를 등용하자는 의논이 있게 되었다.

서얼들이 문과에 급제하여 높은 자리에 오른 것은 이조연부터 시작되었다. 이어 이범진, 김가진金嘉鎭, 민치헌閔致憲, 민상호閔商鎬, 민영기閔泳綺 등이 이윤용, 윤웅렬尹雄烈, 안경수安駉壽, 김영준金永準 등과 함께 모두 갑오년〔1894, 고종 31년〕 이후 번갈아 가며 높은 벼슬에 올랐다. 그 밖에도 금관자나 옥관자를 단 사람들이 헤아릴 수 없이 많아서 거의 조정 자리의 오분의 삼이나 차지할 정도가 되었다. 잘못을 바로잡으려다가 오히려 지나치게 된 셈이다. 변하면 통하고 통하면 오래

가는 법이니, 위에서는 좋은 조짐을 이끌어 맞아들였고 아래에서는 재야에 버림받은 현인들이 없어졌다.

그러나 조정에서 다퉈 가며 신분을 타파하자던 개혁이 결국은 재능 있는 자를 뽑는 것이 아니라 임금의 사인私人을 뽑는 것이 되고 말았다. 이에 노론의 서얼 중에서는 맑고 높은 벼슬아치들이 별처럼 많았으나, 소론·남인·북인 세 당파에서는 아직 한 사람도 없었으니, 모가 없이 뽑자던 생각이 빗나갔단 말인가.

서자 출신으로 갑자기 출세한 자들은 모두 속이 막히고 잘 나지도 못했는데 하루아침에 뛰어올랐다. 그러다 보니 돈 버는 재미에 빠져 재물을 불리는 데만 급급했고 사대부의 낡은 습관만 물려받아 한 사람도 곧고 결백한 마음을 지켜 벼슬에 보답하려는 자가 없었다. 그러므로 정치는 위에서 더욱 어지러워졌고 풍속은 아래에서 더욱 나빠져 종묘사직이 차츰 망하게 되었으니, (서얼에게 벼슬을 허락하기 전과) 별 차이가 없어졌다. 따라서 사람들에게 '정치는 가볍게 바꿀 수 없다'는 구실만 주게 되었으니, 아아! 이는 '목이 메니 밥을 먹지 말자'는 것과 같다.

유협용이 글만 읽다가 군수로 나가다

유협용柳協用은 서울 새문 밖에 살았는데, 영재泠齋 유득공柳得恭의 손자다. 가난하여 늙을 때까지 솜옷을 입지 못하고 종이를 비벼서 솜 대신에 썼다. 그런데도 겨울날 풀방석에 앉아

글 읽기를 그치지 않았다. 기무아문이 처음 생겼을 때 권력자가 그를 주사主事로 천거했지만 나아가지 않았다. 그러다 갑오년〔1894, 고종 31년〕뒤에 안산군수로 나갔다.

서자 김가진이 문장을 잘 지어 간신의 우두머리가 되다

김가진의 아버지가 안동부사로 있을 때 데리고 있던 기생이 김가진을 낳았다. 안동을 일명 영가永嘉라고도 부르기 때문에 그의 아버지가 이름을 '가진'이라 지은 것이었다. 이는 (진주에서 태어났다고 해서) 이범진의 이름에 진晉 자가 들어간 것과 꼭 대가 된다.

김가진은 젊었을 때 학관이 되어 순천부사 홍재현洪在鉉을 따라 책실冊室로 갔다. 그의 아내는 홍종헌洪鍾軒의 서庶 사촌누이로, 홍종헌이 영변부사로 갔을 때 김가진이 비장 한 자리를 구했으나 얻지 못해 종일 눈물을 흘렸다. 갑신년〔1884, 고종 21년〕에 민영준閔泳駿을 따라 일본에 갔다가 돌아와 과거에 급제하고 드디어 청요직을 역임했다. 그는 간사하고 교활하여 당대 간신배들의 우두머리가 되었고, 글을 좀 지어 동농산인東農山人이라 하고 명관名官

김가진의 글씨
김가진[1846(헌종 12년)~1922]은 조선 말의 문신으로, 호가 동농東農이다. 안동부사인 김응균金應均의 서자로 태어나 일찍이 과거 응시가 불가능한 서얼들과 교류하다가 1877년 서얼 중 능력이 뛰어난 자에게 주던 규장각 검서관에 진출했다. 1884년 갑신정변 뒤 적서 차별이 폐지되면서 마흔이 넘은 나이에 문과에 급제하여 일본 공사에 부임했다. 갑오개혁의 주역으로 참여했고 독립협회 위원으로 선임되는 등 개화파 관료로 활발하게 활동했으나, 1910년 국권을 박탈당한 뒤로는 상해로 건너가 독립 운동을 펼쳤다. 한학과 서예로도 유명하다.

이라 자처했다.

세자가 왕후를 두려워하다

임금이 세자를 몹시 사랑하여 밥 먹을 때마다 반찬을 골라 먹이고, 옷을 입을 때도 소매를 벌려 팔을 넣어 주었다. 선조 임금들의 대를 잇는 중함이 세자에게 전해졌으니, 집안사람의 예를 쓸 수 없다고 생각하고는 언어에 대등한 예를 써서 극진히 공경했다. 그러나 명성은 그렇지 않아 조금만 거슬리는 것이 있어도 때리며 꾸짖었다.

"네가 아무리 세자라지만 어찌 부모가 없겠느냐?"

이 때문에 세자가 임금은 두려워하지 않았지만 왕후는 두려워했다.

민승호의 아내가 남편이 죽은 뒤 아들을 낳다

민승호가 죽었을 때 그의 후취 부인 이씨는 젊고 아름다웠다. 몇 년이 지나면서 몸가짐을 삼가지 않는다는 소문이 들렸다. (이씨는) 민영주, 민영달閔泳達과 불륜의 관계를 맺고 아이를 낳아 길렀는데, 세상 사람들이 그 아이를 몽득夢得이라고 했다. 이는 죽은 민승호와 꿈속에서 정을 통해 잉태했다는 뜻으로 말한 것이었다. 중궁이 (이씨를) 미워하여 한번은 금가루를 내렸는데, 이씨가 화를 내면서 집어던지며 말했다.

"과부가 남자를 생각하는 것은 떳떳한 일이다. 중전이 어찌 나를 벌줄 수 있단 말이냐?"

중궁이 추하게 여기고 다시는 보려고 하지 않았다. 그러나 이씨가 눈치껏 문안을 잘 드렸으므로 중궁이 도리어 불쌍하게 여겨 다시 왕래하는 사이가 되었다. (이씨가 중전에게) 언문 편지를 청탁해서 팔방으로 돌아다니며 안팎으로 위세를 부리니, 모든 민씨들도 지극히 받들었다. 이씨의 친정 조카 이종필李鍾弼은 향족鄕族임에도 과거에 급제했고, 십 년도 안 되어 황해감사에 이르렀다. 당시 이씨를 죽부인竹夫人이라 불렀는데, 사는 집이 죽동에 있었기 때문이다.

민영준이 금송아지를 바치자 남정철이 신임을 잃다

남정철南廷哲은 과거에 급제한 지 이 년도 안 되어 평안감사가 되었는데, 외척이 아니고는 이처럼 갑자기 출세한 자가 근세에 없었다. 그는 감영에 있을 때 임금께 날마다 진상했는데, 임금은 그것을 충성으로 여겼다. 이에 그를 영선사領選使로 임명하여 천진으로 보내 중용할 뜻을 보였다.

민영준이 남정철을 대신하게 되었는데, 금으로 송아지를 만들어 수레에 태워 바쳤다. 임금이 낯빛이 변하더니 꾸짖으며 말했다.

"남정철은 정말 큰 도둑놈이었구나. 관서에 이처럼 금붙이가 많았는데 혼자서 다 해먹었구나."

이때부터 남정철에 대한 임금의 총애가 시들해졌고, 민영준은 날로 부리기 좋은 인물이 되었다.

민영환이 장인 김명진의 진상품을 보충해서 바치다

만수절萬壽節*이면 감사나 수령들이 으레 진상품을 올리는데, 항상 척신을 통해 궁중에 바쳤다. 정해년〔1887, 고종 24년〕 7월에 민영소閔泳韶와 민영환閔泳煥이 함께 들어가 임금을 모셨는데, 이때 김규홍金奎弘이 전라감사이고 김명진金明鎭이 경상감사였다. 민영환이 먼저 김명진의 진상품 목록을 바쳤는데, 왜국 비단 오십 필과 황저포黃苧布 오십 필뿐이었다. 임금이 낯빛이 변하더니 용상 아래로 내던졌다. 민영환이 황공해하며 목록을 주워 소매 속에다 넣었다. 이어 민영소가 김규홍의 진상품 목록을 바쳤는데, 춘주春紬 오백 필과 갑초甲綃 오백 필, 백동白銅 오 합, 바리 오십 개에 다른 물건도 이 정도였다. 임금이 기쁜 얼굴로 말했다.

"감사들이 이렇게 예를 차려야 마땅하지 않은가. 김규홍이 나를 사랑하는구나."

민영환이 나가서 자기 돈 이만 냥을 더해서 바쳤는데, 그가 김명진의 사위이기 때문이었다.

직각 벼슬을 이십만 냥에 사다

남규희南奎熙는 돈 십만 냥을 바쳐 직각 벼슬을 얻었고, 정순

> 만수절 원래는 중국 천자의 생일인데, 여기서는 고종의 생일을 일컫는다.

원鄭淳元은 이십만 냥으로 직각 벼슬을 얻었다. 직각 자리를 파는 것이 이때부터 시작되었다. 정순원은 일두一蠹 정여창鄭汝昌의 종손으로, 대대로 함양에 살며 만석꾼의 부를 누렸다.

칠석날 과거에 급제하면 판서가 못 된다

서울 속담에 "칠석날 과거에 급제한 사람으로 판서가 된 이는 하나도 없다"고 한다. 이 때문에 통과統科가 이때 해당하면 교묘히 피했다. 어윤중은 칠석날 과거에 급제했는데, 재주가 있다고 인정받아 사람들이 이 속담이 맞지 않을 것이라고 했다. 그런데 갑오년(1894, 고종 31년)에 이르러 관제가 바뀌면서 판서라는 이름이 없어졌다. 그때까지 어윤중은 참판이었는데, 마침내 탁지부대신이 되어 팔좌八座*의 반열에 들었다. 사람

*팔좌 한나라 때 육조의 상서와 영슈, 복야僕射의 벼슬을 합하여 팔좌라고 했는데, 여기에서는 판서급의 고관을 가리킨다.

어윤중과 그의 문집

어윤중(1848(헌종 14년)~1896(고종 33년))은 개화기 온건 개혁파에 속한 인물로, 1881년 일본 국정 시찰단인 신사유람단의 일원으로 다녀오면서 정계의 주요 인물로 등장했다. 1893년 동학난이 일어났을 때는 처음으로 그들을 '민당民黨'이라고 불러 동학도의 지지를 얻었고 관료들에게는 빈축을 샀다. 그 뒤 1894년에 갑오개혁 내각이 수립되자 탁지부대신이 되어 대개혁을 단행했다. 1896년 아관파천으로 갑오개혁 내각이 붕괴하자 고향 보은으로 피신했다가 살해되었다. 저서로 《동래어사서계東萊御史書啓》, 《수문록隨聞錄》, 《서정기西征記》 등이 있다.

들이 '어 판서'라고 불렸지만 실은 판서가 아니었다.

전보국을 설치하고 전주를 세우다

정해년〔1887, 고종 24년〕 가을에 전보국을 설치하고 전주도 세웠는데, 의주에서 시작하여 서울까지 이르렀고, 다시 서울에서 동래까지 이르렀다. 이때부터 서도의 역참驛站 제도가 폐지되었고, 남도의 봉수 또한 쓸모없어졌다. 예부터 민간에서는 이런 참언이 있었다.

"천 리에 이어진 소나무가 하루아침에 모두 희어질 것이다."

병자년〔1876, 고종 13년〕에 큰 흉년이 들어 남도 백성들이 소나무 껍질을 벗겨 식량을 대신했는데, 큰 소나무가 하얗게 늘어서 있었으므로 어떤 이는 그 참언이 들어맞았다고 했다. 나는 젊었을 때 그 참언을 듣고 반박했다.

"흉년에 굶주림을 면하게 해주는 초목이 어찌 참서에 올라갈 까닭이 있겠는가."

그러나 이때 이르러 징험되었으니, 항간에 떠도는 말이 모두 맞지 않다고만 할 수는 없겠다.

김윤식이 고종의 흉을 듣다가 귀양 가다

김윤식을 면천군으로 귀양 보냈다. 김윤식은 외무에 익숙하고 시국에도 마음을 두었지만 재간과 정략이 부족했다. 천진에서 돌아와 계속 요직에 임명되었는데, 나가서는 강화유수가 되었고 들어와서는 병조판서가 되었다. 외무아문의 독판까지 겸임하여 원세개와도 친하게 지냈다. 원세개는 임금이 아둔하고 옹졸한 것을 민망하게 여겨 한번은 김윤식을 맞대어 놓고 이렇게 말했다.

"임금의 덕이 고쳐질 가망이 없다. 내선內禪*을 하여 대원군이 보필하게 하고 모든 민씨를 물리친다면 백성들의 고질병이 혹 낫지 않을까 한다."

김윤식이 이 말을 듣고 떨려서 감히 대답하지 못했다. 명성왕후가 새어 나온 말을 듣고 크게 노하여 "김윤식이 나라의 비밀한 일을 들춰냈다" 하고는 엄명을 내려 그를 귀양 보냈다. 아울러 원세개도 몹시 미워하여 기밀을 서로 의논하지 않았다.

내선 임금이 생전에 자리를 세자에게 물려주는 것을 뜻한다.

김윤식과 그의 문집

조선 말 관료이자 이름 높은 문장가인 운양 김윤식[1835(헌종 1년)~1922]은, 일찍이 영선사로 청나라에 파견되어 근대식 문물을 시찰했고, 임오군란 때는 청의 개입을 주도하여 난을 평정하는 데 일조했다. 갑신정변 때는 청의 원세개에게 도움을 구해 김옥균 일파를 제거했으며, 1887년에는 명성황후의 친러 정책에 반대하여 민영익과 함께 대원군 집권을 모의했다가 미움을 사 면천으로 유배되었다. 1910년 한일합방 때는 유림을 대표하는 지위에 있으면서도 조약에 순응했는데, 이때 그가 말한 "불가불가불가不可不可"는 '옳지 않다, 옳지 않다'라는 뜻으로도, '어쩔 수 없이 찬성한다'는 뜻으로도 해석되어 노회한 정객으로서의 면모를 엿보게 한다. 저서로 《운양집雲養集》을 비롯해 《임갑령고壬甲零稿》, 《천진담초天津談草》, 《음청사陰晴史》, 《속음청사續陰晴史》 등이 있다.

김윤식은 팔 년간 유배되었다가 갑오년(1894, 고종 31년) 여름에 비로소 풀려났다. 지난 경진년(1880, 고종 17년) 가을에 김윤식이 한성시漢城試 부고관副考官을 맡았는데, 공평히 주관했다고 하여 상으로 순천부사에 임명되었다. 지방관으로 있을 때는 잘하지 못했지만, 외무독판이 되었을 때는 당시 사람들이 모두 그에 미치지 못한다고 여겼다.

한장석에게 아비만한 자식이 없다

김윤식과 한장석韓章錫은 어렸을 때 모두 가난했다. 자하동에서 문을 닫아걸고 글만 읽었는데, 당시 사람들이 북산 아래 빼어난 선비를 이를 때 반드시 한장석과 김윤식을 꼽았다. 이들은 중년 이후에 함께 벼슬길에 나섰는데, 김윤식은 점차 시류에 휩쓸렸고 한장석은 단아하게 자신을 지키며 관직을 얻을 차례가 오면 마지못해 응할 정도였다. 명성왕후는 한장석과 친척으로, 평소 그를 귀히 여겨 재상으로 쓰리라 기약했다.

언젠가 응제應製의 방을 내걸었는데, 한장석의 둘째 아들 한창수韓昌洙가 초시初試 방에 들어 있어 특명으로 대과大科 전시殿試를 보게 했다. 그 뒤 한창수는 영화로운 벼슬을 얻기에 급급해 길 열기에 힘썼으니, 한장석도 말릴 수가 없었다. 한장석이 죽었을 때도 벼슬하려고 힘썼으니, 여러모로 창피한 일이었다.

한장석의 큰아들 한광수韓光洙는 일찍이 과거에 급제하여 예문관과 규장각에 드나들었는데, 슬기롭지 못해 동료들의 웃음거리가 되었다. 그래서 사람들은 "한장석에게는 자식이 없다"고 말했다.

박규수가 공개적으로 한장석과 김윤식의 답안지를 고르다

박규수가 일찍이 정시庭試의 채점관이 된 적이 있었는데, 답안지 하나를 집어 들고 여러 동료들을 돌아보며 말했다.
"나라에서 과거를 베풀어 선비를 뽑는 것은 장차 세상에 쓰기 위함이오. 참으로 쓸 만한 인재를 얻는다면 비록 사적인 관계라 하더라도 공적으로 뽑은 셈이오. 여러분은 어떻게 생각하시오?"
사람들이 그 뜻을 헤아리지 못하고 "그렇다"고 대답했다.
"이 답안지는 분명 한장석의 것이오."
박규수가 이렇게 말하고 답안지를 펼치니 과연 그러했다. 조금 뒤에 또 답안지 하나를 골라 말했다.
"이 답안지는 분명 김윤식의 것이오."
펼쳐 보니 또한 그러했다. 박규수가 이미 물색해 보고는 그들의 필체를 알아본 것이었다. 그러나 여러 사람들 앞에서 손가락을 꼽아 가리키면서도 의연하여 조금도 거리끼거나 위축되는 기색이 없었다. 자리에 있던 사람들이 돌아가면서 칭찬했다.
"이 또한 노론의 풍도風度다. 소론은 할 수 없는 일이다."

등불 아래 책 덮고 지난 역사 헤아리다
《매천야록》 깊이 읽기

보고 듣고 느낀 대로 쓰다

《매천야록》은 서문이 없다. 쓰다가 만 책이기 때문이다. 그러므로 우리는 그의 정확한 집필 의도를 알 수 없다. 그러나 그가 이 글을 쓰다가 스스로 목숨을 끊었기에 얼마나 비장하고 진지한 자세로 임했는지 짐작할 수 있다.

전근대 문인 학자들은 자신이 보고 듣고 느낀 것을 즐겨 기록했는데, 이러한 산문을 '필기筆記'라고 했다. 일정한 주제나 체제 없이 붓 가는 대로 썼으므로 '수필隨筆'이나 '잡록'이라고도 했는데, 문학·역사·철학에서 정치·사회에 이르기까지 다양한 글쓰기를 시도할 수 있었다.

왕조 시대 때 역사 서술은 나라에서 임명한 사관의 고유 임무였지만, 세상 돌아가는 것이 걱정스러우면 문인 학자들도 자기 나름대로 역사를 기록했다. 사관이 아닌 재야 문인이 기록한 역사를 '야사野史'라고 하는데, 《매천야록》이 그 대표적인 예다. 조선이 망해 가는 시기에 김윤식金允植은 《음청사陰晴史》와 《속음청사續陰晴史》를, 정교鄭喬는 《대한계년사大韓季年史》를 기록했는데, 이보다 황현의 《매천야록》이 더 많이 읽히는 까닭은 현실에 대한 비판적인 태도에서 찾을 수 있다.

세상이 바뀌는 조짐을 보고 글을 쓰다

《매천야록》은 제2권부터 해가 바뀔 때마다 소제목으로 간지와 연호를 밝혔지

만, 갑오개혁 전까지 다른 제1권은 삼십 년이라는 세월을 짧게 뭉뚱그려 기록했다. 황현은 갑오개혁을 통해 세상이 바뀌고 있음을 확인하고 그 과정을 후세에 알리기 위해 새로운 글쓰기를 본격적으로 시작했다. 그러므로 이때부터 시작한 글쓰기는 눈앞에서 보거나 듣는 것이어서 비교적 자세하고 정확하다.

《매천야록》은 대원군의 사저私邸인 운현궁에 왕기가 서리더니 고종이 태어난 이야기부터 시작한다. 고종은 철종 3년(1852)에 태어났으므로 이 부분은 철종 시대에 해당한다. 이때 해당하는 일곱 편의 글은 모두 대원군과 안동 김씨와 관련한 것이다. 황현은 갑오개혁과 외세의 침략을 겪으면서 이 모든 일이 대원군의 집권과 관계가 있다고 생각했다.

갑오개혁 전에 황현은 고향에서 공부하고, 서울에서 시인들과 사귀며, 과거 시험에 응시했다. 고향에서는 황초립동이로 알려진 수재였지만, 매관매직이 성행하고 과거 부정이 공공연히 저질러지던 때 몰락한 시골 양반 출신인 그가 제대로 평가받기란 쉽지 않았다. 이에 그는 고향으로 내려간 뒤 서울로 발길을 돌리지 않았다. 한 친구가 그 연유를 묻자 황현은 "그대는 나더러 도깨비 나라의 미치광이들 속으로 들어가서 함께 미치광이 짓이나 하란 말인가?" 하고 대답했다. 외세의 침략과 무능한 정권의 부정부패가 그의 눈에는 도깨비 나라의 미치광이 짓으로 보인 것이었다.

글쓰기 자료의 편중에 따른 문제점

《매천야록》에 실린 사실은 여러 경로를 통해 취재한 것이다. 서울에서 보고 들은 이야기는 직접 확인했지만, 구례로 돌아간 뒤에는 남에게서 전해 듣거나 신문을 보고 기록했다.

제1권 첫 부분의 운현궁과 박유붕의 이야기는 세상에 떠도는 것이므로 특별한 취재가 필요하지 않았지만, 장동 김씨의 유래를 소개할 때는 취재원을 '여염'이라고 밝혔다. 그러나 갑오개혁 즈음에는 안동 김씨의 권세가 많이 꺾였지만 여염에서는 여전히 전동과 교동 시절의 이야기가 전해졌으므로 굳이 출처를 밝힐 필요가 없었다. 또한 완화군 이야기는 고향 사람에게서 직접 들은 것이었다. 이런 방식을 통해 황현은 역사의 뒷전에 가려진 진실을 기록할 수 있었다. 그러나 이야기란 전해지는 과정에서 얼마든지 바뀔 수 있으므로 이 자료를 학문적인 글에서 인용하려면 다른 자료와 대조할 필요가 있다. 이러한 이야기는 민심과 가까우나 반드시 진실이라고는 볼 수가 없기 때문이다.

황현이 구안실 서재에서 읽은 신문은 그와 바깥 세계를 이어 주는 끈이었지만, 신문 하나로 세계 정세를 자세히 파악할 수는 없었다. 그러므로 그가 기록한 해외 기사는 단순하고, 정치·사회·경제보다 자연 재해에 치우친 느낌이 든다. 물론 우리가 19세기 선비 황현에게서 국제 정세를 들으려고 한 것은 아니지만, 을사조약 이후 신문 기사가 제약을 받자 신문에 의지하던 그의 글쓰기까지 힘이 빠진 느낌이 든다.

지식인의 사명과 한계

황현은 동학을 비적이라 표현했고, 처음에는 의병도 부정적으로 보았다. 그 역시 자신의 시대적인 한계를 넘어서지 못한 것이다. 그러나 망해 가는 나라를 구할 수 있는 세력은 결국 의병이라 보고 여러 차례 의병 기사를 모아 '의보義報'를 소개했다. 그는 자신이 조정에서 벼슬하지 않았으므로 죽어야 할 의리는 없다고 했지만, 나라를 강탈당한 소식을 듣고 자결하기 전에 남긴 마지막 시에서 "인간 세상에 글 아는 사람 노릇 어렵기만 하구나(難作人間識字人)"라고 탄식했다. 그는 충신은 아니어도 자기 시대 지식인으로서의 책임을 다한 것이었다.

그의 친구 김택영은 〈황현본전〉에서 매천이 속류 도학을 추종하지 않고 시무時務에 통할 수 있는 학문을 주로 했다고 기록했다. 즉 전형적인 성리학자는 아니었다는 것이다. 황현은 군사·형정刑政·재정 등에 뜻을 두었고, 특히 역사에 관심이 깊었으며, 서양의 이용후생술利用厚生術에도 흥미를 가졌다고 했다. '개물화민開物化民'의 개화관을 가진 그는 1908년 구례에 호양학교를 세울 때 앞장섰고 모금하는 글을 짓기도 했다. 그가 말한 '식자인識字人', 즉 '글을 아는 사람'이란 세상에 필요한 글을 알고 그것을 기록하며 책임을 지는 자다. 그는 임금이건 충신이건 가리지 않고 엄격하게 비판하여 '매천필하무완인梅泉筆下無完人', 즉 매천의 붓 아래에서는 온전한 사람이 없다는 말까지 낳았다. 그러고는 스스로 목숨을 끊어 자신이 얼마나 비장한 자세로 기록했는지를 천하에 드러내었다. 자신의 글에 책임을 지는 지식인이 많지 않은 오늘날 그의 이러한 엄격하고 진지한 태도는 우리에게 많은 울림을 준다.

매천야록 제1권 (하)

갑오년 [1894, 고종 31년] 전

경학원과 연무공원을 설치하다

무자년[1888, 고종 25년]에 경학원經學院과 연무공원鍊武公園을 설치하여 문무를 함께 쓰겠다는 뜻을 보였다. 그러나 설치하는 과정이 어지러워 실제로 도움을 주지는 못했다.

《승정원 일기》가 소실되다

승정원 우사당右史堂에 불이 나서 일기가 모두 타버렸다.

연무공원 초대 교관인 다이
임오군란으로 신식 군대 양성이 좌절되자 정부는 장교를 양성하고 군대를 근대식으로 훈련시키기 위해 미국인 교관 다이(W. M. Dye)를 초빙했다. 그는 을미사변 때 왕궁을 수비하는 시위대 지휘관으로도 재직했다.

서양인들이 아기를 삶아 먹는다고 소문나다

장안에 '서양인들이 아이를 삶아 먹는다'는 뜬소문이 돌아 민가에서 아이들을 지켜 밖으로 내보내지 않았다. 거리에 자기 아들을 업고 지나가는 자가 있었는데, 어떤 사람이 손가락질하며 "저놈이 아이를 훔쳐다 팔려고 한다"고 하자 모두 주먹으로 때리고 발로 찼다. 그 사람은 미처 변명도 하지 못하고 죽었다. 서양인들이 이 소문을 듣고 불평하자 임금이 오부五部에 명하여 방을 붙여 진정하게 했다. 오래 지나 그 소문은 없어졌다.

임금이 피난 가기 위해 춘천에 유수부를 설치하다

춘천에 유수부留守府*를 설치했다. 처음에는 부사를 독련사督練使로 바꾸어 양헌수를 임명했다가 얼마 뒤 독련사를 없애고 민두호를 유수로 임명했다.

임금이 임오년(1882, 고종 19년)과 갑신년(1884, 고종 21년) 이래 주변에서 일이 일어날 것을 언제나 두려워하여 미리부터 피난 갈 생각을 했다. 가마꾼 이십여 명을 잘 대접하여 궁성 북문에 대기시켜 놓고는 대궐 안에 전등을 밝혀 새벽까지 켜놓게 했다. 전등 하나에 하룻밤 천 민이나 들었다. 또한 안동이나 무주처럼 험한 곳에다 행궁을 세우게 하여 출행에 대비했다. 일찍이 임금이 신정희申正熙에게 말했다.

"춘천은 서울과 가깝고 험한 곳이니 내가 유수영을 설치하

> 유수부 조선시대 수도 이외의 요긴한 곳에 설치한 특수 지방 관서로, 원래 개성·강화·수원·광주에 두었는데 후에 춘천에도 두었다.

춘천부 옛 지도
1888년 춘천은 유수부로 승격되어 경기도에 소속되었다. 당시 춘천유수 민두호는 왕명으로 현재의 강원도청 자리에 이궁을 건축하여 조정이 위급할 때 피난처로 삼았다.

여 급할 때 힘을 얻고자 한다. 그대가 이곳을 맡아 달라."

신정희가 대답했다.

"천자는 천하 사방을 모두 집으로 삼고, 제후는 한 나라를 집으로 삼습니다. 집안을 잘 다스려 어지럽지 않게 하고 나라를 잘 보살펴 위태하지 않게 하면 뜻밖의 환난은 없을 것입니다. 불행히 액운이 닥치더라도 서울은 종묘사직이 있는 곳이니 백관과 군사와 백성이 모여 죽음을 무릅쓰고 떠나지 말아야 합니다. 그런 뒤라야 신하들에게 나라를 위해 죽으라고 말할 수 있습니다.

지금 바다로부터의 침략이 그친 것은 아니지만 나라가 아직 편안한데, 전하께서 아침저녁으로 목숨만 구차하게 연명할 생각을 하시니 신하가 무엇을 기대하겠습니까. 게다가 오늘과 같은 기강과 물정으로 볼 때 전하께서 한번 궁을 나가시면 무사히 춘천까지 이를 수 있겠습니까? 신의 어리석은 생각으로는 마땅히 유수영 공사를 그만두시어 관동 백성들을 소생시키고 힘써 원만하게 다스리신다면 추앙하는 백성들의 여망에 부응하실 것입니다. 그렇게 되면 장안의 백만 생령生靈이 모두 전하의 자제나 수족 같은 군사가 될 것입니다. 금성탕지金城湯池°라 한들 어찌 이보다 더하겠습니까.

신은 금려禁旅°에서 처벌을 기다리겠습니다. 대궐을 드나들며 아무런 일도 하지 않고 녹봉만 받아먹으며 이미 물의를 일으켰는데, 하물며 이처럼 큰일을 감당할 수 있겠습니까. 죽어도 감히 뜻을 받들지 못하겠습니다."

임금이 멍하니 있다가 나가라고 명했다. 다시 김기석金箕錫을 불러들였지만 명을 받지 않았다. 양헌수로 바꿔 명했지만 노련한 장군을 중용하시라고 핑계를 대고는 일에 나서려 하지 않았다. 마지막으로 민두호에게 명하자 그가 공사를 빙자하여 사리를 채워 백성들의 논밭을 빼앗아 춘천에 커다란 농장을 마련했다. 이에 관동의 백성들이 원망하며 반란을 일으키려 했다.

금성탕지 쇠로 만든 성과 그 둘레에 파 놓은 뜨거운 물로 가득 찬 못이라는 뜻으로, 방어 시설이 잘 되어 있는 성을 일컫는다. 《한서漢書》의 〈괴통전蒯通傳〉에 나오는 말이다.

금려 궁궐 수비대.

박문국 신문과 잡지 편집과 인쇄를 맡던 관청. 1883년 8월에 생겼는데, 처음에는 영희전 자리에 있다가 10월에 동문학同文學 자리로 옮겼다. 1884년 12월 갑신정변 때 불타자 이듬해 교동 왕실 건물로 옮겼으며, 적자가 누적되자 1888년 7월에 통리교섭통상아문에 부속되어 없어졌다.

박문국을 없애다

박문국博文局°을 없앴다. 갑신년[1884, 고종 21년]에 저동에 신문국新聞局을 설치하고 전 교리 여규형을 주사로 임명하여 왜놈 정상각오랑井上覺五郞[이노우에 가쿠고로]과 함께 일을 맡기면서 박문국이라 했다. 그러나 박문국을 설치한 지 몇 년이 지나도 실용적인 도움이 없고 국비만 낭비했으므로 폐지했다. 시작하고 없애는 데 일정한 원칙이 없어 아이들 장난 같았으니, 모든 것이 이런 식이었다. 을사년[1905, 고종 42년] 이후 이등박문伊藤博文[이토 히로부미]이 통감이 되어 정국을 휘어잡자 어떤 사람이 말했다.

"박문국이 그 조짐이었다."

정상각오랑이 사대부들의 허세를 비웃다

정상각오랑은 얼굴이 못생겼지만 문학에 재능이 뛰어났고 우리말도 알아 시속배와 왕래했다. 한번은 눈 내린 밤에 외무아문에서 잔치가 열렸는데, 여러 주사들이 자리를 함께하며 운을 내놓고 시를 지었다. 술이 취하자 정상각오랑이 웃으면서 물었다.

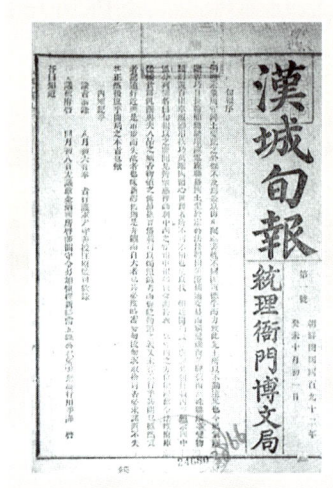

〈한성순보〉 창간호
우리나라 최초의 근대 신문으로, 1883년 10월 1일 박문국에서 처음 간행했다.

"오늘 밤은 아주 즐거우니 거리낌 없이 말해도 되겠습니까?"

여러 사람들이 "괜찮다"고 하자 그가 말했다.

"공들은 평소 큰소리로 사대부를 자처하면서 우리를 가리켜 꼭 '왜놈, 왜놈' 하는데, 사실 왜놈은 왜놈이지요. 그러나 왜놈을 꺾어 굴복시킨 뒤라야 왜놈도 스스로 왜놈임을 인정할 것이오. 공들이 입으로 사대부라는 세 글자만 떠든다고 해서 오늘날 왜놈을 물리칠 수 있겠소? 사대부들께서는 이 왜놈을 보시오."

그러고는 촛불 곁에서 연약煙篛*을 빼어 들고 손가락으로 빙빙 돌리자 붉은 바퀴 모양이 생기더니 지붕 위에라도 오를 듯한 기세가 되었다. 불꽃이 늠름한데 정상각오랑이 보이지

연약 담뱃대를 가리키는 듯하다.

않자 사람들이 크게 놀랐다. 조금 뒤 연약에서 쨍그랑 하는 소리가 나더니 그가 촛불 오른쪽 가운데 자리에 서서 웃으며 말했다.

"제 공은 우리나라를 욕하지 마시오. 서양과 통상하던 초기에 우리나라 사람들은 그들을 받아들이지 않고 모두 칼로 찌르려 했소. 나 같은 자도 검술을 배워 외국인 하나라도 더 베려고 했소. 그런데 내가 검술을 이루자마자 (외국과) 강화하여 배운 것이 쓸모없어졌소. 조금 전에 보인 것이 바로 그 검술 재주요. 제 공이 입으로만 사대부라 큰소리치고 검술이 어떤 건지도 모르면서 왜놈이라고만 한다면 우리 왜놈이 수긍하겠습니까?"

좌중은 아무런 대답도 하지 못하고 서로 돌아보면서 "훌륭한 검술이다"고만 했다.

왜놈들이 우물에 독약을 넣었다는 소문이 떠돌다

여름에 호남 지방 백성들 사이에 뜬소문이 돌았는데, 왜놈과 서양인들이 민간에 흩어져 우물에 독약을 넣었는데, 그 물을 마신 사람은 바로 죽는다는 것이었다.

주미 공사 박정양을 소환하다

박정양을 미국에서 소환했다. 정해년〔1887, 고종 24년〕여름에 박정양이 내무협판으로 있다가 특파전권공사로 미국에 부임하여 외교 업무를 담당했다. 한번은 미국인이 연회를 베풀고 각 나라 공사를 초청했는데, 박정양도 참석했다가 청나라 공사와 동등한 예우를 받았다. 청나라 사신은 "속국이 외국과 마음대로 외교하고, 감히 대등하게 대하려 한다"며 본국에 호소했다. 북경에서 잇달아 질책하는 말이 전해 오자 임금은 모르는 일이라며 그 죄를 박정양에게 돌렸고, 임무를 끝내기도 전에 돌아올 것을 명했다. 그러고는 그 일에 연루시키고 책임을 미루어 전하묵全夏默 등을 귀양 보냈다. 박정양은 일 년 남짓 할 일 없이 지냈다.

임금은 외교 업무를 처리하면서 처음에는 독단으로 결정

초대 주미 공사 관원
앞줄의 가운데가 박정양 공사이고, 맨 오른쪽이 이상재 서기관이다.

했다가 나중에 하나라도 일이 어그러지면 아랫사람에게 허물을 돌렸다. 이 때문에 책임을 맡은 신하들이 머뭇거리며 힘을 다해 일하지 않았다.

개에게도 벼슬을 주고 대가를 요구하다

충청도 바닷가 강씨 집안에 늙은 과부가 살았다. 살림은 다소 넉넉했지만 자녀가 없고 복구福狗라는 개 한 마리와 같이 살았다. 지나가던 객이 복구라 부르는 소리를 듣고 남자 이름인 줄 알고 강복구姜福九라는 이름으로 감역監役에 억지로 뽑았다. 그 대가를 받아 가기 위해 사람이 오자 과부가 탄식하며 말했다.

"손님께서 복구를 보시겠소?"

그러고는 큰소리로 부르니 개 한 마리가 꼬리를 흔들며 왔다. 객 또한 크게 웃고 돌아갔다. 이로부터 충청도에 '개 감역'이 있게 되었으니, 다른 일의 형편도 짐작할 수 있으리라.

전주 아전들이 관노와 사령들을 멸살하다

대원군 이하응이 집권할 때 전주 아전들의 나쁜 버릇이 나라의 삼대 폐습 중의 하나라고 생각했다. 전주 감영에 있는 자들은 평소 모질고 교활하며 호탕하고 거만하다고 알려졌다. 그러나 사실은 서울의 권력가들이 그들에게서 뇌물을 받아먹었기 때문에 그렇게 된 것이었다. 이하응이 백낙서白樂瑞의 패악을 양성한 것이 그 좋은 예다.

이때부터 교만하고 방자한 것이 습성이 되어 마침내 사대부를 욕보이고 감사를 업신여기는 데까지 이르렀다. 반면 아랫사람에 대해서는 매우 엄했다. 관노官奴나 사령使令은 아전과 겨우 한 단계 차이밖에 없는데도 위세로 제압하는 것이 마치 주인과 종 같았다. 이에 관노와 사령들은 두려워 떨며 오직 복종했는데, 속으로 이를 갈 수밖에 없었다.

기축년〔1889, 고종 26년〕 정월에 아전의 자식으로 통인通引 노릇을 하는 자가 있었는데, 총각머리를 한 어린놈이 한 늙은 관노에게 몸가짐과 행동이 조심성 없다며 꾸짖고는 많은 사람들 앞에서 발로 차 넘어뜨렸다. 이에 관노와 사령들이 더는 모욕을 참을 수 없다며 죽음을 각오하고 그 통인의 집에 불을 질렀다. 아전들이 크게 두려워하여 감사에게 무기를 꺼내 관노와 사령들을 때려잡자고 청했다.

그때 이헌직李憲稙이 감사로 있었는데, 나약하여 이를 제지하지 못했을 뿐만 아니라 권한이 아전들의 손에 있어 어찌할 수도 없었다. 아전들이 저마다 집안사람들을 이끌고 가서 무기고를 부수고 군기를 꺼내 대적했다. 반석리盤石里에 불을 질렀는데, 남천교 남쪽에 있는 이 마을은 약 오백 호쯤 되며 관노와 사령들이 살고 있었다. 횃불 하나로 잿더미를 만드니, 죽은 자들이 수십 명이나 되었고 나머지는 사방으로 흩어졌.

그들이 억울하다고 호소하는 소리가 멀리까지 들렸지만 아전들이 이헌직을 위협하여 관노와 사령들이 난을 꾸몄다고 속여 조정에 보고하게 했다. 조정에서 그 실상을 알았으므로 의당 그 죄를 아전들에게 돌려야 했음에도 아전의 무리가 변을 일으킬까 두려워했다. 또 권력자들이 비호해 주어 서둘러 마무리 짓고 주동자 몇 명만 유배 보내는 것으로 그쳤다.

난은 차츰 진정되었지만 아전들은 관노와 사령들이 없으면 관청 일을 볼 수가 없다고 의논하고는 그들의 죄를 용서한다고 발표했다. 이로써 각기 옛 자리로 돌아갔다. 흩어져 떠돌아다니며 고생하던 관노와 사령들은 돌아와서 울분을 참아 가며 때를 기다렸다.

을미년〔1895, 고종 32년〕 겨울에 이르러 날을 잡아 거사하기로 했는데, 감사를 받들어 먼저 일으켜 그들을 제압한 뒤 아전의 집안을 몰살하기로 했다. 그러나 모의가 누설되어 아전들이 가족을 이끌고 모두 달아났다. 이에 죽임을 당한 자는 얼마 되지 않았다.

이때부터 아전들도 결사대가 갑자기 일어날까 두려워 예전부터 있던 관노와 사령들을 모두 쫓아내고 다른 사람을 고용해 대신하게 했다. 진위대鎭衛隊를 창설하자 아전들은 혹 쫓겨난 관노와 사령들이 응모할까 두려워하여 자기 자식들을 내보내 부대를 충원했다. 관노와 사령들은 끝내 원수를 갚지 못했다.

조병식이 자기의 비리를 밝힌 아전 전제홍을 때려죽이다

조병식이 충청감사로 있을 때 천안군의 아전 전제홍全濟弘을 불러다가 심복으로 삼았다. 전제홍은 조병식의 크고 작은 부정에 모두 간여했다. 이건창이 어사가 되어 사실을 조사하려고 왔는데, 조병식의 측근이던 모든 아전들이 달아나 버려 조사할 방도가 없었다. 이건창이 꾀를 내어 전제홍을 불러다 놓고 살려 주겠다 약조하고는 착취한 내역을 적으라 했다. 전제홍이 사흘 동안이나 엎드려 울더니 말했다.

"저는 죽일 놈입니다. 그러나 오늘 살려 주시겠다는 은혜를 입었으니 아뢰지 않을 수가 없습니다."

드디어 구슬을 꿰는 것처럼 낱낱이 조목을 대니, (착복한 돈이) 약 십만 냥이나 되었다. 조정에 장계가 올라가자 조병식은 그러한 자료가 전제홍에게서 나온 것임을 탐지하고 늘 이를 갈며 욕했다.

"내가 전제홍을 죽인다면 죽어도 한이 없겠다."

몇 년 뒤 조병식이 형조판서가 되어 개좌開坐하려고 관아로 나아가는 길에 전제홍을 봤다. 이에 종자에게 소리쳐 그를 잡아들이도록 했다. 형조로 들어와 한마디도 묻지 않고 큰 매로 다스려 전제홍을 죽이니, 조병식의 음험하고 표독한 성질이 이와 같았다.

조병식
1823(순조 23년)~1907(순종 1년). 조선 말 문관으로, 1876년 충청도관찰사로 나아갔다가 탐학한 흔적이 나중에 드러나 전라도 나주로 유배되었고, 1883년 형조참판이 되었으나 죄인을 함부로 형살한 죄로 다시 유배되었다. 동학혁명이 나기 전인 1891년에 다시 충청도관찰사에 부임했는데, 이때 동학교도들이 교주 최시형의 신원청원서를 냈으나 이를 묵살함으로써 사태를 더욱 악화시켰다.

벼슬과 시호가 저승에까지 흘러넘치다

이봉구는 갑신년〔1884, 고종 21년〕 이후 고향으로 돌아갔다가 몇 년 뒤에 죽었는데, 특별히 충절忠節이라는 시호를 받았다. 또 태인에 유사현劉士賢이라는 부자가 살았는데, 그가 죽은 뒤 그 집에서 수십만 냥을 관가에 바치며 유사현이 학식과 덕행이 있었다고 속였다. 그리하여 판서와 제학 벼슬을 받고, 문절文節이라는 시호도 받았다. 명기明器가 혼잡해져 저승에까지 흘러넘치니, 끝까지 간 것과 다름없다.

중국인 죄수를 살려 준 이덕유가 나라 밖에 큰 농장을 갖다

이덕유李德裕는 서울의 중인이다. 나라 안에서 으뜸가는 부자로, 민영준과 비교해도 더 앞선다. 젊었을 때 역관으로 북경에 들어가다가 요동을 지날 때 한 죄수를 보았다. 돈 천금만 있으면 죽음을 면할 수 있다고 하기에 이덕유가 전대를 풀어 그에게 주었다. 수십 년 뒤 그가 다시 중국으로 들어가다가 어떤 사람을 만났는데, 그는 휘장을 쳐서 잔치를 베풀어 놓고 조선인 이 아무개가 오기를 기다리고 있었다.

"나는 예전에 죽었을 죄인입니다. 공의 돈을 갚으려 했지만 공이 오지 않아서 그 돈을 불려 밭을 사고 큰 농장을 만들었습니다. 이제 해마다 들어오는 소작료만 해도 보리와 기장이 만석이나 됩니다. 이 장부를 보십시오."

그는 품속에서 장부를 꺼내 바치면서 말했다.

명기 장례 때 무덤 속에 넣는 부장품. 여기에서는 벼슬이나 시호가 부장품으로 추락했다는 뜻으로 썼다.

"이것이 그 내용입니다."

우리나라는 땅이 좁고 척박한 데다 백성들이 그 사이에 살아서 부자라고 해봤자 소소할 뿐이다. 다른 나라에 농장을 가진 것은 이덕유가 처음으로, 그의 집에는 마제은馬蹄銀*이 여러 창고에 가득했다. 그의 이름이 이웃 나라에까지 알려지자 임금이 중국 지방에 재물을 쓸 일이 있으면 이덕유에게 어음을 받아 보냈다. 청나라 장사꾼들이 우리 임금의 옥새보다 이덕유의 어음을 더 믿은 것이었다. 우리말에 별莂*이란 어음을 가리킨다.

임금도 이덕유에게 돈을 빌리다

이덕유는 성품이 지극히 검소하여 나갈 때도 수레나 말을 타지 않고 개만한 작은 나귀를 타거나 걸어 다녔다. 겨울철에는 무명으로 만든 갖옷을 입었으며, 한 끼 찬값은 백 전으로 한정했다. 그는 벼슬해서 출세하기를 바라지 않고 오직 재산 모으는 것만을 즐거움으로 삼았다.

임금은 돈이 궁색할 때마다 이덕유를 불러 차비문差備門*에서 만났다. 민영환은 문을 닫아걸고 찾아오는 손님을 거절했지만 이음죽李陰竹*이 왔다고 하면 들어오게 했다. 일찍이 이덕유는 음죽현감으로 임명되었는데, 몇 달 만에 사직하고 돌아왔다.

마제은 청나라 때 쓰던 말발굽 모양의 은화.

별 씨를 모종 내는 것인데, 여기서는 재물을 옮겨 주는 증서를 뜻한다.

차비문 궁궐 정전의 앞문과 종묘의 상문, 하문, 앞전, 뒷전을 통틀어 이르는 말.

이음죽 양반들 사이에서는 벼슬한 지방의 이름이나 그 벼슬을 성씨에다 붙여서 부르기도 했는데, 이덕유가 음죽현감을 지냈으므로 이렇게 불렀다.

임금이 벼슬을 팔면서
배동익의 어음인지 확인하다

서울의 시전 상인 가운데 배동익裵東益이란 자가 있었는데, 돈줄이 매우 확실했다. 관리를 새로 임명할 때마다 벼슬을 사려는 사람들이 다투어 어음을 바쳤는데, 임금은 반드시 "이 어음이 배동익에게서 나온 것인가?" 하고 물었다. 서울과 지방에서 큰 부자로 이름난 자들을 임금은 모두 알고 있었다.

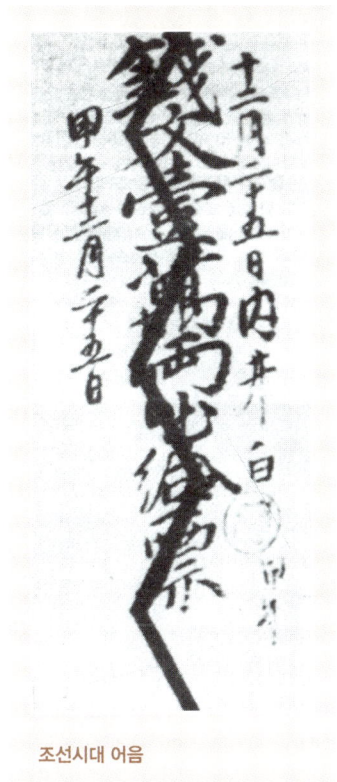

조선시대 어음

오영석이 놋그릇을 바치려고
징과 꽹과리를 다 사들이다

전라도 부자 가운데 오영석吳榮錫이란 자가 있었는데, 한 해에 만석이나 거둬들인다고 했다. 민영환이 그를 끌어들여 문하에 드나들게 했다. 서울 사람들이 그를 오금烏金이라고 불렀는데, 오吳와 오烏가 음이 같기 때문이다.

그는 음직으로 여러 고을의 수령을 지냈는데, 그가 임피현령으로 있을 때 임금이 내하內下•로 쓸 놋쇠 오 합 오백 벌을 별복정別卜定•으로 올리라고 했다. 그가 갑자기 마련할 수가 없어서 민간에서 갑절로 돈을 주고 사들였는데, 여러 고을의 징과 꽹과리가 다 없어졌다. 농촌에서는 여름철에 농부들이

내하 임금이 신하에게 물건을 내려주는 것으로, 내사內賜라고도 한다.

별복정 지방마다 특산물을 규정에 따라 바치도록 정해 놓은 것 외에 서울의 각 관아와 각 도, 각 군에 따로 바치도록 한 것을 일컫는다.

징이나 꽹과리를 치며 김매기를 돕는데, 이를 농악이라 한다. 징이나 꽹과리는 놋쇠가 아니면 만들 수가 없다.

왕후가 달밤에 외설스러운 잡가를 즐기다

승지 이최승李最承은 월사月沙 이정구李廷龜*의 후손으로, 오랫동안 가주서假注書*로 대궐에서 일했다. 그가 내게 이런 이야기를 해주었다.

"한번은 밤이 깊었는데 노래와 연주 소리가 들려 액례掖隸*를 따라가다 소리가 나는 한 전각에 이르렀소. 낮같이 밝았는데 임금과 중전이 평복을 입고 떨어져 앉았으며, 섬돌 아래에는 머릿수건을 두르고 소매를 걷어붙인 수십 명이 노래를 부르고 북을 치고 있었다오. 잡가를 부르는 자도 있었소. '오다가다 만난 님과 죽으면 죽었지 헤어질 수가 없네.' 외설스럽고 비루해서 듣는 자들이 얼굴을 가렸지만 명성왕후는 넓적다리를 치면서 '좋지, 좋아' 하며 좋아했소."

세자가 고자다

세자에게는 음위陰痿 증세가 있었다. 타고난 고자라고도 하고, 어린 시절에 궁녀가 그 생식기를 빨아 한번 나온 뒤로 수습이 되지 않은 것이라고도 했다. 나이가 차츰 많아지는데도 생식기가 오이처럼 늘어져 발기될 때가 없었고, 아무 때나 소

이정구 1564(명종 19년)~1635(인조 13년). 신흠申欽, 장유張維, 이식李植과 함께 조선 중기 한문 사대가로 일컬어진다. 저서로 《월사집月沙集》이 있다.

가주서 주서는 승정원의 정7품 벼슬로, 임금 곁에서 정사를 기록했다. 두 사람이던 주서가 유고하면 임시로 가주서를 임명했다.

액례 대궐 안을 액정이라 하고 대궐 안에서 잔심부름을 하는 관청을 액정서라고 하는데, 액례란 액정서에서 일하는 하급 관리를 일컫는다.

변이 저절로 나왔다. 언제나 자리를 적셔 하루에 한 번은 요를 갈았고, 바지도 두 번 갈아입혔다.

혼례를 치른 지 몇 년이 지나도 부부 관계를 갖지 못해 명성이 한탄하며 몹시 조급해했다. 한번은 궁비를 시켜 세자에게 부부 관계를 가르치게 했다. 명성이 문밖에서 큰소리로 물었다.

"잘되느냐?"

궁비가 대답했다.

"잘 안 됩니다."

명성이 몇 차례나 한숨을 쉬다가 가슴을 치며 일어났다. 사람들은 이를 완화군을 죽인 업보라고 했다.

남공철과 서승보 같은 재상도 고자다

서울에는 예로부터 고자가 많았다. 근세의 재상 남공철南公轍과 서승보徐承輔 같은 이들도 그중 잘 알려진 사람이다. 남공철은 얼굴도 잘생겼고 이십 대에 예문관에 드나들어 길 가는 사람들이 그를 가리켜 '선관仙官' 같다고 했다. 한번은 그가 입궐하는데 부인이 조복을 펼쳐 입혀 주며 등 뒤에서 그의 어깨를 깨물며 대성통곡했다. 그의 얼굴은 잘생겼으나 쓸모가 없었기 때문이었다. 서승보의 부인은 임종할 때 서승보를 불러 영결하고 웃으며 말했다.

"나는 깨끗한 몸으로 갑니다."

왕후가 의화군에게서 양자 얻기를 바라다

세자가 이미 양도陽道를 펴지 못해 치료할 수 없게 되자 명성은 대를 이를 희망이 없게 된 것을 한탄하고, 왕자 이강李堈이 아들 낳기를 기다려 세자의 뒤를 잇게 하려고 했다. 이에 이강을 조금도 박대하지 않았으니, 완화군을 대하던 것과는 아주 달랐다. 신묘년〔1891, 고종 28년〕 겨울에 임금에게 일러 이강을 의화군義和君으로 봉했다.

왕후가 의화군을 낳은 장씨를 불구로 만들다

의화군 이강은 상궁 장씨의 소생이다. 이강이 태어나자 명성은 성을 내며 날카로운 칼을 들고 장씨의 처소로 가서 창문에 칼을 들이대며 소리쳤다.

"칼을 받으라."

장씨는 본래 힘이 세어 한 손

의화군 이강
1877(고종 14년)~1955. 고종의 다섯째 아들이자 순종의 이복동생으로, 귀인 장씨의 소생이다. 의왕, 의친왕이라고도 불린다. 1895년에 특파대사로 임명되어 유럽 각국을 방문했으며, 1900년에는 미국에 유학하여 특별과에 다녔다. 1905년 4월에 귀국해 6월부터 적십자사 총재가 되었다. 왕족 중 유일하게 독립운동에 참여했다.

으로 칼자루를 잡고 한 손으로는 창문을 밀치고 나가 엎드려 살려 달라고 빌었다. 쪽진 머리가 구름처럼 흐트러져 얼굴을 가렸다. 명성이 가엾게 여겨 칼을 던지고 웃으며 말했다.

"대전이 사랑할 만하구나. 지금 죽일 수야 없지. 그러나 궁에서 살게 할 수는 없다."

그러고는 힘센 사내를 불러다 결박하고 음부의 양쪽 살을 도려낸 뒤 떠메어 밖으로 내보냈다. 장씨는 그의 형제들에게 의지해 십여 년을 살았지만 상처로 고생하다가 죽었다.

왕후가 황주 기생을 질투하여 죽이라고 하다

진연進宴 때 궁에 들어온 황주 기생이 있었는데, 임금이 그 기생을 좋아해 몰래 불러들여 총애했다. 그리고 정낙용鄭洛鎔에게 명하여 금가락지 한 쌍과 세장전洗粧錢* 삼천 냥을 주었다. 왕후가 이 말을 듣고 크게 노하여 포도청에게 일러 그 기생을 죽이라고 했다. 왕후가 정낙용도 몹시 책망하니, 장차 심상치 않은 처분이라도 내릴 것 같았다. 정낙용이 온갖 방법으로 용서를 구하여 드디어 일이 무마되었다.

임금이 바른말 하는 재상들을 싫어하다

김유연金有淵을 재상으로 임명할 때 임금이 사사롭게 말했다.

"김유연은 대신의 풍격을 갖추었지만 고집이 세어 부리기

> 세장전 화장을 지우는 데 드는 돈이란 뜻이다.

가 힘들다."

얼마 뒤 김유연을 파면했다. 조병세趙秉世가 우의정이 되어 처음으로 경연經筵*에 나오자 임금이 좌우를 돌아보며 말했다.

"이 사람은 정직하여 뜻을 돌리기 어렵다."

그가 재상 자리에 있을 때 여러 번 바른말을 했는데, 임금이 싫어하여 그를 파직하고 다시는 등용하지 않았다. 심순택만은 여러 번 쫓겨났다가도 다시 복직되었으니, 임금의 은총이 시들지 않았다. 임금이 사람을 알아보는 명철함이 없지 않았으나 아첨을 좋아하는 게 흠이었다.

이규원이 청렴하게 고을을 다스리다

이규원李圭遠은 이건창의 친척으로, 그의 집안은 몇 대째 무武를 업으로 했지만 두드러진 자가 없었다. 이규원은 재주와 슬기가 있고 청렴결백하다고 이름나 당하관으로 일곱 고을의 부사를 거쳤다. 벼슬을 마치고 돌아온 날은 으레 저녁부터 꾸어 먹었고, 정해진 집이 없어 가는 곳마다 세 들어 살며 옮겨 다녔다.

민태호가 경기감사로 있을 때 이규원이 통진부사로 있었는데, 민태호가 그를 알아보고 힘껏 조정에 천거했다. 이규원은 몇 년간 금위장禁衛將과 해방사海防使를 역임하면서 무예로 이름을 빛냈다.

> 경연 신하가 임금 앞에서 경서를 강론하는 자리로, 국정에 대한 자문도 했다.

166

운현궁에 도둑이 들고 폭약이 터지다

임진년〔1892, 고종 29년〕 봄에 운현궁에 도둑이 들었지만 잡지 못했다. 대원군이 쫓겨난 지 이미 오래되었는데도 운현궁에 드나드는 자들이 번번이 큰 화를 입었으므로 손님이 아주 끊어져 문밖에는 잡초가 가득했다. 그럼에도 명성왕후는 끝까지 그를 꺼려해 몰래 해를 끼치려고 음모를 꾸몄다. 이런 일은 아주 비밀스러워 외간에서는 알지 못하는 것이 많았다.

하루는 밤에 대원군이 심사가 뒤숭숭하여 혼자 자리에 들기가 싫어 베개와 이부자리를 가져다 놓고 자는 모양을 해놓고는 밀실로 옮겨 엿보았다. 조금 뒤 문이 삐걱거리는 소리가 나서 가서 보니 베개에 비수가 꽂혀 있었다. 하인의 낯빛이 달라지니 대원군이 말했다.

"함부로 말을 퍼뜨리지 말라. 이는 분명 도깨비장난이다."

이튿날 부대부인 민씨가 크게 놀라 곧바로 임금 앞에 나아가 울면서 호소했지만, 임금은 물끄러미 바라보기만 했다. 민씨가 울면서 나오자 장안 백성들이 이 얘기를 하면서 "춥지도 않은데 떨린다"고 했다.

그 뒤 또 어느 날 밤에 대원군이 심신이 편치 않아 다시 지난번과 같은 생각이 들어 탄식했다.

"괴상한 일이다. 이러다간 내가 끝내 죽지 않을 수 있으랴."

그러고는 곧 일어나 마루 앞을 산책하는데 갑자기 방 안이 펑 하면서 무너져 내리고 불덩어리가 떨어지며 들보를 쳤다. 화약이 잇달아 폭발한 것이었다. 대원군이 급히 명해 작은 사랑채와 산정山亭의 아궁이를 점검하게 했다. 모두 한 말 남짓

화약덩이가 나왔는데, 도화선이 미처 다 타지 않았다. 작은 사랑채에는 아들 이재면이 거처했고, 산정에는 손자 이준용李埈鎔이 있었다. 이튿날 대원군이 집안사람들에게 말했다.

"우리는 할아비, 아들, 손자가 모두 동갑으로 금년생이다."

삼대가 모두 이날 다시 태어났다고 말한 것이었다.

정수동의 술주정을 김병덕이 다 받아 주다

정지윤鄭芝潤은 호가 하원夏園이고, 자가 수동壽銅*이다. 그의 집안은 대대로 역관을 했는데, 그는 그 업을 버리고 세상에 얽매이지 않고 살았다. 재주가 높고 학식이 넓었으며 시에 더욱 뛰어났다. 술에 취하면 노래 부르고 세상을 꾸짖으며 늘 세상과 어울리지 못했다. 그의 재주를 아끼는 사대부들이 이따금 그를 불러다 대접했지만 오래 붙잡아 둘 수 없었다. 오직 김병덕만 그를 부지런히 대접하며 술주정을 편히 받아 주었는데, 조금도 기색을 보이지 않고 수십 년을 하루같이 대했다. 김병덕은 문학이 짧았음에도 정수동을 그와 같이 사랑했으니, 천성에서 나온 행동이라고 할 만하다.

어느 날 저녁에 정수동이 뒷간에 가서 돌아오지 않아 촛불을 들고 찾아가 보니 화원의 돌 위에 걸터앉은 채 죽어 있었다. 김병덕은 돈을 대어 장례를 치러 주었다. 그는 천성이 근실하여 법도를 벗어난 것은 달갑게 여기지 않은 듯했지만, 한편으로는 이처럼 두터운 풍류를 지니기도 했다.

> 정수동 정지윤의 자는 경안景顔이다. 태어날 때 손바닥에 수壽 자 모양의 문신이 있어 수동壽銅을 별호로 사용했는데, 나중에는 정수동이라는 이름으로 불렸다.

동학교도들이 최제우의 억울한 죽음을 신원해 달라고 호소하다

처음에 최복술崔福述[최제우崔濟愚]이 처형당하자 그의 조카 최시형崔時亨이 보은의 어느 산속에 숨어서 요술을 몰래 전파했는데, 이를 동학東學이라고 했다. 그는 다음과 같이 뜬소문을 퍼뜨렸다.

"세상에 큰 환난이 올 텐데 동학이 아니면 살아남을 수가 없다. 진인眞人이 나타나 계룡산에 도읍을 정하고 장수와 재상이 새 임금을 도울지니, 모두 동학교인 가운데서 나온다."

이렇게 백성들을 선동하고 유인하니 어리석은 백성들이 학정에 괴로워하다가 기꺼이 모여들었다. 그 세력이 충청도와 전라도에 가득했다.

경인년[1890, 고종 27년]과 신묘년[1891, 고종 28년] 이후로는 여러 차례 통문을 돌려 모였는데, 십 명이고 백 명이고 떼

동학 교조 최제우
1824(순조 24년)~1864(고종 1년). 경상도 경주 지방의 몰락 양반 출신으로, 일찍이 여기저기 떠돌아다니며 갖가지 장사와 의술, 복술 등 잡술에 관심을 보였다. 그러다가 세상인심이 어지러워진 것은 천명을 돌보지 않았기 때문이라고 보고 천명을 알기 위해 구도의 길로 들어섰다. 1860년 그는 민간 신앙을 바탕으로 유, 불, 선 사상을 종합하여 새로운 민중 종교인 동학을 만들었다. 반침략적, 반봉건적 성격을 띤 동학은 곧 빠른 속도로 퍼져 나갔는데, 1864년 나라에서는 최제우를 '세상을 어지럽히고 백성을 속인다'는 죄로 처형하고 동학을 서학과 마찬가지로 불법이라 하여 탄압했다. 그러나 동학은 2대 교주 최시형에 이르러 더욱 널리 퍼져 나갔고, 1880년대에는 삼남 지방 곳곳으로 번졌다.

를 지어 제멋대로 돌아다녀도 지방 관리들은 무사한 것만을 다행으로 여겨 함부로 금하지 못했다. 이에 저들은 조정이 어찌 우리를 업신여기겠느냐고 생각하여 2월 중에 수천 명이 떼를 지어 대궐 앞에 엎드려 상소했다. 최제우의 억울한 죽음을 신원해 달라는 것이었다.

이에 성균관 유생들이 먼저 성토했고, (좌포장) 신정희는 모두 죽여서 난리의 싹을 꺾어 버리자고 주장했지만, 임금이 듣지 않고 그들을 타일러 물러나게 했다. 그러나 여론이 몹시 나빴으므로 권봉희權鳳熙*가 상소하여 언급했다〔동학의 전말에 대해서는《동비기략東匪紀略》에서 자세히 기록했으므로 여기서는 간단하게만 언급한다. — 원주〕.

어윤중이 동학교도를 편들다

동학 적당〔匪徒〕들이 드디어 해산하고 홍계훈이 군사를 이끌고 돌아오자 조정에서는 기색이 펴져서 서로 축하했다. 그러나 숨어 있는 근심은 이때부터 커져 갔다.

전라도와 충청도의 사대부들은 모두 어윤중이 실책을 저질렀다고 했다. 어윤중은 보은에서부터 여러 고을을 순회했다. 처음에 이도재의 형 아무개가 충청도에 살면서 제멋대로 권력을 휘두르다가 토민들에게 살해당했는데, 마침 이도재가 귀양가 있었으므로 세력이 꺾여 형의 원수를 갚을 수가 없었다.

이때 어윤중이 선무사宣撫使의 위세를 빙자하여 그자를 때려 죽였다. 또 사람을 보내 (지리산 자락에 있는 마을인) 악양

권봉희 전 승지인 그는 "동학과 서학을 엄금하고 유학을 진작하여 사회 기풍을 바로잡고 병든 나라를 일으키자"는 내용으로 상소했다. 이 상소문이 본래 이 앞에 실려 있지만 너무 길어서 싣지 않았다.

岳陽의 손씨 선영에다 치총置塚*했다. 치총이란 예전의 수장과 같은 것으로서, 우리 풍속에 남의 무덤을 침범하는 것은 금했다. 그러나 손씨는 선무사의 권세에 위축되어 감히 대항하지 못했다.

사람들은 이 두 가지 일 모두 선무사가 할 일이 아니라고 했다. 어윤중은 본래 풍수지리에 빠져 스스로 그에 정통하다고 여겼다. 그는 전후 장계에서 동학을 가리켜 '비도匪徒'라 하지 않고 '민당民黨'이라고 했으며, 서양의 민권주의자들과 같은 점이 있다고 했다. 그러나 식자들은 그가 실언했다고 탓했다.

동학을 막기 위해 향약을 시행하다

민영준은 동학이 치열해지는 것은 고례古禮가 행해지지 않아 풍속이 무너졌기 때문이라고 생각하고 임금께 아뢰었다.

"두 지방의 관찰사를 신칙하시어 호남에서는 향약鄕約을, 영남에서는 향음주鄕飮酒를 시행케 하소서."

이에 기일을 정해 차례로 시행하자 수령들이 자기 고을만 뒤질세라 여름에도 백성들을 다그쳐 시행하니, 땀을 흘리며 무릎 꿇어 절하고 돈을 추렴해 음식을 만들어 먹었다. 그러나 농사일에 방해가 되자 마을마다 매우 괴로워했다.

또 나이가 많은 사람을 조사해 쌀과 고기를 내리고 수직壽職으로 통정대부와 가선대부 등의 직첩을 내려 주고는 돈 삼십 민씩 거두어들였다. 그의 자손까지 잡아다 독촉하니, 노인

* 치총 사람이 죽기 전에 묏자리를 미리 잡아 무덤처럼 만들어 놓은 것.

이 있는 가난한 집에서는 빚을 내어 조달했다. 그래서 이것을 '노인 난리'라고 했다.

안효제가 무당 진령군을 죽이라고 상소하다

7월에 전 정언 안효제安孝濟가 상소하여 요사스러운 무당 진령군을 죽이라고 청했다. 안효제는 의령현 사람이다. 상소문이 접수되었을 때 민영주와 박시순朴始淳이 승정원 승지로 있었는데, 서로 돌아보며 혀를 내두르고는 임금에게 바칠 것인지를 의논했다. 민영주가 크게 소리치며 말했다.

"이처럼 흉악한 상소를 어찌 주상께 올릴 수 있겠소?"

박시순이 말했다.

"이것은 언사言事인데 어찌 올리지 않을 수 있겠소?"

정인학鄭寅學이 말했다.

"도승지와 의논하는 것이 좋겠소."

그때 김명규金明圭가 도승지로 있었는데, 상소문을 가져다 민영준에게 보이며 임금께 올릴지 말지를 물었다. 민영준이 화를 내며 옷자락을 떨치고 나가면서 말했다.

"상소를 올릴지 말지조차 도승지가 결정하지 못하니 세상에 도도승지都都承旨가 또 있다는 말인가?"

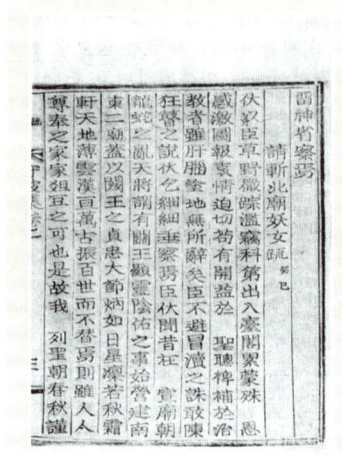

안효제의 〈청참북묘요녀소〉

조선 말기의 문신인 수파 안효제[1850(철종 1년)~1912]는 1889년 〈청참북묘요녀소請斬北廟妖女疏〉를 올려 당시 왕후 민씨의 총애를 받아 궁을 출입하면서 요망을 부리던 무당 진령군 이씨의 폐해를 지적하고 죽여 없앨 것을 주청했다. 이로 인해 그는 간신배들의 모함을 받고 추자도로 유배되었다. 1910년 나라가 일제에게 강제로 병탄되었을 때는 산중에 들어갔고, 그 뒤에도 일제에 항거하며 끝내 굴복하지 않았다.

김명규가 돌아와서 말했다.

"내 역량으로는 올릴 수가 없소."

그러고는 마침내 상소를 각하했다. 박시순이 탄식하며 말했다.

"비록 자기는 말하지 못하더라도 남이 하는 말까지 막아서야 되겠는가."

상소문은 관철되지 않았지만 부본副本이 서울에 두루 퍼져 임금과 왕후도 이미 다 보았다.

탐관오리들이 온 나라에 깔려 있어 심한 자만 귀양 보내다

12월에 외부참의 박용선朴用先을 파견하여 개성에서 일어난 민란을 조사하게 했다. 김세기金世基가 개성유수로 있으면서 잠삼潛蔘*을 색출한다고 빙자하여 백성들의 재산을 불법으로 빼앗았다. 개성 부민 김흔金炘 등이 무리를 모아 난리를 일으키자 김세기가 옷을 바꿔 입고 달아났다.

이때 탐관오리들이 온 나라에 깔려 있어 어지럽지 않은 고을이 없었는데, 더욱 심한 자만 조사해서 죄를 주었다. 이때를 전후해 귀양 간 자로는 이돈하李敦夏, 이용익, 정광연鄭匡淵, 이근호李根澔, 이원일李源逸, 홍시형洪時衡, 김영적金永迪, 심인택沈仁澤, 윤병관尹秉寬, 조준구趙駿九, 이용직李容直, 조만승曺萬承, 김세기 등이었다. 그러나 그물이 새어 정작 큰 고기는 다 빠져 나갔으니, 제대로 징계할 수가 없었다.

*잠삼 관청의 허가 없이 몰래 파는 인삼.

매천야록 제2권

갑오년 [1894, 고종 31년]

고부에 민란이 일어나 군수 조병갑이 달아나다

(청나라 광서 20년, 일본 명치 27년) 고부에 민란이 일어나 군수 조병갑趙秉甲이 달아났다. 나라에서는 그를 잡아 문책하고 용안현감 박원명朴源明을 대신 보냈으며, 장흥부사 이용태李容泰를 안핵사按覈使로 임명했다.

조병갑은 죽은 군수 조규순趙奎淳의 서자로서, 부임한 동안 탐욕스럽고 가혹했다. 계사년[1893, 고종 30년]에 날이 가물어 흉년이 들었는데도 재결災結*을 무시하고 다 같이 세금을 거두어들이니, 백성들이 마침내 난리를 일으킨 것이었다.

박원명은 대대로 광주에 살면서 많은 재산을 가지고 있었는데, 제법 재간도 있고 그 지방 사람이라 필시 정황을 잘 알

재결 가뭄, 홍수, 태풍 따위로 자연 재해를 입은 논밭.

것 같아 민영준이 그를 기용한 것이었다. 얼마 뒤 순천에서도 민란이 일어나 부사 김갑규金甲奎를 내쫓았고, 영광에서도 민란이 일어나 군수 민영수閔泳壽를 내쫓았다.

동학과 난민이 결합하여 다시 일어나다

고부에서 동학 비적〔東匪〕 전봉준全琫準 등이 봉기했다. 처음에 군수 박원명은 난민들에게 잔치를 베풀어 대접하고 조정의 덕스런 뜻으로써 타일러 죄를 용서해 주고 돌아가 농사를 짓

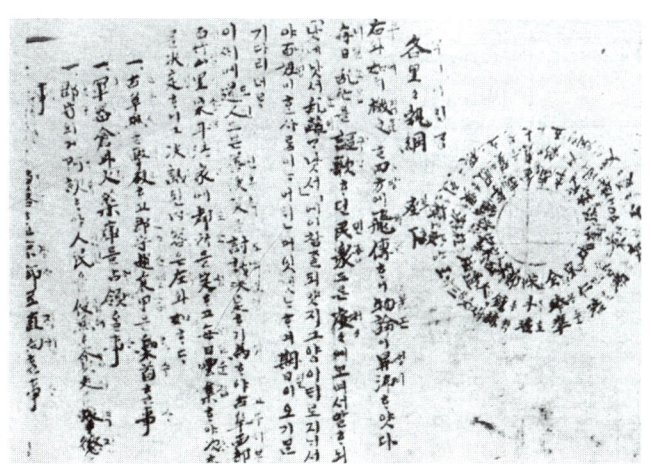

전봉준이 각 마을에 돌린 사발통문
교조신원운동에서 출발한 동학운동은 1894년 전봉준에 의해 농민운동과 결합하면서 정치운동으로 발전했는데, 고부 농민봉기가 그 도화선이 되었다. 1892년 조병갑이 고부군수로 부임하여 온갖 학정을 저지르자 전봉준과 농민들은 폐해를 시정해 줄 것을 거듭 호소했다. 그러나 아무런 소용이 없자 그들은 사발통문을 돌리며 봉기를 준비했다. 1894년 1월 마침내 천여 명의 농민이 일어나니, 사태는 일파만파로 퍼져 나갔다. 조정에서는 조병갑 대신 박원명을 고부군수로, 이용태를 안핵사로 임명해 내려 보냈다. 그러나 이용태가 조병갑을 두둔하고 봉기한 농민들을 잡아들여 만행을 저지르자 전봉준은 손화중, 김개남과 함께 전라도 무장에서 다시 일어났다. 이것이 제1차 농민전쟁의 시작이다.

게 했다. 이에 난민들은 모두 흩어졌지만 주모자 전봉준을 비롯한 몇 사람은 어디로 숨었는지 알지 못했다.

안핵사 이용태가 부임해서는 박원명이 한 일을 모두 뒤집고 백성들에게 반역죄를 적용하여 죽이려고 했다. 또한 부자들을 얽어매어 난을 일으켰다는 혐의로 협박하며 많은 뇌물을 요구했다. 감사 김문현金文鉉과도 흉계를 꾸며 감영 감옥으로 이송되는 죄수들이 줄을 이었다. 이에 백성들이 분노하여 다시 난을 일으켰다.

전봉준은 집이 가난하고 도움 받을 곳도 없어서 오랫동안 동학에 물들어 있었다. 그는 언제나 울분에 차 있어 봉기할 것을 생각했다. 민란 초에 군중이 그를 우두머리로 추대했지만 미처 간계를 펼치기도 전에 전부 일시에 흩어졌다. 이에 전봉준도 창황하게 숨었다.

얼마 뒤 순찰사와 안핵사가 다투어 급히 수색하자 동학당인 김기범金箕範, 손화중孫化中, 최경선崔敬善 등과 모의하여 대사를 일으키려고 했다. 그들은 전화위복의 계책으로 백성들을 꾀어 이렇게 알리며 죽이거나 약탈하지 않았다. 다만 탐관오리만은 용서하지 않았다.

"동학은 하늘을 대신하여 세상을 다스리며[代天理物], 나라를 보호하고 백성을 평안하게 한다[輔國安民]."

이에 어리석은 백성들이 메아리처럼 화답해 인근의 열댓 고을이 일시에 공명했고, 열흘 만에 수만 명이 모였다. 동학이 난민과 결합한 것은 이때부터다.

난을 키운 안핵사 이용태를 귀양 보내다

고부 사건의 안핵사 이용태를 김제로 귀양 보내고, 전라감사 김문현의 직을 삭탈했다. 모두 일을 그르쳐 난을 키웠기 때문이다.

김옥균의 시신을 가져와 육시하다

유생 홍종우洪鍾宇가 상해에서 김옥균을 죽이고 돌아오자, 조정에서는 김옥균에 대한 역률逆律을 뒤늦게 시행하고 종우과鍾宇科를 베풀어 홍종우를 급제시켰다.

　홍종우는 경기도 안산 사람으로, 집이 가난해 뜻을 펴지 못하다가 고금도古今島까지 흘러들어 가 살았다. 그 후 일본에 들어가 김옥균 등과 사귀었는데, 언제나 틈을 엿보며 그를 죽여서 나라의 걱정을 없애려 했다. 그러나 김옥균의 무리가 너무 많아서 죽일 수가 없었다.

　이해 봄에 김옥균이 홍종우를 데리고 청나라 상해에 이르렀다. 홍종우는 그를 쏘아 죽이고 그의 시신을 양칠洋漆로 칠해 상하지 않게 하고는 배에 싣고 돌아왔다. 조정에서는 그 시신을 노량진에서 육시戮屍하게 했는데, 형을 집행할 때 류재현의 아들 아무개가 그 배를 갈라서 간을 꺼내 씹었으며, 이조연의 아들 이탁李倬도 가서 보았다. 나머지 갑신정변 때 죽은 사람의 아들인 민영선閔泳璇, 민형식閔亨植, 조동윤, 한인호韓麟鎬 등은 모두 가지 않았다. 중궁이 그 말을 듣고 탄식하며 말했다.

"재상의 자식들이 내시[류재현]의 양아들보다도 못하구나."

임금이 홍종우를 불러 두텁게 위로하고는 얼마 뒤 과거를 베풀어 그를 뽑아 홍문관 교리에 임명하고 서울에 집을 하사했다.

홍종우가 상해에서 김옥균을 암살하다

《중동전기中東戰紀》*에는 홍종우가 김옥균을 죽인 사건을 이렇게 덧붙여 놓았다.

> 김옥균은 갑신년[1884, 고종 21년]에 역모를 꾀했다가 실패하자 박영효 등과 함께 자금을 가지고 일본으로 달아났다. 김옥균은 성을 암전岩田으로 바꾸고 이름도 주작周作으로 고쳤다. 중국에서는 화삼和三이라고 이름을 바꿨으며, 서양 여러 나라로 돌아다닐 때는* 서양 옷을 입고 서양 말을 했다.
>
> 홍종우는 여러 나라의 말을 잘했으므로 서양 사람으로 변장하기가 쉬웠다. 그는 덕국과 법국 등의 나라를 돌아다니다가 이따금 김옥균을 만나면 거짓으로 기쁨을 나누었다. 계사년[1893, 고종 30년]에 김옥균이 대판大坂[오사카]으로 돌아오자 홍종우도 그를 따라갔다가 갑오년[1894, 고종 31년] 봄에 중국에 함께 가기로 약속했다.
>
> 그들은 2월 21일 상해에 도착하여 북하남로北河南路에 있

《중동전기》 미국인 선교사 알렌이 쓴 책으로, 청일전쟁과 관련한 주요 내용과 중국이 일본에게 패한 원인을 분석한 것이다.

서양 여러 나라로 돌아다닐 때는 원문에는 "전사태서각국轉徙泰西各國"이라고 나와 있지만, 김옥균이 실제로 서양 여러 나라를 돌아다닌 적은 없었다. 아마도 상해에 있던 서양 여러 나라의 조계租界를 돌아다녔다는 뜻일 것이다.

홍종우
1854(철종 5년)~미상. 조선 말기의 정객으로, 벽촌의 몰락한 양반가에서 태어났다. 1890년 법률 공부를 위해 프랑스로 건너감으로써 우리나라 최초의 프랑스 유학생이 되었다. 삼 년 뒤 귀국길에 일본 동경에 머물다가 갑신정변 실패로 망명 중이던 김옥균에게 동지로 가장하고 접근한 뒤 마침내 상해로 유인하는 데 성공했다. 1894년 3월 28일, 홍종우는 상해 동화양행에 투숙하고 있던 김옥균을 권총으로 암살했다. 이 공으로 그는 홍문관교리에 제수되어 세도를 누렸다.

는 길도덕삼吉島德三의 동화양행에 투숙했다. 김옥균은 왜놈 시종인 북원연차랑北原延次郎을 데리고 중국인 오정헌吳靜軒과 함께 2층에 묵었고, 홍종우는 따로 다른 방에 들었다. 김옥균은 그가 자기를 해치리라고는 전혀 의심하지 않았다.

22일 새벽, 홍종우가 서양 돈 오천 원짜리 지폐를 김옥균에게 내보이며 소동문小東門에 있는 천풍전장天豊錢莊에서 환전한 뒤에 함께 무역을 해보자고 말했다. 잠시 뒤 홍종우가 돌아와서 말했다.

"천풍전장 주인이 출타했는데, 유시酉時〔오후 6시〕 정각에 돌아온다고 합니다."

김옥균이 고개를 끄덕였다. 홍종우는 신시申時〔오후 3시〕 초에 조선 관복으로 갈아입고 김옥균의 방으로 갔는데, 김옥균은 마침 서쪽 창가 등나무 침상에서 낮잠을 자고 있었다. 홍종우는 북원연차랑을 밖으로 내보낸 뒤 권총을 꺼내 쏘았다. 첫 발은 왼쪽 뺨에 맞았다. 총알이 뺨을 비스듬히 뚫고 올라가 곧바로 정수리 오른쪽까지 이르렀다. 붉은 피가 뿜어 나오자 김옥균은 아픔으로 비명을 질렀다. 홍종우가 다시 총을 쏘았다. 이번에는 왼쪽 가슴으로 들어가 오른쪽으로 비스듬히 지나갔는데, 피부를 뚫고 나가지는 못했다. 세 번째 총알은 왼쪽 어깻죽지 뒤를 맞혔다.

그때 길도덕삼을 비롯한 여러 사람들은 아래층에 있었는데, 갑자기 요란한 소리가 들렸지만 문밖에서 사람들이 불꽃

놀이를 하는 것이라 생각했다. 3층에서 묵던 손님들이 그 소리를 듣고는 깜짝 놀라 모두 내려와 보니, 김옥균이 총알을 맞은 뒤 바로 뛰쳐나와 동쪽 끝에 있는 5호실 밖에 이르러 거꾸러져 죽었다. 길도덕삼이 왜놈 영사에게 알렸지만 왜놈들은 한인끼리 원수를 갚는 것이라 여겨 간여하려고 하지 않았다. 청나라 상해령上海令 황승훤黃承暄이 왜국·영국·미국의 관원을 데리고 와서 홍종우를 심문했는데, 그의 생김새가 훤칠하고 복장도 점잖았으며 말씨도 강직했다. 그는 큰소리로 이렇게 말했다.

"이자는 대역부도한 놈이다. 사람마다 그를 죽이려고 했는데, 이제 나라를 위해 역적을 죽였으니 죽어도 좋다."

그러고는 나라의 명을 받은 것이라고 했다. 이에 청나라 관리가 조선에 전보를 띄웠는데, 회신 내용이 대략 이러했다.

"김옥균은 조선의 반역자이고 홍종우는 관원이니 이 사건은 본국으로 돌려보내 우리 임금의 재가를 받는 것이 합당하다."

26일, 황승훤은 홍종우를 호위해 현서縣署까지 보냈고, 다시 군문에서 날랜 군인 네 명을 뽑아 홍종우를 호위해 본국으로 돌려보냈다. 북원연차랑은 처음에 김옥균의 시신을 싣고 일본으로 가려 했지만 청나라 관원이 칠 일 동안 가지 못하게 막았다. 그는 25일에 왜국으로 돌아가면서 그 관을 호남회관에 맡겨 두었다. 홍종우가 마침내 그 관을 배에 싣고 본국으로 돌아와 소금에 절여 거리에 매달았다. 왜놈들은 김옥균이 참변 당했다는 소식을 듣고 그의 남은 머리털로 장사 지냈다. 조정의 귀족과 향촌의 신사와 상하 의원 등 수천 명이 모였는데, 모두 기꺼이 상여 줄을 잡았다. 김옥균의 시신을 육시했다는 소식이 전해지자 각 신문이 벌떼처럼 일어나 조선을 헐뜯었고 부끄러움을 씻으려는 생각을 더욱 굳게 했다.

홍종우가 조선으로 돌아온 뒤로는 그 사건이 만 리 밖에서 일어난 일이라 전해지는 소문이 각기 달라 상세히 알 수가 없다. 이에 《중동전기》에 실린 글에 의거했는데, 청나라 사람이 목격한 것이니 믿을 만하다고 보고 여기에 뽑아서 기록한다.

김학진과 서병묵에게 동학교도들을 진압하게 하다

4월에 김학진金鶴鎭을 전라감사로 임명하고, 전라병사 이문영을 파직한 뒤 서병묵徐丙默으로 대신하게 했다. 당시 난적의 동태가 차츰 급박해져서 서울에서는 하루에도 네댓 번이나 놀랄 정도였다. 조정에서는 강경한 관리로는 이 사태를 수습할 수 없다고 논의하고 (이들을 추천한) 민영준에게 책임을 추궁했다. 민영준도 이들을 비호해 주지 못했으므로 마침내 이렇게 임명하여 곧바로 내려 보냈다. 김학진이 임금에게 부임 인사를 하며 말했다.

"형편에 따라 일을 처리하겠습니다."

임금이 강하게 대답했다.

"경에게 일 처리를 맡기겠다."

김학진은 문관으로 성품이 온화하여 난리를 다스릴 재주

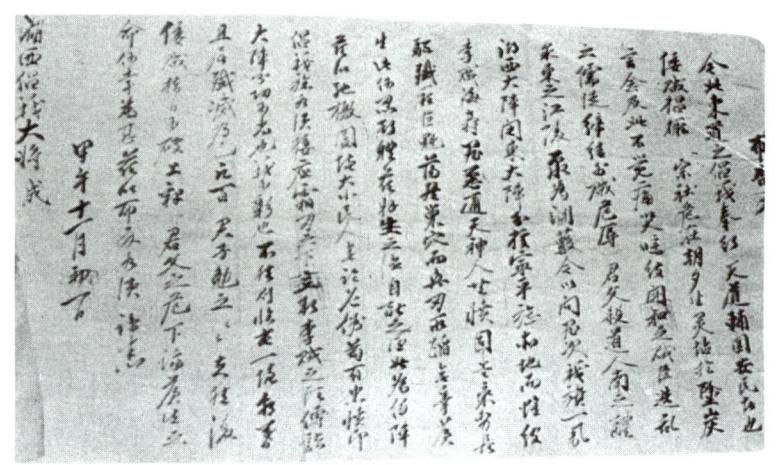

관군이 동학군에게 내린 포고령
1894년 전라도 무장에서 시작된 농민전쟁은 걷잡을 수 없이 번져 나갔다. 같은 해 4월, 전봉준은 고부·흥덕·고창·부안·금구·태인 등 각처에서 봉기한 동학 농민군 팔천여 명을 고부 백산에 집결시켰다. 여기에서 그는 대오를 정비하고 손화중과 김개남을 총관령으로 임명하여 자신을 보좌하게 했다. 그들이 기세를 몰아 전주성까지 함락하자 위기에 몰린 민씨 정권은 김학진을 전라감사로 보내고 청나라에게 구원을 요청했다.

가 없었다. 집사람과 작별하면서 두려워 눈물을 흘렸다는 말이 있어 그 얘기를 들은 자들이 걱정했다. 서병묵은 예전에 병사로 있으면서 청렴하고 자상한 정치를 베풀어 다시 임명되었다. 그러나 다른 장기는 없었다.

이원회에게 명하여 홍계훈을 돕게 하다

전 판윤 이원회를 양호순변사로 임명했다. 임금은 홍계훈에게서 오랫동안 승전 소식이 없자 고립무원에 처할 것을 걱정하여 이원회에게 명했다.

"강화와 청주의 병사를 일으켜 나아가 돕고 홍계훈의 군사까지도 아울러 다스리라."

동학교도들이 전주를 함락하다

4월 27일에 적이 전주를 함락하자 감사 김문현이 달아났다. 4월 초에 김문현이 여러 고을의 군사를 모아 적을 물리치고 고부 황토산에 이르렀다가 적에게 패했다. 이때부터 홍계훈이 선봉에 서서 장성의 월평에서 싸웠지만 또 패했다. 적은 서울의 대부대가 이르렀다는 소식을 듣고 샛길을 통해 정읍으로 나가서 홍계훈의 뒤를 우회하여 나갔다.

적이 이날 새벽에 패서문沛西門에 이르자 김문현이 서문 밖에 있는 민가를 불사르고 성을 의지해 방어했다. 오시午時〔오전 11시부터 오후 1시까지〕가 지나자 서문이 저절로 열리더니 적이 일제히 밀려들어 왔다. 김문현은 경기전慶基殿으로 들어가 태조의 화상을 받들어 짊어지고 다 떨어진 베옷에다 짚신을 신고 난민들과 섞여서 달아났다. 감영은 크게 어지러워졌다.

경기전에 은행나무가 있었다. 지난 무자년〔1888, 고종 25년〕 봄에 까치와 해오라기 천여 마리가 나무를 에워싸고 서로 싸웠는데, 까치가 이기지 못했다. 기축년〔1889, 고종 26년〕 정월에는 관노와 사령들이 아전들과 싸웠는데, 관노와 사령들이 이기지 못해 죽은 자가 수십 명이었고 반석리 천여 호가 불탔다. 사람들은 까치 싸움의 징험이라고 생각했다.

경기전 태조 이성계의 초상을 모신 전각.

이번 싸움에 이르러서는 태조의 화상이 몽진하고 성 아래 많은 민가가 적에게 유린당하자 달아난 관노와 사령들이 적의 무리 속으로 많이 들어가 아전들에게 복수하려고 했다. 그러나 아전들이 모두 달아나거나 숨었으므로 그들의 거처만 불태우는 등 날마다 분탕질을 일삼았다.

청나라에 구원병을 청하다

청나라에 구원병을 청했다. 이때 적의 기세가 날로 올라 성읍을 잇달아 함락하는데도 백성들은 도리어 기뻐했다. 동학이 패했다고 해도 사람들은 믿지 않고 그럴 리가 없다고 했으며 오직 관군이 패한 것만 말했다. 서울의 고관들도 시골 사람을 만나 적의 소식을 듣고는 모두 탄식했다.

"어찌 그렇게 되지 않을 수 있겠느냐?"

이원회가 내려간 뒤에도 서울에는 뜬소문이 돌아 서로 놀랐다. 전주가 이미 함락되었다고도 하고 동학교도가 금강을 이미 건넜다고도 하여 사방으로 피난을 갔다. 또한 적이 홍계훈에게 보낸 글에, "국태공國太公〔대원군〕에게 올립니다"라는 구절까지 있어 홍계훈이 역마를 달려 임금께 아뢰었다. 양전은 크게 노하며 적을 빨리 평정하지 못하면 더욱 말하기 어려운 경우가 생길지도 모른다고 생각했다. 이에 민영준을 불러 계책을 정하고 중국에 전보를 띄워 원병을 청하자고 했다. 민영준이 말했다.

"지난해 청일 두 나라는 천진조약을 맺으면서 조선에 파병할 일이 있으면 서로 통지하자고 했습니다. 청나라는 참으로 우리나라를 위하니 악의가 없다고 보장할 수 있습니다. 그러나 왜국은 오랫동안 틈만 엿보고 있으니, 만약 이 조약을 핑계로 부르지 않는데도 온다면 형세가 더욱 위태로워질 것입니다. 어떻게 하시겠습니까?"

중궁이 적이 보낸 정문呈文을 보이면서 꾸짖었다.

"못난 놈! 내 차라리 왜놈의 포로가 될지언정 다시는 임오년[1882, 고종 19년]의 일을 당하지 않겠다. 내가 패하면 너희도 망할 것이니 여러 말 하지 마라."

민영준이 원세개에게 간절히 구원을 청하자 원세개가 이홍

동학운동 진압을 위해 출동한 청군
1894년 5월 5일 청군이 아산만에 상륙하자 조선 침략의 기회를 엿보던 일본군도 5월 6일 인천에 상륙했다. 바야흐로 청군과 일본군 사이에는 일촉즉발의 긴장감이 감돌았다. 이러한 상황에서 정부는 농민군을 계속 압박할 수만은 없었다. 농민군 역시 군사상의 열세와 청일 두 나라간의 충돌을 고민해야 했다. 결국 농민군은 신변 보장을 조건으로 전주성에서 물러 나왔고, 이로써 정부와 농민군 간에는 화해의 기운이 감도는 듯했다.

장에게 전보를 띄워 알렸다. 이홍장이 답장을 보내 허락했다.

민영준이 호남의 실정을 임금에게 감추다

민영준은 적을 키웠다고 죄를 받을까 두려워 신료들에게 바깥의 일을 아뢰지 말라고 금하고 비밀 전보도 보여 주지 않았다. 이에 임금도 호남이 이토록 어지러운 것을 몰랐고, 낮은 벼슬아치들도 기밀을 얻지 못해 자세히 알지 못했다. 하루는 조동윤이 들어와 알현하자 임금이 물었다.

"장안의 민심이 어떠한가?"

조동윤이 말했다.

"사방으로 피난 가고 있습니다."

얼마 뒤 민영준이 들어오자 임금이 또 물었다.

"장안의 민심이 어떠한가?"

"전처럼 안정되어 있습니다."

임금이 말했다.

"조동윤의 말로는 사방으로 피난 간다 하고 그대는 안정되었다고 하니 어찌된 일인가?"

"조동윤은 소인배라 어지러운 말로 전하의 총명을 가리는 것입니다."

민영준이 나오자 조동윤이 읍하여 맞이하고는 큰소리로 따졌다.

"전주는 이미 함락되었고 장안은 텅 비었는데 공은 백성들이 모두 안정되었다고 하니, 누가 어지럽게 말하는 것이고 누가 전하의 총명을 가리는 것입니까?"

민영준은 대답하지 못하고 노한 눈빛으로 나갔다.

아리랑 타령

1월에 임금이 낮잠을 자다가 광화문이 무너지는 꿈을 꾸고 깜짝 놀라 잠에서 깨어났다. 임금이 몹시 불길하게 여겨 2월에 창덕궁으로 거처를 옮기고 즉시 동궁을 수리했다. 이때 남도 지방의 난리가 날로 급박해졌음에도 토목 공사는 더욱 공교함을 다투었다.

임금은 밤마다 전등을 켜놓고 광대들을 불러 〈신성新聲의 염곡艶曲〉을 연주하게 했는데, 〈아리랑 타령〉이라 일컫는 것이었다. 타령이란 노래를 일컫는 우리말이다. 민영주는 원임 각신으로서 여러 광대들을 거느리고 〈아리랑 타령〉 부르는 것을 전담했는데, 광대들의 실력을 평가해 상방궁尙方宮에서 금은을 내어 상으로 주도록 했다. 이 일은 대조규개大鳥圭介〔오토리 게이스케〕가 대궐을 침범할 때 이르러서야 그쳤다.

청나라 군대가 아산만에 도착하다

5월에 청나라 제독 섭지초葉志超와 총병 섭사성聶士成이 아산만 둔포에 와서 배를 대자, 이중하를 영접관으로 임명하여 그곳에 가서 일을 처리하게 했다. 섭지초 등이 온 것은 이홍장의 명에 의한 것이었다.

왜군 함대가 인천에 입항하다

왜국 공사 대조규개가 서울로 돌아왔다. 이어 수군 제독 이동우형伊東祐亨〔이토 스케유키〕과 육군 소장 대도의창大島義昌〔오시마 요시마사〕이 도착했다. 대조규개는 휴가차 본국으로 돌아갔다가 놀라운 소식을 듣고 돌아온 것이었다. 이동우형이 6일에 입성하고 대도의창이 항구에 함대를 정렬하니, 해군과 육군이 모두 약 오천 명이었다. 병함 일곱 척, 포함 두 척, 체신선 한 척, 상륙선商輪船 다섯 척이 잇달아 인천 해안으로 올라왔다. 경비가 삼엄하여 마치 큰 적이라도 맞은 것 같았다.

왜군이 서울에 입성하다

5월 12일 황혼에 왜군 대부대가 숭례문에 이르렀는데, 문이 닫혀 있어 성을 허물고 남산을 넘어 들어왔다. 왜군은 잠두蠶頭*에 진을 치고 주위에 대포를 묻어 장차 격전을 벌일 준비를 갖추었다. 서울에서 수원과 인천까지 수십 리마다 진영을 설치하고 봉화로 서로 연결하여 징과 북소리가 서로 들리게 했으며 통행인을 막아 철통처럼 포위하니, 원근에 사는 백성들이 크게 떨었다.

잠두 남산 정상을 가리키는 말로, 누에머리 같다 하여 이렇게 불렀다.

청군을 견제하기 위해 출병한 일본군

왜국 공사가 개혁을 권하다

왜국 공사 대조규개가 임금을 뵙고 이렇게 아뢰었다.

"요즘 남도 백성들이 교화를 따르지 않고 수령들에게 항거하므로 나라의 군대를 동원해 이들을 없애고 원상태로 회복하려 했습니다. 그러나 일이 쉽지 않음을 우려해 이웃 나라에 구원을 청하기에 이르렀습니다. 우리 정부는 이 일이 심상치 않음을 듣고 황제의 유지諭旨를 받들어 사신에게 특명을 내렸습니다. 군대를 이끌고 가서 공사관과 상인을 보호하고, 아울러 귀국의 안녕을 생각하여 만약 요구하는 것이 있으면 조금이라도 서로 도와 친목을 돈독히 하라고 했습니다. 이에 사신이 명을 받들고 한성에 온 것입니다. 마침내 전주를 회복하고 잔당이 달아났으니 뒷일도 차츰 잘 풀릴 것입니다. 이 모두 성덕으로 인한 것이니, 안팎에서 모두 칭송합니다.

우리나라와 귀국은 동양의 한쪽에 같이 자리하고 있고 서로 가까워서 도와야 하는 관계에 있습니다. 이제 열방의 대세를 보면 정치와 교육으로 백성을 다스리고, 법을 세우고 재정을 관리하며, 농사와 상업을 장려합니다. 이렇게 하면 절로 부강해지지 않을 리 없으니, 천하를 크게 보자는 뜻입니다. 그런즉 옛날부터 내려오는 법에 얽매여 변통하지 못하고 형세를 보아 가며 태도를 취한다면 어찌 열강 사이에 끼어들어 스스로 자립할 수 있겠습니까?

이에 우리 조정에서도 사신에게 명하여 귀 정부와 회동하여 방법을 강구해 현실 정치에 적용하기를 힘쓰라고 했습니다. 그리하면 기쁨과 슬픔을 함께하는 우리 관계와 서로 돕고 의지하는 상황을 끝까지 보존할 수 있게 됩니다. 엎드려 바라건대 회동할 대신들에게 명하여 이 말을 다 실행하게 한다면, 우리 대황제께서 이웃 나라를 생각하는 뜻을 저버리지 않게 될 것입니다."

그러고는 우리 정부에 5강 16조를 보내 나라의 기강을 개혁하라고 권했다. 그 16조는 대략 다음과 같다.

대조규개
일본군을 이끌고 서울에 도착한 대조규개는 드러내놓고 조선의 내정에 간섭하며 고종을 위협했다. 이에 조선은 이홍장에게 일본 저지를 간청하고 그들의 철수를 강력히 요청했다. 그러나 일본은 대궐을 침범하여 대원군을 입궐시키고 김홍집을 필두로 한 제1차 친일 내각을 수립한 뒤 개혁을 단행했다.

1. 쓸데없는 관원을 줄이고 재주와 덕망 있는 자를 택하고 문벌을 따지지 않는다.
2. 내외의 대권을 모두 정부에 귀속시키고, 그 아래에 육부六部를 둔다.
3. 왕궁에서 부리는 관원은 정부와 구별하여 간섭하지 못하게 한다.
4. 팔도에 고을을 나눈 것이 너무 많으니 서로 병합하여 경비를 줄인다.
5. 뇌물을 바치고 벼슬한 자는 모두 내쫓는다.
6. 관원의 봉급을 정하고 넉넉히 지불하여 분에 넘치는 재물을 탐하지 않게 한다.
7. 각 관청에서 뇌물을 주고받는 벼슬아치는 엄히 다스린다.
8. 서울이나 지방의 관리는 상업을 경영하지 못하게 한다.
9. 전국의 재정을 하나하나 밝히고, 수입을 헤아려 지출 계획을 세워 새로운 법을 안정시킨다.
10. 국내 토산물을 하나하나 조사하여 세칙을 정한다.
11. 국내의 국도는 모두 평평하고 넓게 하며, 한성에서부터 철로를 부설하여 통상하는 항구까지 이르게 한다.
12. 각 해관海關을 정부가 관장하며, 외국인이 간여하는 것을 허락하지 않는다.
13. 법률을 정해 죄인을 공평하게 다스리는 데 힘쓴다.
14. 군대의 정원을 늘려 내란을 진정시킨다.
15. 무관 자리도 마땅히 글 읽는 사람을 등용하여 문무의 재능을 겸비하게 한다.
16. 도성과 각 도 요충에 순포방巡捕房을 설치한다.

17. 학교 장정章程을 만들어 각 도에 유학당幼學堂과 중학교와 전문학교를 설치하고, 서양의 예를 따른다.
18. 학교에서 우등생을 뽑아 각 나라에 내보내 학업을 익히게 하고 장차 쓰임에 대비한다.

이 여러 조문을 살펴보면 진심으로 우리를 위한 것이라고는 할 수 없지만 우리 증세에 따라 처방해 준 약이 아니라고 말하는 것도 옳지 않다. 우리가 힘써 행했다면 어찌 오늘과 같은 화가 있었겠는가. 옛말에도 이런 것이 있으니, 아 슬프다.
"나라는 반드시 스스로 친 뒤에 남이 치느니라〔國必自伐而後人伐之〕."•

왜국 외무성에서 청나라 공사에게 조회하다

16일에 일본 외무경外務卿 육오종광陸奧宗光〔무츠 무네미츠〕이 청나라 공사 왕봉조汪鳳藻에게 조회했다.

"목하 귀국과 본국이 동학당의 난을 진압하여 사태가 이미 안정되었다. 응당 조선을 대신하여 내치內治를 정비해야 하니, 양국은 마땅히 각기 대신을 임명하여 조선에 보내 여러 폐단을 살피게 해야 한다. 국고 출납, 관리 선발과 임용, 내란 진압, 군대 정돈 등의 문제에 관해 조선으로 하여금 진흥의 효과가 있도록 기약해야 한다. 청컨대 귀 대신은 귀 조정에 전보로 알려 속히 시행하기를 바란다."

• 《맹자》〈이루離婁〉편에 나오는 말이다.

청나라 공사가 답하다

왕봉조가 조회에 회답했다.

"귀국의 전보를 접수하여 황상께 아뢰었더니 이렇게 회답하셨다. '조선의 내란은 이미 평정되었으니 본국은 다시 외국 땅에 군사를 개입시킬 생각이 없다. 후환을 예방하자는 약관의 뜻이 비록 좋기는 하나 일국의 내치는 스스로 다스릴 문제다. 우리 중국이 간여하는 것도 옳지 않은 판인데, 귀국은 조선의 자주를 인정하면서 어찌 내정에 간여한단 말인가? 이는 따질 것도 없이 분명한 일이다. 피차 군대를 철수하는 문제는 이미 을유정약乙酉訂約*에 정해져 있으니, 이에 비추어 행하면 될 것이다. 다시 의논할 필요가 없다.'"

왜군을 견제하려고 청나라에서도 파병하다

이때 청나라 관원으로 일본에 간 자는 왕봉조이고, 우리나라에 온 자는 원세개였다. 이들은 모두 일본의 속뜻을 캐내어 북양대신[이홍장]에게 통보했으므로 전보가 자주 오갔다. 그 가운데 한두 가지를 기록해 그 대강을 보인 것이다.

왜국은 (동학당을) 핑계로 출병했는데 뜻이 다른 데 있었으므로 (군대를 함께 철수하자는) 중국의 청을 애써 거절했다. 이홍장은 영국과 아라사에 부탁해 대신 처리하려고도 해봤지만, 영국과 아라사가 사태를 관망하면서 먼저 움직이지 않고 앉아서 어부지리만 엿보았다. 이홍장은 결국 병력을 쓰

*을유정약 갑신정변 이후 1885년에 청나라와 일본이 맺은 천진조약을 가리킨다.

기로 결심하고 수군과 육군을 전후하여 우리나라에 출병시켰다.

교정청을 설치하다

6월에 교정청校正廳을 설치하고 심순택, 김홍집, 김병시, 조병세, 정범조를 총재관總裁官으로 임명했다. 김영수金永壽, 박정양과 함께 의논해 서정庶政을 개혁할 일을 품의하여 시행하도록 했으니, 대조규개의 말을 따른 것이었다. 22일[정묘]에 왜놈들이 대궐에 침입하여 서약하도록 위협했으며, 대원군 이하응도 위협해 입궐해서 정사를 의논하게 했다.

조선 정부가 왜국 공사에게 항의하다

대조규개가 입성한 뒤로 우리 정부를 협박하는 것이 날로 심해졌다. 정부는 25일자 회답에서 이렇게 말했다.

"병자수호조규 제1관에는 '조선은 자주 국가로 일본국과 더불어 평등한 권리를 보유한다'는 구절이 있다. 본국은 수호조약을 맺은 이래 양국이 교제하고 교섭할 일이 있으면 자주 평등의 권리를 고루 행사해 왔다. 이번에 중국에 청원하는 것도 우리나라가 스스로 운용하는 권리에 속한 것이니, 조일 조약에 조금이라도 어긋나거나 구애되는 바가 없다. 본국은 다만 정해진 조약을 준수하여 확실한 것을 인정하고 거행할 뿐

청일전쟁 무렵의 조선 조정
당시 청과 일본은 조선에 대한 지배권을 놓고 기회를 엿보며 각각 군대를 파견했고, 러시아도 조선 진출의 교두보를 마련하려고 애썼으며, 영국 역시 러시아의 남하에 대비해 잔뜩 긴장했다. 한반도에서 벌어진 외세의 각축전은 조선 왕조의 몰락을 재촉했다.

이다. 또한 우리나라가 내치와 외교는 전부터 자유롭게 했다는 것을 중국도 안다. 중국의 왕 대신王大臣〔왕봉조〕이 사리에 어긋나는지 여부를 귀국에 조회한 것은 본국과 무관하며, 본국이 귀국과 교제하는 방법은 다만 양국의 조규에 비추어 합당하도록 함이 옳을 것이다. 문서를 갖추어 회답하니, 청컨대 살펴보아 귀 외부대신에게 전달해 주면 좋겠다."

대조규개는 회답에서 억설로 거부했다.

왜군이 대궐에 침입하여 서약을 받아 내다

6월 20일〔을축〕, 왜군이 대궐에 침입하여 맹약을 강요하고, 대원군 이하응을 맞아들여 정사를 의논하도록 했다. 대조규개가 외서外署에 보낸 조회에서 이렇게 말했다.

"청나라 사람은 귀국을 속국이라 칭하고 군대를 파견하여 보호했는데, 이는 자주권을 침해하고 손상한 것이다. 그런데도 귀국이 이처럼 명분과 의리가 바르지 못한 상태를 용인하여 청나라 군대가 국경 안에 오래 머물러 있으니, 이는 귀국의 자주 독립이 침해당하는 것일 뿐만 아니라 수호 조약에 나와 있는 '한국과 일본이 평등하다'는 구절도 사문으로 만든 셈이니, 체통이 서지 않는다. 귀 정부는 빨리 청군이 물러가도록 속히 협의하라. 혹시라도 시일을 지연한다면 본 공사는 스스로 결의한 바에 따라 일을 처리하겠다."

외서에서 이에 대한 답변을 지연하자 대조규개가 다시 청나라의 속국인지를 물었는데, 그 말투가 매우 긴박했다. 심순택 등은 교정청에 이름을 걸고 있었지만 아무런 대책도 내놓지 못하고, 속으로 청나라의 후원을 믿고 관망하면서 날짜만 넘겼다.

이날 새벽, 대조규개가 군대를 이끌고 경복궁에 들이닥쳐 문을 부수고 뛰어들었다. 별전에 이르니 호위 군사와 시종들은 다 달아나고 오직 양전만 남아 있었는데, 흰 칼날이 에워싸자 벌벌 떨며 몸 둘 바를 몰랐다. 그들에게 영문을 물어보려고 했지만 통역할 만한 자가 옆에 없었다. 마침 왜말에 익숙한 안경수가 들어왔는데, 임금이 크게 기뻐하며 통역을 시켰다. 대조규개가 칼을 빼어 들고 큰소리로 말했다.

"국태공이 아니면 오늘 일을 주관할 사람이 없다. 국태공을 맞아들여라."

이하응이 들어오자 대조규개는 임금의 교지로써 여러 대신들을 불러들였는데, 문에 군사를 세워 놓고 이름을 확인한 뒤 들여보냈다. 김홍집·김병시·조병세·정범조가 차례로 들어왔고, 심순택도 도착했지만 들어오지 못했다. 심순택은 들어갈 수도 나갈 수도 없어서 조방朝房*에 사흘이나 앉아 있었다. 여러 대신들은 궐에 들어와 두려워 떨며 감히 반항하지 못했고, 급히 법을 고치기 위해서 의논했다. 대조규개는 이하응도 궐 안에 붙들어 두었다.

이때 대궐 안의 각 사가 모두 흩어져 있어서 임금에게 수라도 올리지 못했다. 임금이 굶게 되자 운현궁에 명해 수라를 올리게 했다. 궐문에 이르자 문을 지키던 왜군들이 집어먹어 임금 앞에 이르렀을 때는 빈 그릇뿐이었다. 이에 다시 명하여 잘 차리지 말라고 했다.

대조규개가 대궐을 침범할 때 평양 군사 오백 명이 호위하다가 일제히 요란하게 총을 쐈다. 대조규개가 협문을 통해 임금의 처소에 이르러 임금을 위협하며 "망동하는 자는 목을 벤다"고 명을 내리게 하니, 우리 군사들이 모두 통곡하며 총을 부러뜨리고 군복을 찢으며 물러갔다. 여러 병영의 군사들이 서로 이끌고 하도감에 모여 이렇게 맹세했다.

"우리는 비록 졸병이고 천한 신분이지만 나라의 은혜를 두텁게 입었다. 이제 변괴가 여기까지 이르러 궁중의 일을 알 수 없게 되었지만, 저들이 모든 병영의 군사들이 흩어지지 않

조방 신하들이 조회를 기다리며 모여 있던 방으로, 대궐 밖에 있었다.

은 것을 안다면 감히 횡포를 부리지는 못할 것이다. 뜻밖의 일이 생긴다면 목숨을 걸고 싸울 것이다."

그러고는 담장을 빙 둘러 대포를 설치하고 굳게 지키다가 왜군이 대궐에서 나와 병영을 위협하면 영내의 대포를 일제히 쏘려고 했다.

대조규개가 임금의 교지를 얻어 군대를 해산하려고 하자 여러 병영의 군사들이 분통이 나서 크게 소리 지르며 칼을 뽑아 돌을 쳤는데, 통곡 소리가 산이라도 무너뜨릴 듯하다가 해산했다. 여러 병영의 물자와 무기는 모두 왜군이 소유했다. 왜놈들은 사방으로 약탈하여 대궐 안의 보화와 역대 임금들

청일전쟁 무렵의 한국군의 모습

의 진기한 법기, 종묘의 제기 같은 귀중품을 모두 챙겨서 인천항으로 운반했다. 나라에서 수백 년 동안 모은 것이 하루아침에 다 없어졌다. 서울에는 한 자루의 무기도 남지 않았다.

여러 민씨들도 다 달아났다. 민영주는 양주로, 민영준은 평안도로 달아났다. 민응식은 아들 민병승閔丙昇과 함께 삿갓을 쓰고 맨발에 짚신을 옆에 차서 가마꾼으로 변장하고 숭례문을 나갔다. 동네 사람들이 깨진 기와 조각을 던지며 손가락질하고 비웃었다.

"저놈이 어제의 민보국閔輔國*이다."

민두호는 그때 춘천유수가 되어 가벼운 보물을 싣고 가족을 거느리고 무늬 있는 가마 십여 채로 춘천에 이르렀다. 춘천 백성들이 그를 막으며 말했다.

"이 난리판에 강원도 도둑을 다시 들일 수 없다."

민두호가 낭패하여 길에서 오도 가도 못하고 진령군과 함께 충주로 달아났다. 오직 민영환과 민영소만은 달아나지 않았다. 민영달도 달아나지 않고 말했다.

"나는 여러 해를 벼슬에서 물러나 있었으니 죽을 만한 죄가 없다. 어찌 달아나랴."

민영익은 향항에서 전보로 아뢰었다.

"대조규개의 말대로 한다면 그에게 속아 안남安南〔베트남〕과 같은 전철을 밟게 될 것입니다. 임시방편으로 대응하여 화를 불러들이지 말아야 합니다. 나랏일은 여기에 달려 있으니, 자강自强을 굳게 지켜야 합니다."

보국 종1품 문관인 보국숭록대부輔國崇祿大夫에서 나온 말이다.

군국기무처를 설치하다

군국기무처軍國機務處를 설치하고 영의정 김홍집을 회의총재로 임명했으며, 박정양·민영달·김윤식·김종한金宗漢·조희연趙羲淵·이윤용·김가진·안경수·정경원鄭敬源·박준양朴準陽·이원긍李源兢·김학우金鶴羽·권형진權瀅鎭·유길준兪吉濬·김하영金夏英·이응익李應翼·서상집徐相集 등을 회의원으로 뽑았다. 날마다 모여서 크고 작은 사무를 결정하여 임금께 아뢰고, 명을 받아 실시했다.

청나라 군대가 성환에서 왜군에게 패하다

청나라 제독 섭지초 등이 성환역에서 왜군과 싸워 패했다. 이홍장이 6월 22일에 해군과 육군을 우리나라에 파견했다. 육로로는 (중국 오녕성) 대동구大東溝를 거쳐 상륙하여 의주와 평양으로 향했고, 수로로는 섭지초를 지원하기 위해 아산만 밖에 이르렀다. 23일 진시辰時[오전 7시부터 9시까지]에 청나라 함대가 왜국 군함의 습격을 받고 불에 타거나 침몰되어 해안에 이르지도 못하고 여순으로 돌아갔다. 왜장 대도의창은 서울에서 만여 명의 군사를 몰래 이끌고 아산으로 향했다.

섭지초는 해군이 이미 침몰했고 대도의창의 군대가 이미 이르렀다는 소식을 듣고 25일에 부하 이천여 명과 맹세하고 성환으로 진을 옮겼다. 아산에서 하루 떨어진 거리다. 이미 날이 저물어 솥을 걸고 밥을 짓는데, 왜군이 습격할 것을 생각하지 못해 척후병을 세우지 않았다. 대도의창은 소사素沙에서부터 재갈을 물리고 솔숲을 지나 성환역 동쪽에 이르렀다. 높은 곳에 올라 줄지어 엎드리고 일제히 포문을 여니, 청나라 군사들은 식사도 다하지 못하고 졸지에 일어나 대항했다. 날이 어두워 서로 분간하지도 못했는데, 오직 시끄러운 폭음 소리와 죽이라는 함성만 들렸다.

날이 밝았을 때 왜군이 죽인 자는 천칠백여 명이었고, 청나라가 죽이거나 부상을 입힌 자는 삼백여 명이었다. 섭지초는 중과부적이라 판단하고 남쪽으로 달아났다. 왜군은 수십 리를 쫓아가다가 그만두었다.

소사 지금의 평택에 있는 지명으로, 역대 전쟁터로 유명하다.

청일전쟁
1894년 6월 23일 아침, 아산 근해를 순찰 중이던 일본군이 풍도 앞 바다에서 돌연 청국 군함을 격침함으로써 청일전쟁의 막이 올랐다. 이는 조선 병탄과 대륙 침략을 위한 첫 신호탄이었다. 이어 일본군은 충남 성환에서 청군과 다시 싸워 승리를 거두었고, 계속 승승장구하여 평양 전투를 끝으로 조선에서 청을 몰아내는 데 성공했다.

성환역은 삼남의 큰길에 있는 큰 주막거리로, 백여 집이 모두 짓밟혔고 노약자들이 서로 뒤얽혀 죽었다. 청나라 군대가 패한 뒤 총탄을 맞아 달아날 수 없는 자들은 엎드려 기어가다가 칼에 맞았다. 온전한 병사들은 군복을 벗어 던지고 변발을 끌어올려 상투를 틀었는데, 농사꾼의 삿갓을 빼앗아 쓰고 달아나다가 길에서 더위를 먹고 쓰러졌다. 공주에 이르렀을 때는 흩어지고 달아나 반으로 줄었으며, 살아남은 자도 부상과 기갈 때문에 대오를 정비할 수가 없었다.

싸움이 한창일 때 왜군은 반드시 다섯 명이 한 조가 되어 돌아가며 대포를 쐈고, 청나라 군사는 모든 조가 한꺼번에 쐈다. 밤이 깊어지자 섭지초는 한 손에는 방패를, 다른 손에는 칼을 들고 갑자기 뛰쳐나와 군사 한 무리를 죽이고는 나무에 기대어 잠깐 쉬었다가 다시 나가서 쳤다. 이렇게 몇 차례를 거듭하자 왜군이 놀라서 귀신이라 생각하고 더는 추격하지 않았다. 난이 끝난 지 몇 년 뒤 내가 성환을 지나다가 그 옛터

청군 제독 섭지초의 퇴각로
아산과 성환에서 연이어 패한 청군의 모습은 말이 아니었다. 섭지초가 이끄는 청의 패잔병들은 청주, 강원도, 안주 등을 거쳐 평양으로 달아났다. 평양에는 이미 만여 명의 청군이 집결해 있었고, 무기와 식량도 충분했다. 조선인들은 십중팔구 청나라가 이길 것으로 예상했다.

를 찾아갔더니 주막 사람이 그렇게 말했다.

　이때 길이 막히고 뜬소문이 퍼져 온 나라 사람들이 조정이 이미 청나라와 관계를 끊었다고 생각했다. 공주 관리들은 청나라 군대를 몹시 박대했고, 며칠이 지나자 왜군이 추격하여 곧 닥칠 것이라고 거짓으로 말하니 청나라 군사들이 모두 두려워했다. 또 동북쪽으로 백여 리 되는 곳에 청주가 있는데 산과 못이 적을 지키기에 넉넉하다고 말하니, 섭지초가 청주를 향해 떠났다.

　군인들이 도중에 밥을 사서 먹었는데, 우리나라 돈이 없어 밥값을 지불하지 못했다. 이에 청나라 은전을 꺼내어 우리 돈으로 바꾸려 했지만, 주막 사람들이 "우리나라에서는 은전을 쓰지 않는다"고 했다. 군인들은 할 수 없이 천 전어치나 되는 은전을 백 전으로 쳐서 지불했다. 그런데도 투덜대며 불만스런 빛을 보였다. 가게 사람들은 오이나 과일을 팔 때도 반드시 갑절로 불렀고, 마시는 물에도 인색했다. 이에 청나라 군인들은 모두 굶주림을 참으면서 갔다.

　섭지초 등이 청주에서 강원도를 거쳐 서울의 배후를 돌아갔는데, 북양北洋의 육로병이 우리나라 국경에 들어왔다는 소식을 듣고 가서 합류하려고 한 것이었다. 7월에 안주에 이르렀는데, 병사 김동운金東運이 그들을 제대로 대우하지 않았다. 섭지초는 이미 우리나라 사람들이 배반한 데 좋지 않은 감정을 품은 터라 드디어 노기를 발하여 김동운을 묶어다가 매 삼십 대를 때렸다. 김동운은 부끄럽고 화가 나서 심장병으로 죽었다. 얼마 뒤 섭지초와 섭사성은 평양에서 위여귀衛汝貴 등과 만났다. 청나라의 지휘관 가운데 성환에서 죽은 자는 이대본

李大本, 오천배吳天培, 왕국우王國佑, 염기룡閻起龍, 허의우許義友, 이옥상李玉祥 등이다.

왜군 지원군이 달아나다

처음에 이홍장이 구원군을 보낼 때 섭사성이 이렇게 건의했다.

"일본군이 조선 땅에 들어오기 전에 우리가 먼저 들어가야 합니다. 먼저 대병력으로 압록강을 건너 빨리 평양을 점령하고, 해군 함대는 인천 항구를 장악하여 일본 군함이 마음대로 움직이지 못하게 해야 하며, 아산에 주둔한 병력과 북양 해군이 일본군을 견제한 뒤 평양에 주둔한 대군을 이끌고 남쪽으로 서울을 기습합시다."

그러나 이홍장은 이 계책을 받아들이지 않았다. 아산에서 청나라 군대가 패하자 이 계책도 마침내 폐지되었다.

대도의창이 서울을 떠날 때 우리 군사 삼천 명을 내어 도와 달라고 했다. 우리 조정에서 흩어진 군사 수천 명을 모아 배불리 먹이고 출발시키려는데, 저희끼리 서로 이렇게 말했다.

"우리가 적국을 도와 청나라 구원군을 습격한다면 하늘이 돕지 않을 것이다. 게다가 왜군은 반드시 우리를 향도嚮導*로 세울 테니, 고래 싸움에 새우 등 터지는 격이다. 이것은 죽는 길이다."

저들이 돌아가자고 크게 외치자 일시에 모두 흩어졌다.

향도 앞에서 길을 인도하는 사람.

갑오개혁의 막이 오르다

6월 27일에 변법을 제정했다.

1. 각국에 전권 사신을 특파하여 자주 독립을 포고한다.
2. 청나라 광서光緖 연호를 그만 쓰고, 개국開國 몇 년이라고만 쓴다.
3. 사색당파를 영원히 없애고 오직 재주 있는 자를 등용한다.
4. 문벌과 양반 상놈의 격식을 없앤다.
5. 문관이 높고 무관은 낮다는 차별을 없애고 품계에 의해 구분한다.
6. 죄인은 자기로 한하며 연좌율緣坐律을 폐지한다.
7. 본부인과 첩에게 모두 아들이 없어야만 비로소 양자를 허락한다.
8. 남자는 20세, 여자는 16세 이상이 되어야 비로소 혼인을 허락한다.
9. 부녀자의 재혼은 귀천의 구별 없이 그들의 자유에 맡긴다.
10. 공사 노비를 모두 없애고 인신매매를 금한다.
11. 각 관청에 있는 조례皂隷*들은 필요에 따라 늘리거나 줄인다.
12. 역인驛人, 재인才人, 백정白丁은 모두 면천한다.
13. 승려의 도성 출입 금지를 폐지한다.
14. 상제喪制를 고쳐서 상중에도 벼슬자리에 나아가는 것을 허한다.
15. 조관朝官의 복식 제도는 이러하다. 폐하를 뵈올 때 입는

조례 각 관아에서 부리던 하인.

공복公服은 사모紗帽와 장복章服에 반령착수盤領窄袖로 한다. 집에서 입는 사복은 옻칠한 갓에다 답호褡穫와 실띠로 한다. 선비와 서민은 갓과 두루마기에 실띠로 하고, 병정은 근래의 예에 따르며, 장관도 병정과 마찬가지다.

16. 정부 이하 각 사司와 궁방宮房의 전곡錢穀과 전장田庄을 하나하나 조사한다.
17. 나라를 다스리는 데 관련한 모든 일에 대해 비록 천민이라도 의견이 있으면 마땅히 기무처에 글을 올려 의원들에게 넘기는 것을 허락한다.

이상의 여러 조문을 의안議案이라 하는데, 다 적지 못한 조목은 나중에 덧붙이겠다.

임금을 높여 대군주 폐하라고 부르다

여러 신하들이 임금을 높여 대군주 폐하라 부르고, 올해 6월 이후부터 개국 503년으로 했다. 대조규개가 임금을 굳이 황제라 칭하고 연호를 정하며 머리를 깎고 양복을 입히려 했지만 상하가 모두 응하지 않았다. 그 차선책으로 임금을 대군주라 칭하여 황제라 부르자는 데 대응했고, 개국 몇 년으로 기록하여 연호에 대응했으며, 의복 제도를 대략 변경하여 머리 깎고 양복 입자는 데 대응했다. 이에 조정과 민간이 뒤숭숭해졌는데, 장차 차례로 시행할 것이라 생각했기 때문이다.

반령착수 폭이 좁은 소매에 둥근 깃을 단 옷.

답호 밑이 길고 소매가 없는 조끼형의 관복으로, 더그레라고도 한다.

갑오개혁 전과 후의 순검 복장
청일전쟁에 앞서 일본은 조선에 대한 단독적인 무력 간섭을 시도했다. 1894년 5월 23일 일본 공사 대조규개는 다섯 개 조항의 내정 개혁안을 제시하며 병력을 출동시켜서라도 관철하겠다고 엄포를 놓았다. 결국 제1차 김홍집 내각이 출범했고, 정치·경제·교육 등 사회 전반에 걸쳐 일련의 개혁안을 단행했다. 갑오개혁은 조선이 근대사회로 나아가기 위한 겉모습을 담고 있었지만, 개혁을 뒷받침할 만한 민중의 지지가 없고 일본의 침략 의도를 올바르게 파악하지 못한 점에서 한계를 드러냈다.

열 개의 아문을 두다

열 개의 아문을 새로 세웠으니, 궁내부·의정부·내무아문·외무아문·탁지아문·군무아문·공무아문·학무아문·농상아문·법무아문이 그것이다. 옛 직원은 비슷한 아문에 소속시켰다. 그 밖에 종백부와 종친부가 있었는데, 별도의 아문을 세우지 않아 속할 곳이 없었다. 한성부와 경무청은 열 개 아문 밖에 두었는데, 그 맡은 바가 다소 적기 때문이었다.

궁내부 이하의 각 아문은 대신·협판·참의·주사 등의 관직을 두었으니, 예전의 판서·참판·정랑·좌랑의 직위와 같다. 의정부만은 총리대신 한 명, 좌우찬성 각 한 명, 사헌 다섯 명, 참의 다섯 명을 두었는데, 다른 아문보다 그 체제가 중요하다. 직위의 고하는 칙임, 주임, 판임 세 등급으로 나누었다. 1품에서 2품까지는 정正과 종從을 구별했지만, 그 아래는 9품에 이르기까지 정과 종의 구별이 없었다.

벼슬길이 막힌 자들을 다 풀어 주다

근세에 벼슬길이 막힌 자를 '원굴寃屈'이라고 한다. 관제를 개혁할 때 대원군은 지방 출신으로 문과에 급제하여 옥당 자격을 갖춘 자 가운데 원굴이 가장 많다고 생각했다. 이에 그들을 한꺼번에 임명해 많은 사람들의 마음을 위로하려고 했다.

김종한에게 그 일을 맡겨 사색당파를 골고루 뽑아 종이 한 장에다 교리와 수찬修撰* 백여 명을 임명했다. 이때 사람들은 '옥당 풍년'이라고 하고, 어떤 사람은 특별히 가리켜 '갑오 옥당'이라고 했다. 그러나 인물을 취사선택한 것이 공정하지 않아 명기名器만 어지럽힐 뿐이었다.

평양에서 청나라 감사와 왜국 감사가 맞서다

청나라 총병 위여귀·마옥곤馬玉崑·풍승하豊陞河·좌보귀左寶貴가 평양에 들어오자 섭지초와 섭사성도 그곳으로 가서 한데 모였다. 이달 보름께였다. 군사가 삼십사 영에 모두 만오천 명이나 되었지만 여러 장수들을 거느릴 통수권자도 없고 지

교리와 수찬 교리는 홍문관(옥당) 정5품 벼슬이고, 수찬은 홍문관 정6품 벼슬로, 모두 출세의 지름길이었다.

위도 서로 같아서 호령이 일치하지 않았다. 군사들의 행동에도 기율이 없었고 간음과 노략질을 일삼아 평안도 백성들이 원망하고 두려워했다. 식자들은 그들이 반드시 패할 것이라고 짐작했다.

(평안감사) 민병석閔丙奭은 시국이 바뀌어 모든 민씨들이 쫓겨나자 죄를 얻을까 두려워했는데, 김만식이 또 평안감사로 부임해 온다는 소식을 듣고 당황하며 계책을 세우지 못했다. 그러다가 (청나라 군사가 조선으로 출병했다는) 북양대신의 전문을 받고 김만식에게 감사 자리를 넘겨주지 않았다.

김만식과 평양서윤 서병수徐丙壽는 정방산성으로 들어가 사십 일 동안 나오지 못했다. 평안도 사람들은 민병석을 청나라 감사, 김만식을 왜국 감사라고 불렀다. 민병석은 김만식의 명령을 따르지 않고 청나라 원병만 바라보며 조정의 명마저 따르지 않았다.

민병석은 일찍이 속수束修*의 예를 하고 전우의 문인이 되어 강학한다고 자칭했다. 평양 감영에 와서도 수시로 치포관에 심의 차림으로 유생들을 불러다 《대학大學》과 《중용中庸》을 펼쳐 놓고는 너절하게 강론했다. 그러면서도 따로 뒷구멍을 열어 놓고 돈과 뇌물을 받아들이지 않는 날이 없었다. 그러나 성품이 나약하고 아둔해 제대로 살피지 못했으므로 이득은

민병석
1858(철종 9년)~1940. 청일전쟁의 승패를 판가름하는 평양 전투가 벌어질 무렵, 민병석은 평안감사로 있으면서 청장淸將과 내통하며 일본 세력을 축출하려고 했으나 실패했다. 그 후 1895년 초에 원주로 유배되었다가 같은 해 민씨 척족 세력의 부활과 함께 사면된 뒤 요직을 지냈다. 1910년 국권을 강탈당한 뒤에는 일제에게서 작위와 은사금을 받았으며 대지주로 행세했다.

속수 제자가 될 때 스승에게 가지고 오는 예물.

아랫사람이 보고 원망만 그에게 돌아갔다. 평안도 사람들은 그를 가리켜 강학도적講學盜賊이라고 했다.

관서 지방 일대는 산천이 넓고 깊숙해서 진귀한 보화가 생산되고 기생과 풍류, 누각과 경치가 뛰어난데, 그중에서도 평양이 으뜸이다. 그래서 평안감사는 부러움의 대상이었고 부귀를 누리는 신선으로 여겨졌다. 백여 년 동안 권세 있는 자가 아니면 이 자리를 얻지 못했으니, 남인은 채제공蔡濟恭 이후에 한 사람도 없었고, 소론은 서염순徐念淳 이후에 없었으며, 북인은 말할 것도 없었다. 운현이 집권한 뒤에야 한계원韓啓源과 남정순南廷順이 남인과 북인으로 잇달아 그 자리를 차지했지만 극히 적었다. 갑술환국甲戌換國* 이후 이십 년 동안은 민영위·민응식·민영준·민병석 등이 번갈아 부임했고, 민영위는 두 차례나 지냈다. 이에 평안도 사람들은 이렇게 노래했다.

"평양 선화당宣化堂*은 민씨의 사랑방이라네."

이해 8월에 청나라 군사가 출병하면서 감영 전체가 탕진되고 얼마 안 되어 남도와 북도로 갈라지니, 부귀하고 번화한 예전 모습은 다시 볼 수 없게 되었다. 만물이 성하면 쇠한다더니 정말 그러하다. 당시 여러 민씨들이 얼마나 염치가 없었는지 상상할 수 있을 것이다.

갑술환국 대원군이 십 년 섭정을 마치고 1874년에 물러나자 고종이 직접 나라를 다스리면서 민씨들이 대거 정권에 참여한 것을 가리킨다.

선화당 관찰사가 사무를 보던 정당으로, 각 도마다 이름이 같았다.

개혁 법안을 또 정하다

의안을 또 정했다.

1. 갑오년〔1894, 고종 31년〕 10월부터 각 항목의 부세賦稅는 모두 돈으로 바친다. 은행을 설립해 공전公錢을 공급하며, 미곡과 바꿔서 서울로 보낸다. 원전原錢은 탁지아문에 바친다.
2. 도량형 기구인 말〔斗〕, 섬〔斛〕, 저울을 개정하여 신식으로 고쳐서 (거래가) 어지러워지는 것을 막는다.
3. 신구 화폐의 태환에 관한 법규를 정한다.
4. 고관에서 서민에 이르기까지 나무패에다 집주인의 이름과 주소를 써서 대문 위에 붙인다.
5. 각 도에서 상납한 것 가운데 수령과 아전이 포탈한 것에 대해서는 관찰사로 하여금 조사해서 빨리 보고하도록 한다.
6. 각 지방에 향회鄕會를 설치하고 면 단위로 향회원鄕會員 한 명을 뽑아서 공회당에 모여 고을 업무를 의논하고 시행한다.
7. 대소 관원이 공사를 막론하고 죄를 저지르면 모두 법무아문에서 법률을 적용하여 인민과 다름없이 처단한다.
8. 총명하고 준수한 자제들을 선발하여 외국에 유학을 보내 인재를 양성한다.
9. 각 아문의 서리들은 글과 계산에 재주가 있는 자들을 골라서 쓴다.
10. 민영준은 정권을 훔쳐 농간을 부리며 임금을 속이고 백성을 못살게 굴었다. 김창열의 어미〔진령군〕는 신령을 핑계 대고 위복威福을 조종했다. 민형식은 세 도를 관할하면서 그 해악을 만민에게 끼쳤다. 이들을 모두 죽여야 함에도 그러지 못해 여론이 끓어오르니, 모두 형률을 적

용해 신과 인간의 분함을 풀어 준다.
11. 지난 십 년 동안 권세가나 지방 호족에게 강제로 재산을 빼앗겼거나 억압에 못 이겨 팔게 된 경우에는 본래 주인이 기무처에 그 억울함을 호소할 수 있게 하고, 사실을 조사해서 돌려준다.
12. 각 부와 아문에서는 외국인 고용원 한 명을 두어 고문으로 삼는다.

또 의안을 정했다.

1. 대소 관원은 공사를 막론하고 말을 타든지 걸어오든지 편하게 출입하게 하여 초헌軺軒*과 평교자平轎子*를 일체 폐지한다.
2. 대소 관원과 서민들은 (고관에 대한 예우로) 말에서 내리거나 회피하는 규칙에 구애받지 않아도 된다.
3. 관직에 있으면서 상피相避*하는 규정은 아들, 사위, 친형제, 숙질 간에만 해당하며 그 밖에는 따지지 않는다.
4. 장률贓律을 엄히 다스리고 장물은 관청에서 몰수한다.
5. 환관은 재능에 따라 구애받지 않고 통용한다.
6. 일곱 부류의 천인*들은 이미 천한 신분에서 벗어난 자 외에도 재능에 따라 등용한다.
7. 비록 고등관을 지냈더라도 관직을 그만둔 뒤에는 마음대로 상업에 종사할 수 있다.
8. 무릇 국내외 공사公私 문자에 외국의 나라 이름, 땅 이름, 사람 이름을 서양 문자로 쓸 경우에는 마땅히 국문

초헌 조선시대 종2품 이상의 벼슬아치가 타던 수레.

평교자 조선시대 종1품 이상과 기로소耆老所의 당상관이 타던 가마.

상피 친척이나 기타 관계로 같은 곳에서 벼슬하거나 시관試官이 되기를 피한 것을 일컫는다.

일곱 부류의 천인 조례 皁隷(서울의 각 관아에서 부리던 하인), 나장羅將(죄인을 문초할 때 매질하던 관리), 일수日守(지방 관아에서 잡무를 맡아보던 구실아치), 조군漕軍(조운 활동에 종사하던 선원), 수군戍軍(변방에서 수자리를 맡던 군사), 봉군烽軍(봉화를 올리는 일을 맡던 군사), 역보驛保(역졸驛卒의 보인保人을 통틀어 가리킴)를 이른다.

으로 번역해서 쓴다.

　이상의 의안은 열흘에 한 번씩 정한 것으로, 명목만 있을 뿐 시행하지 않은 것도 있다. 혹은 오랫동안 시행한 것도 있고, 혹은 곧 고친 것도 있다. 일정한 의안이 없이 문적이 혼잡하고 번거로워서 다 기록할 수가 없다. 이에 한두 개만 기록하여 한때 시행한 대강을 보였으니, 이후부터는 기록하지 않는다.

김개남이 남원에 웅거하다

호남의 적당 김기범이 남원에 들어가 웅거했다. 그는 전봉준과 두 개 대대로 나누었다. 전봉준은 전주에서 김학진을 협박하여 인질로 삼고 도 전체를 호령하며 형세를 살펴 나아갈 것인지 물러날 것인지 계책을 짰다. 김기범은 난리 초반에 남원에 한 번 들어갔다가 물자와 인력이 많은 것을 보고 내심 부러워했다. 그러다가 부사 윤병관이 달아났다는 소식을 듣고 우도右道에서 행군해 오면서 각종 포布 오만여 필을 거두었다. 격문을 먼저 보낸 뒤 입성하니, 아전과 백성 가운데 감히 막는 자가 없었다.

　적당들은 참언을 핑계 대고 육십 일 동안 남원에 주둔하면서 그곳을 소굴로 만들려고 했다. 말을 타고 사방을 돌아다니며 백성들의 돈과 양곡을 끌어 모으니, 부근 열댓 고을의 재물이 공사 간에 모두 탕진되었다. 김기범이 스스로 "꿈속에 신인神人이 나타나 손바닥에 개남開南이라는 두 글자를 써주었다"고 말하면서 자신을 '개남'이라고 불렀다. 그러므로 그를 '개남介南'이라고 부르는 것은 잘못이다.

조희일이 평안도 유민들을 위로하다

조희일趙熙一을 관서선유사關西宣諭使로 임명해 유민들을 위로하게 했다. 청나라 군대는 육로로 달아났는데, 대동강에서 의주에 이르는 고을이 모두 그들에게 약탈당했다. 수령들은 모두 달아나고 마을도 쑥대밭이 되어 밥 짓는 연기가 수백 리나 보이지 않았다. 김가진이 대조규개에게 평양의 승리를 축하하자 대조규개가 물었다.

김개남
1853(철종 4년)~1895(고종 32년). 전봉준 다음가는 호남의 동학 지도자로, 동학운동 때 남원을 점거하여 전라좌도를 통할했다. 관군과 타협 끝에 전주성을 내어주고 흩어졌다가 청과 일본이 개입하자 다시 일어나 남원부사를 처단했다. 그러나 1차 농민전쟁 때와는 달리 그들은 근대 무기로 무장한 일본군, 농민군 진압을 위해 재편된 정부군, 봉건 유생층이 결집한 민보군 세력과 맞서야 했다. 결국 농민군은 공주 우금치와 청주, 금구 등지에서 잇달아 패했고, 그 결과 김개남도 1894년 12월 1일 태인에서 체포된 뒤 전주에서 처형당했다.

"이 전쟁으로 관서 지방 백성들이 크게 놀랐으니, 참으로 우리 탓이라고 한탄할 것이오. 이에 벌써 사람을 보내 그들을 위로했습니다만 귀국에서는 아직 한 사람도 보내지 않았으니 어찌 된 일이오?"

김가진이 거짓으로 말했다.

"어찌 그럴 리가 있겠소? 선유사가 떠난 지 이미 오래요."

김가진이 정부로 돌아와 대조규개의 말을 전했다. 김홍집이 머리를 끄덕이며 말했다.

"옳은 말씀이오. 누구를 선유사로 보내면 좋겠소?"

김가진이 말했다.

"조희일이 어떻겠소?"

어떤 사람이 말했다.

"조희일은 이십 년이나 벼슬을 떠나 있어 시국을 잘 모릅니다. 게다가 귀양살이에서 돌아오자마자 그러한 책임을 맡긴다면 민망한 일입니다."

김홍집이 말했다.

"그렇지 않소. 지금 민간에서는 조정 대신들이 모두 왜당이라는 뜬소문이 돌고 있소. 이 때문에 평안도 백성들이 항거하며 감사를 받아들이지 않는 것이오. 이제 선유사도 우리 편에서 보낸다면 백성들이 누구를 믿고 복종하겠소. 순유舜惟가 오랫동안 벼슬에서 물러나 있어 시속의 무리[개화파]가 아니

평양 전투가 끝난 뒤
이 그림은 청일전쟁의 최대 승부처인 평양 전투 뒤 패주하는 청군을 뒤쫓는 일본군을 그린 것이다. 당시 한 외국인은 평양 전쟁터를 둘러본 뒤 이렇게 기록했다. "격전장이던 평양 모란대牡丹臺의 솔밭은 총탄에 맞아 성한 나뭇가지 하나 남아 있지 않았다. 의주로에는 아직도 수백의 시신이 나뒹굴고 있었고, 웅덩이란 웅덩이는 모두 시신으로 메워져 있었다."

라는 것은 조야가 다 아는 터이니, 이 사람이야말로 선유사로 보낼 만하오. 게다가 그의 재략도 믿을 만하지 않소? 나랏일이 아주 급하니 순유도 사양하지만은 않을 것이오."

이에 곧바로 임금께 아뢰어 그를 뽑았다. 순유는 조희일의 자다.

개화파 김학우가 암살되다

10월에 자객이 김학우金鶴羽를 암살했다. 김학우는 관북 사람으로, 천한 신분에도 개화에 앞장섰다. 시속의 무리가 그의 재주에 탄복해 몇 달 만에 그를 법무협판에 발탁했다. 이날 김학우가 손님들을 불러다 밤늦도록 술을 마셨는데, 술기운이 오를 무렵 상복 차림을 한 사람이 당에 올라와 물었다.

"여기가 김 협판 댁입니까?"

김학우가 그렇다고 하자 그가 또 물었다.

"누가 주인입니까?"

김학우가 말했다.

"내가 주인이오."

상복 차림을 한 사람이 절을 하려고 하자 등불 그림자 밑에서 갑자기 한 사람이 뛰어올라 왔다. 순간 김학우의 머리는 이미 떨어져 나뒹굴었고, 칼은 옆 사람에게까지 미쳐 그의 어깨를 한 치쯤 찔렀다. 자리에 있던 많은 손님들이 놀라 자빠졌다. 얼마 뒤 범인을 수색했지만 이미 달아난 뒤였다.

장안은 크게 시끄러워졌다. 갑자기 귀한 몸이 된 시속의 무리는 모두 자객을 두려워하여 경무청에 명하여 범인을 잡으라고 했다. 그러나 끝내 붙잡지 못하다가 전동석田東錫 사건이 일어나자 김학우를 죽인 자가 전동석이라는 사실을 알게 되었다. 그는 신문을 받으면서 이렇게 말했다.

"시속의 무리를 모두 죽이려고 했지만 겨우 김학우만 죽이고 나머지는 죽이지 못했다."

운현이 사주했다는 말이 있었지만 그 내막은 끝내 밝혀지지 않았다.

관군과 왜군이 동학교도를 크게 격파하다

관군과 왜군 장수 영목창鍈木彰이 함께 적당을 쫓아 공주에 이르러 크게 격파했다. 이두황李斗璜이 내포로 들어가 신창와 해미 지역을 돌아다니며 싸워 가는 곳마다 승리를 거두었다. 적당은 부적과 주문을 가지고 속이며 말했다.

"이것으로 총알과 화살을 막을 수 있다."

민중은 그 말을 믿고 싸울 때마다 죽음을 무릅쓰고 물러서지 않았다. 서울의 군사들은 비록 양총洋銃을 가졌지만 기율이 엄하지 않고 중과부적이어서 전세가 많이 불리했다. 이에 왜군에게 적당을 토벌해 달라고 청하자 왜군은 싸울 때마다 앞장 서서 사기를 높였다. 호령이 엄하고 무기도 정교하여 명을 내리면 전진하고 사거리도 적당보다 몇 배는 더 길었다. 그제야 적당도 전투를 꺼리게 되었고, 기세가 조금만 꺾여도 달아났다. 이두황 등이 잇달아 승전을 전했다. 남쪽으로 내려

간 우리 군사와 왜군은 모두 이천 명이었다.

조희일을 황해감사로 임명하다

황해감사 정현석鄭顯奭을 파면하고 관서선유사 조희일을 대신 임명했다. 이때 황해도 백성들도 동학에 심취하여 난을 일으켜 감영까지 침범했다. 이에 정부에서는 정현석 파직을 청하고 조희일로 대신하게 했다. 그리고 신정희가 청하여 황주 군사로 하여금 해주를 구원하게 했다.

청나라 영토가 잇달아 왜군에게 함락되다

청나라의 금주金州, 대련만大連灣, 여순旅順 항구, 수암주岫巖州가 잇달아 왜군에게 함락되었다.

갑신정변 주역들의 죄를 씻어 주다

11월에 명했다.
 "박영효에게 금릉위 직첩을 돌려주고 홍순목, 박원양, 서상익의 벼슬도 회복시켜라."
 이와 아울러 갑신년〔1884, 고종 21년〕여러 역적들의 죄도 씻어 주고, 그 일가로서 유배된 자들도 풀어 주었다.

개화파들을 다시 등용하다

한기동을 공무대신에 임명하고 이건창을 법무협판에 임명했지만, 한기동은 상소하여 사퇴했고 이건창도 굳게 사양하며 받지 않았다. 그리고 박영효를 내무대신에, 조희연을 군무대신에, 서광범을 법무대신에, 신기선을 공무대신에, 윤웅렬을 경무사에 임명했다.

박영효가 귀국하자 많은 불평객들이 몰래 그를 찾아왔고, 사대부들도 모두 그를 추세하여 그의 집 문전은 저자 같았다. 그러나 박영효는 원수진 집에서 기회를 엿봐 일어날까 두려워 왜군으로 하여금 엄히 방비하게 했다. 서광범도 (박영효를) 따라오자 모두 발탁했다. 이때 행정과 인사는 모두 왜놈 의중에서 나왔는데, 김홍집이 아뢰면 임금은 알았다고 하면서 서명만 할 뿐이었다.

관보
국가의 공공 기관지인 관보가 처음 간행된 것은 김홍집이 영의정에 임명되어 갑오개혁을 실시하던 1894년 8월 초순이다. 처음에는 순 한문으로 썼으나 이듬해 국한문을 섞어 썼다.

관보국을 설치하여 관보를 인쇄하다

승정원의 공사청公事廳을 없애고, 종전에 시행하던 공문 반포 예규도 폐지했으며, 일체를 칙령勅令으로 행했다. 전교傳敎를 칙지勅旨라 개칭했고, 저보邸報를 관보官報라 했다. 예전에 매일 나가던 저보는 각 아문의 서리들이 초록해서 나누어 전했는데, 초서로 거칠게 쓴 것을 기별초奇別草라 했다. 오래 읽어 본 사람이 아니면 알아볼 수가 없었다. 이때부터 관보국을 설치하여 (기별초 대신 관보를) 간행했다.

장흥이 동학교도에게 함락되다

12월 5일에 호남의 적당이 장흥을 함락하고 부사 박헌양朴憲陽을 죽였다. 박헌양은 7월에 부임했는데, 그가 임지로 떠날 때 친구가 말렸다. 박헌양이 탄식하며 말했다.

"평일에 국록을 먹고 살았는데, 위험하고 어지러운 곳이라 하여 피할 수 있겠는가?"

그 무렵 전라도와 충청도의 적당은 잇달아 서울 군사에게 패해 남쪽으로 달아나다가 장흥과 강진 주변에 모였다. 장흥의 수비가 허술해서 박헌양에게 달아나라고 권한 이도 있었지만 듣지 않았다. 적당이 이르자 박헌양은 조복에 인부印符를 차고 당상에 앉아서 크게 꾸짖었다. 적당이 박헌양을 끌어내어 총을 쏘니, 눈을 부릅뜨고 주먹을 쥔 채로 죽었다.

강진도 잇달아 함락되다

10일에 적당이 장흥에서 강진 병영으로 쳐들어오자 병사 서병무徐兵懋는 성을 버리고 달아났고, 중군 정규찬鄭逵贊은 전사했다. 장흥과 강진이 함락되자 병영이 뒤숭숭해져 서병무는 영암을 향해 달아났고, 성안의 군사들은 전의를 잃었다. 정규찬이 여러 차례나 대비책을 권했지만 서병무가 듣지 않자 탄식했다.

"나는 이미 죽은 것이나 마찬가지다."

이날 적당이 성을 에워싸고 기어오르자 정규찬은 모든 일이 끝난 것을 알고 손자 아무개*와 함께 적진으로 돌격하여 죽었다. 그 후 수일이 지나 적당은 이두황의 군대에게 쫓겨 해남 경계까지 달아났는데, 더는 물러갈 곳이 없었다. 이두황이 이규태李圭泰와 왜군과 합세하여 그들을 크게 이겨 삼만육천여 명의 목을 베었다.

이도재가 김개남과 전봉준을 사로잡다

(전라감사) 이도재가 김기범[김개남]을 사로잡아 목을 베고 전봉준 등도 사로잡아 서울까지 수레로 옮겼다. 영남토포사 지석영池錫永은 왜군을 끼고 선봉이 되어 낙동강 좌우를 소탕했다. 이두황 등은 호남을 돌아다니며 소탕했다. 이로써 호남과 영남이 모두 평정되었다〔상세한 것은 《동비기략》을 보라. ― 원주〕.

아무개 원문에 두 글자가 비었다.

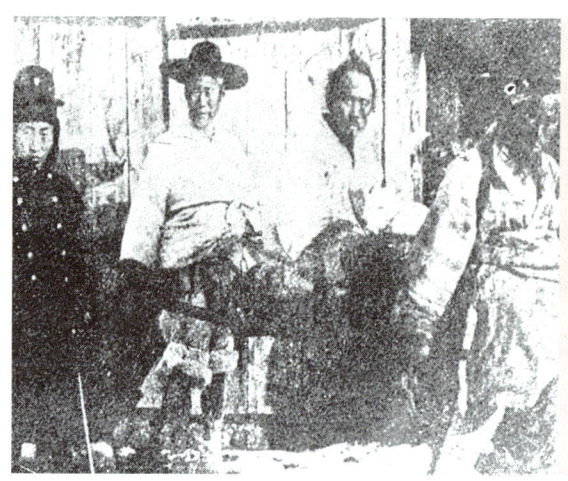

서울로 압송되는 전봉준
키가 작아 '녹두장군'이라고 불리기도 한 전봉준은 십일 개월 만에 일본군과 관군의 총칼 앞에 무릎 꿇고 말았다. 그는 최경선, 김덕명 등 서울로 압송된 다른 동학 지도자들과 함께 1895년 3월 29일에 처형됨으로써 통한의 일생을 마쳤다. 1894년에 일어난 두 차례 농민전쟁은 19세기 말 농민이 일으킨 반봉건·반침략 투쟁의 최고봉으로, 위로는 갑오개혁의 추진력으로 작용했고 아래로는 반일 의병 투쟁의 단초를 열었다.

임금이 자주 독립을 태묘에 맹세하다

13일〔을묘〕에 임금이 자주 독립을 태묘太廟에 맹세하여 아뢰고, 이튿날 칙령을 내려 신민에게 포고했다.

왕실의 존칭을 정하다

총리대신 김홍집, 내무대신 박영효, 학무대신 박정양, 외무대신 김윤식, 탁지대신 어윤중, 농상대신 엄세영, 군무대신 조희연, 법무대신 서광범, 공무대신 서리 김가진 등이 왕실의 존칭을 아뢰어 정했다. 이에 주상 전하를 대군주 폐하라 하고, 왕대비 전하는 왕태후 폐하라 하며, 왕비 전하는 왕후 폐하라 하고, 왕세자 저하는 왕태자 전하라 하며, 왕세자빈 저하를 왕태자비 전하라 하고, 전箋을 표表라 하자 하니, 임금이 좋다고 허락했다. 이는 장차 (임금을) 황제의 지위로 올리기 위한 것이었다.

관보나 문서에서 국한문을 혼용하다

이때 서울의 관보나 각 도의 문서는 모두 진언眞諺을 섞어서 자구를 만들어 썼는데, 이는 일본의 문법을 본뜬 것이다. 우리나라 방언에 예부터 중국 글자를 진서眞書라 하고 훈민정음을 언문이라 했는데, 이를 통틀어 진언眞諺이라 했다.

갑오년(1894, 고종 31년) 뒤로 시세를 따르는 자들은 언문을 추켜 국문이라 부르고, 진서는 외국 글자라고 구별하여 한문이라 불렀다. 이에 '국한문國漢文'이라는 세 글자가 드디어 방언이 되었고, 진언이라는 말은 사라졌다. 경박한 자들은 한문이 마땅히 폐지되어야 한다고 주장했지만 추세가 따르지 않아 그만두었다.

을미년 [1895, 고종 32년]

청나라 기년을 폐지하다

개국 504년[청나라 광서 21년, 일본 명치 28년]에 청나라 기년紀年을 폐지했다. 그러나 책력 첫머리의 '대조선 개국 504년 세차歲次 을미' 밑에는 여전히 '시헌서時憲書'* 세 글자를 썼다. 기년은 고쳤지만 역법은 아직 고치지 않았으므로 시헌서라고 쓴 것이다. '시헌력時憲曆'이라 하지 않고 '시헌서'라고 한 것도 예전대로 따른 것이다.*

청나라 고종의 휘가 홍력弘曆이므로, 청나라 사람들은 '역' 자 대신에 '서' 자를 사용했다. (우리나라에서도) 갑오년 [1894, 고종 31년] 이전의 공문서에서는 '홍'과 '역' 두 글자를 피했다. 김홍집도 (홍 자를 피하고) 김굉집金宏集으로 썼다.

시헌서 조선시대의 역법으로, 독일 신부 탕약망이 청나라 세조世祖(3대 황제인 순치제順治帝)의 명을 받아 제작한 것을 효종 4년(1653)부터 갑오개혁 때까지 사용했다. 중국과 서양의 천문학을 절충한 이 탕법湯法은 너무나 복잡해서 이후 매법梅法, 대법戴法으로 개편되었다.

역법 명칭 예전에는 임금이나 조상의 이름을 쓰거나 말하지 못했으므로 그 글자 사용을 피하고 음이 같거나 뜻이 같은 다른 글자로 대신했다. 그러므로 원래는 '시헌력'이라고 써야 했지만 청나라 고종高宗(6대 황제인 건륭제乾隆帝)의 휘諱인 '역曆' 자 대신에 '서書' 자를 써서 그동안 '시헌서'라고 한 것이었다. 아직 양력을 채택하기 전이므로 '대조선 개국 504년'이라는 자주 독립의 기년과 청나라 고종의 이름을 피한 구식의 '시헌서' 세 자를 섞어서 쓰게 된 것이었다.

또 역관 중에는 현玄씨가 많았는데, 북경에 들어갈 때마다 ('현' 자를 피해) 원元씨로 쓰다가 이때부터 비로소 그 성씨를 제대로 부르게 되었다. (청나라) 성조聖祖*의 휘가 현엽玄燁이기 때문이다.

> 성조 4대 황제인 강희제康熙帝.
>
> 순치 청나라 3대 황제인 세조의 연호로, 1644년부터 1661년까지 18년간 사용했다.
>
> 삼전도 서울시 송파구 삼전동에 있던 나루로, 삼밭나루라고도 했다. 서울과 부리도(잠실)를 이어 주던 곳으로, 세종 21년(1439)에 만들었다. 한강에 설치한 최초의 나루다. 상업 도로의 요충지로 1950년대 말까지 나룻배가 다녔지만, 잠실교를 놓으면서 주거지로 바뀌었다.

영은문을 헐고 삼전도비를 쓰러뜨리다

영은문迎恩門을 헐고 삼전도비三田渡碑를 쓰러뜨렸다. 영은문은 서울 서대문 밖 몇 리 되는 곳에 있었는데, 명나라 때는 연조문延詔門이라 부르던 것을 순치順治* 이후에 영은문으로 개칭했다. 그것은 중국의 조사詔使를 맞이하던 곳이었다.

비석은 한강 삼전도*에 있었는데, (병조호란이 일어난 다음 해인) 정축년〔1637, 인조 15년〕에 (임금이) 남한산성에서

영은문
조선 초기부터 중국 사신을 영접하던 곳이다. 1895년 2월에 독립협회의 서재필 등이 이를 헐고 그 자리에 독립문을 세웠다.

내려오자 청나라가 우리나라를 억압하여 자신들의 전공을 기록하게 한 것이었다. 죽은 재상 이경석李景奭이 그 글을 지었다. 그 내용은 천자가 십만 명을 이끌고 우리나라를 정벌했다는 것으로, 몽고 글자로 썼기 때문에 우리나라에서는 읽을 수 있는 이가 없었다.

이제 청나라와 관계가 모두 끊어지자 사대의 의절도 모두 없애 버렸다. 이에 영은문과 삼전도비도 함께 철거했다. 김가진은 김상용의 후손으로, 팔을 걷어붙이며 말했다.

"이제야 족히 여러 왕대에 걸쳐 당한 굴욕을 씻고 사사로운 원수도 갚게 되었으니, 개화의 이익이 어떠한가?"

손화중
1861(철종 12년)~1895(고종 32년). 전봉준, 김개남과 함께 3대 동학 지도자로 꼽힌다. 1894년 농민군이 관군과 화약한 뒤 전남 나주로 가서 폐정弊政 개혁을 지도했다. 제2차 농민운동이 일어나자 나주성을 공략했으나 실패하고 전북 흥덕으로 돌아갔다. 이때 변절자의 밀고로 체포되어 서울 감영으로 압송된 뒤 최후를 마쳤다. 사진 오른쪽이 손화중이다.

전봉준과 손화중을 처형하다

호남의 적당 전봉준, 손화중, 최경선, 성두한成斗漢, 김덕명金德明 등을 처형했다. 그러나 참형으로 다스리지 않고 교수형으로 다스려 사람들이 제대로 처형하지 않은 것을 한스러워했다. 전봉준은 처형될 때 박영효와 서광범 두 역적을 크게 꾸짖고 죽었다. 적당의 우두머리 최시형은 달아나 끝내 잡지 못했다.

삼전도비의 글자 사적 101호인 삼전도비에는 몽고문, 만주문, 한문으로 글자가 새겨져 있다.

청나라와 왜국이 마관조약을 맺다

청나라와 왜국이 강화 조약을 맺으니, 이른바 마관조약馬關條約〔시모노세키조약〕이라고 한다. 모두 네 개 조로 되어 있다.

1. 조선이 자주 독립국임을 확인한다.
2. 대만 전체와 성경 남부, 요동 일대의 땅을 (일본에게) 할양한다.
3. 전쟁 비용으로 고평은庫平銀 이억 냥을 (일본에게) 배상한다.
4. 통상 조약을 개정한다.

이날은 3월 23일〔갑오〕이었다. 청나라 군사가 잇달아 패하자 마침내 화의하게 되었다. 정월 중에 장음환長蔭桓과 소우렴邵友濂을 왜국에 보내 협상하게 했지만 왜국에서 그들의 관직이 낮다는 이유로 거절했다. 이에 청나라에서는 다시 이홍장을 전권대신으로 뽑아 파견했다.

2월 23일 마관에 이르니, 왜국은 이등박문과 육오종광을 보내 상대하게 했다. 왜국의 요구가 너무 지나쳐 서로 결론을 내리지 못하다가 배상금 삼억 냥에서 합의하기로 했다. 그때 갑자기 왜놈 하나가 단총으로 이홍장을 저격해 왜국 전체가 깜짝 놀라고 이등박문 등도 부끄러워했다. 결국 이홍장의 말에 따라 이억 냥에서 합의했다.

아라사가 동삼성東三省*을 욕심내어 동아시아로 통하는 길을 얻으려고 음모를 꾸민 지 이미 오래인데, 이때 왜국이 요

동삼성 중국 동북쪽에 있는 흑룡강성, 요동성, 길림성을 말한다. 흔히 만주라고 부른다.

동을 점령했다는 소식을 듣고는 크게 노했다. 이에 덕국, 법국과 연합하여 '왜국이 대만은 할양받을 수 있지만 요동은 결코 안 된다'고 주장했다. 또한 청나라로 하여금 은 삼천만 냥을 왜국에 주어 요동을 반환하게 하니, 왜국도 두려워 그대로 따랐다〔삼국 간섭〕. 이로써 (청나라가) 요동은 할양하지 않았지만 아라사가 청나라에게 덕을 끼쳤다고 자부하며 끊임없이 새로운 요구를 했으므로 그 손해가 왜국에 요동을 할양한 것보다 더 많았다. 배상액도 너무 많아 한꺼번에 상환할 수 없었으므로 그 기한을 삼십 년으로 했다. 이때부터 청나라는 크게 궁핍해져 거의 나라를 유지할 수가 없게 되었다.

마관조약
마관조약은 청일전쟁 전후 처리를 위해 1895년 4월에 일본과 청이 체결한 강화 조약을 가리킨다. 청일전쟁에서 승리를 거둔 일본은 조선에 대한 배타적인 지배권을 확보하고 청에게 배상금을 요구했다. 또한 요동 반도와 대만 등의 땅을 넘겨받아 대륙으로 진출할 수 있는 유리한 발판을 마련했다. 그러나 러시아가 독일과 프랑스를 끌어들여 요동 반도를 청에게 돌려줄 것을 일본에게 요구하자 일본도 할 수 없이 따랐다. 노년의 이홍장이 맨 앞에 앉아 있고, 맞은편에 일본측 대표인 육오종광과 이등박문이 있다.

얼마 뒤 이홍장의 아들 이경방李經方이 대만양계사臺灣讓界
使가 되어 대만을 왜국에 할양하려고 했으나 대만 사람들이
죽음을 무릅쓰고 항거하여 일 년 남짓 혈전을 벌였다. 을미년
〔1895, 고종 32년〕 여름까지 죽은 자가 육만여 명이나 되었지
만 결국 왜국에게 편입되고 말았다.

전주에 약령을 설치하다

전주에 약령藥令을 설치했다. 예부터 한약재 파는 시장을 영令
이라 했다. 해마다 2월과 10월에 대구에서 먼저 열리고 공주
에서 나중에 열려 약 십 일 간격으로 돌아가며 행했는데, 벌
써 수백 년이 되었다.

　금상 경인년〔1890, 고종 27년〕과 신묘년〔1891, 고종 28년〕 사
이에 민응식이 청주에 통어영統禦營을 설치하고 공주의 약령
을 청주로 옮기려고 했다. 그러나 상인들이 따르지 않아 끝내
무산되었다. 이때 전라감사 이도재가 전주의 피폐한 상황을
조정에 아뢰고 공주 약령을 그곳으로 옮기려고 했는데, 청주
로 옮기려고 할 때처럼 소요가 일어났다.

승려의 도성 출입을 허하다

승려의 도성 출입 금지를 해제했다. 옛 제도에서는 승려의 도
성 출입을 금했는데, 작년에 왜승倭僧 좌야전려佐野前勵〔사노

젠레이]가 정부에 서한을 올려 승금僧禁을 해제해 달라고 청하자 김홍집이 경연에서 아뢰어 이 명을 내렸다.

학교를 세우다

사범학교·어학교·법률학교·사관학교를 세우고, 나이 어리고 총명한 자를 뽑아서 일본에 유학을 보냈다.

호열자가 유행하다

전염병이 의주에서 시작해 십 일 만에 관서와 해서 지방으로 두루 퍼지더니 서울까지 번져 사망자가 속출했다. 먹은 음식이 갑자기 체하여 속이 막히고 토사를 계속해 발병한 지 하루나 이틀 만에 죽었다. 우리나라 사람들은 이를 괴질이라고 불렀는데, 서양인들은 호열자虎列剌[콜레라]라고 했다. 서울에 검역소를 설치하여 오이 같은 날것을 먹지 못하게 했다.

공문서에 국한문을 섞어 쓰게 하다

옛 제도에 공문서를 보낼 때는 서울 관사官司에서 각 도로 보내고 감영에서 각 고을로 통보했는데, 이를 관자關子나 감결甘結이라고 했다. 또한 고을에서 감영으로 상달하고 감영에서 서울 관사로 상달하는 것을 보장報狀이라고 했고, 수령이 백성에게 알리는 글을 전령傳令이나 하첩下帖이라고 했다. 이때 관자와 감결을 훈령訓令과 지령指令으로 개칭하고, 보장을 질품質稟·보고報告·청원請願으로, 전령과 하첩을 고시告示로 개칭했다. 국한문을 섞어 썼는데, 아전과 백성들이 괴롭게 여겼다.

울릉도에 도감을 설치하다

8월에 울릉도에 도감島監을 두었다. (울릉도는) 오랫동안 내버려진 땅으로, 근래 비로소 백성들의 입주를 허락했다. 차츰 마을을 형성하니 도감을 두어 다스리게 했다.

왜놈들이 궁궐에 난입하여 왕후를 시해하다

8월 20일[무자]에 왜국 공사 삼포오루三浦梧樓[미우라 고로]가 대궐에 침입했다. 왕후 민씨가 시해되고, 궁내부대신 이경직李畊稙과 대대장 홍계훈이 적에게 대항하다가 죽었다.

왕후는 오랫동안 정사에 참여하지 못하다가 (왜국 공사) 정상형에게 많은 뇌물을 주어 임금에게 정권을 돌려주도록 했다.* 그러나 궁에 들어앉아 예전처럼 권세를 부리려고 했으므로 박영효가 미워하여 지난 5월에 음모를 꾸민 것이었다.* (신임 공사) 삼포오루는 박영효가 왕후 시해를 노린다는 말을 익히 들었다.

고종의 권력 회복 갑오개혁이 시작될 때 고종은 결재권을 대원군에게 위임했으며, 대원군이 일본의 뜻에 따르지 않자 군국기무처를 중심으로 정치가 행해졌다. 그러다가 이해 윤5월 20일에 고종이 직접 결재권을 행사하겠다고 천명했다.

박영효의 음모 윤5월 14일에 박영효가 임금과 왕후 암살 혐의로 체포되었다. 이튿날 그는 일본으로 망명했다.

그 무렵 왕후는 차츰 권세를 회복하여 밤마다 궁중에서 놀이를 벌이고 노래를 들었다. 왜국인 소촌실小村室〔고무라〕에게는 영리한 딸이 있었는데, 왕후가 그녀를 사랑하여 날마다 불러들였다. 삼포오루는 부하들에게 광대들과 섞여 연극을 보게 하면서 몰래 왕후의 초상을 수십 매 그리게 하여 간직했다. 기일을 정해 거사를 감행했는데, 남의 국모를 시해했다는 죄를 뒤집어쓸까 두려워 대원군과 내통하여 음모를 꾸몄다.

그날 밤 공덕리로 가서 대원군을 가마에 실어 앞세우고 많은 왜놈들이 그의 뒤를 따랐다. 모두 왕후의 초상을 하나씩 들고 있었다. 소촌실의 딸이 그들을 인도하여 곤령전坤寧殿에 이르자, 궁중에 횃불이 훤히 밝아 땅강아지와 개미 새끼까지도 셀 수 있었다.

이경직을 만나 왕비가 있는 곳을 물으니 이경직이 모른다고 했다. 그가 곧 소매를 들어 왜놈들을 막으니, 저들이 그의 좌우

명성황후
1851(철종 2년)~1895(고종 32년). 여덟 살의 어린 나이에 부모를 여의고 혈혈단신으로 자라 1866년 한 살 아래인 고종의 비로 입궁했다. 흥선대원군은 지난 육십여 년간 외척에 의한 국정 농단의 폐단에 비추어 친척이 적은 민씨를 며느리로 맞아들였다. 그러나 명성황후는 곧 정치적 수완을 드러내며 왕실 정치에 적극적으로 관여함으로써 일생을 두고 대원군과 대립했다. 사십오 세 되던 해 침략의 야욕에 불탄 일본 제국주의의 자객에게 무참히 살해되었다. 1897년 명성황후로 추서되었다.
—동강 권오창이 그린 명성황후 진영. 명성황후기념관 소장.

명성황후가 시해당한 옥호루
삼국 간섭 뒤로 일본의 기세가 꺾이자 민씨 정권은 러시아, 미국과 손잡고 일본을 견제했다. 이에 일본 공사 삼포오루는 일본의 세력 확대에 걸림돌이 되는 것을 일소하고자 1895년 8월 25일 낭인을 보내 명성황후를 살해했다. 당시 황후는 옥호루에 있다가 변을 당했다. 후에 일본인들은 만행의 흔적을 남기지 않기 위해 이 건물을 헐고 그 자리에 미술관을 지었다.

팔을 잘라 죽였다. 왕후는 (옥호루) 벽에 걸린 옷 속으로 피신했지만 왜놈들이 머리채를 잡아 끄집어냈다. 소촌실의 딸이 확인하자 왕후가 연신 살려 달라고 빌었지만 왜놈들이 칼로 마구 내리쳐 그 시신을 검은 천에 싸서 녹산 아래 숲속에서 석유를 붓고 불을 질렀다. 타다 남은 유해 몇 조각은 주워 불을 지른 곳에 파묻었다. 왕후는 기지가 있고 영리하며 권모술수가 많았는데, 정사에 간여한 지 십 년 만에 나라를 망쳤고 끝내 천고에 없던 변을 당하고 말았다.

왜놈들이 처음 궁궐에 들어오자 홍계훈이 큰소리로 물었다.
"칙령이 있어서 군사를 불렀는가?"

그러나 말이 끝나기도 전에 총알을 맞고 쓰러졌다. 그는 들것에 실려 돌아갔지만 며칠 만에 죽었다. 홍계훈은 졸병에서 시작해 높은 지위에 올랐지만 성격이 청렴결백하고 몸가짐을 삼가여 사대부를 대할 때도 예의에 어긋남이 없었으니, 당시 아첨하여 총애를 얻은 자들과는 달랐다. 그의 어머니도 언제나 충성을 다해 나라에 보답하라고 타일렀다고 한다.

정병하鄭秉夏는 19일 밤 대궐에서 숙직했다. 왕후는 이미 바깥의 소문을 얼핏 듣고 피신하려고 생각했다. 이에 정병하에게 물으니 그가 말했다.

"일본군이 비록 대궐에 들어오더라도 진실로 성궁聖躬〔왕후〕을 보호하기 위한 것입니다. 신이 잘 알고 있으니 조금도 의심하거나 걱정하지 마십시오."

왕후는 평소 정병하를 자기 사람이라고 여겼으므로 깊이 신뢰했다가 결국 화를 입었다.

변란이 일어나기 전날 남원 사람이 김승집金升集의 집에서 묵었는데, 그날 밤 어떤 자가 조심스레 와서 김승집에게 귓속말을 하고 갔다. 김승집이 갑자기 불안해하기에 남원 사람이 이상하게 여겼지만 감히 묻지 못했다. 그 이튿날 참변이 일어난 것이었다.

삼포오루가 우리 외부에 이렇게 조회했다.

"어제 병란이 일어났는데 외간에서는 이렇게 전해진다. '이달 8일〔음력 20일〕 새벽에 (조선의) 훈련대가 대궐 안으로 돌진해 원통한 일을 호소했는데, 편복을 한 일본인 몇 사람이 섞여 들어가 행패를 부렸다.' 본 공사는 이 말이 와전된 것이라 보지만 매우 중요한 사건이므로 그대로 내버려 두는 것은 옳지 않다고 생각한다. 번거롭지만 귀 대신은 진실을 확실히 조사해서 회답해 주기 바란다."

김윤식이 회답했다.

"우리 군대를 조사해 보니, 그날 대궐에 호소하러 갈 때 만약 시위대侍衛隊와 만나면 서로 알아보지 못해 충돌이 날까 봐 외국 복장을 한 것이었다. 이는 무기를 겨룰 일이 생기지 않도록 하기 위한 것이었으며, 그들이 사실은 일본인이 아니었음을 회답한다."

이때 훈련대를 감원하여 군인들의 마음이 불안했으므로 삼포오루가 이것을 핑계로 탈출구를 마련하려고 이렇게 선언했다.

"훈련대와 떠돌이 왜인들이 섞여서 난당亂黨을 조직했다."

그러고는 자기는 모르는 일인 것처럼 했다. 김윤식도 "섞여 들어온 자들은 사실 왜인이 아니라 훈련대가 왜인으로 가장한 것이다"라고 했다. 이는 왜국이 두려워 그들을 비호해 준 것이었다.

왕후를 폐했다고 종묘에 아뢰다

왕후를 폐했다고 종묘에 고하기 위해 전 참판 서상우에게 조서를 지어 올리라고 했으나 서상우가 준엄하게 거절하면서 말했다.

"내 팔을 자를 수는 있어도 이 글을 지을 수는 없다."

결국 이승오李承五에게 지어 바치게 했다.

왕후가 죽은 지 오 일 만에 엄씨를 입궁시키다

예전에 상궁으로 있던 엄씨를 입궁시켰다. 왕후가 있을 때는 임금이 두려워하여 감히 곁눈질도 하지 못했다. 십 년 전에 우연히 엄씨를 총애한 적이 있었는데, 왕후가 크게 화를 내며 죽이려 했다. 임금의 간곡한 만류로 엄씨는 죽음을 면했지만 밖으로 쫓겨났다. 이제 다시 불러들이니, 변란을 당한 지 겨우 닷새밖에 되지 않았다. 장안 백성들은 임금이 양심도 없다며 모두 한탄했다.

엄씨는 생김새가 민비와 비슷하고 권모와 지략까지도 그와 닮아 입궁한 뒤로 임금의 총애를 독차지했다. 정사에 간여하여 뇌물을 받았으니, 점점 민비가 있을 때와 같아졌다.

엄비
1854(철종 5년)~1911. 명성황후의 시위상궁으로 있다가 명성황후가 시해된 뒤 고종을 모시다가 영친왕 이은을 낳아 순헌황귀비純獻皇貴妃가 되었다. 여성 교육에 특별한 관심을 가져 숙명여학교, 진명여학교 등을 세웠다.

왜국이 시해 사건의 주동자들을 다 놓아 주다

10월에 일본 정부가 공사 삼포오루를 소환했다. 왜놈들의 재판 결정서에 의하면, 삼포오루 등은 그 범행의 증거가 뚜렷하지 않아 모두 풀어 주었다. 또한 각 보고서에 대원군이 대궐에 들어가 변란을 주동하자 삼포오루는 왕명을 받고 구출하러 들어갔을 뿐 왕후 시해에는 참여하지 않았다고 크게 떠들었다. 이는 모두 삼포오루를 두둔하기 위한 말이었다.

왕후를 복위하고 역적들을 토벌하기로 하다

10일에 왕후 민씨의 위호位號를 회복하고 법부에 명해 흉악한 적당을 체포하도록 했으며, 군부대신 조희연과 경무사 권형진에게 책임을 물어 파면했다. 8월 이후에 외국 공사들이 반역자들을 심문하여 사형에 처하라고 잇달아 청했다. 김홍집 등은 왕후가 달아났다는 핑계를 대고 날짜를 끌었지만, 실상이 차츰 드러나면서 더는 가릴 수 없게 되었다. 결국 여러 외국 사신들과 함께 어전에서 임금의 재가를 얻어 '왕후를 복위하고 역적을 토벌하겠다'는 칙령을 반포하고 조희연 등을 파면했다. 이때 이두황과 우범선禹範善 등은 모두 달아났다. 칙명의 내용은 이러했다.

"지난번 변란이 일어났을 때부터 왕후의 소재를 모르다가 오랜 세월이 흐르고 보니 그날 승하한 증거가 뚜렷이 드러났다. 8월 20일 묘시卯時〔오전 5시에서 7시까지〕에 왕후가 곤령각에서 승하했음을 중외에 반포하여 알린다."

임금이 먼저 머리를 깎고 단발령을 내리다

11월 15일〔신해〕, 임금이 먼저 단발하고 중외 신민들에게 단발령을 내렸다. 두루마기 착용을 발표한 뒤로 단발한다는 말이 차츰 퍼지더니, 10월 중에 왜국 공사가 빨리 단발하라고 임금을 위협했다. 이에 임금이 인산因山* 뒤로 기한을 정했다. 이때 유길준과 조희연 등이 왜군을 인도하여 궁성을 포위하

인산 왕이나 왕비의 장례. 여기서는 명성황후의 장례를 가리킨다.

고 주위로 대포를 묻고는 이렇게 선언했다.

"머리를 깎지 않는 자는 죽이겠다."

임금이 길게 한숨을 쉬고는 정병하鄭秉夏를 돌아보며 말했다.

"그대가 내 머리를 깎는 게 좋겠소."

정병하가 가위를 들고 임금의 머리를 직접 깎고 유길준이 태자의 머리를 깎았다.

단발령을 내리자 곡성이 하늘을 진동했고, 사람들이 분하고 노하여 숨이 끊어질 듯했다. 형세가 격변하자 왜놈들이 군대를 동원하여 대기시켰고, 경무사 허진許璡이 순검들을 이끌고 칼을 가지고 길을 막으며 만나는 사람마다 머리를 깎았다. 민가에도 들어가 (머리 깎을 자를) 찾느라 두루 헤맸으니, 깊숙이 숨어 있는 자가 아니면 머리를 깎이지 않을 수 없었다. 서울에 나들이를 왔다가도 길에 나갔다 하면 상투를 잘렸으니, 모두 상투를 주워 주머니 속에 감추고는 통곡하며 성을 나갔다. 머리를 깎인 자는 깨끗이 깎이지 않고 상투만 잘린 채 머리카락이 드리워져

개원 임금이 즉위하면 연호를 고쳤는데, 한 임금이 여러 번 고치기도 했다. 우리나라는 몇 차례 특별한 경우를 제외하고는 중국의 연호를 빌려 썼다. 우리나라가 연호를 따로 만들어 쓴다는 것은 중국의 지배에서 독립한다는 뜻이다. 그러나 실제로 독립할 능력도 없으면서 일본의 강요로 연호를 만들었으므로 단발령과 마찬가지로 반대가 많았다.

단발한 고종
일본이 배일 세력의 핵심으로 지목한 명성황후를 시해하자 백성들 사이에 반일 의식은 더욱 고조되었다. 또한 이 사건의 진실을 은폐하려고 한 김홍집 내각에 대한 불신도 깊어졌다. 그럼에도 김홍집 내각은 삼 개월 뒤인 1895년 11월에 성년 남자의 상투를 자르도록 명을 내렸다. 위생에 이롭고 작업에 편리하기 때문이라는 것이었다. 단발령을 선포한 고종은 태자와 함께 당일로 머리를 깎았다. 그러나 이는 도리어 백성들의 큰 반감을 불러일으켰다.

마치 장발승長髮僧 같았다. 오직 아낙네와 어린 아이들만 깎이지 않았다.

이때 학부대신 이도재가 상소하여 개원改元과 단발령을 반대한 뒤 벼슬을 버리고 고향으로 돌아갔다. 상소문의 내용은 대략 이러했다.

며칠 전 내각에서 두 안건을 제출하여 신에게도 서명을 요구했는데, 하나는 연호 개정에 관한 것이고 하나는 단발에 관한 것입니다. 신은 주상을 높이는 것은 그 이름을 섬기는 것이 아니라 그 실체를 섬기는 것이며, 백성을 교화하는 것도 그 외모에 있는 것이 아니라 마음에 있다고 생각합니다.

지금 내란이 빈번하여 국세가 위태로우니 상하가 한마음으로 내실을 갖추는 데 힘써도 나라를 구하지 못할까 두려운 판입니다. 연호 개정도 헛된 이름으로 단장한 것일 뿐이니, 몇 년 뒤로 미루어 나라가 넉넉해지고 군대가 강해지면 하십시오. (우리나라가) 동양을 호랑이의 눈으로 보게 되는 날에는 (연호 개정 작업이) 전례를 살펴 글로 응답하는 일에 지나지 않을 테니, 어찌 오늘 급히 시행하십니까?

단발에 대해서도 의견이 없는 것이 아닙니다. 신의 어리석은 생각으로는, 단군과 기

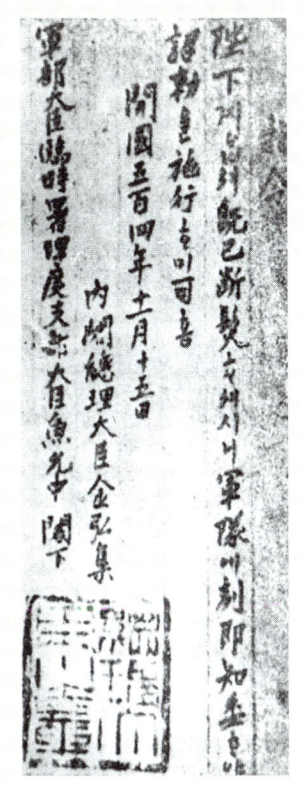

단발령
단발 강요에 대한 반감은 개화 자체에 대한 증오로 이어졌다. 학부대신 이도재, 원로 특진관 김병시 등은 단발령 철회를 주장하는 상소를 올렸고, 명을 받은 관리들 중에서도 실천하지 못하는 자가 많았으며, 백성들은 문을 걸어 잠그거나 임시로 도피하기까지 했다. 이제 김홍집 내각은 대중적 지지 기반을 완전히 상실하고 말았다. 그 결과 전국 각지에서는 의병 운동이 들불처럼 일어났고, 조정에서는 친러 세력에 의한 아관파천이 단행되었다.

자 이래로 머리를 땋아 기르던 것이 상투를 트는 풍속으로 바뀌어 머리털 아끼는 것을 매우 큰일로 여기는데, 이제 하루아침에 머리를 깎게 한다면 사천 년 동안 굳은 습관을 바꾸기 어려울 것이며 만백성의 흉흉한 마음을 측량할 수 없을 것이니, 난리가 일어나지 않을지 어찌 알겠습니까?

옛날에 청나라 사람들이 북경에 들어가 무력으로 명나라 의관 제도를 다 없앴는데, 그때의 분노가 삼백 년이 지나도록 풀리지 않았습니다. 장발적들*이 한번 호령하고 일어나자 사방에서 모여들어 수십 년에 걸친 싸움 끝에 겨우 평정되었다고 하니, 우리에게 좋은 거울이 될 것입니다. 신이 어찌 감히 한 움큼의 짧은 머리털을 아껴 나라의 계획을 위하지 않겠습니까. 그러나 누차 생각해도 그 이로움이 보이지 않고 해만 보이기에 감히 거짓으로 따를 수가 없었습니다.

김병시도 상소하여 한사코 간했으나 유길준의 제지로 임금에게 올라가지 않았다.

강제로 머리를 깎자 의병이 일어나다

공주관찰사 이종원李淙遠이 금강을 막고 지나가던 사람들의 머리를 억지로 깎느라 길이 거의 막혔다. 이때부터 온 나라가 들끓어 사방에서 의병이 일어났다.

장발적들 19세기 중반 태평천국운동을 일으킨 홍수전洪秀全의 무리를 가리킨다. 청조를 대신해 한인의 왕조를 세우겠다고 일어선 이들은 모두 머리를 길게 길렀다.

강제로 백성들의 머리를 깎은 수령들이 의병에게 살해되다

서상열徐相說이 강원도에서 일어났고, 류인석이 경기도에서 일어났으며, 주용규朱庸奎가 충청도에서 일어났다. 권세연權世淵이 안동에서 일어났고, 노응규盧應奎와 정한용鄭漢容이 진주에서 일어났다. 원근이 서로 호응하자 유길준 등이 서울의 군사를 보내 치게 했다. 류인석은 고 지평持平 류중교의 종질이자 이항로의 문인으로, 유학으로 이름났고 강개한 기질이 있었다.

낙동강 좌우의 수십 고을이 벌떼처럼 일어나 권세연에게 호응했고, (강제로 백성들의) 머리를 깎은 수령들이 이따금 살해되었다. 대구관찰사 이중하는 지역 백성들을 잘 어루만져 평소 인심을 얻었고 이때도 강제로 머리를 깎지 않아 백성들이 그를 용서해 주었다. 그는 성문을 굳게 닫고 서울 군사들이 도우러 오기만을 기다렸다.

백정들에게 면천을 허락하다

12월에 백정들을 면천하고 갓을 쓰는 것을 허락해 주었다. 예전 풍속에 영남과 호남 백정들은 감히 갓을 쓰지 못하고 패랭이만 쓰고 다녔는데, 이때 내부內府에서 여러 차례 지시하여 평민과 같이 갓을 쓰게 했다. 이것으로 천민들의 마음을 수습하려고 한 것이었다. 백정들이 의구심을 가져 감히 갓을 쓰지 못했는데, 강제로 한 뒤에야 겨우 시행되었다. 그러나 끝까지 쓰지 않는 자도 있었다.

아관파천

12월 27일*에 임금이 경복궁을 나갔다. 이범진과 이윤용 등이 임금을 아라사 공사관으로 옮기고 김홍집과 정병하를 잡아 죽였지만, 유길준·장박張博·조희연 등은 달아났다.

임금은 처음부터 헌정憲政〔갑오개혁〕에 묶인 것을 싫어하여 이범진, 이윤용 등과 더불어 아라사의 힘을 빌려 김홍집 등을 제거하려 했다. 아라사인들도 우리나라에 기반을 닦으려고 엿보다가 왜국에 선수를 빼앗기자 유감스럽게 생각하며 기회를 노리고 있었다. 8월 (을미사변) 이후 이범진 등이 아라사 공사관에 숨어들어 많은 뇌물을 주고 말했다.

"만약 정국을 뒤엎는 데 원조한다면 마땅히 온 나라가 왜국을 섬기듯 (아라사의) 명령을 듣겠다."

아라사 공사가 매우 기뻐하여 그 청을 수락하고 군대를 파견하니, 인천에서 잇달아 입성했다. 이범진 등이 엄 상궁에게 은 사만 냥을 주면서 변란이 다시 일어날 것이라고 하여 밤낮으로 임금을 두렵게 했다. 이날도 엄 상궁이 울면서 오늘 저녁에 변란이 일어날 기미가 있으니 궁 밖으로 피하자고 호소했다. 이에 임금도 놀라 그 말을 따르지 않을 수 없었다. 이범진 등이 가마 두 채를 빌려 임금과 태자를 태우고 아라사 공사관으로 옮겼다. 임금이 경무관에게 명하여 김홍집 등의 목을 베게 했다. 이때 김홍집은 직방直房에 있었는데, 사람들이

12월 27일 이는 음력으로, 양력으로는 1896년 2월 11일이다. 1895년 11월 17일〔양력 1896년 1월 1일〕부터 건양建陽이라는 연호와 양력을 사용했는데, 황현은 이후에도 한동안 음력을 사용했다.

아관파천
김홍집의 친일 내각이 흔들리자 이범진, 이완용, 윤치호 등을 중심으로 한 친러 세력이 등장했다. 이들은 1896년 2월 11일(양력)에 러시아 공사와 공모하여 비밀리에 고종을 러시아 공사관으로 옮겼다. 아관파천 직후 고종은 명을 내려 김홍집과 정병하를 참형에 처했다. 고종은 이곳에서 일 년간 머물렀다. 사진은 고종을 환궁시키기 위해 대포를 끌고 러시아 공사관으로 찾아온 일본군에게 자신의 뜻을 전하는 고종의 모습을 담은 것이다. 2층 중앙 흰 두루마기를 입은 두 사람 중 오른쪽이 고종이고, 왼쪽이 황태자 순종이다.

달아나라고 권하자 탄식하며 말했다.

"죽으면 죽었지 어찌 박영효를 본받아 역적이라는 이름을 얻겠는가!"

이에 그는 정병하와 함께 체포되었다. 정병하도 자신이 죽을 것을 알고 외쳤다.

"대신인 우리를 어찌 마음대로 죽일 수 있겠는가. 재판을 받은 뒤에 죽게 해주시오."

그러자 김홍집이 돌아보면서 말했다.

"어찌 말이 많은가. 나는 마땅히 죽겠네."

두 사람이 죽은 뒤 그 시신을 저자에 늘어놓으니, 장안 사람들이 단발령을 주도한 김홍집을 원망하며 다투어 돌과 기왓장을 던졌다. 몸뚱이를 갈기갈기 찢어서 그 살점을 베어 날로 씹는 자도 있었다. 조희연, 유길준, 장박, 권형진, 우범선, 이두황, 이범래李範來, 이진호李珍鎬 등은 모두 왜국 공사관에 숨어 우리 군인들이 체포할 수 없었다. 며칠간 온 장안이 크게 어지러웠다.

김홍집은 비록 왜국과 화의를 주장하여 맑은 의론[淸議; 위정척사파]과 배치했지만, 나랏일에 마음을 다했고 재간과 계략도 무리 가운데 뛰어났다. 그가 죽자 사람들이 매우 애석하게 여겼다. 부인 아무개 씨•는 변란 소식을 듣고 스스로 목을 매달아 죽었고 젖먹이 어린 것은 포대기 속에서 죽었으니, 사

아무개 씨 원문에 한 글자가 빠졌다.

아관파천으로 일본으로 망명한 친일 관료들
아관파천이 일어나자 내부대신 유길준을 비롯한 십여 명의 고관들은 일본 망명길에 올랐는데, 왼쪽에서 둘째가 유길준이고 그다음이 법부대신 서리 장박이다. 그 밖에도 탁지부대신 어윤중은 도피 중에 백성들에게 살해되었고, 외부대신 김윤식은 제주도로 유배되었다.

람들이 더욱 가엾게 여겼다.

　김홍집은 병자년〔1876, 고종 13년〕대흉년 때 흥양현감으로 있었는데, 굶주린 백성 만여 명을 살렸다. 또 그가 다니던 길가에는 예전 충신의 정려旌閭*가 있었는데, 그곳을 지날 때마다 반드시 말에서 내려 걸었으므로 노복들이 모두 기억했다. 비록 비오는 캄캄한 밤이라 하더라도 그냥 지나지 않았으니, 그의 몸가짐이 이처럼 단정했다.

　이범진 등이 일으킨 이번 거사는 충의에서 나온 것도 아니고, 아라사를 도와주고 왜국을 방해한 것도 아니었다. 다만 권력 다툼일 뿐이었다. 세상에서는 김윤식과 어윤중을 청당淸黨이라 하고, 김홍집과 유길준을 왜당倭黨이라 하며, 이범진과 이윤용을 아당俄黨이라 했다. 이 세 당이 교대로 집권하니 나라가 잘될 리 없다. 갑오년〔1894, 고종 31년〕과 을미년〔1895, 고종 32년〕에는 왜놈들이 국권을 장악하더니 이제는 아라사인들이 장악했다. 곧바로 임인년〔1902, 고종 39년〕에 이르러 (아라사와 왜국 사이에) 전쟁이 시작된 뒤로는 왜국이 다시 뜻을 펼쳤다.

어윤중이 살해되다

　어윤중이 용인에서 살해되었다. 그는 김홍집이 죽는 것을 보고 자신도 같은 죄를 받을까 두려워 부인의 가마를 타고 동대문 밖으로 나갔다. 고향인 보은으로 잠시 피신하려고 한 것이었다.

*정려　충신, 효자, 열녀 등을 그 동네에 정문旌門을 세워 표창하던 일.

용인의 어사리魚死里라는 주막에 이르러 밥을 먹고 있을 때였다. 오래전부터 원한을 품고 있던 마을 사람 정원로鄭元老와 안관현安寬鉉이 그가 달아났다는 소문을 듣고 망명하는 것임을 알아차리고는 원수를 갚겠다며 역적으로 지목했다. 무리를 이끌고 뒤쫓아 가서 몽둥이로 마구 때려 박살을 내니, 사람들이 (어사리라는) 주막 이름이 들어맞았다고 했다. 어윤중은 평소 점을 잘 쳤는데, 이때 동쪽으로 가면 길하다는 점괘가 나와 동대문으로 나갔다가 참변을 당한 것이었다.

어윤중은 고집이 세고 끈질겨서 원한을 사더라도 목적을 달성하고야 말았으며, 그르치는 일 또한 많았다. 그러나 부지런히 공무에 힘쓴바, 어울리던 무리 가운데 그를 따를 자가 없었다. 이에 김홍집과 함께 시대를 구할 인재로 칭해졌다. 그가 죽자 개화파에 사람이 없다고 모두 탄식했다.

갑오년(1894, 고종 31년) 여름에 중전이 탁지부에 새우젓을 올리라고 분부하자 어윤중이 심부름 온 내시를 꾸짖었다.

"새우젓은 이미 많이 가져갔는데 또 달라고 한단 말이냐?"

한번은 청나라 서태후西太后를 욕했다.

"늙은 계집종이 반드시 청나라를 망하게 할 것이다."

이는 중전을 빗대어 욕한 것이었다. 하루는 임금이 조희연에게 노하여 군부대신 자리에서 물러나게 하려고 하자 여러 각료들이 그는 아무 죄가 없다고 주장했다. 임금이 더욱 노하여 말했다.

"대신 하나도 물리치지 못한다면 어찌 임금 노릇을 할 수 있단 말인가?"

그러고는 옥새를 집어던지며 말했다.

"짐은 임금이 아니니 경들이 이것을 가져가라."

대신들이 벌벌 떨며 감히 아무 말도 못했는데, 어윤중이 천천히 일어나 물러서면서 말했다.

"성인이 말하길 '임금은 신하를 예로써 부리고, 신하는 임금을 충으로써 섬긴다'고 했습니다. 폐하께서 신들을 이렇게 대하시니, 장차 신들은 어떻게 폐하를 섬기겠습니까. 바라건대 노여움을 푸시고 굽어 살피시어 공의를 펴소서."

임금이 잠자코 있었다.

법관들이 원로대신들을 마구 죽이자고 논하면서 그 죄가 교수형에 해당한다고 하자, 임금이 특지特旨를 내려 사형에서 유배로 감형했다. 이는 임금에 대한 역심이 쌓이기 때문이었다. 이때 김윤식이 성 밖으로 나가 벌을 기다렸으나 임금이 문책하지 않았다. 사람들은 어윤중도 달아나지 않았더라면 죽지 않았을 것이라고 했다.

민간에서는 민영익이 아라사로 들어가 도와 달라고 호소했다느니 민영준이 그랬다느니 하는 유언비어가 있었지만, 사실은 이범진이 몰래 아라사와 연락한 것이었다. 그가 아라사가 장차 출병할 것이라고 떠들었으므로 왜군도 감히 출병하지 못했고 아라사도 관망할 뿐이었다. 이에 정사가 모두 이범진에 의해 결정되었다.

병신년 〔1896, 고종 33년〕

조정 서류에 양력을 쓰다

개국 505년〔건양 원년, 청나라 광서 22년, 일본 명치 29년〕, 임금이 아라사 공사관에 머물면서 처음으로 시헌서를 고쳐 시헌력이라 하고, 나라의 제삿날이나 사전祀典, 경축일 등을 위 칸에 차례로 썼다. 태양력의 일, 월, 화, 수, 목, 금, 토는 아래 칸에 차례로 썼다. 공사 간에 모두 음력에 따라 행했지만, 오직 조야에서 오가는 서류에는 양력을 썼다. 수천 년간 내려온 습관이 갑자기 바뀌기 어려웠다.

영남의 수령들이 잇달아 피살되다

1월에 이남규李南珪를 안동관찰사로 임명했다. 영남 일대는 모두 남인들이 차지했는데, 이남규도 남인이었다. 조정에서는 그가 영남 사람들에게 신임을 받을 것이라 생각하여 관찰사의 지위를 주어 의병들을 해산하게 했다. 그러나 이남규는 의병들을 두려워하여 안동부로 들어가지 못하고 장계를 올려 상주군에서 다스리겠다고 했다.

   이때 영남 전역의 수령들이 잇달아 피살되어 고을이 텅 비었으므로 서울에서는 그곳을 사지死地로 여겼다. 이에 영남 사람 중 교활한 자는 처음에 의병에 붙었다가 화가 미칠까 두려워 다시 벼슬을 넘겨다보며 이따금 서울로 들어와 "만일 지방관으로 뽑아 주기만 하면 한 번 호령하여 난을 가라앉히겠다"고 큰소리쳤다. 정부는 반신반의했지만 그들의 말대로 벼슬을 주었다. 그러므로 이해 봄, 여름 동안 영남 출신으로서 영남 수령이 된 자가 사십여 명이나 되었다. 그들은 고을에 부임하자마자 의병들과 몰래 통했고, 벼슬을 탐내고 녹봉을 도둑질했다.

서울에 빈대가 크게 번식하다

을미년[1895, 고종 32년] 9월, 서울에 빈대가 비 오듯 쏟아졌다. 우리나라 사람들은 사물의 이름에 밝지 못해 빈대[臭虱]를 갈蝎이라고 잘못 불렀는데, 이 말이 굳어져 고칠 수가 없게 되었다.

　예전 서울에는 빈대[蝎]가 없고 점방店房에만 간혹 있었는데, 생기는 대로 잡았으므로 번식하지 못했다. 이때 이르러 하룻밤 사이에 땅이 빈대로 가득하니, '비蝎가 비 오는 듯하다'고 했다. 이때부터 집집마다 빈대가 생겼는데, 마치 샘솟는 듯하여 사람의 힘으로는 어쩔 수가 없었다. 궁궐 안은 더욱 심해 임금이 잠을 자지 못할 지경이었다. 식자들은 궁궐이 텅 빌 징조라고 했다.

전보국을 설치하다

6월에 서울에 전보국을 설치하여 의주까지 통했다. 육지에서의 전보는 이때부터 시작되었다. 이후의 일은 갖추어 기록하지 않는다.

의병장 류인석이 압록강을 건너가서 마을을 이루다

7월에 동남쪽으로 출정한 장수와 병졸들이 돌아왔다. 이때 여러 도의 의병들이 흩어졌는데, 류인석은 황해도와 평안도를 지나 압록강을 건너 청나라로 들어갔다. 지나는 곳마다 노자와 양식을 요구해 잘 단속하지 못한다는 비방을 많이 들었다.
　평안도 유림의 연원은 모두 이항로에게서 시작하는데, 류인석의 충의에 감동해 따르는 자가 수천 명이나 되었다. 그들은 요동의 산속으로 들어가 여러 곳에 큰 마을을 이루었다. 류인석은 공자 사당을 세우고 제사 지내는 법을 가르치며 부지런히 농사를 지어 변방의 풍속을 교화했다. 청나라 사람들도 어린아이를 포대기에 업고서 찾아오니, 그 명성이 동방에까지 들렸다.

아라사어 통역관인 김홍륙을 학부협판에 임명하다

10월에 비서원승秘書院丞 김홍륙金鴻陸을 학부협판에 임명했다. 김홍륙은 (함경도) 단천의 민가 출신으로, 아라사어 통역관이 되어 날로 임금의 총애를 받았다. 당시 임금이 아라사 공사에 의지했으므로 그의 말이라면 따르지 않는 것이 없었다. 아라사어는 통역하기가 어려워 통역관은 오직 김홍륙뿐이었다. 이에 그는 제멋대로 속이고 농락했다. 아라

류인석
1842(헌종 8년)~1915. 조선 말의 위정척사론자이자 의병장이었다. 일찍이 이항로 문하에 들어가 주로 김평묵과 류중교에게서 존화양이사상을 철저히 익혔고, 두 스승이 죽자 이항로·김평묵·류중교로 이어지는 화서학파의 정통 도맥을 잇는 인물로 부상했다. 1895년 을미사변과 단발령을 계기로 의병 운동을 개진했다. 한때 의병진이 삼천 명을 넘으며 크게 기세를 떨쳤으나 장기렴張基濂이 지휘하는 관군의 공격으로 세력이 급격히 약해졌다. 이에 압록강을 건너가 마을을 이루고 여러 성현의 가르침을 전하며 항일 의식을 고취하는 데 주력했다.

사 공사가 아무개를 기용하려고 한다고 말하면 임금이 즉시 윤허했다. 갑자기 대신으로 뛰어오른 자들 가운데 많은 수가 그의 문하에서 나왔다.

임금이 경운궁으로 옮겨 가다

12월 20일〔경진〕, 임금이 아라사 공사관에서 경운궁慶雲宮*으로 옮겼다. 백관들의 축하를 받고 대사령을 내렸다. 경운궁은 서부 정릉방貞陵坊에 있는데, 선조가 계사년〔1593, 선조 26년〕에 피난길에서 돌아온 뒤 이곳에서 머물렀으며, 인목대비가 폐위된 뒤 거처한 서궁西宮이기도 하다.

  이때 구미의 각 공사관이 모두 대·소 정동에 있었는데, 그중 아라사 공사관이 가장 가까이 있었다. 임금은 항시 급한 변란이 일어나면 아라사 공사관으로 피할 생각을 했다. 이에 경운궁을 수리하여 거처로 삼은 것이었다. 옛 궁으로 돌아가기를 청하는 상소문이 수레에 넘쳤지만 끝내 듣지 않았다. 날마다 토목 공사를 하니, 그 화려함이 두 대궐보다 더한 것 같았다.

*경운궁 지금의 덕수궁.

정유년 〔1897, 고종 34년〕

우체규칙을 반포하다

(건양 2년, 청나라 광서 23년, 일본 명치 30년 1월에) 우체규칙郵遞規則 51조를 반포했다. 이때부터 우체국을 설치하기 시작했다.

교전소를 설치하다

교전소校典所를 설치하여 대신을 총재로 임명했다. 이는 신구新舊 전식典式을 절충하여 한 책으로 만들려고 한 것으로, 남정철의 상주에 따른 것이었다.

이용익을 철도로 유배 보내다

이용익을 십 년간 철도鐵島로 유배 보냈다. 그는 박인환朴寅煥·조종순趙鍾純과 더불어 김홍륙·김중환金重煥·한규설韓圭卨·이윤용을 죽을죄로 모함했는데, 조사해 보니 사실 무근으로 드러나 도리어 그가 죄를 썼다.

홍종철과 송진용이 정부를 뒤집으려다 발각되다

5월에 전 시독侍讀 홍종철洪鍾哲과 총순摠巡 송진용宋鎭用 등이 각국 공사와 손을 잡고 정부 전복을 모의했다가 발각되어 교수형에 처해졌다.

연호를 광무로 고치다

7월 16일〔계묘〕에 "올해 7월을 광무光武 원년 8월〔양력〕로 한다"는 조칙을 내렸다.

서광범이 미국에서 죽다

서광범이 미국에서 죽었는데, 화장하라고 유언했다. 미국인이 그의 유산을 팔아서 아내 김씨에게 보냈다. 김씨는 김석규

金錫圭의 누이다.

환구단을 쌓고 하늘과 땅에 제사 지내다

환구단圜丘壇을 쌓고 일월, 성신, 풍운, 뇌우, 악진岳鎭, 해독海瀆의 여러 신에게 합제合祭를 올렸다. 단은 남서南署 회현방 소공동에 있는데, 해좌사향亥坐巳向●에 위치한다. 예경禮卿 김규홍金圭弘이 의견을 내고 의정議政 심순택이 정했다.

해좌사향 북북서를 등지고 남남동을 바라보는 방향.

환구단
아관파천 뒤 조선에서 러시아의 영향력이 커지자 임금의 환궁과 자주 독립을 바라는 여론이 들끓었다. 이에 고종은 1897년 2월에 러시아 공사관에서 경운궁으로 옮겼다. 육 개월 뒤 고종은 연호를 광무로 정하고, 환구단(구 원구단)에서 황제 즉위식을 가져 대한제국 수립을 공포했다. 1913년에 총독부가 환구단을 헐었는데, 지금 그 터에는 조선호텔이 들어서 있고 3층 팔각정의 황궁우皇穹宇만 남아 있다.

임금이 황제로 즉위하다

9월 17일〔계묘〕에 임금이 황제로 즉위하고 국호를 대한大韓으로 했다.

고종의 셋째 아들 이은이 태어나다

10월 26일〔임오〕 해시亥時〔오후 9시부터 11시까지〕에 황제의 셋째 아들 이은李垠이 태어났다. 이에 그를 낳은 상궁 엄씨를 귀인에 봉했다. 아이를 낳을 때 산기가 전혀 없어 울음소리가 들린 뒤에야 태어난 줄 알았다. 임금이 그를 몹시 사랑하여 항상 무릎에 앉혀 놓고 대소변을 닦아 주며 좋아했다.

무술년〔1898, 고종 35년〕

대원군이 죽다

(광무 2년, 청나라 광서 24년, 일본 명치 31년) 2월 2일〔병진〕에 대원군 이하응이 죽으니, 그의 나이 79세였다. 임금이 대유재大猷齋에서 발상發喪하고 신기선을 보내 대신 제를 올리게 했다. 복제服制는 자최齊衰˚를 입되 지팡이를 짚지 않고 일년상을 치르기로 했으며, 호상護喪의 예는 (12월 16일에 세상을 떠난) 부대부인과 함께 예장청禮葬廳에서 행하기로 했다.

이하응이 위독해지자 (맏아들) 이재면을 불러 말했다.

"내가 주상을 보면 죽어도 한이 없겠다. 어떻게 하면 좋겠느냐?"

이렇게 서너 차례 말했지만 이재면은 죄를 입을까 두려워

˚ 자최 굵은 삼베로 짓되 가장자리를 접어 꿰맨 상복으로, 조선시대 오복五服 중의 하나였다. 부모상에는 삼 년, 조부모상에는 일 년을 입었다. 고종은 한 등급 내려 조부모상에 준해 자최에 지팡이를 짚지 않고 일년상을 지냈다.

끝내 아뢰지 않았다. 잠시 뒤 (이하응이) 다시 물었다.

"주상께서 거동하지 않으셨느냐?"

그러고는 길게 한숨을 쉬고 운명했다. 이 말을 들은 사람들이 목메어 울었다.

이하응은 십 년간 집권하면서 그 공과가 반반이었다. 갑술년〔1874, 고종 11년〕이후에는 명성과 관계가 악화하여 여러 차례 위급한 상황에 빠지기도 했다. 십수 년간 두문불출했으나 나라에 변란이 생길 때마다 군중에 의해 추대되었다. 여러 번 일어났다가도 여러 번 쓰러져 자숙할 만한데도 죽을 때까지 복수에 대한 일념이 변하지 않아 사람들이 그를 대단치 않게 여겼다. 그러나 나이가 많고 경험이 풍부하며 외국에까지 이름이 알려져 조야에서 그를 대로大老로 의지했다. 그가 죽자 원근의 백성들이 모두 애도했다.

제주도에서 민란이 일어나다

2월에 제주도에서 민란이 일어나 목사 이병휘李秉輝를 내쫓았다. 육지에 살던 방성칠房星七이라는 자가 갑오년〔1894, 고종 31년〕에 제주도에 들어가 요사스런 점괘로 무리를 미혹하여 섬을 거점으로 임금이 되려고 했다. 마침 이병휘가 탐욕스럽고 포학했으므로 방성칠이 무리를 고무하여 그를 축출했고, 귀양살이하는 모든 관원들에게 관직을 주어 작은 조정을 만들 수 있다고 큰소리쳤다.

그때 김윤식, 이승오, 서주보徐周輔, 정병조鄭丙朝 등이 유배

중에 있다가 크게 놀라 명월포로 달아난 뒤 방을 붙여 이치로써 타일렀다. 백성들을 모집하여 역적을 토벌하고, 아전 장교들과 내응하여 방성칠을 결박해서 죽였다. 조정에서 이 소식을 듣고 7월에 김윤식 등을 육지 고을에 속한 여러 섬으로 옮겼다.

첩을 시켜 벼슬을 구하던 남정철을 면직하다

내부대신 남정철을 면직했다. 그는 그 자리에 오래 있으려고 했지만, 김홍륙을 알지 못했다. 당시 백관들의 진퇴는 반이 김홍륙에게서 나왔다. 남정철은 자신의 첩과 김홍륙의 첩이 자매 관계를 맺도록 해 그에 기대려고 했다. 마침내 서로 왕래하니, 남정철의 첩이 김홍륙과 정을 통하여 김홍륙의 첩이 질투했다.

하루는 남정철이 잔치를 베풀어 손님들이 자리에 가득했는데, 갑자기 기생 하나가 당으로 뛰어오르며 욕을 퍼부었다.

"남정철은 어디에 있느냐? 나는 김 협판[김홍륙]의 첩이다. 네 벼슬자리를 오래 누리려면 스스로 방도를 찾을 것이지 어찌 첩에게 간통질을 시켜 우리 사이를 갈라놓느냐? 네가 그러고도 대신이냐?"

자리에 있던 손님들이 귀를 막고 일어섰다. 남정철이 다른 일을 핑계 대며 벼슬을 바꿔 달라고 청했는데, 세 번 상소 끝에 면직되었다.

〈황성신문〉을 창간하다

〈황성신문〉을 처음으로 간행했다. 국한문을 섞어 시정을 논박하고 인물을 비판했다. 눈치를 보거나 꺼리는 일이 없어 사방에서 다투어 먼저 사 보았다.

대원수부를 설치하다

4월에 대원수부大元帥府를 설치하고 관속을 두었다. 황제가 친히 육군과 해군을 통수했으며, 황태자가 원수元帥로서 모든 업무를 통솔했다. 군무와 관련한 모든 일은 원수부에서 공문을 만들어 내외로 보냈는데, 구미 각국의 예에 따른 것이다.

〈황성신문〉
1898년 9월 5일, 사장 남궁억 등이 국민 지식 계발과 외세 침입에 대한 항쟁의 기치 아래 창간했다. 초기 주필로 박은식 등이 활약했고, 얼마 뒤 장지연이 합류했다. 1905년 을사조약이 체결되었을 때는 '시일야방성대곡是日也放聲大哭' 사설로 정간을 당하기도 했다. 1910년 한일합방 전까지 〈뎨국신문〉과 함께 민족의식 고취에 많은 공헌을 했다.

동학 교주 최시형을 처형하다

5월에 동학 괴수 최시형을 처형했다. 최시형은 갑오년(1894, 고종 31년)에 이천과 원주의 산속에 숨어 있었는데, 같은 무리인 황만기黃萬己·박윤대朴允大·송일회宋一會의 고발로 체포되어 교수형을 당했다. 그의 나이 72세 때였다. 그를 박은 사진이 나라 안에 퍼졌는데, 그 모습이 매우 흉하고 괴상했다. 그를 밀고한 세 사람도 형을 살았다. 전 현감 황기인黃耆仁이 이렇게 상소했다.

"안팎의 신하 가운데 일찍이 최시형과 통모한 자들이 많은데, 이는 봉서封書가 장각張角*과 내통한 것이나 다름없습니다. 청컨대 그 뿌리까지 조사하소서."

법부에서는 황기인을 무고죄로 몰아서 태형笞刑을 내렸다.

해삼위로 유입한 백성이 육만 호가 되다

6월 해삼위海蔘威[블라디보스토크]로 유입한 서북 지방 백성들이 약 육만 호나 되었다. 그들이 정부에 글을 올려 관청을 설치하여 보호해 달라고 요청했다.

배화학당을 설립하다

7월에 북촌에 있는 여학당女學堂 부인들*이 여

> 봉서와 장각 장각은 한나라 영제靈帝 때 황건적의 난을 일으킨 우두머리이고, 봉서는 그에 내응하기로 약속한 환관이다.
>
> 여학당 부인들 1898년 10월 2일에 미국의 여자 선교사인 캠블이 배화학당을 설립했고, 10월 11일에는 이양성당 등의 부인들이 여학교를 설립해 달라고 상소했다.

최시형
1827(순조 27년)~1898(고종 35년). 동학의 제2대 교주로서, 1894년 전봉준이 동학운동을 일으키자 적극적으로 호응하여 무력 투쟁을 전개했다. 그러나 일본군의 개입으로 동학운동이 진압되자 피신 생활을 하면서 포교에 진력했다. 1897년 손병희에게 도통을 전수했고, 1898년 3월에 원주에서 체포되어 서울로 압송된 뒤 교수형을 당했다.

제자를 모집해서 입학시켰다. 공문을 만들어 돌려 남녀의 동등권을 누리자고 했다.

임금을 독살하려던 김홍륙을 처형하다

8월에 김홍륙을 처형했다. 김홍륙이 귀양 가면서 아편 한 봉지를 꺼내 어선주사御膳主事 공홍식孔洪植에게 주면서 음식을 만들 때 넣어 올리라고 했다. 공홍식은 김종화金鍾和에게 시키면서 은 천 원을 주겠다고 약조했다. 김종화는 평소 서양 요리를 맡아서 임금에게 올리던 자다. 만수절에 아편을 소맷자락에 숨겨 주방으로 들어갔는데, 마침 가배다咖啡茶〔커피〕가 끓고 있어 그 속에 아편을 집어넣었다. 임금은 겨우 한 모금을 마시고 바로 토했으며, 태자도 맛을 보다가 어지러워 쓰러졌다. 내시와 희빈들도 맛을 본 이는 다 토하면서 복통을 일으켜 대궐 안이 온통 뒤집어졌다.

국청鞠廳을 설치하자 김종화와 공홍식은 고문을 받기도 전에 자백했다. 김홍륙이 잡혀 오기 전 공홍식이 증거를 없애려고 자결을 시도했으나 상처가 깊지 않았다. 김홍륙이 잡혀 오자 큰소리로 승복했지만 말이 안 되는 소리가 많았다.

김홍륙·공홍식·김종화는 모두 교수형에 처했고, 김홍륙의 아내 김씨는 마침 임신한 지 오 개월이 되었으므로 삼 년간 유배시켰다. 장안 백성들은 김홍륙의 시신을 끌어내 살점을 베었다. 이때부터 민영소가 대궐에서 숙직하면서 반드시 음식 맛을 보아 이러한 사태를 예방했다.

독립협회장 윤치호가 정부를 탄핵하다

의정 심순택이 배장拜章을 올리고 귀향하자 특지로 윤용선尹容善에게 대광보국숭록대부의 품계를 내려 심순택을 대신하게 했다.

김홍륙의 옥사에 대해 독립협회장 윤치호尹致昊 등이 상소했다. 그 내용은 법부대신 신기선과 재판장 이인우李寅祐는 제대로 감금하지 못했고, 심순택과 윤용선은 엄히 성토하지 못했으며, 이재순李載純·심상훈·민영기 등은 가배다 맛을 보지 않았다는 것이었다. 이에 모두 한데 몰아 준엄하게 성토했다. 특히 심순택을 우두머리로 몰아세우자 심순택이 분노를 참지 못해 사직하고 성 밖으로 나갔다.

김홍륙이 이미 처형당하자 중추원의장 신기선이 옛 법에 따라 연좌해서 처형하라고 청했다. 그러자 윤치호 등이 새로

윤치호와 그의 일기
어려서부터 개화 분위기 속에서 자란 윤치호[1865(고종 2년)~1945]는, 1881년 신사유람단 일원으로 일본을 시찰했고, 김옥균·서광범·박영효 등 개화파 인물과도 교유했다. 갑신정변에 직접 가담하지는 않았지만 신변 위험을 느껴 중국과 미국으로 건너가 체계적인 근대 교육을 받았다. 1897년부터는 독립협회에 가담하여 서재필, 이상재 등과 함께 독립협회 운동을 이끌었으며, 1898년에는 만민공동회를 개최해 자주 국권 운동과 자유 민권 운동을 주도했다.

반포한 홍범洪範 중에 '죄인을 연좌하지 않는다'는 조문을 들어 연이어 상소하며 공박했다. 아울러 일곱 대신의 죄상까지 공박하며 대궐에 엎드려 물러가지 않았다. 또한 찬정贊政 조병식을 면전에서 꾸짖었다.

"벼슬살이 오십 년에 나라를 좀먹게 하고 백성들을 병들게 했다. 늙어서도 죽지 않으니 그만 쉴 때가 되지 않았는가? 그런데도 파리처럼 윙윙대고 지렁이처럼 꿈틀대며 대정大政에 참여했다. 반드시 종묘사직이 폐허가 되는 것을 봐야 시원하겠는가?"

조병식이 부끄러워 아무런 대꾸도 하지 못했다.

당시 장안의 군사와 백성들은 정부에 대해 이를 갈았지만 일어설 만한 기회를 잡지 못했다. 그러다가 독립협회가 공의를 지킨다는 소문을 듣고 서로 뒤질세라 달려왔다. 고관에서 민간에 이르기까지 비분강개하며 뜻을 이루지 못한 자들이 많이 모여들어 막강한 세력을 형성하자 윤치호가 일곱 대신들을 공격했고, 고영근高永根도 조병식·민종묵閔種默·유기환兪箕煥·이기동李基東·김정근金禎根을 오흉五兇이라 지목하고는 여섯 차례나 상소하여 죽이라고 청했다. 또한 많은 사람들이 대궐을 지키며 땅이 울리도록 큰소리로 외쳤으며, 종로에 커다란 목책을 설치하고 단결하여 흩어지지 않았다. 임금이 엄한 비답과 온화한 말로 타이르며 여러 차례나 해산하라고 명했지만 끝내 듣지 않았다. 변란의 조짐이 이미 뚜렷이 나타났다.

중추원 관제를 개정하다

9월에 중추원 관제를 개정하여 의장과 부의장 각 한 명과 의관 오십 명을 두었는데, 반은 정부가 추천하고 반은 독립협회가 추천했다. 임금은 대간臺諫* 제도를 오랫동안 폐지하여 언로가 막혔다고 생각하고 중추원으로 하여금 대간의 직분을 겸하여 시비를 논하게 했다. 그러나 이름만 있을 뿐이었다. 결원이 생길 때마다 돈 천 민을 바치면 바로 의관 벼슬을 얻을 수 있었으니, 이로써 매관매직의 길이 더욱 넓어졌다.

독립협회 간부들을 법부에 가두다

독립협회 두령 이상재李商在, 방한덕方漢德, 유맹劉猛, 정항모鄭恒謨, 현제창玄濟昶, 홍정후洪正厚, 이건호李建鎬, 변하진卞河璡, 조한우趙漢禹, 염중모廉仲謨, 한치유韓致愈, 남궁억南宮檍, 정교鄭喬, 김두현金斗鉉, 김귀현金龜鉉, 유학주兪鶴柱, 윤하영尹夏營을 법부에 가두고 형률에 따라 태笞 사십 대를 판결했다.

염중모는 정승 정범조의 하인으로, 갑오년(1894, 고종 31년) 후에 조관의 반열에 올랐다. 한번은 중추원에 이르러 여러 대신들에게 이렇게 말했다.

"그대들은 뱃속에 묵은 먼지가 가득하니 어느 때라야 개화할 수 있겠소? 꼭 개화하려고 한다면 이 염중모가 황실과 혼인하는 날을 기다려야 할 것이오."

이 말을 들은 사람들이 분통을 터뜨렸다. 당시 신분 제도

대간 임금에게 바른 말을 하고 관리의 잘못을 규탄하던 사헌부, 사간원, 홍문관을 가리킨다.

는 이미 어지러워져 명분의 한계가 없어졌다. 사대부가 예전의 하인배와 마주앉아 대등한 예를 행해도 오히려 억눌려 뜻하지 않은 욕을 당하기도 했다.

보부상들이 만민공동회를 해산하다

11월에 홍종우와 길영수吉永洙 등이 민회民會를 공격하여 해산했다. 당시 이석렬李錫烈이 상소하여 박영효 사면을 청했고, 이어 윤시병尹始炳이 정부에 둘 만한 사람 열 명을 천거했는데 박영효도 끼어 있었다. 이 두 사람은 모두 협회 회원이었다.

임금이 잇달아 엄한 교지를 내리고 궐문에서 타일렀지만 무리가 순순히 복종하지 않았다. 이에 홍종우 등이 임금의 밀지를 받고 강원도와 경기도의 보부상 수천 명을 동원하여 정릉에서 새문에 이르기까지 앞뒤를 막고 공격했다. 보부상들의 흰 지팡이가 비처럼 쏟아졌고, 죽은 사람도 열댓 명이나 되었다. 남은 무리는 사방으로 흩어졌고, 백성들은 점포를 닫았다. 군부에서 병력을 보내 정동을 지키며 노표路票를 조사하니, 장안이 크게 어지러웠다. 고영근은 왜국 공사관으로 피했다. 다음 날 민회를 다시 열어 홍종우, 길영수, 조병식, 이기동, 민종묵, 민영기 등의 집을 부수었으나 이때부터 민회는 부진해지기 시작했다.

매천야록 제3권

기해년 [1899, 고종 36년]

의학교를 설립하고 지석영을 교장으로 임명하다

광무 3년 1월에 의학교를 설립하고 고故 김홍집의 집을 교사로 삼았으며, 지석영을 교장으로 임명했다. 지석영은 왜국에 들어가 우두법을 배워 기묘년[1879, 고종 16년]과 경진년[1880, 고종 17년] 사이에 우리나라에 종두를 전했다. 이때부터 어린아이들이 천연두로 죽는 것을 면할 수 있었다. 그는 서양 의술에도 통달했고 의학으로 이름나 훈장까지 받았다.

종현교당에 영아원을 설립하다

임오년[1882, 고종 19년]에 청나라 사람들이 우리나라를 구원하러 왔을 때 장안의 거지 아이들을 붙잡아 중국에 팔아 넘겼는데, 해마다 수천수만 명이나 되었다. 종현교당[명동성당]을 세운 뒤 서양인들이 영아원을 설립하여 버려진 아이들을 보호한다는 핑계로 모았다. 한 부대를 편성하여 배에 가득 싣고 떠나가니, 청나라 사람들이 한 것에 비해 몇 배나 더 많았다.

종현교당
1892년에 착공하여 1898년에 준공했다. 준공 당시 '뾰죽집'이라 불리며 장안의 명물이었다고 한다. 1945년 광복과 더불어 명동대성당으로 이름이 바뀌었다.

한강에 철교를 놓다

한강에 철교를 놓았다. 그 후 경인철도가 개통하여 인천항에 행궁을 지었다.

홍영식의 죄가 벗겨지자 그 딸이 조동윤에게 돌아가다

4월에 조동만趙東萬이 상소하여 사촌 아우 조동윤이 두 아내를 거느리게 해달라고 청하자 이를 허락했다. 갑신정변 때 조영하가 홍영식에게 살해되었다. 조영하의 아들 조동윤은 홍영식의 형인 홍만식의 딸에게 장가들어 정이 매우 두터웠다.

그러나 이 지경이 되자 조동윤은 원수 집안의 딸이라며 그녀와 이혼하고 김상준金商濬의 딸을 재취로 맞아들였다. 홍만식의 딸은 친정으로 돌아와 쪽머리를 풀고 댕기를 따 처녀처럼 단장하고 맹세했다.

"생전에 다시 조씨 집안의 며느리가 되겠다."

갑오개혁 이후 모든 역당들의 죄가 다 풀렸지만 조동윤은 물의를 일으킬까 두려워 감히 다시 결합하지 못했다. 이에 조동만이 여성제呂聖齊*의 일을 들어 두 아내를 거느리게 해달라고 상소하자 임금이 허락했다.

성강호가 죽은 명성왕후를 본다며 협판까지 뛰어오르다

충주 사람 성강호成康鎬가 귀신을 볼 수 있다 하여 임금이 그를 불러다 명성왕후를 보게 해달라고 했다. 하루는 경효전景孝殿*에서 다례茶禮를 행하다가 성강호가 갑자기 층계 아래에 엎드렸다. 임금이 연유를 묻자 그가 말했다.

"왕후께서 오십니다. 탑榻*으로 올라오십니다."

임금이 탑을 어루만지며 대성통곡하자 성강호가 말했다.

"통곡이 심하면 신령이 다시는 임하지 않습니다."

임금은 억지로 눈물을 거두었다. 이때부터 전殿이나 능陵에서 제사를 지낼 때마다 임금이 물었다.

"왕후가 왔느냐?"

그가 말했다.

"저승과 이승은 서로 달라서 내려올 때도 있고 내려오지

여성제 조선 숙종 때의 문신으로, 자가 희천希天이고 호가 운포雲浦다. 소현세자빈 강씨의 오빠인 강문성의 딸과 혼인했는데, 강빈姜嬪의 옥사로 강문성이 매를 맞고 죽자 관가에 소장을 내어 이혼을 허락받고 재혼했다. 뒤에 강빈의 옥사가 씻기자 다시 전처를 받아들여 함께 살았다. 저서로 《운포집雲浦集》이 있다.

경효전 명성황후의 신위를 모신 혼전魂殿으로, 덕수궁 안에 있었다.

탑 길고 좁게 만든 평상.

않을 때도 있습니다."

　임금은 왕후가 생각날 때마다 반드시 그를 불러들였다. 그는 일 년 만에 협판에 올랐고, 그의 문전은 저자 같았다.

울릉도가 왜놈에게 점거되다

8월에 왜놈이 울릉도를 점거하자 도감島監 배계주裵季周가 왜국으로 가서 담판을 벌였다.

신학문을 배운 발명가들

우리나라 사람 중에 신학문을 연구하여 새로운 공예품을 만들어 낸 자로 이여고李汝古, 이태진李泰鎭, 이인기李仁基, 이태호李泰浩 등이 있다. 이들은 자동 방직기를 만들어 냈다. 유긍환兪肯煥은 자동 도정기를, 한욱韓昱은 전보기를, 고영일高永鎰은 양지기量地機를, 민대식閔大植은 유성기와 사진판을 만들어 냈다. 서상면徐相勉은 구주로 유학 가서 일 년에 일고여덟 차례나 누에 치는 법을 배워 왔고, 양주 구선동의 백성들은 소주와 항주와 구미의 뽕나무 수십만 그루를 심었다는 사실이 신문에 실렸다. 그러나 위에서 권장하는 사람이 없어 얼마 안 되어 없어지고 말았다.

경자년 [1900, 고종 37년]

경인철도가 개통되다

(광무 4년, 청나라 광서 26년, 일본 명치 33년 2월에) 경인철도가 비로소 개통되어 하루에 네 번 왕복했다.

충청도에서 활빈당이 일어나다

충청남북도에 도둑이 일어나 스스로 활빈당活貧黨이라 부르고 대낮에도 약탈했다. 내포에서 관동 지역까지 만연하여 그들을 소탕해 달라는 전보가 쇄도했다.

종로에 처음으로 전등을 켜다

3월에 경성 종로에 처음으로 전등을 켰다.*

훈장을 남발하자 모두 우습게 여기다

최초의 전등 양력 4월 10일, 한성전기회사가 종로에 가로등 세 개를 켰다.

이재순, 민영환, 권재형權在衡, 조병식, 박제순朴齊純, 이윤용에게 공로가 있다고 하여 훈삼등勳三等을 내리고 태극장太極章을 하사했다. 훈장 추서는 서양에서 시작한 것으로, 임금끼리 서로 주고받거나 신하가 특별한 공훈을 세운 경우에 주었다.

경인선 개통 당시의 열차
우리나라 최초의 철도인 경인선은 근대적 교통 기관의 도입과 아울러 구미 열강과 일본 제국주의가 본격적으로 침투하게 되는 구체적 발판이 마련되었다는 역사적 의미를 갖는다.

비록 외국의 신하라도 수고하면 훈장을 보내 주었는데, 주는 자는 이름이 나고 받는 자는 영예를 얻었다.

우리 임금이 외국을 흠모하여 표훈원表勳院을 설치하고 훈장의 격식도 정했다. 그러나 세상에서 매국자라 칭하는 자들이 훈장을 받더니, 일 년 뒤에는 졸병이나 머슴들도 훈장을 달지 않은 이가 없었다. 훈장을 단 사람들조차도 서로 바라보며 웃었다. 외국에 보내면 받기를 사양하는 자도 있었다. 왜놈들은 훈장을 받으면 며칠간 달고 다니다가 녹여서 팔아먹었다. 이처럼 많은 사람들에게 멸시를 당하는데도 (정부에서는) 깨닫지 못했다. 이 뒤로 훈장 추서에 관한 것은 기록하지 않는다.

이강을 의친왕에, 이은을 영친왕에 봉하다

7월에 황제의 둘째 아들 의화군 이강을 의친왕義親王으로 봉하고, 셋째 아들 이은을 영친왕英親王으로 봉한 뒤 부府를 개설하고 관속을 두었다.

〈황성신문〉 사장 남궁억을 가두다

신문사 사장 남궁억을 가두었다. 왜놈의 보도에 의하면 아라사와 왜국이 한국을 나누어 갖는다는 말이 있었는데, 남궁억이 그 기사를 옮겨 실은 것이었다. 조병식이 민심을 놀라게 했다며 구속하자고 청했다. 남궁억은 8월에 석방되었다.

연합군이 의화단을 격파하자 임금이 축하하다

구미, 아라사, 왜국 연합군이 청나라 의화단義和團을 격파하고 북경으로 진입하자 청나라 황제가 서안西安으로 달아났다. 임금이 친히 전보를 띄워 연합군의 승리를 축하하고 오인택吳仁澤을 보내 그들을 위로했다.

처음 청나라 황제[덕종德宗]는 갑오년[1894, 고종 31년]의 패배[청일전쟁]를 거울삼아 서양 기술을 본받으려고 새로운 정치를 행하고 차츰 한인들을 기용했다. 무술년[1898, 고종 35

의화단을 진압하기 위해 자금성으로 진군해 들어가는 연합군
열강의 침투는 조선만의 문제가 아니었다. 청일전쟁 패배로 청에서는 열강에게 분할 통치를 당하게 될지도 모른다는 위기의식이 점점 고조되었다. 이때 가난한 농민들 중심으로 청조를 따르고 서양 세력을 타도하자는 운동이 전개되었다. 반외세, 반기독교를 기치로 내건 이 운동이 점점 확산되자 1900년 10월 14일 이만 명의 외국 연합군(영국, 러시아, 일본, 미국, 독일, 프랑스, 이탈리아)이 북경으로 들어갔다. 이들은 곧 의화단을 체포하여 처벌하고 도시를 약탈했다.

년] 봄에 변법 시행을 선포하고, 신진 세력인 양지수楊枝秀·담사동譚嗣同·강유위康有爲 등을 잇달아 발탁했다. 만주인 귀족들은 권력을 잃을까 두려워 서태후를 업고 수렴청정을 다시 하면서 황제를 온명원溫明園에 유폐했다. 정치는 다시 옛날로 돌아갔고 강유위 등은 죽거나 달아났는데, 이를 무술정변戊戌政變이라고 한다. 이때부터 만주족과 한족은 관계가 더욱 악화하여 나랏일을 돌볼 겨를이 없었다.

민간인들은 기독교인들에 대해 이를 갈았는데, 교회당이 숲처럼 많아졌다. 이해 봄에 산동의 백성들이 봉기하여 교회당을 불사르고 서양 선교사들을 죽였다. 그들은 '의병을 일으켜 서양을 물리치자'고 외치면서 스스로 의화단이라 불렀다. 원근에서 봉기하자 황하 남북에서 열흘 사이에 호응했고, 드디어 천진을 격파하고 덕국 공사와 왜국 서기관 삼촌빈杉村彬을 죽였다. 북경에도 격문을 돌려 각국 공사들을 죽이라고 하자 서태후도 몰래 내응했다. 이에 각국이 많은 군사들을 동원해 동쪽 지방에 모이니, 이들이 이른바 연합군이다.

연합군은 의화단과 태고太沽에서 첫 전투를 벌였고, 두 번째는 천진에서, 세 번째는 북창北倉에서, 네 번째는 통주通州에서 싸웠는데, 모두 크게 격파했다. 이달 18일에 연합군이 북경을 침범하자 황제와 서태후가 달아났으므로 마음대로 불지르고 약탈했다. 이에 사방 천 리가 텅 비었다.

이에 앞서 (우리 조정에서도) 이 사건을 의논했는데, 한 부대를 파견해 연합군 대열에 참여하자는 의견도 있었지만 임금이 차마 이행하지 못했다. 그러다가 북경이 이미 격파되었다는 소식을 듣고는 비로소 전보를 띄워 승리를 축하했고, 이어 오인택을 보내 백미 천 석, 밀가루 천오백 포, 권련 이천 갑을 가져다 군사들을 위로했다.

강유위는 광동 사람으로, 일당 양계초梁啓楚와 함께 신학문을 열심히 주장했다. 일이 실패하자 그는 영국 륜돈倫敦〔런던〕으로, 양계초는 일본으로 달아났다. 이때 양계초의 나이는 28세로, 타고난 재주에 문장이 기이하고도 박식했다. 일본에 있으면서 〈청의보淸議報〉를 내어 시국을 비판했고, 수만 자나 되는 《음빙실집飮冰室集》을 지었다. 그의 주장이 종횡으로 뛰어나 번득이는 솜씨로 책을 지으니, 오대주에까지 바람처럼 퍼져 독자들이 혀를 내둘렀다. 손일선孫逸仙〔손문孫文〕도 혁명당

의화단
의화단의 이념은 신비주의적인 요소가 강했다. 가령 주술로 총포를 물리친다고 선전하여 맹목적인 투지를 고취하는가 하면 각양각색의 신을 모셨다. 이들은 북경에 들어간 뒤 한때 청조에게서 호의적인 대우를 받기도 했다.

이었는데, 외국을 두루 돌아다녔다. 정부에서 체포령을 내렸지만 잡을 수가 없었다.

　의화단은 부적을 지니고 주문을 외면 총알도 막는다고 했으니, 우리나라의 동학 적당과 비슷하다. 그 당에는 홍중회興中會, 중우회中友會, 대도회大刀會, 소도회小刀會, 가로회哥老會, 백련회白蓮會, 천지회天地會, 영웅회英雄會, 안경회安慶會, 도우회道友會, 연장회聯莊會 등의 이름이 있다. 깃발에는 '청나라를 받들고 서양을 물리치자〔扶淸滅洋〕'라고 쓰기도 했고, '명나라를 받들고 청나라를 물리치자〔扶明滅淸〕'라고도 썼다. 한족이 (만주족에게) 한을 품은 지 오래되었으므로 입으로는 서양을 물리치자고 했지만, 이를 구실로 만주족을 내쫓으려는 생각도 있었다. 피살된 외국인도 수만 명에 이르렀다. 의화단은 오합지졸로서 군율도 엄하지 않고 무기도 정교하지 않았으며, 갑자기 일어났다가는 갑자기 시들었다.

　이 무렵 청나라 동부 지역의 철로와 전선이 모두 의화단에 의해 절단되어 청나라에서 왜국으로 통하는 길은 오직 우리나라를 거치는 것밖에 없었다. 인천항에는 전보를 띄우는 사람들로 줄을 이었는데 그 소리가 베 짜는 소리 같았고, 기관사들의 눈은 모두 퉁퉁 부었다. 의화단 사건 전후로 산동에서 우리나라로 피난 온 사람이 수천 명이나 되었는데, 평안도·황해도에서 삼남 지방까지 흘러들어 우리 백성들이 몹시 괴로워했다. 얼마 안 되어 청나라에서는 양광총독 이홍장을 전권대신으로 임명해 서양 여러 나라와 강화를 맺었다.

두란사발국이 멸망하다

두란사발국杜蘭斯勃國이* 영국에 의해 멸망했다. 두란사발국은 남미주에 있는 공화국으로, 영국인이 무력으로 제압하려 하자 두란사발인들이 죽음을 무릅쓰고 항거했다. 해를 넘겨 힘이 다해 항복하자 영국인들이 그들을 의롭게 여겨 자주를 허용했다. 영국군 사망자가 사만여 명이나 되었다.

지리산 비적 김태웅

11월에 지리산 비적의 괴수인 김태웅金太雄이 처형당했다. 지리산 청암동에 진주암眞珠菴이 있는데, 가장 깊숙하고 외진 곳이다. 김태웅은 이곳을 떠도는 백성들을 불러 모아 하늘에 제사 지내고 멋대로 벼슬을 나눠 주었다. 기일을 정해 몰래 거사하려다가 탄로가 나 진주부에서 정탐하니, 더러는 달아났고 더러는 붙잡혔다. 비적 일곱 명이 서울로 압송되었는데, 그중 정씨鄭氏 성을 가진 자의 손바닥에 왕王 자가 새겨져 있었다. 호남과 영남의 산골 백성들 가운데 연루된 자가 수두룩했는데, 관찰사 김영덕金永悳이 그들을 동정하여 용서받은 자가 많았다.

* 두란사발국 트란스발Transvaal이라고 한다. 네덜란드계 백인인 보어 족이 아프리카에 이민하여 세운 나라로, 남아프리카공화국 북동쪽에 있었다. 영국에게 사년간 항거하다가 1902년에 병합되었다.

청나라 공사가 임금의 매관매직을 비웃다

12월에 청나라 공사 서수붕徐壽朋이 본국으로 돌아가고 참찬관 허태신許台身이 서리공사로 집무했다. 서수붕이 처음 임금을 뵈었을 때 조선의 기수氣數가 왕성하고 풍속이 아름답다고 칭찬했다. 임금이 의아하게 여기고 그 연유를 물으니 그가 대답했다.

"본국은 벼슬을 팔아먹은 지가 십 년도 되지 않았는데 천하가 크게 어지러워져 종묘사직이 거의 위태로울 지경이 되었습니다. 그런데 귀국은 벼슬을 팔아먹은 지 삼십 년이나 되었는데도 제위帝位가 아직 편안하니, 기수가 왕성하지 않거나 풍속이 아름답지 않고서야 어찌 지금까지 이를 수 있었겠습니까?"

임금이 크게 웃으며 부끄러운 줄 모르자 서수붕이 나가면서 말했다.

"슬프구나, 대한의 백성들이여."

신축년〔1901, 고종 38년〕

고씨 부인이 희랍 정교를 전도하다

(광무 5년, 청나라 광서 27년, 일본 명치 34년 1월) 서울에 고씨高氏 성을 가진 여인이 있었는데, 아라사 부인이라고 자칭하며 호를 정길당貞吉堂이라 했다. 그녀는 남편 양감찰梁監察을 데리고 임천 땅으로 내려가 희랍 정교를 전도했는데, 십자가를 세우고 소송에도 간섭하여 갑오년〔1894, 고종 31년〕 동학 비적이 처음 일어날 때와 비슷했다. 충남관찰부에서 그녀를 잡으려고 했지만 달아났다.

민영기가 민영익의 아내를 데리고 돌아오다

3월에 민영기閔泳琦가 형수인 민영익의 아내 김씨를 데리고 환국했다. 민영익이 향항에 머물면서 오래도록 돌아오지 않자 김씨가 가서 살펴보았다. 임금이 '민영익은 민정식閔珽植과 양자 관계를 끊고, 민겸호의 아들 민영찬閔泳瓚이 두 국구國舅의 제사를 받들라'고 명했다. 이때부터 민영익은 민승호의 아들이 아니었다. 김씨가 향항에 갔다가 몇 년 뒤 다시 돌아오려고 하자 민태호의 서자인 민영선이 가서 맞았으며, 이때 민영기를 따라 환국한 것이었다.

민영익은 본래 선천적인 고자였는데, 오랫동안 해외를 돌아다니며 좋은 약을 복용하여 양도陽道를 회복했다. 첩을 얻어 아들 하나를 낳았는데, 이름을 민보閔寶라 했다. 민영익이 본국의 상란喪亂〔을미사변〕 소식을 듣고는 귀국할 뜻이 없어져 향항과 상해를 오가며 스스로 만전의 계책을 세웠다. 홍삼을 취급하여 많은 이익을 남겨 상해에 은행까지 설립했는데, 사치가 지나쳐 왕공王公을 능가할 정도였다. 난초 그림을 잘 그려 운미란芸楣蘭이 천하에 두루 퍼졌다.

민영익의 묵란도
이 그림은 운미란이라 불리는 건란建蘭의 전형적인 형태다. 건란은 민영익이 복건성에서 자생하는 난을 사생하여 얻은 것으로, 직선적이고 뻣뻣하게 진행되어 가다가 끝이 뭉툭한 것이 특징이다.

제주도 백성들이 천주교인들을 학살하다

4월에 제주도 백성들이 큰 난리를 일으켰다.• 법국 사람들이 제주도에서 포교했는데, 귀양살이하던 전 교리 이용호李容鎬가 먼저 입교하자 주민들 중 그를 따라 신봉하는 자가 수만이나 되었다. 그들을 도와 포악한 짓을 선동하니, 온 섬이 크게 떠들썩해졌다. 이에 무리가 일어나 그들을 쳐 교인 이백오십여 명을 죽였다. 사건 소식이 전해지자 황기연黃耆淵을 찰리사察里使로 임명했다. 그는 강화 군사 백 명, 수원과 전주의 군사 각 이백 명, 광주 군사 백 명을 데리고 내려가서 진압한 뒤 5월에 돌아왔다. 귀양 온 여러 죄수들은 다른 섬으로 옮겼다.

이재수의 난 제주도에는 1858년부터 천주교가 전해져 여러 신부들이 포교 활동을 벌였다. 교난이 일어난 1901년에는 영세자가 이백사십이 명, 예비 신자가 육, 칠백 명이나 될 정도로 교세가 신장했다. 조정에서 강봉헌姜鳳憲을 봉세관으로 내려 보냈는데, 그가 천주교도를 편들어 세금을 거두어들이자 대정군수 채귀석蔡龜錫과 아전 이재수李在守가 도민들을 이끌고 (양력) 5월 16일에 제주성을 포위했다. 28일에는 성을 함락하고 닥치는 대로 천주교인들을 살육했다. 사태는 종교·경제·외교 문제가 겹쳐 복잡해졌는데, 주동자들을 처형하고 배상금을 지불하는 선에서 마무리되었다.

안영중이 왜국의 지맥을 누르려고 지리산을 파다

11월에 지리산이 사흘 동안 울었는데, 그 소리가 수백 리 밖

민군에 의해 살해된 천주교인들의 시신

이십 세기 벽두에 변방 제주에서 일어난 민란은 정부의 봉건적 수탈과 천주교로 대표되는 서구 열강의 문화적 침탈에 저항한 민중 운동이다. 민란의 주동자인 이재수는 민란 막바지에 제주목 관아 부근의 관덕정 마당에서 천주교인 수백 명을 한꺼번에 처단했다.

에서도 들렀다. 안영중安永重이란 자가 예전에 남원에서 살았는데, 기술을 좋아하고 역수易數를 잘 말해 사람들이 그를 안주역安周易이라 불렀다. 갑오년〔1894, 고종 31년〕 동학란 때 모친상을 입었는데, 상복을 벗고 김개남에게 붙어 좌포장이 되었다. 동학당이 패하자 가족을 모두 데리고 서울로 달아나 특별한 길을 통해 임금을 뵙고 말했다.

"지리산 줄기가 바다를 건너 왜국까지 이어졌으니, 그곳을 파서 눌러 버리면 왜국이 마땅히 자멸할 것입니다."

임금이 기이하게 여겨 안영중을 양남도시찰兩南都視察에 제수하고, 많은 장정들을 동원해 운봉 경계로 뻗은 산맥을 파서 끊어 놓게 했다. 겨울철에 공사를 시작했는데, 돌이 나오고 물이 솟아올라 삼태기와 삽으로는 작업할 수가 없었다. 관찰사 조한국趙漢國이 여러 차례 그를 소환하라고 청했지만 임금이 듣지 않았다. 안영중은 산이 우는 소리를 듣고서야 두려워 중지했다. 얼마 안 되어 그는 현풍군수로 부임했다.

매관매직이 갑오개혁 이전보다 더욱 심해지다

이근호를 전남관찰사에, 조정희趙定熙를 충남관찰사에, 조기하趙夔夏를 경북관찰사에, 민영철閔泳喆을 평남관찰사에, 민경호閔京鎬를 평북관찰사에 임명했다. 이때 벼슬을 파는 일이 갑오개혁 이전보다 훨씬 더했다. 아무리 종친이나 친한 자라 할지라도 감히 은택을 입을 수 없었다. 관찰사는 십만 냥에서 이십만 냥이었고, 일등 수령은 아무리 적어도 오만 냥 밑으로 내려가지 않았다.

관직에 오른 뒤에는 빚을 갚을 길이 없어 다투어 공금을 끌어다가 상환했다. 교활한 자는 상납을 더 많이 해 좋은 자리로 승진해 갔다. 아전이나 서리들도 이를 본받아 공금을 끌어다가 많은 땅과 재산을 축적하거나 벼슬자리를 노렸다.

관리들이 범하는 것은 모두 공금이었으므로 국고가 자연히 새어 나갔다. 그러나 임금은 국고를 공물로 여겨 가득 차 있건 텅 비었건 신경 쓰지 않았다. 벼슬을 팔아서 만든 돈은 사전私錢으로 여겨 그것이 없어지는 것만 걱정했을 뿐, 저공狙公에게 조삼모사로 속임을 당하는 줄은 알지 못했다.

서상욱徐相郁은 민영환의 외숙이었으므로 민영환이 오래전부터 임금에게 군수 자리 하나를 제수해 달라고 했다. 임금이 말했다.

"그대 외숙이 아직도 군수를 못했는가?"

얼마 뒤 다시 아뢰자 임금이 고개를 끄덕이며 말했다.

"내가 깜박했다. 곧 글을 내리겠다."

이에 서상욱을 광양군수에 임명했다. 민영환이 집으로 돌아와 기뻐하며 말했다.

"오늘 주상께서 외숙을 군수로 임명했습니다. 천은이 감격스럽습니다."

그의 어머니가 웃으면서 말했다.

"네가 이처럼 어리석고 무디니 척리戚里°라고 할 수 있겠느냐? 주상께서 예전에 벼슬 한자리라도 베풀며 너만을 두텁게 사랑하신 적이 있느냐? 내가 이미 오만 냥을 바쳤다."

척리 임금의 내외척을 아울러 이르는 말.

임인년〔1902, 고종 39년〕

왜놈들이 울릉군에 경찰서를 설치하다

(광무 6년, 청나라 광서 28년, 일본 명치 35년 1월에) 왜놈들이 울릉군에 경찰서를 설치했다.

    왜놈들이 이 섬에 산 지 오, 육 년이 되었는데 해마다 그 수가 늘어났다. 산림까지 관리하면서 우리나라 사람이 채벌하는 것을 도리어 금했고 병력으로 위협했으므로 우리 백성들이 저항할 수 없었다. 이제는 순사까지 보내 자기 나라 구역처럼 여겼다.

박제순을 주청 공사로 파견하고 공사관을 구입하다

박제순을 주청 공사에 임명하여 북경으로 보냈다. 처음으로 청나라와 대등하게 되었으므로 임금은 사신의 치레가 너무 간략하여 청나라인들의 웃음거리가 될까 걱정했다. 이에 특별히 내탕금 십오만 원을 내려 공사관을 구입하고는 화려하게 꾸며 다른 건물과 어울리게 했다. 또한 문장이 화려하고 외교에 능한 박제순을 뽑아 파견했다.

박제순이 도착하여 새 공사관을 짓기 위한 비용을 계산해 보니, 수백만 원을 들이지 않으면 안 되었다. 마침 미국 공사가 그들의 옛 공사관을 팔게 되어 십사만 원에 사들였는데, 제법 웅장하고 컸다. 그러나 각국 공사관을 왕래하며 그들의 거처를 보니 모두 신선 세계의 정원 같아서 자기도 모르게 주눅 들었다. 박태영朴台榮이 참서관 자격으로 박제순을 따라갔는데, 내게 그 이야기를 하면서 서로 웃었다

고종 등극 사십 주년을 맞이하다

9월 17일을 주상 등극 사십 주년이 되는 칭경길일稱慶吉日로 정했다. 이에 청나라, 왜국, 영국, 덕국, 아라사, 법국에 가 있는 우리 공사들에게 전보를 띄워 해당 정부에 조회하여 축하 사절을 청하게 했다.

구한말 각국 공사들
오른쪽 둘째부터 폰 사르데르 독일 공사, 코린 데 브라시 프랑스 공사, 알렌 미국 공사, 주周 중국 공사, 조르덴 영국 공사, 빈카르트 벨기에 공사다.

서울에 역질이 퍼져 경축연을 미루다

서울에 역질이 크게 퍼져 사망자가 수만 명이나 되었다. 각국에 전보를 띄워 축하 사절이 오지 못하게 했다. 경축연은 이듬해 3월로 미뤘다.

계묘년 〔1903, 고종 40년〕

왜놈들이 은행권을 만들다

(광무 7년, 청나라 광서 29년, 일본 명치 36년 1월에) 왜놈들이 은행권을 만들었다. 백동화白銅貨를 주조한 이래로 동전을 몰래 만드는 자에 대한 처벌을 엄하게 하여 교수형을 받는 자들이 잇달았지만 제대로 금하지 못했다. 왜놈들도 자국에서 몰래 동전을 주조하여 가져와 썼는데, 이 때문에 날로 물가가 뛰어 쌀 한 가마에 만 오천 전이나 했다.* 동전을 많이 주조할수록 그 가치는 더욱 천해지는바, 백동화 하나에 엽전 스물다섯 개이던 것이 엽전 예닐곱 개로 백동화 백 개를 바꿀 지경이 되었다. 돈의 가치가 일정하지 않자 농사꾼과 장사꾼들이 모두 병들었다.

불법 백동화 양력 2월에 일본인들이 불법으로 만들어 가지고 온 백동화 때문에 피해가 커지자 3월 24일에 태환금권조례兌換金券條例를 공포했다.

이즈음 왜놈들은 지폐를 만들어 제일은행권第一銀行券이라고 불렀다. 또 동순태同順泰라는 청나라 장사꾼도 동순태상표同順泰商票를 발행하여 종이 쪼가리 하나로 앉아서 백 가지 재화를 농락했다. 이처럼 돈의 값어치가 외국인에게 달려 있었으니, 나라의 계책을 다시 물어볼 것도 없었다.

대개 각국의 지폐법에 따르면 공사를 막론하고 먼저 국고에 본위금本位金을 적립해 놓는다. 만약 본위금이 천 원이라면 지폐도 천 원을 발행하고, 본위금이 만 원이라면 지폐도 만 원을 발행한다. 그러므로 나라에는 지폐를 남발하는 폐단이 없고, 지폐가 해지면 국고에 반납하고 국고에서는 본위금을 돌려주기 때문에 백성들도 밑천까지 모두 잃을 염려가 없다.

왜국이 청나라와 전쟁한 뒤로 자금이 들어갈 곳이 많아졌다. 게다가 우리나라에서 철도를 운영하면서 자금을 지급할 수 없게 되자 지폐를 날조했다. 우리나라에서만 통용하게 하여 철도건설비로 충당했는데, 실제로는 한 푼의 본위금도 없었다. 이에 우리나라 사람들이 들고 일어나 반대했지만 왜놈들이 위협하여 차츰 통용되었다.

산과 강과 바다의 위호를 정하다

2월에 악岳, 진鎭, 해海, 독瀆의 위호位號를 정했다. 동악은 회양의 금강산, 남악은 남원의 지리산, 중악은 서울의 삼각산, 서악은 영변의 묘향산, 북악은 무산의 백두산이다. 동진은 강릉의 오대산, 남진은 보은의 속리산, 중진은 서울의 백악산,

서진은 문화의 구월산, 북진은 경성의 장백산이다. 동해는 양양, 남해는 나주, 서해는 풍천, 북해는 경성으로 정했다. 동독은 상주의 낙동강, 남독은 서울의 한강, 서독은 평양의 대동강, 북독은 영흥의 용흥강으로 정했다.

왜국 군함 양무호를 구입하다

4월에 왜국 군함 양무호揚武號를 구입해 군부에서 관리했다. 삼정三井〔미쓰이〕물산에 주문했으며, 구입가 이십만 원으로 빚으로 인정하여 갚도록 했다. 군함이 도착하자 어떤 사람은 시급하지 않은 일이라며 반환을 요청했지만, 여러 차례 왜국의

양무호 해원양성소 수기생 모집 공고
양무호는 당시 우리 정부와 거래가 많은 일본의 삼정물산을 통해 사들였다. 영국에서 만든 이 군함은 삼천사백삼십오 톤짜리의 대형 선박으로, 이름처럼 조선의 자주 독립을 책임질 것처럼 보였다. 그러나 이 선박은 삼정물산에서 석탄 운반선으로 사용하다 잦은 고장으로 인해 폐선 직전에 있던 것으로, 낡은 고철 덩어리에 지나지 않았다.

질책을 받고 부득이 인수했다. 게다가 부서지고 새는 곳까지 있어 빨리 달릴 수가 없었으므로 왜놈을 고용해 손질하고 보니, 전후로 거액의 비용이 들었다.

외국 자본에 대항하기 위해 민간인들이 공제회를 설립하다

5월에 서울의 민간인들이 공제회共濟會를 설립했다. 동순태상표와 제일은행권을 발권한 뒤로 온 나라가 병드는 것을 어찌할 수가 없었다. 이에 윤이병尹履炳, 심상희沈相禧, 고석주高石柱 등이 사람들을 많이 모아 집회를 열고 서울 밖의 각 항구에 일러 이를 강력히 금하라고 했다. 이에 외국인의 불평이 사방에서 일어나 주모자 처벌을 요구하거나 배상금을 청구했다. 결국 공제회는 무력해지고 말았다.

전차 운행권을 돌려 달라고 서병달이 항의하다

미국인이 서병달徐丙達을 가두었다. 당초 서울에서 전차를 운행할 때˙ 미국인이 주관하다가 삼 년 뒤 마땅히 우리 정부에 반환하기로 약속했다. 그러나 약속 기한이 지나도 돌려줄 뜻이 보이지 않자 전 주사 서병달이 방문을 붙이고 무리를 선동하여 승차하는 사람들을 막았다. 또한 돌을 던져 전차를 부수기까지 했다. 미국인이 크게 노하여 우리 정부를 위협해 서병달을 가두게 했다. 얼마 안 되어 사람들은 예전처럼 승

전차 운행 양력 1899년 5월 4일에 한성전기회사가 서대문에서 청량리까지 전차를 시운전했다. 그 후 5월 26일에 백성들이 전차를 태워 버렸다.

차했다.

북간도 시찰관 이범윤이 《북여요람》을 지어 올리다

이범윤 양력 8월 11일에 이범윤을 북간도관리사로 임명했다. 그는 사포대私砲隊를 조직하여 군사 훈련을 시켰다. 그의 보호로 조선인들의 지위가 향상되었고, 청나라의 조세 징수도 물리쳤다. 1904년 러일전쟁 중에는 오백여 명의 군사가 참전하여 일본군과 싸웠다. 1920년대 후반까지 이범윤은 독립군 지도자로 계속 활동했다.

북간도 시찰관 이범윤李範允이 《북여요람北輿要覽》을 지어 올렸다. 간도間島는 토문강 아래 두만강 서쪽 땅을 통칭하는 이름으로, '도島'라고 한 것은 잘못 전해진 것이다. 이곳은 옛날에 한국과 청나라가 (출입을) 금하던 곳으로, 비워 둔 지 수백 년이나 되었다. 근래에 서북 지방의 백성들이 관리들의 착취를 견디지 못해 가족들을 데리고 몰래 들어가 살았는데, 그

간도로 이주한 한국인들
간도는 만주 길림성 동남부 지역을 가리킨다. 본래 병자호란 뒤 청나라가 입주 불허 지역으로 설정한 곳으로, 조선과 청나라 사이에 있는 섬 같은 곳이었다. 일제는 땅을 뺏겨 살 길이 막힌 우리 농민들을 이곳의 황무지로 내보냈다. 1934년 말 간도의 총 인구 오십칠만여 명 중 한국인이 약 사십만 명에 달했다.

수가 십만 호나 되었지만 소속된 나라가 없었다. 청나라와 아라사가 서로 이곳을 넘보자 우리 백성들이 차례로 침식당했다. 원통함과 한스러움이 뼈에 사무쳐 여러 차례 정부에 호소하여 본국에 소속되기를 희망했다. 이에 우리 정부는 이범윤을 보내 시찰하게 했다.

이범윤이 가시밭길을 헤치고 가서 그들을 불러들여 위로하자 청나라 사람들이 못마땅하게 여겼다. 공사 허태신이 우리 정부에게 소환할 것을 계속 촉구했지만 백성들이 듣지 않았다. 이범윤은 그곳에 머물면서 두 나라의 지계地界에 대한 기록을 모아 부문별로 나누어서 정리했다. 책을 완성하자 《북여요람》이라 명하고 정부에 바쳤다.

관직을 사려는 자가 적어지자 군수직의 임기를 보장해 주다

군수직의 임기를 십육 개월로 개정했다. 이때 수령을 임명하면서 (바치는) 돈의 비율을 보았다. 임금은 벼슬을 자주 팔수록 돈이 많아지므로 일 년도 채 되지 않아서 관직을 교체했다. 돈을 바치고 임명된 자들은 그러한 사실을 알고 부임하자마자 제멋대로 착취했다. 조금이라도 늦으면 교체되기 때문이었다. 그러나 들어간 돈이 워낙 많아 끝내 본전은 충당하지 못했다.

임금도 갈아 치울 만한 자를 조사해 그가 부자이면 다른 고을로 전임시켜 주고 그 대가를 징수했다. 한 사람이 일 년에 다섯 고을이나 옮긴 적도 있었고, 한 고을이 일 년에 다섯 명의 군수를 맞이하기도 했다. 그러므로 부자로 군수가 된 자는 몇 년이 지나면 가산을 탕진했으므로 관직을 사려는 자들이 차츰 적어졌다. 임금도 그것을 알고 드디어 그 임기를 십육 개월로 연장했다.

이때 경기도와 충청도 이북에서는 백동전을 사용했고 영남과 호남에서는 엽전을 사용했는데, 백동전 한 냥은 겨우 엽전 칠십 푼밖에 쳐주지 않았다. 영호남에서 벼슬을 사려는 사람들은 서울에 상납할 백동전을 시골에서 엽전으로 바꾸었기 때문에 십만 냥이라고 해봐야 실제로는 칠만 냥밖에 되지 않았다. 백성들은 두 가지 세금을 엽전으로 바쳤는데, 서울에서는 백동전으로 받았으므로 들어앉아서 얻는 이익이 자기 봉급의 열 배나 되었다. 이에 영호남 고을을 특별히 '기름 단지'라고 했다. 밀양 사람 박병익朴炳翊이 삼십오만 냥을 바치고 경주군수에 임명되었다.

왜놈들이 경부선 철도를 놓기 시작하다

6월에 왜놈들이 경부선 철도를 놓으면서 위, 가운데, 아래 세 곳으로 나누어 시작했다. 아래는 부산이고, 가운데는 천안이며, 위는 서울이다. 서울에서는 남대문 밖의 도동에서 공사를 시작했는데, 집을 뜯고 무덤을 파내며 길을 곧게 하여 강까지 끊었다. 무덤 하나에 이장 비용 삼 원씩 지불했는데, 이장해야 하는 사람들은 또 파내게 될까 두려워 화장하는 경우도 많았다.

철도 옆에는 삼십 리마다 하나씩 정거장을 두었다. 일꾼들이 모질고 독살스러워 밤에는 모여서 도둑질했고 낮에는 행상들을 약탈했다. 그들의 뜻을 조금이라도 어기면 살벌한 지경에까지 이르렀으니, 철도가 지나가는 지방마다 마치 전쟁이라도 치른 것 같았다.

왜놈들이 우리 백성들을 모집하여 품삯을 넉넉히 주었는데, 게으르거나 힘쓰지 않는 자들은 때려죽여 구덩이에 집어 던지고는 흙을 덮어 평평하게 만들었다. 그런데 슬피 울고 가슴 아파하면서도 그들에게 나아가 응모하는 자들이 있었다.

흘법이《대동기년》을 짓게 하다

미국인 흘법訖法[호모 헐버트; Homer Bezaleel Hulbert]이 자기 나라에서 박사학위를 받은 뒤 우리나라에서 십팔 년을 머물렀다. 한문을 익히고 우리나라의 공사公私 문자*를 사 모아 태조 때부터 금상 을미년[1895, 고종 32년]에 이르기까지 편년사 다섯 권을 저술하여《대동기년大東紀年》이라고 했다. 상해의 미화서관美華書館에서 간행하여 우리나라에 싣고 와서 팔았다. 사람들이 앞 다투어 사보았으나 문장이 아주 속되고 비루했다.

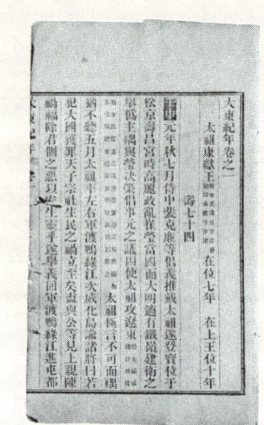

《대동기년》
1886년 육영공원 교사로 내한한 미국인 선교사 헐버트의 알선으로 윤기진이 편년체로 서술한 조선사다. 당시까지 역사책으로 《국조사승國朝史乘》, 《국조보감國朝寶鑑》, 《조야회통朝野會通》이 있었으나 그 뒤 헌종, 철종, 고종 대의 일을 한눈에 볼 수 없어 편찬했다. 한일 관계사에 대한 여러 가지 기록이 있어 사료로서의 가치를 부여할 수 있지만, 종래의 사대 사관에서 벗어나지 못했고, 사건 비중에 대한 배려를 결여했으며, 인용 사료가 미비하여 단순한 개략 사서에 그친 점이 한계다.

공사 문자 나라나 개인이 쓴 문서를 가리킨다.

왜군이 인천에서 아라사 군함을 격파하다

12월 27일, 왜군이 인천에서 아라사 군함을 습격하여 격파했다. 지난번 갑오년〔1894, 고종 31년〕 청일전쟁 때 왜국이 요동을 점령하려고 하자 아라사는 덕국, 법국과 연락하여 일본은 요동을 청나라에게 돌려주고 대만과 바꾸라고 위협했다. 밖으로는 평화라는 명분을 내세웠지만 사실은 기회를 봐서 자신들이 점령한 뒤 동양을 엿보려고 한 것이었다.

    연합군이 (의화단을) 물리치자 아라사가 동삼성에 들어와 여순 항구를 빼앗고 수륙의 요충을 차지해 요동 전체를 점거하려는 형세가 되었다. 왜국은 자신들이 기만당한 것을 분통하게 여겼지만 그들에게 위협을 당할까 두려워했다. 여러 차례 담판을 거쳐 아라사가 물러난다는 약속을 했지만 끝내 물러나지 않았다. 게다가 용암포로 들어가 한국과 청나라의 요충지를 손에 넣으면서 그 세력을 날로 확장했다.

    이에 왜국이 아라사의 죄를 성토하며 싸우려 했지만 중과부적이었고 국론도 분열되었다. 이등박문과 같이 나이가 많고 벼슬이 높은 자들은 신중론을 폈다. 그러나 혈기가 왕성한 젊은이들과 민당파民黨派는 전쟁을 먼저 일으켜 그들을 제압하자고 했다. 이들은 지금 기회를 놓쳐 일을 도모하지 않는다면 오십 년 안에 동양 삼국이 아라사에게 먹힐 것이며, 쌓아놓은 섶에다 불씨를 둔 채 편안함을 구할 수는 없다고 했다. 또한 신문이 정부를 공박한 내용이 각국으로 빨리 전해졌는데, 이등박문을 왕륜王倫이나 진회秦檜*에 비유했다. 이렇게 몇 년을 서로 버티자 아라사도 왜국을 약소국으로 깔보고 전

> 진회 송나라가 금나라에게 침략당했을 때 화의를 주장한 재상으로, 후세 사람들이 매국노라고 비판했다.

일본군의 인천 상륙
한반도를 둘러싼 러시아와 일본의 대립은 끝내 전쟁으로 치달았다. 일본은 한국 정부의 중립 선언에도 불구하고 한국에서 러시아의 영향력을 일소하기 위해 속속 군대를 보냈다. 마침내 일본은 선전 포고도 없이 인천에 정박해 있던 러시아 함대를 습격했다. 이로써 러일전쟁의 서막이 올랐다.

쟁을 일으키리라고는 생각하지 못했다.

그런데 이때 이르러 왜국이 전쟁을 결의하고 선전 포고를 하여 '한국 영토를 보전하고 동양의 평화를 유지하겠다'고 밝힌 뒤, 대산암大山巖〔오야마 이와오〕을 육군제독으로 임명하고 동향평팔랑東鄕平八郞〔도고 헤이하치로〕을 수군제독에 임명했다. 그들은 군함을 타고 비밀리에 부산을 통과하여 인천으로 향했다.

이 기밀이 발각되자 아라사에서도 그 사실을 알고 순양함 몇 척을 띄워 바다를 정찰하게 했다. 인천 팔미도에 이르렀을 때 순양함은 왜군의 습격을 받고 모두 침몰했다. 아라사와 왜국 간의 평화가 깨지자 동양이 크게 흔들렸다. 아라사가 동부

병력을 일으켜 전진하여 적을 맞아 싸우자 우리나라의 서북 국경이 먼저 화를 입었다. 발해와 여순 사이에는 대포와 군함이 앞뒤로 즐비했고, 징소리와 북소리*가 천 리까지 들렸다.

서울과 지방에서 여러 신문이 나오다

이때 신문사로는 서울에 〈황성신문〉과 〈제국신문〉이 있었다. 이는 우리나라 사람이 간행한 것이다. 그리고 〈한성신보〉와 〈대동보〉, 〈기독교보〉가 있었는데 이는 외국인이 관장했다. 인천에는 〈조선신보〉, 〈대한일보〉, 〈인천상보〉가 있었고, 옥구에는 〈군산신보〉, 목포에는 〈목포신보〉, 부산에는 〈조선시보〉, 원산에는 〈원산신보〉, 성진에는 〈북한시보〉가 있었는데, 모두 외국인이 간행했다.

징소리와 북소리 징을 치면 군사들이 멈추었고, 북을 치면 앞으로 나아갔다.

매천야록 제4권

갑진년 [1904, 고종 41년]

왜놈들이 전보국과 우체사를 빼앗다

(광무 8년, 청나라 광서 30년, 일본 명치 37년 1월에) 왜놈들이 전보국과 우체사郵遞司를 빼앗았다. 왜국은 우리나라와 아라사가 서로 통하여 자신들의 군사 기밀을 누설할까 두려워 전보국과 우체사를 빼앗으며 자신들이 관리하다가 전쟁이 끝나면 돌려주겠다고 했다. 그러나 그 뒤로 완전히 점거하고 말았으니, 이때부터 우리나라는 해마다 수백만 원의 세금을 잃게 되었다.

임금이 정권을 정부에 돌려주다

정권을 정부에 돌려주어 매관의 길을 막으라고 명을 내렸다. 당시 장안이 크게 흔들려 백성들이 사방으로 피난했으며, 왜국이 장차 우리나라를 유구琉球〔오키나와〕나 안남처럼 처리할 것이라는 뜬소문이 돌았다. 임금이 몹시 두려워하여 드디어 내비內批를 거두고 여러 신하들을 불러 각 부서의 급한 일을 아뢰게 했다. 사람들이 성문은 닫혀도 말길은 열렸다고 했다.

한일의정서를 체결하다

우리 정부가 왜국 공사 임권조林權助〔하야시 곤스케〕와 함께 한일의정서를 체결했다. 그 내용은 대략 이러하다.

> 제1조 – 조선과 일본 두 제국은 영원히 변함없는 친교를 유지하고 동양의 평화를 확립하기 위해 노력한다. 이를 위해 지금부터 한국 정부는 마땅히 일본 정부를 신임하고 정치 개혁에 관한 충고가 있으면 모두 듣고 따른다.
> 제3조 – 일본 정부는 한국의 독립과 그 영토 보전에 대해 확실하게 보장한다.
> 제4조 – 한국이 만약 제3국의 침해를 받거나 내란을 당하면 일본 정부는 그에 필요한 조치를 시행한다. 한국 정부는 일본 정부의 행동을 용이하게 하기 위해 충분히 편의를 봐준다. 일본 정부는 이 조항의 목적을 달성하기 위해 전략상 필

한일의정서 전문 모두 여섯 개 조항으로 되어 있지만 여기에서는 세 개 조항만 소개했다.

요한 모든 지점을 임시로 사용할 수 있다.

외국 국적 취득을 금하다

외국 국적으로 바꾸는 것을 금했다. 갑신정변 이후 역당들이 체포망을 뚫고 잇달아 해외로 달아났다가 그곳의 국적으로 바꾸었는데, 이들이 기회를 봐 본국으로 돌아와서는 외국 세력을 빙자하여 임금을 업신여기고 고관들을 핍박했다. 서재필은 임금께 자신을 신하라고 칭하지도 않을 정도였으나 누구 하나 말하는 자가 없었다. 이렇듯 무뢰배 가운데 본국에 살면서도 외국 국적을 가진 자가 헤아릴 수 없이 많았다. 그들은 조금 거슬리는 자가 있으면 주먹을 불끈 쥐고 이렇게 꾸짖었다.
 "나는 아무개 나라 사람이지 조선 사람이 아니다."
 이용익도 아라사로 국적을 바꾸었다.

평남대 병사들이 아라사 군대를 막다

평남대平南隊 병사들이 박천에서 아라사 군사와 맞서 서른다섯 명의 목을 베었다. 당시 아라사 군대는 압록강 서쪽에 있었는데, 몇 개 진영의 군사를 번갈아 보내 왜군을 유인했다. 또한 기이한 병법으로 두만강을 따라 남쪽으로 건너오거나 청나라 비적들을 몰아 선봉으로 삼고 서북 지방의 여러 고을로 흩어져 들어왔는데, 감히 그 예봉과 부딪칠 수가 없었다.

러일전쟁 당시 러시아 장병들

　평남을 순찰하던 초병이 박천 들판에서 그들과 마주쳤는데, 피할 길이 없어 죽을힘을 다해 싸웠다. 남녀 피난민들도 큰소리로 외치며 관군을 도왔다. 드디어 아라사 군대가 달아났고, 관군의 사상자는 없었다. 이튿날 왜군이 와서 싸움터를 돌아보고는 조선군도 적을 죽였다고 하면서 크게 잔치를 벌여 주고 갔다.
　아라사의 서북부에 가살극哥薩克〔코사크 족〕이 있는데, 사납고도 악독하여 구주 사람들이 두려워했다. 우리나라에는 '가살극 병사들은 퇴화되지 않은 꼬리를 갖고 있으며, 인육을 식량으로 삼는다'고 잘못 알려졌다. 근래 그들은 우리나라에 들어와 강토를 짓밟으며 남하했다. 안주의 어떤 백성이 암말을 잡아매고 편자를 박다가 갑자기 아라사 병사들을 만났는데, 말을 풀어 주지도 못하고 달아났다. 그들은 이 암말을 보더니 돌아가며 음란한 짓을 했다. 어떤 사람이 말했다.
　"이들 가살극은 성품이 아주 음탕해서 부녀자를 만나면 늙었는지 젊었는지 묻지도 않고 범했다. 숫양처럼 하루에 수십 번이나 교합하므로 그들이 지나는 곳에는 부녀자의 그림자도 보이지 않았다."

그들은 또한 의심이 많아서 약탈하다가도 네댓 명이 모여 있는 것을 보면 침입하지 못했고, 먹을 것을 만나면 소나 말처럼 반드시 날것으로 씹어 먹었다. 말도 잘 타서 한번 휘파람을 불며 달리면 눈 깜짝할 사이에 십여 리를 달렸다. 생긴 것은 비록 사나우나 사람을 만나면 죽이지 않았고 도리어 부드러운 기색을 보였다. 이들에게 이를 가는 자는 왜놈뿐이었다.

이때 왜군이 황해를 장악하면서 자기 나라의 식량과 기계 운반 말고는 통행을 금했다. 그러고는 우리나라 사람으로 분장하여 다른 배를 타고 평안도 지방을 드나들며 아라사 군을 정탐했는데, 아라사 군도 이 사실을 알고 엄히 수색하여 머리 깎은 자를 보면 그 자리에서 죽였다. 이 때문에 죽은 스님들이 수백 명이나 되었다. 날씨가 추워서 사람들이 방한모를 썼는데, 아라사 군사들은 사람을 만나면 칼끝으로 모자를 벗겨 머리를 깎았는지 아닌지를 조사했다.

경운궁에 큰불이 나다

2월에 경운궁에 큰불이 났다. 팔, 구 년간 토목 공사를 벌인 건물이 모두 잿더미가 되었고, 여러 왕대의 보옥과 공사 간의 문적도 모두 타버렸다. 남은 것은 정부, 궁내부, 원수부뿐이었다. 임금이 윤용선을 중건제조重建提調로 임명하고 조만간

경운궁
현재 덕수궁이라 불리며, 고종의 재위 말년 정치적 혼란의 주 무대가 되었다. 1897년 고종이 러시아 공사관에서 이 궁으로 거처를 옮기면서 많은 건물이 들어섰다. 1904년 큰불이 나면서 전각의 대부분이 소실되었으나 곧 복구에 착수했다. 순종이 즉위한 뒤 고종은 계속 경운궁에 머물렀는데, 이때 궁호를 덕수궁으로 고쳤나.

중건하기 위해 내탕금 이백만 원을 지출했으나 영국과 왜국 공사가 말했다.

"춘궁기라 재정이 딸리니 공사를 멈추는 것이 좋겠습니다."

임금도 어쩔 수 없어 공사 중지를 명하고 즉조당卽阼堂만 지었다. 나머지 전각은 추수철을 기다리기로 했다.

왜놈들에게 황무지를 빌려 주다

4월에 왜놈들에게 황무지를 빌려 주기로 허락하고, 드디어 어공원御供院을 세웠다. 처음에 왜놈들은 우리나라를 식민지로 삼으려고 했고, 특히 개간하지 않은 황무지에 눈독을 들였다. 대체로 우리나라의 원야, 산림, 강과 바다, 제방 가운데는 황폐해져서 이익을 얻지 못하는 곳이 참으로 많았다.

이해 봄에 (왜국 공사) 임권조가 휴가를 얻어 본국으로 돌아가자 공사서리 추원수일萩原守一〔하기와라 슈이치〕이 자기 나라의 장사꾼 장삼등길長森藤吉과 함께 은밀히 모의하여 우리 임금께 강력히 청했다.

"황무지를 얻어 개간하고 세금을 바친다면 두 나라가 모두 이롭습니다."

이하영李夏榮과 현영운玄映運 등도 종용했다. 임금이 이하영에게 외부의 직인을 사용하여 인가를 내주라고 허락했다. 그 기한은 오십 년이었다. 이에 도성 인심이 흉흉해져 왜국이 장차 우리 땅을 (자기들의) 군현郡縣으로 만든다는 말까지 있었다. 임금도 후회했지만 결국 어공원을 세우고 황무지의 세금을 받아들여 임금의 개인 재산으로 삼았다. 왜놈들에게 빌려주는 것을 막으려고 했지만 이미 어쩔 수 없었다.

오십 년 만기의 계약을 하다

황무지를 빌려 주기로 한 계약의 내용은 대략 이러하다.

1. 한국 내부에 속한 토지와 관청에서 관할하는 토지 가운데 개간하지 않은 것은 모두 장삼등길에게 맡겨 자본을 마련하여 개간하도록 한다.

2. 장삼등길은 이상의 토지를 개간한다. 농사·목축·어업·수렵 등 모든 유리한 사업도 장삼등길에게 전권을 맡겨 경영하게 하며, 완전히 사용할 권리도 준다.
3. 개간한 뒤 오 년간은 조세를 바치지 않으며, 오 년 뒤 사업을 경영하여 이익이 생기면 이미 개간한 토지와 같은 비율의 세금을 한국 정부에 바친다. 다만 천재, 시변, 홍수, 가뭄 등을 만나 수확이 부족하면 조세를 감면해 준다.
4. 본 계약은 경영한 각 부분을 이미 완성한 이후부터 계산하여 오십 년을 만기로 하며, 만기 뒤에는 서로 의논하여 다시 계속한다.

서북인 중에서 재망이 있는 자를 택해 본도의 군수로 임명하다

서북인 가운데 재주와 덕망이 있는 자를 뽑아 본도의 군수로 임명했다. 아라사와 왜국이 서로 싸워 아라사가 여러 번 패했지만, 패할수록 군사가 계속 답지하여 두만강 일대가 잇달아 분탕질을 당했으며, 천 리 안에 밥 짓는 연기가 끊어졌다. 군수로 있던 자는 달아났고 새로 임명받은 자는 오지 않아 아전과 백성들이 의지할 곳이 없어 피난하기에 급급했다. 이는 몽고와 거란이 침입한 이래로 일찍이 없는 일이었다. 이에 정부가 이 사실을 임금에게 아뢰어 이번 명을 내리게 했지만 길이 막혀 서로 소식을 들을 수 없었다.

이때 조야에서는 모두 '왜놈은 그래도 사람이지만 아라사 놈들은 짐승일 뿐이다. 아라사가 만약 왜놈들을 이겨 (서북 지방을) 석권하고 남쪽으로 내려온다면 장차 사람의 씨가 마를 것이다' 하면서 왜가 이기고 아라사가 지기를 빌었다. 이에 그들을 위해 일해 주었으며, 운반해 주는 노고도 마다하지 않았다. 이는 왜놈들이 전쟁을 선포할 때부터 나쁜 야심을 갖고 있었다는 것을 몰랐기 때문이다.

외국인을 위해 공창을 열다

경무사 신태휴申泰休가 유녀遊女들을 한군데로 모아 별도의 마을에서 살게 했다. 예전 제도에서는 외국 남녀와 통간하는

러일전쟁을 풍자한 만화
극동 지역의 지도가 그려진 링 위에서 유럽 챔피언이라는 띠를 두른 러시아군과 아시아 챔피언이라고 쓴 옷을 입은 왜소한 일본군이 서로 붙었다. 링 주변으로는 독일, 영국, 미국, 프랑스 등 각국 사람들이 관전하고 있고, 휘장 밖에서는 청 대표가 지켜보고 있다. 모두 일본이 러시아를 건드린 건 실책이라고 생각하는 것 같다.

자를 죽였지만 개항 이후에는 이 금지령이 다소 느슨해졌다. 그 뒤로 동서양의 빗장이 마침내 허물어지자 막을 수 없게 되었다.

이윤용은 서양 여자를 첩으로 삼았고, 송병준宋秉畯은 왜년을 첩으로 삼았다. 외국 여자를 첩으로 삼지 못하면 못난이라고 여길 정도였다. 서울과 시골의 유녀들은 아침에는 왜년 행세를 하다가 저녁에는 양년 행세를 하며 두 어깨를 드러내고 문에 기대어 손님을 기다리니, 보는 자들이 얼굴을 가렸다.

신태휴가 이러한 풍조를 싫어하여 유녀들을 한곳으로 모아 일반 백성들과 같이하지 못하게 했다. 우리 백성들이 드나드는 곳에는 그 문에 '상화가賞花家'라 써 붙였고, 외국인들에게 매음하는 곳에는 '매음가賣淫家'라고 붙이게 했지만, 끝내 제대로 개혁하지 못했다. 인천항에 도화동桃花洞이 있는데, 한 마을이 모두 매음가였다. 방탕한 외국인들이 돈을 들고 문을 두드렸는데, 장사꾼들이 물건 사라고 떠드는 소리 같았다.

북간도에서 이범윤을 소환하다

5월에 북간도 관리 이범윤을 소환했다. 그는 우리 유민들을 소집하여 호구를 재편하고 법령을 반포한 뒤, 청나라 비적들의 침입을 막아 자주 그들의 목을 베거나 사로잡았고 포로로 잡혀간 남녀들을 찾아왔다. 이로써 변방의 일이 차츰 다스려지는 실마리가 보였다. 그러나 청나라 사람들이 그를 불편하게 여겨, 공사 허태신이 잇달아 우리 정부를 힐책하며 '이범윤이 화의를 깨뜨리니 소환하라'고 청했다. 이에 정부에서도 그의 말대로 따랐다.

천진에 있는 왜국 영사에게 우리 백성들을 다스리게 하다

천진에 있는 왜국 영사 이집원언길伊集院彦吉〔이슈인 히코키치〕로 하여금 대한제국 명예 영사를 겸임하게 해 우리 유민들을 다스리도록 했다. 몇 년 동안 서북인 가운데 요동과 심양으로 흘러들어 간 자가 수만 명이나 되었지만 어디에도 소속되지 못해 청나라 관원들이 그들을 학대했다. 그 참상은 눈 뜨고 볼 수 없을 정도였다. 이에 왜국 관원에게 의탁하여 겸해서 다스리도록 했다.

왜놈들의 황무지 개간을 막기 위해 보안회를 설립하다

6월에 서울 사람들이 보안회保安會를 설립하고, 윤시병을 회장으로 추대했다. (왜놈들의 황무지 개간에 대해) 정기조鄭耆朝 등이 통문을 돌린 뒤로 대신 이건하李健夏와 박기양朴箕陽 등이 앞 다투어 상소했고, 전 의관 윤병尹秉, 전 주사 이기李沂 등이 소청疏廳을 설치하고 회의소를 세우자 서울과 시골에서 모여든 자가 수만이나 되었다. 신기선을 회장으로 추대했지만 그가 응하지 않아 이유인을 대신 추대했는데 그도 사양하여 마지막으로 윤시병이 주관하게 되었다. 이는 윤병 등의 뜻이 아니었다.

　윤시병과 윤길병尹吉炳은 갑오년[1894, 고종 31년]에 동학에 입교했다가 기해년[1899, 고종 36년]에 독립협회에 들어가 뜻을 이루지 못했는데, 이때 이르러 기꺼이 따라나섰다. 왜놈들은 보안회 위원 송수만宋秀萬과 송인섭宋寅燮을 잡아 가두었다.

왜국 공사가 돌아와 황무지 개간권을 돌려주다

왜국 공사 임권조가 서울로 돌아왔다. 당시 (왜국에게) 황무지 개간을 허락한 일로 만백성의 여론이 들끓었다. 약속도 없이 모여드는 사람들이 날마다 수만 명이나 되었고, 외부에서 왜국 공사관으로 보낸 조회문도 수십 통이나 되어 왜놈들도 괴로워했다. 이에 (황무지 개간권을) 돌려준다고 거짓으로 말하고는 외부와 함께 다시 처리하겠다고 했다. 그러나 이미 그 조직에 들여 놓고는 밖으로만 풀어 놓겠다고 표시한 것이니, 군중의 노여움을 가라앉히기 위한 것이었다.

동학당 손병희와 박남수가 신문사에 투서하다

동학당 손병희孫秉熙가 외국 유학생을 자칭하고 신문사에 투서하면서 보조금 백 원을 부쳤다. 박남수朴南壽도 잇달아 손병희의 문인이라 칭하고 투서했는데, 정부에 올리는 글도 함께 들어 있었다. 이 글에서 그는 다섯 개 조항을 제시했는데, 그 내용은 '국회를 설치하고, 종교를 주관하며, 재정을 다스리고, 정치를 개혁하며, 외국 유학을 권장하라'는 것이었다.

그는 최제우 문하에서 수학한 지 거의 이십 년이나 되었고 분연히 바다를 건너 십 년간 떠돌아다녔는데, 현재 그와 호응한 동지가 팔백만이나 된다고 한다. 그의 학문은 '마음을 지키고 기운을 바르게 하며, 하늘을 공경하고 사람을 사랑하자〔守心正氣, 敬天愛人〕'는 것이고, 그의 도는 '효·제·충·신으로 나라를 보호하고 백성을 평안케 하자〔孝悌忠信保國安民〕'는 것이라고 한다. 서양의 도는 서양에서 나왔으므로 서학西學이라 하고, 이 도는 동방에서 나왔으므로 동학東學이라고 한단다. 신문사 사람들이 크게 놀라 투서와 보조금을 돌려주려고 했지만 박남수는 이미 달아나고 없었다.

손병희
1861(철종 12년)~1922. 22세 때인 1882년에 동학에 입도하여 삼 년 뒤 최시형을 만나 그의 수제자가 되었으며, 최시형이 처형된 뒤 제3대 동학교주가 되었다. 그러나 사실상 포교가 불가능하자 국외로 떠돌았고, 1904년 러일전쟁이 일어나자 국내 교도들로 하여금 진보회를 조직하게 하고 국내에 글을 보내 정치 개혁을 주장했다. 1906년 동학을 천도교로 개칭했으며, 1919년에는 3·1운동을 주도했다.

손병희는 청주의 아전이었다. 갑오년〔1894, 고종 31년〕에 동학 적당의 괴수가 되었다가 일본으로 달아나 이름을 이상헌李相憲으로 바꾸고 십여 년간 숨어 지냈다. 이즈음 본국이 더욱 어지러워지자 윤시병 등이 정론에 참여하는 것을 보고 뜻을 이룰 수 있겠다고 생각하여 방자하게 투서했으며, 박남수와 함께 서로 호응했다.

왜놈들이 용산을 군용지로 점령하다

7월에 왜놈들이 숭례문에서 한강까지 제멋대로 구역을 점령해 군용지라 하고는 표지를 세워 경계를 정한 뒤 우리 백성들의 출입을 엄금했다. 이때부터 욕심나는 땅이 있으면 군용지라 하면서 빼앗아 갔다.

왜놈들이 보안회를 미워했다. 보안회 설립 이후 장안 백성들은 날마다 종로에 모였다. 해산하라고 해도 흩어지지 않자 왜놈들은 군대를 보내 회의장에 난입하여 칼을 휘두르고 시위하여 이범창李範昌을 비롯한 회원 네댓 명을 잡아 가두었다. 이에 군중의 분노가 더욱 격동하여 정부에 글에 보내 현영운의 목을 베라고 청했다. 또한 이하영이 왜놈들에게 황무지 개간을 허락한 까닭을 조사하지 않았다고 따졌다. 이하영이 잇달아 상소하여 결백함을 밝히고는 해임해 주기를 간청했지만 임금이 허락하지 않았다.

임금도 처음에는 현영운과 이하영에게 속아 멍하게 황무지 개간을 허락했지만 나중에 화가 숨어 있는 것을 알았을 때는 어쩔 수가 없었다. 다행히도 민회가 어쩌다 힘을 얻어 그럭저럭 발전해 가는 모습을 보이자 백성들도 그것을 믿고 모임을 만들었다.

왜놈들은 무력에 의지하면 못할 것이 없다고 생각했지만 백성들의 뜻을 꺾는 것을 싫어하여 서서히 목적을 이루려고 했다. 이에 민회를 해산하고 주동자들에게 경고하는 것으로 그쳤을 뿐 힘을 다하지는 않았다.

윤시병이 보안회를 일진회로 고치다

윤시병 등이 민회 이름을 유신회維新會로 고치더니 얼마 뒤 다시 일진회一進會라고 고치면서 네 가지 주지 조항을 공포했다.

1. 제실帝室을 안녕히 한다.
2. 정부를 개혁한다.
3. 인민의 재산을 보호한다.
4. 군정과 재정을 정리한다.

이 조목을 통칭 대강령大綱領이라 하고, 다음과 같은 취지서를 만들어 안팎으로 돌렸다.

> 국가는 인민에 의해 성립하며, 인민은 사회를 유지하는 것이다. 그러므로 인민이 의무에 복종하지 않으면 나라도 나라가 될 수 없고, 사회가 단체를 조합하지 못하면 백성도 백성이 될 수 없다. 인민의 의무는 단지 병역과 납세에만 있는 것이 아니라 국가의 치란과 안위에도 관계하는바, 그에 관해 비판하고 권고할 권리가 있다. 그러므로 지금 열강은 특히 인민에게 언의言議와 저작著作을 할 수 있도록 허락하고, 집회와 결사도 자유롭게 하도록 해주었다.
> 정부는 군주를 보필할 책임이 있으므로 직접 행정권을 갖는 것이고, 인민은 이에 협조할 의무와 입법에 참여하여 논할 권리가 있다. 군주는 이러한 행정과 입법의 대권을 모두 잡고서 한 나라를 통치하니, 그 위에 아무도 없는 가장

높은 자다. 종합해서 말하면 정부와 인민이 상하로 일치해서 황실을 존중하고 주권을 통치함에 마땅히 고루 힘써야 한다는 뜻이다. 나누어서 말하면 정부는 행정과 사법의 책임을 극진히 하여 인민의 생명을 보호하고 재산을 지켜 어느 한 사람이라도 보호받지 못하는 일이 없도록 해야 한다. 인민은 목숨을 걸고 세금을 바쳐 군주를 호위하며, 정치의 잘잘못을 반드시 감시하고 경고하는 것이 옳다. 이것이 국회와 사회를 설립한 근본 취지다.

우리 대한제국은 신식을 도입한 지 이제 십여 년 되었지만, 병든 정치를 개혁하지 못했고, 정신도 개량하지 못했으며, 황실의 기초를 방해했고, 독립의 기반도 공고히 하지 못했다. 이에 달걀을 쌓아 놓은 것처럼 위태롭고, 눈썹에 불이 붙은 것보다 더 긴박해졌다. 그런데도 정부에 있는 자들은

일진회의 우두머리
일찍이 민씨 일파의 박해로 일본으로 망명한 송병준은 러일전쟁이 일어나자 군사 통역원으로 귀국했다. 그는 정국이 일본에게 유리하게 전개되자 윤시병과 접촉한 끝에 1904년 8월 18일 친일 단체인 유신회를 조직하고 윤시병을 초대 회장으로 추대했다. 20일에 다시 특별회를 열어 이름을 일진회로 바꾸었다. 사진 왼쪽부터 송병준, 일진회 조종자인 일본인 무전범지[武田範之[다케다 한시], 이용구다.

단지 쳐다보기만 할 뿐이다. 탐학한 짓을 하여 부귀나 누리려 하고, 법률이 해이해지고 타락했는데도 자신이 걱정할 게 아니라고 한다. 풍속이 문란해졌는데도 자신의 책임이 아니라고 하고, 온 나라의 창생들이 모두 도탄에 빠졌는데도 구제책을 강구하지 않는다. 인민의 고혈을 짜내고 나라의 원기를 쪼개 버리니, 이를 어찌 참을 수가 있단 말인가!

슬프다, 우리 동포여. 개혁해야 하는 이유를 아직도 생각하지 못하는가? 국고의 삼분의 이나 되는 비용을 쓰면서 군대를 양성하여 안으로는 호위하고 밖으로는 방어한다고 했지만 조금도 힘을 얻지 못했다. 악화惡貨를 남발하고 재정 운용에 절제가 없어 민생이 곤궁해졌고 나라의 회계도 궁핍해졌다. 이러한 지경에 이르니 더는 희망이 없다. 아아, 오백 년 종묘사직과 삼천리강토의 위급함이 호흡지간에 달렸으니, 시국을 생각하면 누군들 통곡하지 않으랴!

이에 본 모임을 발기한 몇 명의 동지들이 일진회一進會라 칭하고 한마음으로 진보할 것을 주의로 삼았다. 무릇 우리 동포도 이것을 목적과 의무로 삼아서 한 사람 한 사람이 혈성血性으로 용진하고, 한결같이 충성과 애국의 붉은 마음을 지녀야 할 것이다. 모두 한 단체를 이루어 하루에 일보라도 차츰 개명하는 방향으로 나아가 나라의 면목을 일변 유신한 연후라야 본회의 명칭을 저버리지 않았다고 말할 수 있을 것이다.

한일협정서를 체결함으로써 재정권과 외교권을 박탈당하다

(왜국 공사) 임권조가 7월 2일에 내정개혁안을 보내왔는데, 그 뒤 여러 차례 협의를 거쳐 조금 고치기는 했지만 대체로 모두 받아들여 12일에 세 개 조항을 선포했다.

그 제1조는 위의 제1항인데 재정고문을 두는 일이다. 제2조는 내정 개혁안의 제8항으로 외교고문을 두는 일이다. 제3조는 별도로 자세한 내용을 추가했는데, 그 조문은 다음과 같다.•

> 한국 정부가 외국인과 조약을 체결하거나 기타 중요한 외교 안건, 예컨대 외국인에게 특권을 허락하는 일은 일체 일본 정부와 먼저 협의해야 한다.

참정대신을 면직하고 경찰권을 장악하다

11월에 참정대신 신기선과 내부대신 이용태를 면직하고 군사 경찰조례를 반포했다. 24일에 일진회가 정부에 개혁을 요구하자 정부가 경찰을 풀어 탄압했고 왜군도 비상사태에 대비했다. 회원 가운데 돌을 던진 자가 있어 왜놈 하나가 다치자 왜놈들이 우리 경찰의 잘못으로 간주하고 대대장 이하 장교 여섯 명과 병졸 일곱 명을 포박하라고 명령했다. 다음 날 임권조와 장곡천호도長谷川好道〔하세가와 요시미치〕가 담판하여 신기선 등의 직위를 바꾸었다.

한일협정서 제1차 한일협약이라고 한다. 양력 2월 23일에 조인한 한일의정서 제1조에 의거해 대한제국의 내정을 개선한다는 명목으로 강요되었다. 이 협정 체결로 일본 대장성의 주세국장主稅局長이던 목하전종태랑目賀田種太郎〔메가타 슈타로〕이 재정고문에 취임했고, 일본 외무성의 촉탁인 미국인 스티븐스가 외교고문에 취임했다. 이로써 한국의 재정권과 외교권은 박탈되었다. 그 밖에도 협정 사항에 없는 고문관이 각 부처에 임명되어 고문 정치가 시작된바, 한국의 모든 분야가 일본인에게 장악되었다.

며칠 뒤 그들은 다시 정부를 협박하여 우리나라 경찰력으로는 치안을 유지하기가 부족할 뿐만 아니라 도리어 방해가 되므로 지금부터 전국의 경위권警衛權을 일본 군리軍吏 손에 넘겨 달라고 했다. 임권조 등이 문서를 만들어 국내와 각국 공사들에게 포고하기를, 이제부터는 한국인이건 외국인이건 가릴 것 없이 모두 일본 군부와 경찰의 명령에 복종해야 한다고 했다. 이어 열아홉 개 조항을 반포하여 이를 범하는 자가 있으면 모두 일본 사령관의 손을 거쳐 직접 형사 처분을 한다고 했다. 이 중 제4조에서 '당을 만들어 일본에 반항하거나 일본군에 대적하는 자', 제15조에서 '단체를 만들거나 신문과 잡지를 통해 치안 질서를 문란하게 하는 자', 제17조에서 '군사령관의 명령을 어긴 자'를 운운한바, 그 나머지는 미루어 알 수 있다.

왜국이 외국 파견 공사의 철수를 요구하다

12월에 왜놈들이 우리 정부를 억압하여 외국으로 파견한 공사들이 유명무실하여 국고만 허비하므로 모두 철수시키라고 요구했다. 또한 병제兵制가 미비하여 소요만 일어나므로 서울과 시골에 팔천 명의 군사만 남겨 두고 나머지는 모두 감축해서 내보내라고 했다. 조정에서는 머뭇거리며 결론을 내리지 못했다.

을사년 [1905, 고종 42년]

최익현이 오적을 죽이라고 상소하다

(광무 9년, 청나라 광서 31년, 일본 명치 38년) 1월에 최익현을 경기도 관찰사에 임명했지만 그가 상소하여 사양했다.

"신이 비록 보잘것없으나 어찌 관찰사 자리 하나 때문에 올라왔겠습니까. 신하가 죄를 지으면 귀양을 보내시든지 죽음을 내리시는 것이 옳습니다. 이익으로써 꾀어 떠나게 한다는 말은 들어 보지 못했습니다."

그러고는 나라가 어지러워 망하게 된 꼴을 두루 아뢰며 오적五賊을 저자에서 찢어 죽이라고 청했다.

각 항구를 담보로 천만 원의 차관을 들여오다

왜국에서 각 항구를 담보로 천만 원의 차관을 들여왔다. 정병원鄭秉源, 윤돈구尹敦求, 이학재李學宰 등은 나라 재정이 비록 궁색하지만 외국에서 차관을 들여오는 것은 옳지 않다고 하고는 안팎으로 통문을 돌려 백성들에게 의연금을 내도록 청했다. 백성들에게 자원하여 갚으라고 명하자, 왜놈들이 그들을 체포하여 심문한 뒤 열흘간 가두고 통문도 거둬들였다.

이때 전하는 말에 의하면, 왜국도 재정이 메말라 싼 이자의 미채米債를 갖고 와 우리나라에 비싼 이자로 꾸어 줬단다. 왜놈들은 우리 땅덩이를 빼앗으려고 했으나 아무런 핑계거리가 없으므로 우리 정부를 협박하여 억지로 차관을 쓰게 하고는 빨리 상환하지 못하게 했다. 또한 자금의 용도도 공예, 농업, 학습으로 한정했다. 그러나 이 돈은 서울과 인천항의 수도 설치비로만 사용했다. 민영기 등이 중간에서 갈취한 것만 해도 수십만 원이 되었다.

왜놈 헌병들이 경운궁 문을 지키다

2월에 왜놈들이 헌병을 보내 경운궁 문을 지켰다. 당시 사도邪道로써 임금을 미혹하는 자들이 헤아릴 수 없이 많았다. 어떤 자는 '구름을 타고 공중을 날아 순식간에 만 리를 달려 아라사와 왜군의 진지를 내려다본다'고 했고, 또 어떤 자는 '돌비를 내리게 해 만약 적군이 국경을 침범하면 그것으로 때려 부수겠다'고 했다. 요망스런 속임수로 사리에 어긋나는 말을 하는 것이 모두 이와 같았다.

민영환이 참정대신이 된 뒤 이들을 엄히 배척하라고 여러 번 청했지만 (임금이) 듣지 않았다. 마침내 왜국이 헌병을 보내 금하게 했으나 끝내 근절되지 않았다.

왜놈들이 최익현을 포천으로 돌려보내다

왜놈들이 최익현을 내쫓아 포천으로 돌아가게 했다. 저들은 최익현이 누차 상소를 올리자 치안에 방해가 된다며 억지로 사령부에 구금했다. 그러나 최익현이 "임권조과 장곡천은 어디 있느냐?"라고 큰소리치며 욕하기를 그치지 않자 며칠 뒤 가마에 태워 포천 옛집으로 돌려보내고 병참병을 시켜 그를 가두었다.

김도진과 허위도 최익현과 함께 감금되었다. 허위는 항변하며 굽히지 않아서 여러 달 동안 붙잡혀 있었고, 김도진만 풀려났다. 김도진이 잡혀갈 때 차에 오르면서 이렇게 말했다.

"오늘이 바로 청음[김상헌] 선조께서 심양으로 잡혀가시던 날이다."

이 말을 들은 사람들이 그의 기억력에 놀랐다.

최익현이 서울에 있을 때 어느 날 늦잠을 자고 있는데, 창밖에 사람들 소리가 요란하더니 왜놈 열댓 명이 문을 잡아당기며 외쳤다.

"우리 사령부에서 공을 부르니 함께 가셔야겠소."

"네 사령관이 누구냐?"

"장곡천 대장이오."

최익현이 버럭 화를 내며 말했다.

"나는 한국의 고관이다. 네 사령관이 할 말이 있으면 제가 올 것이지 어찌 나를 부르느냐?"

"사령관이 부르는데 어찌 말이 많소?"

왜놈들이 웃으면서 말하고는 일제히 달려들어 결박할 기세를 보였다. 최익현이 탄식했다.

"나라가 이토록 무력하니 일찍 죽지 않은 게 한스럽구나. 그러나 어처구니없이 욕을 당할 바에야 차라리 내 발로 가서 통쾌하게 욕이나 하자."

이어 말했다.

"결박할 필요 없다. 내가 가겠다."

왜놈들이 인력거를 불렀지만 최익현이 말했다.

"내 가마가 있는데 어찌 너희 수레를 타겠느냐?"

그러고는 세수를 한 뒤 두건을 쓰고 술을 두어 잔 마시고는 가마를 타고 떠났다. 그의 아들 최영조崔永祚도 따라갔다. 명동 사령부에 이르자 다른 사람은 문밖에 있게 하고 최익현 부자만 들여보냈다. 구례 장사꾼 강 아무개가 예전에 최익현을 만난 적이 있었는데, 마침 서울에 들어온 길에 최익현의 집을 찾아갔다가 압송되는 광경을 보았다. 그가 돌아와 내게 이 사실을 말해 주었다.

기독청년회와 헌정연구회가 활동하다

서울에는 청년회와 헌정연구회憲政研究會가 있었고, 삼남에는 공진회共進會가 있었다. 청년회는 야소구세주의耶蘇救世主義를 종교로 삼고 헌정회는 구미의 입헌정치를 본받은 것으로, 모두 서양 학문을 답습한 것이다. 공진회는 일진회를 배척하고 일어났다.

기독교청년회
1898년 독립협회가 해산하고 지도자들이 투옥되자 청년 지식인들이 기독교에 관심을 갖게 되었다. 이에 언더우드와 아펜젤러 선교사가 기독청년회를 구상한 뒤 북미 와이엠시에이[YMCA]에 한국 와이엠시에이를 창설하자고 건의했다. 그 결과 1901년에 전문 간사인 질레트가 파송되어 와서 배재학당에 학생 와이엠시에이를 구성한 뒤, 1903년 10월 28일에 비로소 창립총회를 열고 황성기독교청년회를 발족했다. 창립 오 개월 뒤 이상재와 윤치호 등의 독립협회 지도자들이 감옥에서 풀려나와 가입함으로써 청년회는 독립협회를 잇는 구실까지 했다. 황성기독교청년회는 1904년 종로2가에 지금의 대지를 마련하고 건물을 지었다. 현재의 명칭은 서울기독교청년회이고, 전국 조직은 대한기독교청년회연맹이다.

미국 공사 안련이 가고 모간이 부임하다

미국 공사 안련이 가고 모간摸杆〔에드윈 모건; Edwin V. Morgan〕이 대신 왔다. 안련은 우리나라에 머문 지 수십 년 되었는데, 돌아갈 때 사람들에게 탄식하며 말했다.

"한국 백성들이 불쌍하다. 내 일찍이 구만리를 돌아다녔지만 상하 사천 년에 한국 황제 같은 이는 처음 보는 인종이다."

왜국 승려가 정토종 교회를 창건하다

왜국 승려가 서울 명동에 정토종淨土宗 교회를 창건했다. 왜놈들은 평소 승려를 존경하여 왕공 이하가 다 동등한 예로 대했다. 그 떠돌이 승려들이 우리 서울에 들어와 단에 올라 불경을 설법하니, 청강하던 장관과 병사들이 숙연해져 감히 거스르지 못했다.

그때 우리 백성들이 왜놈들의 횡포를 근심했는데, 그들이 승려를 존경하는 것을 보고 정토종에 의탁하면 왜놈들과 맞설 수 있다고 생각하여 뒤질세라 쫓아다녔다. 나라 안에 (정토종 신자가) 가득하고 곳곳에 교회를 세우자 교활한 백성들은 그들에게 의지해 정토종 교패를 팔아 자기의 몸을 보호하고 재물을 불렸다.

엄비가 의친왕의 귀국을 막다

의친왕 이강이 부모를 뵈려고 미국에서 돌아오다가 일본에 이르렀는데, 임금이 전보를 띄워 오지 못하게 했다. 학자금 오만 원을 다시 부쳐 주며 미국으로 돌아가 유학을 마치게 했으니, 이는 엄비嚴妃의 뜻이었다.

유민들의 출국을 금하다

각 항구에 칙령을 내려 유민들이 해외로 나가는 것을 금했다. 근래 우리 백성들 가운데 포와布哇〔하와이〕로 흘러들어 간 자가 만여 명이나 되었다. 이들은 여러 차례 외부에 전보를 띄워 영사를 보내 보호해 줄 것을 요청했다. 이는 각국의 예에 따른 것이었다. 그러나 조정에서는 재정이 궁색하여 영사를 파견할 수 없었으므로 왜국의 포와 영사 제등간齊藤幹에게 같이 관리해 줄 것을 부탁했다. 그러나 유민들이 이를 거절하면서 외부에 전보를 띄워 우리나라 관리를 주미 공사로 파견해 달라고 했다. 사람들이 이 소식을 듣고 슬퍼했다.

왜놈 대정관일大庭寬一〔오바 간이치〕이 굶주리는 우리 백성들을 꾀어 남녀 수천 명을 배에 싣고 묵서가墨西哥〔멕시코〕로 가서 노예로 팔았다.* 묵서가 사람들이 농사짓는 데 그들을 소나 말처럼 학대하니, 도주하거나 죽어서 거의 다 없어졌다.

유학생 신태규申泰圭, 황용성黃溶性, 안정수安鼎洙, 박화중朴和重 등이 미국 상항桑港〔샌프란시스코〕에서 우리 정부에 편지

초창기 멕시코 이민 양력 1904년 12월 17일에 영국인 마야스가 일본인 대정관일에게 위촉받아 〈대한매일신보〉에 이민 모집 광고를 실었다. 3월 6일에 멕시코 이민 천삼십삼 명이 인천을 출발하여 5월 15일 유카탄 주 베라크루스에 상륙했다. 4월 1일 외부에서 하와이와 멕시코 이민을 엄금하라고 지시했다. 황제가 멕시코 이민의 참상을 듣고 8월 1일 소환책을 강구하라고 지시했다.

초창기 미주 지역으로 이주한 한국 농민들

1903년부터 1905년까지 하와이로 이주한 한국인은 약 칠천이백 명으로, 이 중 약 천 명이 다시 멕시코로 이주했다. 이들 초기 미주 이민자들은 처음에는 자유노동자로 떠났으나 현지에서의 생활은 혹독하기 이를 데 없었다.

를 보내 그들을 빨리 귀국시키라고 청원했다. 정부도 민망하게 여겼으나 계책이 없어 유민들의 출국을 막았다.

오랜 시간이 지나 윤치호에게 명하여 왜국에서 그곳으로 가 시찰하도록 했는데, 그가 6월에 포와에 이르렀지만 여비가 없어 그대로 돌아왔다. 어떤 자가 이렇게 말했다.

"묵서가에서 일하는 청나라 사람들이 부지런히 일하는 우리 백성들에게 밀리자 뜬소문을 퍼뜨려 우리 유민들이 건너오는 것을 계속해서 막았다."

지리산이 울고 지진이 일어나다

20일부터 지리산이 일주일간 울었고, 23일에는 지진이 일어났다.

왜놈들이 비석에서 왜적이라는 글자를 쪼아 없애다

4월에 정주군수 이교영李喬榮이 내부에 보고했다.
　"우리 군에 임금이 세운 비석이 있는데, 태조께서 원나라를 방어할 때 머무시던 자초지종과 선조께서 임진년〔1592, 선조 25년〕에 (피난하다) 수레를 돌린 일이 적혀 있습니다. 그런데 비문 가운데 '왜적이 침범했다'는 구절이 있는데, 일본군들이 지나다가 '왜적'이라는 글자를 쪼아 버렸습니다."

왜놈들이 동을 정으로 고치다

왜놈들이 서울에 와 살면서 '동洞'을 '정町'으로 고쳤다. 이현泥峴〔진고개〕은 본정本町이라 했고, 남산동·회동·주동은 합해서 남산정 또는 수정壽町이라 했다. 명동은 명치정明治町이라 했고, 죽동은 영락정永樂町이라 했다. 또한 각 도에 명해 민간이 소유한 마필을 조사해서 적어 보내라고 하고 토산마필통계표土産馬匹統計表를 만들었다.

왜국 선박의 하천 항행을 허하다

4월에 왜놈들이 내지 하천을 자유롭게 항행할 수 있도록 요구하여 허락했다. 황무지 개간이 철회된 뒤로 왜놈들은 자못 불만스러워했다. 그러나 우리나라에 건너온 왜놈들은 곳곳에서 간척하면서 태연자약했다.

올봄에도 왜국이 하천 항행안을 제안했을 때 참정대신 민영환이 힘을 다해 반대하여 상하가 그에게 의지했다. 그러나 민영환도 끝까지 반대하기 어려운 것을 알고 여러 차례 사직을 청해 자리에서 물러났다. 심상훈이 그를 대신했는데, 결국 허락하고 말았다.

아라사 함대가 대마도를 습격하자 왜군이 깨뜨리다

아라사 군이 왜국을 습격하기 위해 대마도 해협에 들어갔지만, 왜군이 반격하여 크게 깨뜨렸다. 아라사는 여순 항구를 잃은 뒤로 황해 항로가 끊어져 제2함대를 파라적해波羅的海〔발틱 해〕에서 출발시켜 인도양을 돌아 남중국해를 지나오게 했

러시아의 발틱 함대
1905년, 발틱 해에서 우리나라 동해까지 장장 십만 리를 돌아온 러시아의 발틱 함대는 대마도 어귀에서 왜군에게 완전 격멸되고 말았다. 이때 일본 해군 총사령관인 동향평팔랑이 없었더라면 일본은 결코 승리할 수 없었을 것이다. 당시 그가 사용한 전술은 후에 영국과 프랑스 해군도 이용하여 성공을 거두었다.

다. 십만 리를 돌아오는 데 팔, 구 개월이나 걸렸다. 함대가 대마도 어귀에 이르자 정탐하던 왜놈들이 이를 알고 요격할 준비를 했다. 손님과 주인의 형세가 달랐으므로 편안한 자세로 손님이 지치기를 기다렸다.

 결국 아라사가 크게 패하여 침몰하거나 붙잡힌 군함이 스물세 척이었고, 장교 이하 사망자가 수만 명이었다. 거제와 동래에서 동쪽으로 울릉도 바다에 이르기까지 어뢰 터지는 소리가 그치지 않았다. 왜국은 우리나라에 공문을 보내 상선의 항해를 금했다. 이 전쟁에서 왜국의 해군대장 동향평팔랑의 전공이 가장 뛰어났다. 왜국은 충도沖島 지방에 기념 등대를 세우고 동향등대라고 불렀다.

영국 주재 공사관의 이한응이 통분하여 자살하다

영국 주재 공사관의 참서관 이한응李漢膺이 자살했다. 왜국은 지난해부터 우리나라를 보호하고 책임지겠다고 거짓으로 신문에 보도하여 구미 각국에 퍼뜨렸다. 구미인들은 임시방편으로 그렇게 인정했다.

 이한응은 륜돈에 있었는데, 간혹 사람들이 그를 망국의 국민이라고 조롱했다. 이한응이 본국의 정황을 여러모로 생각했지만 다시 일어날 가망이 없었다. 사람들의 조롱이 참으로 마땅하다고 여겨지자 슬프고 분한 마음을 참을 수가 없었다. 이에 집으로 편지를 보내 자기의 심경을 알리고 약을 먹고 자결했다. 영국인들이 그를 의롭게 여겨 그의 시신과 유물을 본국으로 보냈다.

곳곳에서 의병이 일어나다

지평에서 이문호李文鎬가, 광주에서 구만서具萬書가, 원주에서 원용팔元容八이 의병을 일으켰다. 원용팔은 8월에 왜병에게 붙잡혔다.

적십자병원을 세우다

6월에 적십자병원을 세웠는데, 역시 서양법을 따른 것이다.

왜놈이 우리《여지승람》을 간행해서 팔다

7월에 왜놈 연상정조淵上貞助[후치카미 사다스케]가 우리나라의《여지승람輿地勝覽》을 간행해서 팔았다.

왜국 선박의 하천 항행을 허하자 우용택이 이하영을 꾸짖다

하천안河川案이 조인되자 우용택禹龍澤이 이하영을 방문하여 그의 얼굴에 침을 뱉으며 말했다.

"네가 나라를 팔아먹다 못해서 내지 하천의 항행까지 허락했구나. 이제 하천은 끝났으니 앞으로 또 무엇을 팔아먹겠느냐?"

그러고는 "역적을 죽이라"고 크게 고함치고는 이하영의 가슴을 차고 뺨을 쳤다. 형세가 험악해지자 이하영이 집안사람들을 불렀다. 하인들이 몰려들어 우용택을 때렸으나 그는 간신히 살아났다.

이에 앞서 우용택은 온양에 있는 이성렬李聖烈을 방문해서 시국에 대해 상소하라고 권했다. 그리하면 혹 임금이 만분의 일이라도 깨우칠 것이라고 여겼다. 그러나 이성렬이 시큰둥해하자 우용택이 크게 노하여 한주먹으로 그를 쳐서 쓰러뜨리며 쥐새끼 같은 놈이라고 욕했다. 그러고는 밖으로 나오면서 말했다.

"너 같은 놈은 죽일 가치도 없다."

일진회가 일본의 명령을 듣기 원하다

일진회의 윤시병과 송병준 등이 선언서를 게시했다. 그 대강의 뜻은 '나라가 위태롭고 망해 갈 조짐이 드러나니 공사와 대소를 막론하고 온 나라가 일본의 명령을 듣기 원한다'는 것이었다. 이는 10월에 억지로 체결하게 될 조약〔을사조약〕의 빌미가 되는데, 그 글을 잃어버려 기록하지 못했다.

아라사와 왜국이 강화하다

8월에 아라사와 왜국이 강화 조약(포츠머드조약)을 체결했다. 미국 신문에 의하면, 두 나라가 전쟁을 시작한 이래 아라사 군 사망자는 사십만 명이고 비용은 십팔억 불이며, 왜놈 사망자는 십칠만 명이고 비용은 십오억 불이다. 왜국은 나라가 작아 더 곤궁해졌으므로 몰래 미국에 뇌물을 바쳐 화의 주선을 부탁했다. 아라사도 전쟁을 지겨워하여 억지로 허락했다.

두 나라는 미국 수도 뉴육紐育(뉴욕)에서 강화 회담을 열기 위해 서로 위원을 선출해서 보냈다. 아라사는 우익덕禹益德(세르게이 비테; Sergius Witte)을, 왜국은 소촌수태랑小村壽太郎(고

포츠머드 회의
러일전쟁의 승패가 기울어져 가면서 일본은 막대한 전쟁 비용 때문에 지구전을 꺼렸고, 러시아 역시 불안정한 국내 정세로 전쟁이 빨리 끝나기를 바랐다. 이에 1905년 9월 5일, 미국의 중재로 라일강화조약을 체결했다. 그 결과 일본은 한국에 대한 지배권을 완전히 확보했고, 남사할린과 요동 조차권, 남만주 철도부설권도 손에 넣었다.

무라 주타로)을 보냈다. 이 회의는 아라사가 굴복해서 요구한 것이 아니었으므로 배상금은 논하지 않았다. 다만 (아라사는) 동삼성 철도를 양도하고, 요동에서 군사를 철수하며, 화태도樺太島(사할린)의 반을 떼어 왜국에 귀속시키기로 했다. 이에 왜국 백성들이 떠들썩하게 정부를 비난했는데, 병력을 보내 겨우 진정시켰다.

　이때 서재필이 미국에 있었는데, 한국을 저버린 왜국에 대해 한을 품고 여러 방면으로 운동하여 왜국을 제지하려고 했다. 아라사 위원 우익덕이 큰소리로 말했다.

　"일본이 갑오년(1894, 고종 31년)부터 앞장서서 한국의 독립을 약속했는데, 갑자기 이를 배반했다. 지금 (한국을) 집어삼키려는 형편이니, 과연 공법公法이 어디에 있단 말인가. 우리 아라사는 장차 열방과 함께 이를 밝히겠다."

　소촌수태랑이 아무 대답도 하지 못했다. 강화 조약을 체결할 때도 아무 말도 하지 못하고 황급히 마무리했다고 한다.

고관의 아내들이 부인회를 만들어 왜놈들과 놀아나다

이지용李址鎔, 이재극李載克, 민영환, 민영철, 민상호, 이하영 등 수십 명이 처의 부인회 설립을 들어주었다. 왜국 부인인 추원수일의 아내와 국분상태랑國分象太郎(구니와케 쇼타로)의 아내도 참여했다. 이지용의 아내 홍씨와 민영철의 아내 류씨는 총명하고 예뻤는데, 장곡천과 손을 잡고 입까지 맞추었으며 아무 때나 드나들어 추문이 자자했다.

고래 싸움에 등 터지는 조선
청일전쟁에서 러일전쟁까지

청일전쟁의 서막이 오르다 - 1882년 제물포조약

조미통상조약을 체결한 지 한 달도 안 된 1882년 6월 9일, 구식 군대인 무위영과 장어영 군사들이 일본공사관과 별기군을 습격한 사건이 발생했다. 정부가 신식 군대만을 우대하고 구식 군대에게는 급료조차 제때 주지 않자 구식 군대의 분노가 폭발한 것이었다. 이들은 개화 반대, 민씨 일가 타도를 내세우며 당시 병조판서이자 선혜청당상으로 있던 민겸호와 일본인 교관인 굴본예造堀本禮造 등을 살해했다. 명성황후 역시 피난길에 올라야 했다. 당시 섭정에서 물러나 절치부심하던 대원군 세력은 암암리에 이들을 배후 조정하여 일시적으로 재집권하는 데 성공했다.

사태가 이 지경에 이르자 민씨 세력은 청나라에 도움을 요청했다. 당시 청나라는 조선에서 일본의 영향력이 커지는 것을 경계하던 터라 조선의 요청에 만족해하며 즉각 병력을 보내 대원군을 납치해 갔다. 이때부터 청군은 본격적으로 조선에 장기 주둔하며 내정에 깊숙이 간여하기 시작했다. 일본 역시 군란 당시 가까스로 탈출한 화방의질花房義質 공사와 병력을 보내 자신들이 입은 피해에 대한 보상을 요구했다. 이에 1882년 8월 30일 조선 대표 이유원과 김굉집은 일본 대표 화방의질과 제물포조약을 체결했다. 이로써 일본은 조선에 군사를 상주시킬 수 있게 되었다. 이제 서울 거리에는 청군과 일본군이 나란히 활보하는 진풍경이 펼쳐졌다.

청나라와 일본 간의 일시 휴전 — 1885년 천진조약

일본의 후원 아래 일어난 갑신정변이 삼 일 만에 막을 내리면서 청나라는 조선에 대한 지배권을 한층 과시했다. 그러나 청나라는 베트남에 대한 지배권을 둘러싸고 프랑스와 싸워 크게 패함으로써 조선에 역량을 집중할 수 없는 처지였다. 이때 일본이 조선의 자주 독립 보장을 명분으로 조선에 주둔하고 있는 두 나라 병력을 동시에 철수할 것을 제시했다. 청나라는 갑신정변이 실패하면서 일본에 우호적인 세력도 제거되었다고 보고 1885년 4월 18일 일본과 천진조약을 체결하여 군사를 동시에 철수하기로 합의했다. 그러나 이 조약은 앞으로 조선에 중대한 정치적 변란이 일어날 경우 병력을 출동시킬 수 있다는 정당성을 부여한 것으로, 훗날 동학란 진압 때 두 나라 군사가 출병하게 된 근거가 되었다.

청나라, 조선에서 물러가다 — 1895년 시모노세키조약

1894년에 일어난 동학농민운동은 전주성을 함락하면서 절정에 이르렀다. 이에 큰 충격을 받은 정부는 그 수습책으로 청나라에 파병을 요청하기로 했다.

청일전쟁을 위해 인천에 상륙한 일본군

그러나 이는 청나라와 일본 가운데 어느 한쪽이라도 조선에 군사를 출동시킬 경우 다른 한쪽도 자동으로 파병할 수 있다는 천진조약의 내용을 간과한 것이었다.

청나라는 조선에게 파병 요청을 받고 약 이천의 병력을 아산에 상륙시켰다. 그러자 일본은 청군보다 훨씬 많은 병력을 조선에 배치했다. 이로써 동학농민운동은 민란을 넘어 국제적 분쟁으로까지 확산될 조짐을 보였다. 상황이 이러하니 농민군도 계속 투쟁을 고집할 수는 없었다. 결국 그들은 열두 개 조의 폐정 개혁안을 제시한 뒤 정부와 화해했다.

그러나 일본군은 더는 군사를 주둔시킬 명분이 없어졌는데도 물러날 기미를 보이지 않았다. 그들은 이때야말로 자신들의 오랜 숙원을 풀 첫 단계로 보고 조선의 내정 개혁을 명분으로 내세웠다. 이에 1894년 7월 23일 경복궁을 장악하고는 자신들에게 유리한 개혁안을 추진했다. 이틀 뒤에는 아산 근해의 풍도 앞바다에서 청나라 군함을 공격함으로써 청일전쟁의 닻을 올렸다. 이어 천안 부근의 성환에서 청군을 패퇴시킨 일본은 계속 승승장구하여 9월 15일 평양전투에서도 완승을 거두었다.

1895년 4월 17일, 일본은 청나라와 시모노세키조약을 체결함으로써 조선에서 청나라를 완전히 축출했다. 아울러 일본은 대만과 요동 반도까지 손에 넣음으로써 중국에 대한 침탈 경쟁에도 뛰어들었다. 이로써 청나라는 동아시아 질서의 주역 자리를 일본에게 넘겨주어야 했다.

러시아마저 물러나다, 1905년 포츠머드조약

청일전쟁을 승리로 이끈 일본은 한반도는 물론 요동 반도까지 곧 집어삼킬 듯했다. 그러나 만주로 세력 확장을 꾀하던 러시아가 독일, 프랑스와 함께 일본을 압박하고 고종이 아관파천을 단행하면서 일본의 기세도 한풀 꺾였다. 그러나 장차 일본이 명실상부한 제국주의 국가로 발돋움하기 위해서는 조선을 완전히 장악하는 것이 불가피했다. 러시아 역시 동아시아에서 세력 팽창을 추구

침몰하는 러시아 함정

했으므로 지정학적으로 유리한 조선을 결코 양보하려고 하지 않았다. 결국 대한제국의 중립화 선언에도 불구하고 1904년 2월 8일 러일전쟁이 시작되었다.

동향평팔랑東鄕平八郞 제독이 이끄는 일본 연합 함대는 인천과 뤼순 항구에 이르러 정박 중이던 러시아 함대를 격침했다. 전쟁은 일본에 유리하게 전개되었다. 일본은 1905년 1월에 뤼순을 점령했고, 3월에는 만주의 요충지인 선양에서도 승리를 거두었다. 그 사이 러시아는 무적의 발틱 함대를 보냈지만 지구를 반 바퀴나 항해하여 칠 개월 만에 일본 대마도 해협에 도착했다. 일본 함대는 기진맥진한 발틱 함대를 완전 격파함으로써 사실상 전쟁의 승패를 굳혔다.

계속되는 패전으로 러시아는 전쟁 수행 의지를 상실했고, 일본 역시 지구전으로 가는 것을 부담스러워했다. 이에 루즈벨트 미국 대통령의 중재로 1905년 9월 5일 양국 사이의 전쟁을 끝내는 포츠머드조약을 체결했다. 그 결과 일본은 한반도에서의 우월권을 완전히 인정받았고, 러시아는 전쟁 배상금을 지불하지 않는 대신 뤼순과 다롄의 조차권과 만주 이남의 철도 부설권을 일본에게 넘겨줘야 했다. 이제 동아시아에서 일본을 가로막을 자는 아무도 없었다.

이기와 나인영이 왜국 황제에게 독립을 보장하라고 요구하다

전 주사 이기, 오기호吳基鎬, 나인영羅寅永이 왜국으로 들어가 황제에게 글을 올려 '일본은 마땅히 옛 약속을 지켜 한국의 독립을 보장하라'고 논했다.

> 이제 전쟁국과 강화 조약을 맺었고 개선군의 예식도 거행하여 먼 나라의 백성들도 모두 칭송합니다. 하물며 우리 외신外臣들은 우방에 살면서 이와 입술처럼 반드시 서로 돕는 처지이니, 더 말할 필요가 있겠습니까. 한국과 일본 두 나라는 동양에 속하여 서로 이웃해 있어 형제와 같습니다. 근세에 백인들이 동아시아에 흘러들어 와 그 세력을 막을 수 없게 되었지만, 우리 한국이 약하고 작으면서도 두려워하지 않는 것은 오직 귀국이 있기 때문입니다. 그러므로 갑오년[1894, 고종 31년]에 대한 독립을 주창한 나라도 귀국이

오기호와 나인영
1905년, 열강에게 국권 수호를 호소하기 위해 포츠머드 회의에 참석하고자 했으나 일본의 방해로 뜻을 이루지 못했다. 11월에 이등박문이 한국으로 건너가 외교권을 박탈할 것이라는 보도가 나오자, 두 사람은 이등박문과 일왕에게 장문의 글을 보내 저지하려 했으나 실패했다. 그 뒤 을사오적 암살을 도모했으나 그 역시 실패했다. 후에 민족 종교인 대종교를 만들어 독립운동에 헌신했다.

었고, 갑진년〔1904, 고종 41년〕에 대한 독립을 논한 나라도 귀국이었습니다.

만주에서 전쟁이 벌어졌을 때 천하가 의로운 전쟁이라 칭했습니다. 처음 여순에서 이기고 그 다음 봉천에서 이겨 깃발과 북이 향한 곳마다 용기가 백배했으니, 이 때문에 전승을 거둔 것입니다.

올해 8월 강화 회담을 시작할 때 외신들은 '전쟁에 이기면 게을러지기 쉽고, 성공하면 교만해지기 쉽다. 이 회담은 우리 한국과 큰 관계가 있으므로 앉아서 보고만 있을 수 없다'고 생각했습니다. 이에 바다를 건너 일본으로 와서 정부 관계자들에게 서신을 보내 (우리 의견을) 알리고 회답을 기다린 지 벌써 몇 달이나 되었습니다.

그러나 공포한 조약서를 보면 '정치상·군사상·경제상의 탁월한 이익' 등의 구절이 있는데, 이는 독립의 의의와 많이 어긋나는 것 같습니다. 그러나 이 말이 혹 적국〔아라사〕의 희망을 끊으려는 계책에서 나온 것이라면 오히려 이해할 수 있습니다. 그런데 요즘 '보호국' 같은 말이 신문에 실리면서 우리 한국인들이 울분으로 들끓으니, 덕이 뒤집혀 원망이 되고 은혜가 번복되어 원수가 되었습니다. 외신의 생각으로는 이것이 폐하의 뜻은 아닌 것 같으니, 어찌된 일입니까?

갑오년〔1894, 고종 31년〕 8월 1일에 내린 칙서를 보면 이러합니다.

"조선은 본래 내가 밝힌 것처럼 구주나 아시아의 여러 나라와 마찬가지로 자주국임이 분명하다. 그런데 청나라가 속국으로 여기고 음양으로 꾀고 위협하며 내정을 간섭하니, 짐이 명치 15년 조약[제물포조약]에 의거해 군대를 보내 만일의 사태에 대비하고자 한다. 이는 조선으로 하여금 영원히 화란을 면하고, 장래의 치안을 보전하며, 동양 전체의 평화를 유지하려는 것이다."

갑진년[1904, 고종 41년] 2월 10일에 내린 칙서는 이렇습니다.

"우리 제국이 한국에 대해 그 위치를 보전한 것이 하루 이틀의 연고가 아니니, 한국의 존망은 참으로 제국의 안위와도 관계가 있다. 아라사가 맹약에도 불구하고 만주를 점거했으니, 만주가 아라사에 귀속된다면 한국의 보전도 지탱할 수 없고 극동의 평화도 희망할 수 없다. 그러므로 짐은 이 기회를 헤아려 시국을 타개하려고 한다."

이 두 칙서는 한 가지 뜻을 담고 있는데, 일월처럼 밝고 금석처럼 믿음직스럽게 이미 천하에 널리 퍼졌습니다. 옛사람이 말하길 '필부도 빈말은 하지 않는다'고 했으니 하물며 황제 폐하야 더 말해 무엇 하겠습니까. 그러므로 외신은 요즘의 일이 폐하의 뜻이 아니라고 하는 것입니다.

고금을 두루 훑어보면 덕과 힘이 서로 번갈아 커졌다가 작아지는데, 덕이 힘을 이기면 잘 다스려지고 힘이 덕을 이기면 어지러워졌으니, 이것이 천지의 당연한 이치입니다. 폐하의 성聖·신神·문文·무武를 생각해 보니 등극하신 지 삼십팔 년 만에 나라를 부강하게 하시어 동양의 패자로 우뚝 섰으니, 어찌 다른 술책이 있었겠습니까. 이는 천하에 신의를 잃지 않았기 때문입니다.

엎드려 폐하께 비오니 전쟁에서 이겨 공을 이룬 것으로 경계를 삼으시고 반드시 동아시아의 황인종을 생각하시어 우리 한국이 독립하여 함께 의지하며 살게 해주십시오. 그리하신다면 우리 한국만 행복할 뿐만 아니라 귀국도 행복해질 것입니다.

김택영이 청나라로 망명하다

9월에 전 참서관 김택영金澤榮이 바다를 건너 청나라로 들어갔다. 김택영의 자는 우림于霖이고 호는 창강滄江으로, 진양 사람이다. 고려 때부터 대대로 개성에 살았으며, 일찍부터 문장으로 이름나 신묘년[1891, 고종 28년]에 진사가 되었다.

갑오년[1894, 고종 31년]에 정부에서 주사로 임명했지만 억지로 나아갔을 뿐 좋아하지 않았고, 당시 집권자들도 그가 물정에 어둡다고 하여 바쁜 자리가 아닌 학부學部로 보냈다. 특별히 보좌원 자리를 만들고 편찬 업무를 맡게 했는데, 적은 녹봉 때문에 조석을 겨우 이어 갔다. 늙어서 아들도 없이 서울 셋집에서 살았는데, 세상일에 뜻이 없고 즐겁지가 않았다. 올해 봄에 친구인 황현에게 이런 편지를 썼다.

김택영
1850(철종 1년)~1927. 어린 시절부터 고문과 한시를 공부했고, 이십 대 전후에는 이건창과 교유하며 문명을 얻기 시작했다. 을사조약으로 나라의 장래를 통탄하다가 1908년 중국으로 건너갔다. 한문학사의 마지막을 장식한 대가로서, 시에서의 황현과 문에서의 이건창과 병칭된다. 우리나라 고문의 전통과 맥락을 체계화하여 《여한구가문초麗韓九家文抄》로 정리했다.

"세상 돌아가는 일을 알겠으니, 늙어서 섬놈의 노예가 되느니 차라리 소주蘇州와 절강浙江에서 더부살이로 살다 세상을 마치는 것이 낫겠네. 그대도 나를 따라 노닐겠는가?"

과연 그는 그 말대로 실행했다. 얼마 뒤 나라에 변〔을사조약〕이 생기자 온 세상이 그를 푸른 하늘에 우뚝 솟은 소나무처럼 높게 여겼다.

이에 앞서 상해 사람 장건張謇이 오장경을 따라 우리나라에 왔는데, 김택영과 안면이 있어 그 뒤에도 여러 차례 소식을 전했다. 장건은 과거에 급제하여 고을을 맡았는데, 김택영이 그를 찾아갔다. 장건은 마침 남통주南通州의 각관榷關에서 벼슬하고 있었는데, 그를 데리고 관서로 가서 한림묵관翰林墨館에 머물게 했다.

김택영이 떠날 때 아내와 딸 두 식구를 데리고 갔는데, 통주에 이르러 아들 하나를 낳았다. 이름이 광호光虎로, 아명은 희랑喜郎이다. 그는 정미년〔1907, 순종 1년〕여름에 황현에게 편지를 보내 이렇게 말했다.

이등박문이 정권 박탈 계획을 세우고 내한하다

10월 13일에 왜국 대사 이등박문이 왔다. 아라사와 왜국이 강화 조약을 맺고 아라사가 동삼성 철도를 왜국에게 돌려주며 관할하라고 허락하자, 원세개가 큰소리를 쳤다.

"마관조약에서 일본이 먼저 조선 독립을 입증하고서는 이제 와서 보호 조약을 맺으려 하니, 이는 맹약하지 않은 것이다. 조선은 우리의 속번屬藩으로 삼백 년이나 내려왔으니, 하루아침에 왜국에 복속되기보다는 예부터 속한 청나라에 의존하는 것이 마땅하다. 또한 동삼성은 우리 시조가 태어나신 중요한 곳이니, 아라사가 제멋대로 넘겨주는 것을 어찌 용납할 수 있겠는가."

이에 왜국은 이등박문을 우리나라에 보내 정권을 빼앗아 청나라의 희망을 영영 끊으려 했고, 청나라에는 소촌수태랑을 보내 원세개와 담판하게 했다. 이에 (둘은) 동시에 출발했다.

이등박문
러일전쟁에서 승리를 거둔 일본은 조선에 대한 보호국화 정책을 더욱 노골화했다. 그들은 이등박문을 전권대사로 파견해 온갖 협박과 회유를 일삼으며 무장 해제를 서둘렀다.

포와의 우리 백성들이 〈신조신문〉을 창간하다

미국 영토 포와에 사는 우리 백성들이 기금을 각출해 신문사를 설립하고 국문으로 된 신문을 발행했는데, 이름을 〈신조신문新朝新聞〉이라 했다.

왜놈들이 을사조약을 강제로 체결하게 하다

21일[경신] 밤, 왜놈들이 대궐을 침범해 신조약을 강제로 성립시키고, 참정대신 한규설을 면직해 유배했다.

　이등박문이 도착하자 장안이 흉흉해져 변란이 일어날까 의심했다. 장안 사람들은 내부대신 이지용, 외부대신 박제순, 군부대신 이근택李根澤, 학부대신 이완용李完用, 농부대신 권중현權重顯 등이 입을 다물고 관망하거나 몰래 서로 일을 꾸민 것이라고 생각했다. 이날 밤에 구완희具完喜, 박용화朴鏞和 등이 왜군을 이끌고 궁궐 담을 에워싸며 대포를 설치했다. 이등박문과 임권조, 장곡천이 곧바로 어전에 들어가 다섯 개 조항의 신조약을 내어 놓고 임금께 서명을 요구했지만 임금이 듣지 않았다. 구완희가 위협하며 말했다.

　"이러시면 벽력이 떨어집니다."

　임금이 벌벌 떨면서 결단을 내리지 못했다. 그때 이지용 등이 입시해 있었는데, 참정대신 한규설이 분노하며 말했다.

　"나라가 망하더라도 이 조약은 허락할 수가 없다."

　이등박문이 온갖 방법으로 협박하고 꾀었다. 임금이 말했다.

"이것은 외부의 일이니 대신에게 물어야 한다."

박제순이 주사를 불러 외부 직인을 가져오게 하여 찍게 했다. 임금은 끝내 도장을 찍지 않았고, 한규설도 찍지 않았다. 오직 외부대신 이하 각 부 대신들만 찍었다. 한규설은 강제 조인이 이미 끝난 것을 보고 분노하며 절규했다. 이등박문이 임금의 명을 거짓으로 꾸며 그를 삼 년간 유배 보냈다.

이로써 장안 백성들은 기운을 잃고 방방곡곡에서 백 명, 천 명씩 무리 지어 "나라가 이미 망했으니 우리는 어떻게 살란 말이냐?" 하며 크게 부르짖었다. 그들은 미친 듯 취하고 슬프게 울부짖었으며 몸 둘 곳이 없는 사람처럼 웅크리고 다녔다. 밥 짓는 연기도 오르지 않아 정경이 참담했으니, 마치 전쟁이라도 치른 듯했다. 왜놈들은 군대를 보내 순찰하며 비상경계를 펼쳤지만 마주앉아 욕하는 것까지 막을 수는 없었다. 그렇게 한 달이 지났다.

이지용이 (도장을 찍고) 나오면서 어떤 사람에게 말했다.

"나는 오늘 최지천崔遲川*이 되기를 바란다. 우리가 아니면 나랏일을 누가 하겠는가."

최지천 병자호란 때 적극적으로 청나라와 화의를 주장한 지천遲川 최명길崔鳴吉을 가리킨다. 인조가 청나라 태종에게 항복하는 과정에서 계속 싸울 것을 주장하던 김상헌이 우리측의 강화 문서를 찢으며 통곡하자, 최명길이 이를 주워 모으며 "조정에는 이 같은 문서를 찢어 버리는 자가 반드시 있어야 하고, 나 같은 자도 없으면 안 된다"고 했다. 그 뒤 여러 차례 청나라에 드나들면서 그들의 무리한 요구를 잘 달래었다. 조정에서 청나라에 반대하는 움직임이 있을 때도 김상헌과 함께 청나라에 잡혀 들어가 영의정으로서의 책임을 다했다.

이등박문이 오적의 집을 지켜 주다

이등박문이 군사를 보내 오적五賊 등의 집을 돌며 지키게 했다. 당시 사람들이 이지용 등을 가리켜 '오적'이라 했다.

을사오적
1905년 11월 9일, 일본은 군대를 동원하여 왕궁을 포위한 가운데 을사오적을 앞세워 '보호 조약'을 강요했다. 이 조약에 따라 일본은 한국의 외교권은 모두 빼앗고, 통감부를 설치하여 실질적인 식민지 지배에 들어갔다. 조약의 진상이 알려지자 백성들은 통분하여 거리로 뛰쳐나와 나라를 팔아먹은 을사오적을 규탄했다. 왼쪽부터 이완용, 박제순, 이근택, 권중현, 이지용이다.

이근택의 집으로 따라간 계집종이 옛 주인 한규설의 집으로 돌아오다

이근택의 아들은 한규설의 사위다. 한규설의 딸이 시집올 때 계집종 하나를 데리고 왔는데, 세상에서 말하는 교전비轎前婢라는 것이다. 이때 이근택이 대궐에서 돌아와 땀을 흘리며 숨찬 소리로 아내에게 억지로 맺은 조약에 대해 이야기했다.

"내가 다행히도 죽음을 면했소."

계집종이 부엌에 있다가 그 말을 듣고는 부엌칼을 들고 나와 꾸짖었다.

"이근택아. 네가 대신까지 되었으니 나라의 은혜가 얼마나 큰데, 나라가 위태로운 판국에 죽지도 못하고 도리어 '내가 다행히 살아났다'고 하느냐? 너는 참으로 개나 돼지보다도 못하다. 내 비

한규설
1848(헌종 14년)~1930. 1905년 일본의 강요로 을사조약이 체결될 때 끝까지 굽히지 않자 결국 대궐 수옥헌 골방에 감금 당했고 참정대신직에서도 파면 당했다.

록 천한 종이지만 어찌 개, 돼지의 종이 되고 싶겠느냐? 내 힘이 약해서 너를 반 토막으로 베지 못하는 것이 한스럽다. 차라리 옛 주인에게 돌아가겠다."

그러고는 뛰어서 한규설의 집으로 돌아왔다. 그 계집종의 이름은 잊어버렸다.

을사조약의 내용

다섯 개 조항의 내용은 이러하다.

> 제1조 - 이제부터 한국의 외교 사무는 일본 동경 외무성의 감리와 지휘를 받으며, 또한 한국 신민 가운데 외국에 있는 자의 이익은 일본의 외교 대표자와 영사가 일체 보호한다.
> 제2조 - 한국과 다른 나라 사이에 현존하는 조약을 완전하게 실행하는 책임은 모두 일본이 맡는다. 또한 한국 정부는 이제부터 일본 정부의 중개를 거치지 않으면 국제적 성격을 띤 어떤 조약도 체결할 수 없다.
> 제3조 - 일본 정부는 그 대표자로서 통감統監 한 명을 한국 황제 밑에 두어 외교 사항을 전적으로 관리하게 한다. 통감은 경성에 주재하며 친히 대궐에 들어 한국 황제를 알현할 권리가 있다. 일본 정부는 또한 한국의 개항장과 기타 필요한 땅이라고 인정하는 곳에 이사관理事官을 두어 권리를 갖되, (이사관은) 통감의 지휘 아래 전날 (주 한국 일본) 영사의 임무를 관장하고 모든 직권을 집행하며, 아울러 본 협

약의 조문을 실행하기 위해 필요한 모든 사무를 맡아 처리한다.

제4조 – 일본과 한국 두 나라 사이에 현존하는 조약 가운데 본 협약의 조문에 저촉되는 것을 제외한 그 밖의 것은 모두 그 효력이 유지된다.

제5조 – 일본 정부는 한국 황실의 유지와 안녕과 존엄을 보증한다.

황성신문사를 폐쇄하다

황성신문사를 폐쇄했다. 왜국은 아라사와 전쟁을 시작한 뒤로 패전할 경우 신문이 바로 (그 소식을) 전해 민중을 선동할

장지연과 〈황성신문〉 사설
을사조약이 체결되자 〈황성신문〉은 '이날에 목 놓아 통곡하노라[是日也放聲大哭]'라는 사설에서 "우리 이천만 동포여, 살아야만 하는가, 죽어야만 하는가. 아아, 원통하고 애통하도다"라며 호소했다. 이를 집필한 장지연은 투옥되었고, 〈황성신문〉은 정간당했다.

까 봐 사장 장지연張志淵에게 강요하여 간행할 때마다 반드시 자기네 공관을 먼저 거치게 했고, 허가를 받은 뒤에 배포하도록 했다. 이때 장지연이 격분하여 (을사조약의) 시말始末을 그대로 실어 곧바로 배포하자 이등박문이 크게 노하여 장지연을 잡아 가두고 신문사를 폐쇄했다. 이제 그 기사를 왼편*에 기록한다.

〈황성신문〉이 을사조약의 체결 과정을 자세히 밝히다

10월 14일 7시에 이등박문이 입성하여 손택孫澤〔손탁; Sontag〕* 여인의 집에 묵었다.

15일에 임금을 뵙고 일본 황제의 친서를 전했다. 그 내용을 요약하면, '짐이 동양의 평화를 유지하기 위해 특별히 대사를 보냈으니, 한결같이 대사의 지휘를 따르는 것이 좋습니다' 는 것이고, 또 '국제적인 방어는 짐이 반드시 공고히 하겠으며, 황실의 안녕도 짐이 보증하겠다' 는 것이었다.

18일에 이등박문이 인천에 갔다가 19일에 서울로 돌아와서 오후 3시에 서기관 국분상태랑과 제실帝室 심사국장 박용화와 함께 임금을 뵈었다. 이등박문이 다섯 개 조항을 임금께 올렸는데, 요약하면 이러하다.

1. 외부를 폐지하고 일본 동경에 외교국을 설치하며, 내외의 외교권을 일본에게 맡긴다.
2. 경성에 주재한 일본 공사를 통감으로 개칭한다.

* 왼편 예전에는 한문을 세로로 오른쪽에서 왼쪽으로 써 내려갔다. 요즘의 한글 책은 가로로 아래쪽으로 써 내려가므로, 이 책에서는 아래가 되는 셈이다.

* 손택 1895년에 그녀는 고종에게서 경운궁 건너편〔정동 29번지〕에 있는 땅 백팔십사 평과 집을 하사받았는데, 이 집은 외국인들의 집회소 구실을 하다가 청일전쟁 뒤로 정동구락부 모임 장소로 이용되었다. 1902년 10월에 옛집을 헐고 서양식 2층집을 지어 호텔로 사용했는데, 러일전쟁 중에는 영국의 처칠도 하룻밤 묵었다.

3. 한성과 각 개항장의 영사관을 이사관으로 개칭한다.

위의 세 건을 허락해 달라고 요청하자 임금이 말했다.

"짐이 들으니 요즘 각 신문이 '보호 조약'의 내용을 요란하게 보도한다고 하는데, 짐은 작년 귀국 황제의 선전宣戰 조칙에 '한국의 독립을 돕는다'는 구절이 있었고 한일의정서에도 '독립을 보증한다'는 말이 분명히 있어 이 같은 뜬소문을 믿지 않았소. 게다가 이번에 후작이 친히 사명을 띠고 왔으므로 대단히 환영하며 다행스럽게 여겼소. 그런데 이러한 요구는 참으로 뜻밖이니 어찌 평소 생각이나 했겠소?"

이등박문이 계속 강경하게 요구했다.

"이번 조약은 신이 스스로 생각한 것이 아니라 실로 본국 정부의 명령을 받든 것입니다. 이 일을 만약 인준하신다면 비단 두 나라만 행복한 것이 아니라 동양의 평화도 영원히 유지될 것이니, 속히 인준해 주십시오."

임금이 말했다.

"역대로 입국 규모에 관한 큰일이 있으면 정부의 대소 관리와 시원임대신時原任大臣과 재야의 유현, 신사, 인민에 이르기까지 반드시 널리 알려 그들의 생각을 물어서 결정한바, 짐 혼자 마음대로 결정할 수 있는 것이 아니오."

이등박문이 또 아뢰었다.

"인민이 제멋대로 논의하면 마땅히 병력으로 진정하겠으니, 폐하께서는 두 나라의 우의를 특별히 생각하시어 곧 처분을 내려 주십시오."

임금이 말했다.

"이 조약을 인준하면 곧 나라가 망하게 되니, 짐은 차라리 사직을 위해 죽을지언정 절대 허락할 수가 없소."

이렇게 서로 버티더니 네댓 시간이 지나서야 (이등박문이) 이야기를 마치고 물러섰다.

20일 오후 3시에 이등박문이 참정대신 이하 각 대신들과 경리원경經理院卿 심상훈을 대사관으로 불러서 다섯 개 조항을 제출하고 일일이 간청했다. 각 대신들이 강력히 반대했다. 시간을 끌며 서로 따지기만 하다가 밤이 깊어서야 끝내고 곧 대궐로 들어가 임금께 아뢰었다. 이등박문이 다시 박제순을 공관으로 불러다 위의 조약에 대해 의논했다.

21일 오후 2시에 (이등박문이) 공사 임권조를 시켜 각 대신들을 공관으로 불러 간절히 요청했지만 대신들은 여전히 반대했다. 임권조가 어전 회의를 열자고 청했으나 대신들이 반대하고 모두 대궐로 들어갔다. 임권조도 뒤따라 들어갔다. 결국 여러 대신들이 어전 회의를 열고 모두 '부否' 자를 쓰니, 임권조가 옆에서 뚫어지게 쳐다보았다.

얼마 뒤 일본군들이 대궐로 들어와 수옥헌漱玉軒을 철통같이 포위하고 총칼을 수풀처럼 늘어세웠다. 장곡천과 이등박문이 함께 들어와 회의를 열라고 다시 청하자 참정대신 한규설이 안 된다고 고집했다. 이등박문이 한규설의 손을 잡고 여러 가지로 간청하고, 또 궁내부대신 이재극에게 임금을 뵙게 해달라고 청했다. 마침 임금은 목이 아프다는 핑계로 거절했다. 이등박문이 만나기를 고집하자 임금이 말했다.

"만날 필요가 없소. 정부로 가서 대신들과 협의하시오."

이등박문이 물러나며 말했다.

덕수궁 중명전
경운궁에 딸린 접견소 겸 연회장으로, 을사조약이 체결된 비운의 장소다.

"폐하께서 이미 협약을 허락하셨으니 다시 회의를 엽시다."

곧 정부 주사를 불러 해당 안건을 기초하라고 명했다. 한규설은 단번에 바로 반대하고, 법부대신 이하영과 탁지부대신 민영기도 부 자를 썼다. 외부대신 박제순도 부 자를 썼다가 그 밑에 주(註)를 달아 이렇게 말했다.

"위의 문건에서 자구를 조금 고친다면 마땅히 인준하겠소."

이등박문이 말했다.

"어찌 어려울 게 있겠소."

그러고는 붓을 들어 두세 군데를 고치고는 다시 논의하게 했다. 참정대신 한규설과 법부와 탁지부 두 대신은 또 부 자를 썼고, 그 밖의 대신들은 일제히 '가(可)' 자를 썼다. 한규설이 몸을 일으켜 임금을 뵈려고 했으나 들어갈 수가 없었다. 이에 곁방으로 들어갔는데, 잠시 뒤 추원수일이 일본 순병을 이끌고 한규설을 붙잡아 수옥헌 곁방에 가둔 뒤 좌우에서 지켰다. 이등박문이 들어와 한규설을 보고 온갖 협박과 유혹으로 달래자 한규설이 정색하고 대답했다.

"나는 이 몸으로 순국할 것을 결심했으니 다시 무슨 말을 하겠소?"

이등박문이 화를 내며 말했다.

"칙령이 있다면 어떻게 하시겠소?"

한규설이 말했다.

"사직이 중하고 임금이 가벼운바 비록 칙령이 있다 해도 결코 받들 수 없소."

이등박문이 크게 노하여 말했다.

"그렇다면 불충한 신하요."

결국 물러나와 궁내부대신 이재극으로 하여금 임금께 아뢰게 했다.

"한규설이 칙령을 받들지 않겠다고 하니 이는 큰 불충입니다. 청컨대 그의 벼슬을 파면하소서."

또 박제순에게 외부의 직인을 가져오게 하면서 말했다.

"참정대신이 비록 도장을 찍지 않았지만 그래도 상관없소. 나머지 여러 대신들이 도장을 찍었으면 됐소."

이에 다른 대신들이 일제히 도장을 찍었다. 장곡천과 이등박문도 그제야 물러갔다. 그 사이에 이미 하룻밤이 지나 22일 오전 2시가 되었다.

한규설은 이등박문 등이 물러가는 것을 보고 혼자 내정부로 갔다. 조금 뒤 각 대신들이 모두 모였는데, 그제야 이미 각자 도장을 찍은 것을 알고는 한바탕 통곡했다. 박제순도 따라 울었다. 한규설이 박제순을 꾸짖으며 말했다.

"오늘 아침 만났을 때 공도 반대의 뜻을 보이며 '겁먹고 도장을 찍을지도 모르니 도장을 연지蓮池에다 던지겠다'고 하시더니 결국 이렇게 되었소?"

그러고는 곧바로 정부 관리를 불러 차箚를 지어 임금께 아뢰었다.

"법부와 탁지부 이외에 여러 대신들과 조약을 초안한 주사 세 사람을 면직하고, 조약을 유중留中하십시오."

을사조약 소식을 듣고 홍만식이 자결하다

전 참판 홍만식이 을사조약 체결 소식을 듣고 자결했다. 이때 그는 여주 여막에 머물며 손님과 장기를 두고 있었는데, 조약이 강제로 체결되었다는 소식을 듣고는 낯빛 하나 변하지 않고 판을 끝냈다. 천천히 장기 알을 거둬 통에 담고는 손님을 보내면서 말했다.

"내가 일이 있으니 그대는 그만 가게나."

곧 옷차림을 단정히 하고 집 뒤에 있는 아버지 묘소에 가서 아뢰고는 돌아와 가묘에 절한 뒤 독약을 섞어 마시려고 했다. 그의 아들 홍표洪杓가 울부짖으며 독약을 엎어 버리자 홍만식이 물러가라고 꾸짖으며 말했다.

"(네가 내 죽음을 말리는) 정리情理는 참으로 당연하다만 나라가 이 지경에 이르렀는데 어찌 죽지 않을 수 있겠느냐. 갑오년[1894, 고종 31년]에 우리 집안이 신원된 것부터 나라가 망할 징조였다. 나라의 기강이 이러했으니 어찌 오늘과 같은 변이 일어나지 않을 수 있겠느냐. 내가 죽은 뒤에는 하얀 관에

차 간단한 서식의 상소문.

신원 갑신정변 때 홍영식이 죽자 영의정을 지낸 그의 아버지 홍순목과 홍영식의 처도 모두 자살했다. 홍영식의 아들은 홍순목이 독약을 먹여 먼저 죽였다. 갑오개혁 뒤 김홍집 내각은 홍순목의 벼슬을 회복시켜 주었고, 역적으로 죽은 홍영식의 죄도 씻어 주었다.

넣어 처사處士라 쓰고, 선영에 장사 지내지 말아라. 너도 살아 있는 동안에 죄인으로 지내고, 내 뜻을 저버리지 말아라."

홍표가 다시 청했다.

"한번 상소하시어 혹 깨닫기를 기다려 보십시오. 만일 듣지 않는다면 그때 목숨을 끊으셔도 늦지 않습니다."

홍만식이 탄식했다.

"지금의 사태를 알 만하니 충성스런 말도 무익하다. 할 말을 다한들 무슨 소용이 있겠느냐?"

그러고는 독약을 먹고 숨을 끊었다. 홍만식은 홍순목의 아들로 큰아버지 홍순경洪淳敬의 양자로 들어갔으며, 홍영식과는 사촌 형제다. 그러나 (홍영식이) 역적으로 죽은 것을 몹시 부끄럽게 생각하여 수십 년간 짚방석에 베옷 차림으로 지내면서 죄인을 자처하다가, 이때 이르러 이처럼 태연하게 자결했다. 사람들이 그를 더욱 어질다고 여기면서 슬퍼했다.

이등박문이 정부에 두루 뇌물을 돌리다

이때 이등박문이 돈 삼백만 원을 갖고 와서 정부에 두루 뇌물을 돌려 조약을 성립시키려고 했다. 여러 역적들 가운데 좀 약은 자는 그 돈으로 넓은 농장을 마련하고 시골로 돌아가 편안히 쉬었으니, 권중현 같은 자가 그러했다. 이근택과 박제순 등도 이 돈 덕분에 갑자기 부자가 되었다.

오적을 처형하라고 상소한 조병세를 왜놈들이 잡아 가두다

11월 1일, 왜놈들이 조병세를 잡아 가두었다. 조병세는 두 번째 상소 뒤 대안문 밖에다 거적을 깔고서 임금의 윤허를 받지 않으면 맹세코 물러나지 않겠다고 했다. 왜놈들이 군사를 보내 그를 잡아 정동 헌병소에 가두었다.

시종무관장 민영환이 백관을 이끌고 상소하다

시종무관장侍從武官長 민영환이 조병세를 대신해 상소를 올리는 우두머리가 되었다. 백관들을 이끌고 상소했으나〔그 글을 잃어버려 싣지 못했다. — 원주〕임금이 윤허하지 않았다.

민영환이 유서를 남기고 자결하다

11월 4일, 민영환이 스스로 목을 찔러 자결했다. 〔줄임〕 그가 각국 공사들에게 고하는 유서는 이렇다.

> 민영환이 나라를 잘 다스리지 못해 국세國勢와 민계民計가 이 지경에 이르렀으니, 오직 한 번 죽음으로써 황은을 갚고 이천만 동포에게 사죄하노라. 죽는 자는 그만이지만 이제 우리 이천만 인민이 장차 생존 경쟁 속에서 남김없이 멸망할 텐데, 귀 공사는 어찌 일본의 행위를 살피지 않는가?

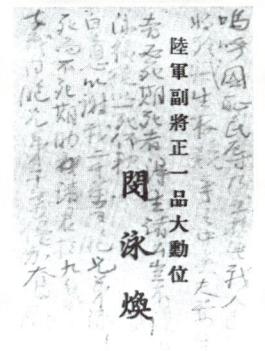

민영환과 그의 유서

호조판서 민겸호의 아들로 입양된 민영환[1861(철종 12년)~1905(고종 42년)]은 일찍이 서구의 신문물에 눈을 떠 민씨 일가에서는 거의 유일하다시피 개혁성을 띤 인물로 분류된다. 을사조약 체결 후 조약 완전 파기와 을사오적 처형을 골자로 한 상소를 몇 차례 올렸지만 요구가 받아들여지지 않자 1905년 11월 30일 이완식의 집에서 자결했다. "오호라 국치 민욕이 이에 이르니 우리 인민은 장차 생존 경쟁에서 진멸될 것이다. 대저 살려고 하는 자는 반드시 죽고 죽음을 기약한 자는 살리니……"로 시작하는 이 유서는 그가 남긴 다섯 통의 유서 중 국민에게 보낸 것으로, 명함 앞뒤로 적혀 있다.

귀 공사 각하께서 다행히도 천하의 공의를 중히 여겨 돌아가 귀 정부와 인민에게 보고해 우리 인민의 자유와 독립을 도와준다면, 죽은 자도 지하에서 마땅히 웃으며 감사할 것이오. 아아, 각하께서 우리 대한을 경시하거나 우리 인민의 충심을 오해하지 말기 바라오.〔남겨 놓은 상소문도 있었지만 잃어버려 싣지 못했다. — 원주〕

특진관 조병세가 각국 공사들에게 글을 보내고 자결하다

특진관 조병세가 독약을 마시고 자결했다. 왜놈들이 조병세를 구금했다가 하룻밤을 지낸 뒤 석방했는데, 그가 민영환의 부음을 듣고 탄식하며 말했다.

"나도 죽어야 옳다."

손님이 말리면서 말했다.

"그냥 죽는다면 이로울 게 없으니 조금만 기다리십시오."

조병세가 말했다.

"내가 죽지 않으면 죽는 날 어찌 문약文若〔민영환의 자〕을 대하겠소?"

그러고는 소매에서 아편을 꺼내 삼켰다. 이용직李容稙이 그의 사위였는데, 그때 곁에 있다가 곧바로 싣고 자기 집으로 돌아갔지만 잠시 뒤 숨이 끊어졌다. 왜놈들이 이 소식을 듣고 의사를 데리고 가서 진단하려고 했지만 이용직이 크게 꾸짖었다.

"우리 대한의 대신이 나라를 위해 스스로 목숨을 끊었는데 어찌 너희가 참견하느냐? 죽어서도 모욕을 주려는 것이냐?"

왜놈들이 놀라서 물러갔다. 조병세는 죽음을 앞두고 상소문을 남겼으며, 각국 공사관에도 글을 보냈다.

조병세가 지난번 일본 사신이 강제로 조약한 일을 각국 공사 각하에게 알렸지만 끝내 회답을 얻지 못했습니다. 걱정스럽고 분한 마음이 가득하여 죽음으로 나라에 보답하고자 합니다. 엎드려 바라건대 공사 여러분께서는 이웃 나라와의 우의를 생각하시고 약소함을 불쌍히 여기시어 공동으로 협의해 우리의 독립권을 회복해 주소서. 조병세는 죽어서도 마땅히 은혜를 잊지 않고 갚겠습니다. 정신이 어지럽고 숨이 차서 더는 무슨 말을 해야 할지 모르겠습니다.

매천야록 제5권

을사년 〔1905, 고종 42년, 을사조약 후〕

민영환과 조병세에게 충정이라는 시호를 내리다

을사년〔1905, 고종 42년〕 11월, 민영환과 조병세에게 시호를 충정忠正이라 내렸고, 홍만식에게는 충정忠貞이라고 내렸다. 민영환의 시호는 처음에 충문忠文이라고 했다가 고쳤다.

민영환을 용인에 장사지내다

21일에 민영환을 용인에 장사지냈다. 임금께서 친히 층계를 내려와 전송하면서 경례를 표시했다. 각국의 공사와 영사들도 모두 와서 조의를 표했고, 관을 어루만지며 몹시 슬퍼했다. 위로는 고관에서부터 아래로는 시골의 종, 아낙네, 거지, 승려에 이르기까지 길을 메워 울며 보내니, 곡성이 언덕과 들판을 뒤흔들었다. 전동에서 한강에 이르기까지 겹겹이 인파로 뒤덮여 진을 친 것 같았으니, 영구를 보내는 무리가 이렇게 많은 것은 근고에 없는 일이었다. 시골의 무인 한 아무개가 장지에서 민영휘閔泳徽를 보고 말했다.

"자네도 호상하러 왔는가? 자네는 민가가 아닌가? 어떤 민가는 죽고 어떤 민가는 죽지 않는 것인가? 자네가 나라를 망쳐 오늘에 이르렀으니 한 번 죽어도 속죄할 수 없거늘 충정공의 영구를 따라오다니 하늘이 두렵지 않은가? 빨리 가게나. 가지 않았다간 내 군화 끝에 채여 죽을 것일세."

이에 민영휘가 잠자코 나왔다. 듣는 자들이 통쾌하게 여겼다.

왜놈들이 각 항구에다 이사청을 설치하다

12월에 왜놈들이 각 항구에 이사청理事廳을 설치하고 예전 영사가 하던 일을 수행했다.

일진회가 〈국민신보〉를 창간하다

일진회가 〈국민신보〉를 창간했는데, 그 논조는 왜놈들의 풍속을 받아들여 서로 호응하자는 것이었다. 사람들이 기관 신문이라고 했는데, 민간인들은 그들을 미워하여 사 보는 사람이 없었다. 이에 관리들에게 억지로 맡기고 신문 값을 강제로 받아 갔다.

손병희가 돌아와 동학을 천도교라고 개칭하다

천도교 괴수 손병희가 왜국에서 돌아왔다. 그는 여러 망명객

천도교 중앙대교당
1904년 손병희의 뜻으로 조직된 진보회는 본래 동학교도들이 기존 정치 체제의 개혁 세력으로 참여하기 위한 기구였으나, 이용구의 주도 아래 송병준의 일진회와 합하면서 친일 단체로 변질되었다. 이에 손병희는 교정 일치를 철회하고 종교로서의 동학을 고수하는 방침으로 바꾸었다. 1905년 교명을 천도교로 바꾸고 새로운 교리와 체제를 확립했다.

들과 결속하고 본국의 간사한 소인배들과 몰래 통하여 일진회를 설립했는데, 이때 왜놈들을 끼고 귀국했다. 일진회 회원들 중 그를 맞이한 자가 수만 명이나 되었다. 이때부터 교당을 세우고 연설하여 무리를 끌어들였고, '동학'을 '천도교'로 개칭했다. 또한 '시천주조화정영세불망만사지侍天主造化定永世不忘萬事知'라는 열세 자를 글자마다 뜻을 풀어 신문에 반포했다. 윤시병과 송병준 등도 그를 받들어 종주로 삼았다.

기산도가 이근택을 죽이려다 실패하다

기산도奇山度가 이근택을 암살하려다 실패했다. 기산도는 기우만奇宇萬의 조카로, 약관의 나이에 머리를 깎고 사관학도가 되어 이근택의 집을 드나들었다. 조약이 강제로 통과하자 그는 이근택이 한 짓을 분하게 여겨 칼을 품고 가서 찔러 죽이려 했다. 그의 움직임이 수상하여 이근택이 잡아 심문했다. 기산도가 말했다.

"너희 오적을 죽이려는 자가 어찌 나 한 사람뿐이겠느냐? 다만 너를 죽이려다 서툴러 탄로 난 것이 한스러울 뿐이다. 어찌 발각되고 말았는가. 오적을 모두 죽이려고 했으므로 시간을 끌다가 이렇게 된 것이다. 일의 성패는 하늘에 달렸으니, 물어서 무엇 하겠는가. 너 역적 놈아. 오늘 나를 흔쾌히 죽여라."

남원에 사는 노영현盧永鉉도 이 사건에 연루되어 함께 왜군 사령부에 구속되었다. 기우만이 도내에 통문을 띄워 오적

시천주조화정영세불망만사지 '천주를 모시면 조화가 정해지고, 영세토록 잊지 않으면 모든 일을 알 수 있다'는 뜻이다.

을 토멸하라고 청했는데, 그 뒤 그가 어디로 갔는지는 알 수 없다.

왜국 유학생들이 자퇴하다

왜국 유학생 삼십여 명이 본국에서 조약이 강제로 체결된 것을 듣고 문부성에 서류를 제출하고 모두 퇴학했다.

병오년 [1906, 고종 43년]

이근택이 자객에게 찔리다

(광무 10년, 청나라 광서 32년, 일본 명치 39년 1월에) 이근택이 첩의 방에서 자다가 자객을 만나 열댓 군데나 찔렸지만 죽지는 않았다. 이때 (범인이) 대청 위에 가짜 수염을 떨어뜨리고 갔으므로 장사꾼들을 잡아다 수염을 사 간 사람을 추적해 보니, 이근철李根哲이라는 자의 소행이었다. 그는 심문 과정에서 수염을 달고 대청에 올라가기는 했지만 실제로 찌르지는 않았다고 했다. 이근택은 병원에 들어간 지 몇 달 만에 완치되었다. 이때 오적이 크게 놀라 왜군들을 자기 집으로 보내 출입을 엄히 통제했다. 사람들이 그 자객을 둔적鈍賊이라고 했다.

이등박문이 오자 일진회가 환영하다

2월에 왜국 통감 이등박문이 내한하자 일진회가 '환영'이라는 두 자를 크게 써서 남대문에 걸었다. 이때 이등박문의 나이가 66세였으나 소년처럼 건강했다.

차관이 모두 천육백오십만 원이나 되다

왜국 흥업은행興業銀行에서 차관 천만 원을 들여왔는데, 백 원에 연 이자 육 부 오 리였다. 전국의 해관海關을 담보로 하여 상환 기간을 십 년으로 했으며, 오 년 이내에는 상환하지 않기로 했다. 발행 가격은 백 원당 구십 원을 받기로 했다. 참정대신 박제순과 탁지부대신 민영기가 이 일을 주관했다.

    지난해 처음으로 삼백만 원을 차관으로 들여왔고, 다시 이백만 원, 다시 백오십만 원을 들여와 모두 천육백오십만 원이나 되었다. 그런데 중간에서 착복해 매국노를 도왔으니, 애급埃及[이집트]과 같은 꼴이 되는 것도 장차 멀지 않았다.

온 나라에 의병이 일어나다

경기도, 강원도, 충청도, 경상도에서 의병이 크게 일어났다. 강제로 을사조약을 체결한 이래 온 나라가 들끓으니, 모두 대나무를 꺾어 깃발을 내걸고 왜놈들을 죽이라고 소리쳤다.

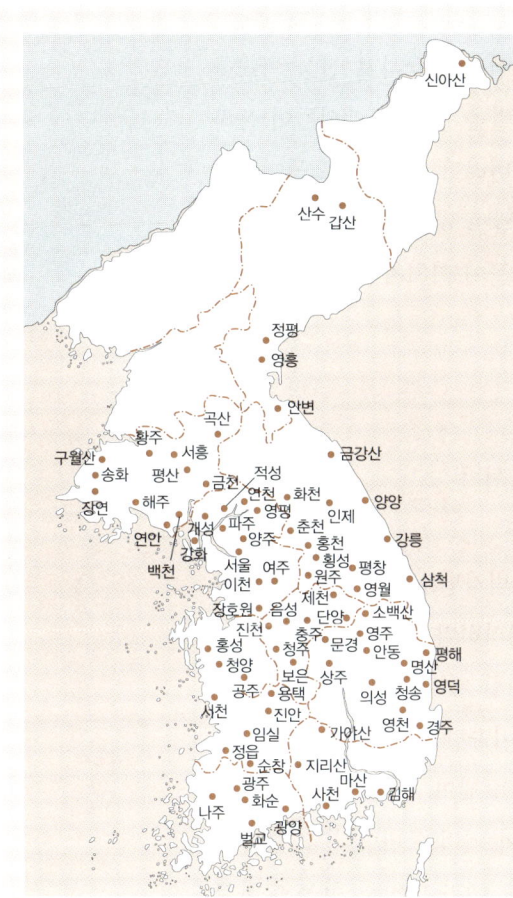

구한말 의병들의 주요 봉기지

한말 의병 봉기는 크게 1894~1896년의 제1차 봉기와 1905~1910년의 제2차 봉기로 나눌 수 있다. 제1차 의병 봉기는 청일전쟁과 갑오개혁으로 일본의 침략이 노골화된 시기에 일어났다. 제2차 의병 봉기는 '을사의병', '정미의병'이라고도 불리는데, 전국의 유생과 농민이 봉기하여 가히 독립전쟁이라고 할 수 있을 만큼 큰 저항 운동으로 발전했다.

관동 지방에서 처음 시작하여 곳곳에 메아리쳤는데, 인심이 차츰 분발하여 일어났다. 그러나 무기도 없고 기율도 없어서 비록 천 명, 백 명씩 무리를 지었다 해도 왜군 수십 명만 만나면 달아났다. 어쩌다 한두 번 험한 지형에 의지해 저들의 빈틈을 찔러 목을 베거나 사로잡은 적도 있었지만, 저들이 패한 사실을 깊이 숨겼으므로 그 소문이 멀리까지 미치지 않았다.

경북관찰사 신태휴가 민간의 서당을 금하고 신식 학교를 개설하여 영을 어기는 자에게는 벌을 주었다. 백성들이 분하고 원통하게 여기며 '성학聖學을 버리고 사교邪敎로 들어가게 한다'고 하여 의병이 되는 자가 날로 많아졌다. 오직 전라남북도는 조금 멀리 떨어져 있어 소문이 미치지 않아 기치를 세우고 맹세하는 자들이 없었다.

미국 공사가 게을러 좋은 기회를 놓치다

3월 미국 거니성巨尼城의 유학생 박장법朴長法이 신문사로 편지를 부쳤는데, 그 내용은 대략 이러하다.

"작년에 일본과 아라사가 담판할 때 미국에 사는 우리 백성 칠천여 명이 윤병구尹炳球와 이승만李承晩을 대표로 보내 대통령을 찾아뵙고 '미국의 도움을 받아 우리 한국이 일본의 굴레에서 벗어나 세계의 평등국이 되기를 바란다'고 했습니다. 대통령이 기꺼이 허락하면서 '내가 마땅히 힘을 다하겠다. 그러나 국제적인 격식이 있으니 귀국 공사의 교섭이 오기를 기다렸다 응하겠다'고 했습니다. 윤병구 등이 빨리 (주미) 대리공사 김윤정金潤晶에게 이 사실을 알렸지만, 김윤정이 그 공로가 자기에게서 나오지 않았으므로 본국에서 그런 명령이 없다고 핑계를 대며 고집을 부려 끝내 기회를 잃고 말았습니다."

왜놈들이 독도를 자기 영토라고 주장하다

울릉도에서 바다 동쪽으로 백 리 되는 곳에 한 섬이 있는데, 독도獨島라고 한다. 예전에 울릉도에 속했는데, (4월에) 왜놈들이 자기 영토라고 우기며 살펴보고 갔다.

참판 민종식이 의병을 일으키다

전 참판 민종식閔宗植이 의병을 일으켜 홍주로 들어갔다. 민종식은 판서 민영상의 아들로, 보호국이 된 것을 통분히 여겨 재산을 팔아 사람을 모으고 무기를 사들였다. 이에 충청도 백성 가운데 따르는 자가 날로 많아졌다. 그들은 남포군과 보령

구한말 의병들
제2차 의병 봉기 때 충청도와 전라도에서는 척사파의 거두인 민종식과 최익현 등 양반 유생들이 일어났고, 강원·충북·경북 접경 지대에서는 신돌석·정순현·이하현 등이 이끄는 의병 부대가 농민 무장 집단과 결합하여 반일 항전을 거세게 벌여 나갔다.

군 등 여러 군을 습격하여 무기를 거두고 순찰하는 왜군을 사로잡아 목을 벤 뒤 20일 홍주에 입성했다. 이에 앞서 왜군이 홍주성은 믿을 만하다면서 포병 약간 명과 대포 십여 대를 설치했는데, 모두 민종식이 차지했다. 문을 나누어 지키니, 그 위세가 대단했다.

김낙영이 비기 스물여섯 자를 얻다

김낙영金樂永이란 자가 철원 황제봉 밑에 사악재祀岳齋를 세우려고 터를 닦다가 비기秘記 스물여섯 자를 얻었다. 이를 궁내부에 바치자 깨끗한 땅에 도로 묻으라고 하여 끝내 무슨 글자인지 알 수 없었다.

홍주 의병이 패하여 민종식이 달아나다

윤4월에 홍주 의병이 패하여 민종식이 달아났다. 왜군들은 민종식의 군사가 막강하다는 소문을 듣고 두 개 중대를 보내 우리 군사 백오십 명과 함께 남하했다. 그들은 처음 도착했을 때의 기세를 몰아 곧바로 홍주성을 포위했다. 왜군이 앞줄에 섰는데, 민종식이 대포를 쏘아 왜군 오십여 명을 죽였다. 왜군이 군사를 거두고 물러나자 민종식이 군사를 나누어 성을 지켰다. 아전 하나가 자청해서 남문을 지키겠다고 하자 사람들이 말했다.

"먼저 일을 일으켜 성에 들어온 자는 사대부인데, 아전이 참여하는 건 남들에게 부끄럽지 않겠는가."

이에 그를 허락하지 않았다. 아전은 의병들이 반드시 패할 것이라고 생각하고 9일 밤에 몰래 동문을 열어 왜군을 불러들였다. 어두운 밤이라 대열이 크게 어지러워 의병들은 맞서 싸우지도 못하고 사방으로 흩어져 달아났다. 이때 육십여 명이 죽고 백여 명이 사로잡혔다. 민종식은 정예병을 뽑아 포위망을 뚫고 달아났다. 홍주성 십 리 안의 밀과 보리가 군사와 말에게 짓밟혀 모두 뭉개졌다.

민영환의 피 묻은 옷에서 죽순이 나오다

민영환이 죽은 뒤 그가 자결할 때 쓴 칼과 피 묻은 옷을 모두 영상靈床 뒷마루에 간직했는데, 5월에 부인 박씨가 그 옷을 볕에 쪼이려고 보니 옷 밑에 죽순이 돋아나 있었다. 펼쳐 보니 모두 네 개의 뿌리에 아홉 개의 줄기가 있었는데, 가늘기가 벼마디 같고 뿌리가 얽힌 것이 실 같았다. 마룻바닥 기름종이 사이에 붙어서 겨우 대 모양을 이루었는데, 약해서 부지할 수도 없었다.

온 장안 사람들이 모여들어 구경했는데, 한 달간이나 인산인해를 이루었다. 서양 상인들도 와서 마치 처음 죽었을 때처럼 술을 따르며 곡했고, 장안 백성들도 이를 그림으로 그리거나 목판에 새겨 팔았다. 청나라 사람들도 시를 지어 노래했는데, 우리나라에 전해진 것만 해도 두루마리를 이루었다.

왜놈들이 진해만과 영흥만을 빼앗아 군항으로 삼다

6월에 왜놈들이 경상남도의 진해만과 함경남도의 영흥만을 강제로 빼앗아 군항軍港으로 정하고, 우리 군사가 확장되면 돌려주겠다고 약속했다. 웅천은 진해에서 수백 리나 떨어졌는데도 항구 구역으로 편입되어 백성들이 다 흩어졌다. 마치 난리를 만난 것 같았다.

왜놈들이 최익현을 잡아 대마도로 압송하다

7월 8일〔계묘〕에 왜놈들이 최익현을 잡아다 대마도에 가두었다. 최익현과 임병찬林炳瓚 등이 사령부에 갇힌 지 두 달이 지났는데도 저항하며 굽히지 않자, 왜놈들이 마침내 등급을 나누어 형을 정했다. 김기술金箕述 이하 아홉 명은 태 백 대를 때려 석방했고, 고석진高石鎭과 최제학崔濟學은 사 개월을 더 수감했으며, 최익현과 임병찬은 함께 대마도 위수영衛戍營으로 유배했다. 문인 자제와 고관 유생 삼십여 명이 배웅하면서 통곡하다 실성하자 최익현이 웃으면서 말했다.

"그대들은 이렇게 할 필요가 없소. 거듭 폐를 끼치고도 죽지 못한 것이 부끄럽소."

그러고는 흔연히 수레에 올라타고 떠났다. 최익현의 아들 최영조와 임병찬의 아들 임응철林應喆이 부산항까지 따라갔지만 왜놈들이 칼을 휘두르며 쫓아 통곡하며 돌아왔다.

이에 앞서 민종식이 패하자 휘하에 있던 이식李植, 유준근

일본으로 압송되어 가는 최익현
1906년 74세의 고령의 나이로 전북 태인에서 의병을 일으켜 보국하고자 한 최익현은 끝내 뜻을 이루지 못하고 대마도로 끌려가 그곳에서 순국했다. 역사적 현실에 바탕을 둔 그의 사상과 이념은 일제 강점기 독립운동의 원천이 되었다.

柳濬根, 신현두申玄斗, 이상두李相斗, 남경천南敬天, 안항식安恒植, 최중일崔重一, 문석환文奭煥, 신보균申輔均 아홉 명이 붙잡혔다. 왜놈들이 그들을 위수영으로 보내 가두고는 가혹하게 학대하니, 그 괴로움을 참지 못했다. 최익현이 이르자 왜놈들이 매우 존경하여 조금 느슨하게 감금했으므로 이식 등이 그를 의지했다.

서우학회와 한북흥학회를 세우다

9월에 평안도 사람들이 서울에 서우학회西友學會를 세웠고, 이어 함경도 사람들이 한북흥학회漢北興學會를 세웠다. 충청도·

전라도·경상도에서 강원도에 이르기까지 차례로 학회가 일어났는데, 모두 서울에 본회를 두고 지방에 지회를 두었다. 이로써 학교와 단체가 나라 안에 가득했다.

학교는 특히 평안도에 많았는데, 용천 한 군에만 약 스무 개나 되었다. 그러나 관립, 공립 학교는 모두 왜놈들의 견제를 받아 자유롭게 활동할 수가 없었다. 사립학교는 조금 덜 얽매였지만 재력이 부족해 일어났다가 없어지는 곳이 줄을 이었다.

단체는 문학, 종교에서 공예, 미술에 이르기까지 그 이름이 천백이나 되었다. 그러나 우두머리인 자들은 안면만 바꿔 이름이나 밝히고 이득이나 낚으려는 자들이 대부분이어서, 진실로 운영할 생각은 없고 그저 얘깃거리로 삼는 데만 그쳤다. 경상經商을 외치는 자들도 송곳만큼의 이익을 가지고 다툴 뿐 원대한 계획이 없었다. 이득이 될 만한 것은 왜놈들이 다 차지했으므로 우리 국민의 소득은 거칠고 지저분한 것뿐이었다.

개화한 지 약 십 년이 지났지만 그 효과는 바람을 잡는 것 같았다. 그러나 보고 듣는 것이 차츰 바뀌면서 사상도 조금씩 새로워져서 학교와 단체는 없어지면 안 된다고 여기게 되었다. 갑오개혁 이전에 비하면 참으로 뚜렷하게 달라졌다.

영국인 배설이 〈매일신보〉를 창간하다

영국인 배설裵說[베델; E. T. Bethell]이 서울에 신문사를 설립하고 〈매일신보每日申報〉라 했다. 박은식朴殷植을 초빙하여 주필로 삼았는데, 그는 황해도 사람으로 본래 경술經術을 좋아하고 신학문에도 밝았으며 논의도 자못 바탕이 있어 장지연과 백중을 다투었다.

그때 영국은 비록 왜국과 동맹 관계에 있었지만 왜국의 횡포가 날로 심해지자 꺼리지 않는 자가 없었다. 배설은 본국 정부에 기대 신문을 발간하여 왜놈 꾸짖는 것을 주지로 삼았다. 박은식은 붓과 혀로 쌓인 분노를 풀었으며, 돌아보거나 꺼리는 것도 없이 마음대로 논평하고 공박했다. 왜놈들이 이를 걱정하여 우체사에 부탁해 신문을 지방으로 배달하지 못하게 했다. 게다가 박은식까지 구속하여 사령부에 가두니, 배설이 크게 노하여 찾아가 꾸짖었다.

"천하에 개명한 나라라고 칭하면서 신문을 금하는 데가 있더냐? 너희가 박은식을 가두었으니, 나를 가둔 것이나 마찬

〈대한매일신보〉 한글판과 영문판
1904년 2월 러일전쟁을 일으킨 일본군이 우리나라에 주둔하면서 민간 신문에 대한 사전 검열을 강행했는데, 이 검열망을 뚫을 수 있는 길은 당시 일본과 군사 동맹을 맺고 있던 영국을 배경으로 신문을 발행하는 것이었다. 이에 1904년 7월 18일 영국인 배설을 발행인으로 하여 〈대한매일신보〉를 창간했다. 이 신문은 민족 진영 애국지사들의 적극적인 지원을 받아 배일 사상 고취에 힘써 우리 국민들에게 큰 위안을 주었다.

가지다. 너희가 이처럼 나를 꺼린다면 나도 마땅히 신문사를 철폐하겠다. 그러나 나는 우리 정부의 인가를 받고 자본금 삼십만 원으로 이 신문사를 세웠으며, 그 기한도 삼십 년이다. 너희가 내 신문사를 철폐하려면 삼십만 원을 배상하고 아울러 삼십 년간의 이자를 배상하라."

이에 왜놈들이 공손히 사과하며 박은식을 내보냈다. 배설이 또 따졌다.

"신문사가 날마다 이천 원씩 수금했는데, 정간 이틀분인 사천 원은 누가 보상하느냐?"

왜놈들이 옳다고 하고는 사천 원을 내주었다. 배설이 돌아와 그 사천 원을 박은식에게 주면서 말했다.

"이걸로 진정하시오."

이때 안팎에서는 왜놈들의 소행을 분하게 여겼지만 위축되어 감히 한마디도 꺼내지 못했다. 각 신문이 의병을 폭도나 비류匪類라고 불렀지만, 〈매일신보〉만은 당당히 '의병'이라 했다. 조금도 굽히지 않고 변론하고 왜놈들의 악독함을 들추어 모두 폭로했으므로, 서로 다투어 구독했다. 이에 신문이 달려 일 년도 채 안 되어 일일 발행 부수가 칠, 팔천 부에 이르렀다.

이지용의 아내가 자신의 이름을 짓고 왜놈들과 정을 통하다

이지용이 특파대사로 일본에 갔다. 이는 이등박문이 통감으로 유임하기를 청하고, 폐고閉錮된 이준용과 박영효 문제를

다루기 위함이었다. 이때 이지용의 아내 홍씨가 이름을 이홍경李洪卿이라 하고 함께 갔다. 예부터 우리나라 부녀자들은 이름을 쓰지 않고 다만 아무개 씨라고만 했다. 이때 왜국 풍속을 본받아 저마다 자기 이름을 써서 사회에 진출했는데, 이홍경에서 시작된 것이다.

이홍경은 처음에 왜국 관리 추원수일과 정을 통했고, 또 국분상태랑과도 통했으며, 나중에는 장곡천호도와도 통했다. 추원수일이 질투했으나 드러내지 않았다. 왜국 풍속에 남녀가 서로 만나면 으레 손을 잡고 입을 맞춰 친밀감을 표시했는데, 추원수일이 귀국할 때 이홍경이 배웅 나와 입을 맞추며 혀를 그의 입에 들이밀자 추원수일이 그 혀를 깨물었다. 이홍경이 아픔을 참고 돌아오자 장안 사람들이 〈작설가嚼舌歌〉를 지어 비웃었다. 이홍경은 일어와 영어를 했고, 양장 차림으로 이지용의 손을 잡고 길거리를 돌아다녔다. 이따금 인력거를 타고 얼굴을 드러낸 채 권련을 물고 우쭐거리며 달렸는데, 길 가는 사람들이 눈을 가렸다.

처음에 이지용은 허랑방탕하여 임금에게 자주 꾸중을 들었는데, 이홍경이 엄비에게 드나들면서 임금의 뜻을 돌려놓아 마침내 권세를 잡았다. 이에 이지용이 아내의 방자한 행동을 막을 수가 없었다. 이지용이 이홍경과 찍은 사진을 사랑 대청에 걸어 놓았는데, 이따금 종놈이 막대를 들어 그 음부를 찌르며 "여기가 왜놈의 구멍이다" 하면서 서로 낄낄댔다. 왜놈들 또한 질시하여 이홍경이 왜놈들과 끌어안은 모습을 찍어서 팔았는데, 열흘에서 한 달 사이에 장안에 나돌았고 개항장까지 퍼졌다고 한다.

일진회가 천도교 일파와 결합하여 시천교를 만들다

10월에 일진회 회장 이용구李容九 등이 을사조약 기념 잔치를 베풀었다. 이달 20일은 을사조약을 억지로 체결한 지 일 주년이 되는 날이었다. 회원들은 경축 잔치처럼 여겼지만 조야에서는 통분했다. 이용구 등이 대소 관리들을 초청했지만 한 사람도 참석하지 않았고 오직 광산국장 최상돈崔相敦만 갔다.

이 무렵 왜놈들이 일진회까지 억압하자 회원들이 의지할 곳을 잃어 기세가 날로 시들어 갔다. 지방에서는 그들을 차츰 형률로 다스리기 시작했고, 평민들도 떼 지어 일어나 그들을 구타하자 세력이 차츰 흩어졌다.

결국 이용구가 천도교와 합하려 했지만 손병희가 거절했다. 이에 이용구는 일진회를 '시천교侍天敎'라 고쳐 부르고 지

이용구와 일진회
손병희와 함께 최시형의 수제자이던 이용구(1868(고종 5년)~1912)는, 러일전쟁을 계기로 동학교도를 중심으로 진보회를 조직했다가 송병준의 회유로 일진회와 통합했다. 노골적으로 일제의 앞잡이 노릇을 하는 그에 대해 손병희는 출교 처분을 내렸고, 이에 그는 따로 시천교를 만들어 교조가 되었다.

회장을 교구장이라 하여 (천도교와) 서로 섞이기를 바랐으나 기맥이 서로 통하지 않았다. 이미 머리를 깎은 자들은 천도교라 칭하기도 하고 시천교라 칭하기도 하여, 교教와 회會의 우열이 있는 것 같았다. 그러나 대체로 외톨이가 되어 돌아갈 곳이 없었으므로 무리를 잃은 도깨비 같았다.

화투가 나오다

예전부터 경향 각지에서는 투전鬪錢과 골패骨牌 같은 도박이 행해졌는데, 마조馬弔·강패江牌 따위가 그것이다. 갑오년〔1894, 고종 31년〕 이후 도박은 저절로 사라졌지만 근래 왜놈들이 서울과 각 항구에 화투국花鬪局을 설치했다. 지폐를 놓고 도박하여 한판에 만 전도 던지니, 아둔한 양반이나 못난 장사꾼들 중 파산하는 자들이 잇달았다. 왜놈 가운데 요술을 잘 부려 사람들의 이목을 현혹하는 자가 있었으니, 장안에 절도가 기승을 부렸다.

진주 기생 산홍이 이지용을 거절하다 매를 맞다

진주 기생 산홍山紅은 재색이 두루 뛰어나 이지용이 천금을 주고 첩으로 삼으려 했다. 산홍이 사양하며 말했다.

"세상에서 대감을 오적의 우두머리라고 합니다. 첩은 비록 천한 창기지만 스스로 사람 속으로 들어가니, 어찌 역적의 첩이 되겠습니까?"

이지용이 크게 노하여 산홍을 때렸다. 어떤 사람이 시를 지었다.*

  擧世爭趨賣國人 奴顏婢膝日紛分
  君家金玉高於屋 難買山紅一點春

온 세상 모두 다투어 나라 팔아먹은 놈 좇아
노복과 계집종처럼 굽신거리느라 날마다 바쁘구나.
그대들 금과 옥이 지붕보다 높더라도
산홍의 일편단심은 사기 어려우리라.

최익현이 대마도에서 순국하다

11월 17일〔경술〕에 전 판서 최익현이 대마도에서 죽었다. 처음 최익현이 도착했을 때 그에게 왜국 곡식으로 만든 죽을 주었는데, 물리치고 먹지 않았다. 왜놈들이 크게 놀라 우리 정부와 통하여 음식을 제공했다. 임병찬 등이 다시 강권했지만 나이가 많고 속에서 받아들이지 않아 먹는 것이 차츰 줄더니 곱사병까지 겹쳤다. 10월 16일에 자리에 눕더니 다시 일어나지 못했다. 이날 서쪽을 향해 머리를 숙인 뒤 임병찬에게 구두로 마지막 상소를 남겼다. 살아 돌아가 임금에게 전해 달라고 하고 죽으니, 그의 나이 74세였다. 왜놈들도 그의 충의에 감동하여 줄지어 조문했다.

이지용과 산홍 내무대신으로 을사조약에 서명한 이지용이 진주를 방문한 자취는 촉석루 바위에 새긴 글씨에서 찾아볼 수 있다. 논개의 사당 의기사義妓祠에는 산홍과 매천이 지은 시가 함께 걸려 있다.

21일 영구가 부산에 이르자 우리 장사꾼들이 시전을 거두고 통곡했는데, 마치 친척을 잃은 것처럼 슬퍼했다. 남녀노소가 모두 뱃전을 잡고 엎어지며 슬피 우니, 곡성이 넓은 바다를 뒤흔들었다. 장사꾼들은 자신들의 시전에다 호상소를 마련하고 상여를 꾸몄다. 하루를 머문 뒤에 떠나자 상여를 따라오며 미친 듯 우는 자가 수천수만이었다. 승려, 기생, 거지에 이르기까지 부의를 들고 와 인산인해를 이루니 저자 바닥 같았다. 만장輓章과 뇌문誄文*을 모아 말 여러 마리에 싣고 갔지만 종일 십 리도 가지 못했다. 부음이 입에서 입으로 전해지자 인사들이 더욱 모여들었다.

동래에서 떠나던 날에는 상여가 몇 차례나 움직이지 못했는데, 왜놈들은 사람들이 모여들자 변이 날까 두려워했다. 이에 엄히 경비했지만 사람들을 오지 못하게 막을 수는 없었다. 상주에 이르자 왜놈들도 곤란하게 여겨 상여를 기차에 싣고 눈 깜짝할 사이에 고향에 도착했다. 그러나 상주에 이르는 삼백 리에 이미 십 일이나 허비했다.

곡성이 온 나라 골목마다 퍼졌고, 사대부에서 길거리의 어린아이들과 심부름꾼들까지 모두 눈물을 뿌리며 "면암이 돌아가셨다" 하면서 조문했다. 나라가 시작된 이래 사람이 죽었다고 이처럼 슬퍼한 적이 없었다. 그럼에도 조정에서만은 은졸隱卒*의 의전도 없었으니, 적신들이 나랏일을 맡았기 때문이었다.

최익현이 죽기 며칠 전날 밤에 서울 동쪽에서 커다란 별이 바다 가운데로 떨어지는 것이 보이더니 얼마 뒤 부음이 이르렀다. 영구가 동래항에 이르자 갑자기 대낮에 처량하게 비가

* 만장과 뇌문 모두 죽은 이를 애도하여 쓴글을 뜻한다.

* 은졸 임금이 죽은 공신에게 애도의 뜻을 표시하는 것.

내리더니 바닷가에 쌍무지개가 생겼다. 장례를 치를 때는 큰 비가 쏟아지고 천둥이 쳤으며, 소상小祥과 대상大祥 때도 궂은 비가 종일 내려 사람들이 더욱 이상하게 여기고 슬퍼했다. 정미년[1907, 순종 1년] 2월에 연산현의 경계인 어느 마을 뒷산 길가에 장사지냈다.

아들 최영조와 최영학崔永學이 면암이 병들었다는 소식을 듣고 달려갔지만 이미 초상을 만났으므로 관을 사서 염하려고 했다. 왜놈들이 관을 보내왔는데도 최영조가 물리치고 받지 않자 그들이 위협하며 말했다.

"우리 관을 쓰지 않으면 영구를 돌려보내지 않겠다."

어쩔 수 없이 그 관을 사용했지만 집에 이르러 새 관으로 바꿨다.

내가 무신년[1908, 순종 2년] 9월에 그의 상청을 찾아가 조문객의 명부를 보니, 한 치 남짓 되는 책이 네 권이나 되었다. 이름을 알 만한 재상으로는 이도재 한 사람뿐이었고, 위로 편지를 써서 인편에 보낸 자도 김학진과 이용원李容元뿐이었다.

이재윤李載允은 금상의 육촌 형제로 벼슬이 승지였다. 그는 최익현의 충직한 성품에 감복해 폐백을 바치고 제자가 되었다. 벼슬을 그만둔 지 이미 십여 년이 되었는데, 최익현이 죽자 그 뒷일을 맡아 잘 마무리했다.

정미년〔1907, 고종 44년, 융희 전〕

광무 11년 7월 이후로는 융희隆熙 원년이 된다.

국채보상운동 우리나라 재정을 일본에 예속시키고 그 돈으로 식민지 정지 작업을 하려던 일본은, 우리 정부에 적극적으로 차관을 제공했다. 1890년대에 두 차례에 걸쳐 삼백삼십만 원을 제공했고, 1900년대에 네 차례에 걸쳐 천백오십만 원을 제공했다. 이에 토착 자본가와 민족 지사들을 중심으로 결성한 대구 광문사廣文社의 김광제 사장과 서상돈 부사장이 경제적 독립에 위협을 느끼고 국채보상운동을 제창했다.

서상돈과 김광제가 국채보상금을 모으다

(광무 11년*, 청나라 광서 33년, 일본 명치 40년) 정월에 대구 사람 서상돈徐相敦과 김광제金光濟 등이 단연회斷煙會를 설립하고 국채보상금을 모았다.* 몇 년간 우리나라가 왜국에게 빚진 것이 천삼백만 원이나 되었는데 갚을 길이 없었다. 사람들이 모두 우리 국토가 담보로 잡힐 것을 알았지만 속수무책이었다. 서상돈 등은 오래 생각한 끝에 '우리 국민 이천만이 모두 담배를 끊으면 일 인당 한 달 담뱃값으로 새 화폐 이십 전을 절약할 수 있다. 석 달이면 원금을 갚을 수가 있다'고 보았다. 이에 이 단체를 설립했다.

신문이 이 사실을 널리 알리자 온 나라가 호응했다. 위로는 만 원, 천 원에서부터 아래로는 십 전, 이십 전에 이르기까지 액수에 구애하지 않았으며, 억지로 보내는 것도 허락하지 않았다. 신문에 게시하자 (성금이) 눈 쌓이듯 계속 쌓여 갔다. 그러나 정부 고관이나 서울 사대부, 큰 장사꾼 중에서는 호응하는 자가 한 명도 없었다. 미친 듯 부르짖고 슬프게 울며 큰 소리로 쉬지 않고 외치는 자들은 도리어 천하고 빌어먹는 자들이었다. 이때 해주의 이재림李載林이 이만 원, 김선준金善駿이 만 원으로 많이 내었다. 임금이 이 소식을 듣고 탄식했다.

"신민들이 이렇게 나라를 걱정하는데 짐이 무슨 면목으로 물끄러미 있겠는가."

이에 양궁兩宮에서 피우던 궐련을 모두 끊도록 특별히 명

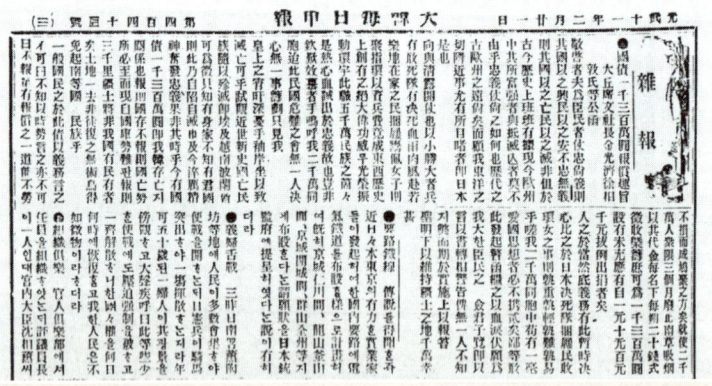

〈대한매일신보〉에 실린 국채보상운동 기사
청일전쟁 무렵부터 일본은 한국에게 적극적으로 차관 공여를 시도했다. 이는 한국의 재정을 완전히 일본의 지배 아래 두기 위한 것으로, 식민지 건설을 위한 정지 작업이라 할 수 있다. 이에 한국의 토착 자본은 일본 차관의 굴레에서 벗어나기 위한 운동을 전개하지 않을 수 없었다. 1907년 2월 대구 광문사의 김광제와 서상돈은 〈대한매일신보〉에 국채보상운동의 취지를 밝혀 각계의 호응을 호소했다.

했다. 그러자 각 학교 생도들과 각 부대의 군인들에 이르기까지 모두 의논은 하지 않았지만 한결같이 이렇게 말하고는 궐련을 끊었다.

"주상께서도 저렇게 하시는데 하물며 우리야."

왜놈들이 담배를 끊어서 나라 빚을 갚는다는 소식을 듣고 이지용을 위협해 막으려고 했다. 이지용이 말했다.

"온 나라 사람들이 나를 오적의 괴수로 지목하여 몸 둘 곳이 없소. 다른 일은 막을 수 있지만 이 일만은 막을 수가 없소."

장곡천 등도 탄식하며 말했다.

"의로운 거사를 어찌 막을 수 있으랴."

기부하는 예도 있었으니, 각국 영사들은 모두 본국으로 전보를 띄워 이 사실을 알렸다.

서상돈은 미국 여인을 데리고 살며 많은 재물을 모았다. 야소교를 믿고 미국인과 사귀니, 왜놈들도 그를 꺼렸다. 그가 단연회를 만들어 의연금을 모으자 사람들은 그가 믿는 미국이 도와주므로 장차 일을 반드시 해내고야 말 것이라고 생각했다. 어떤 사람이 말했다.

"우리나라에서 하는 일은 시작만 있고 끝이 없다. 이 일이라고 어찌 반드시 이루겠는가. 얼마 안 가서 몇 사람만 배 불리고 말 것이다."

그 말이 과연 들어맞았다.

세계 각국의 공채는 그 나라 경제력의 십분의 일이 최고 한도액이라고 한다. 그런데 왜국의 경제력은 백삼십억 원에 지나지 않는데도 공채가 이십사억 원이나 되니, 나라 경제력의 십분의 이나 된다. 식자들이 왜국도 공채 때문에 반드시 망할 것이라고 했다.

호남 의병장 백낙구가 패하여 죽다

3월에 호남 의병장 백낙구白樂九가 태인에서 왜군들과 싸우다가 패하여 죽었다. 그는 지난 12월 광주에서 석방되었지만 집으로 돌아가지 않고 전북 지방 의병에 투신했다. 왜군들이 태인 들판에서 습격하자 따르던 자들이 불리한 것을 알고 백낙구를 부축하여 달아나려고 했다. 백낙구가 탄식하며 말했다.
"그대들은 마음대로 가시오. 이곳이 내가 죽을 곳이오."
그러고는 꿋꿋하게 나와 "백낙구가 여기에 있다"고 외치자 마침내 총에 맞아 죽었다.

일본 박람회에서 한국인을 구경거리로 세우다

부산 백성 정덕규鄭德奎와 대구 여인 박씨가 왜놈에게 유인당해 함께 동경으로 갔다. 두 사람은 서른도 되지 않았고 모두 어리석었다. 이때 왜놈들이 이들을 한국 옷차림으로 꾸몄는데, 정덕규는 상투에 망건으로 묶고 큰 삿갓을 씌워 소매 넓은 도포를 입게 했고, 박씨는 쪽을 지고 좁은 소매의 적삼과 긴 치마를 입게 했다. 모두 넉넉해 보이도록 꾸미고 의자에 묵묵히 앉아 있게 했다. 이는 우리나라 사람을 꿈틀거리는 동물 정도로 얕보고 박람회에 출품한 것이었다. 그런데도 두 사람은 그 까닭을 알지 못하고 그들이 시키는 대로 묵묵히 앉아서 날을 보냈다. 각국 사람들이 이들을 구경하고 왜놈들의 얄팍하고 못된 짓을 탓하지 않는 자가 없었다. 마침 민원식閔元植이 시찰 갔다가 이를 보고 몹시 안타깝게 여겨 몸값을 지불하고 데려왔다.

이준이 해아평화회의에서 망국의 변을 호소하고 자결하다

5월에 전 검사 이준李儁이 해아海牙〔헤이그〕평화회의에서 망국의 변을 호소한 뒤 칼로 찔러 자결했다.

　이에 앞서 구주인들이 만국평화회의를 설치했다. 이는 춘추의상회春秋衣裳會와 유사한 것으로, 이때가 다섯 번째라고도 하고 두 번째라고도 했다. 모임 장소는 회기 전에 정하므로 일정한 곳이 없다.

　이때 하란荷蘭〔네덜란드〕의 해아에서 회의를 개최하자 임금이 이 소식을 듣고 비밀리에 옥새를 찍은 문서를 주어 이준을 파견했다. 이준은 해삼위로 가서 이상설李相卨과 함께 아라사를 경유하여 해아에 이르렀다. 당시 이범진의 아들 이위종李瑋鍾이 21세였는데, 7세 때부터 아버지를 따라 구미 각국을 두루 돌아다녀 서양 말을 잘했다. 이에 그도 따라갔다.

　해아에 이르러 이위종이 우리 한국과 왜국 사이에 일어난 변〔을사조약〕을 일일이 설명했는데, 회의 참석자들이 한국인은 외교권이 없다며 들으려 하지 않았다. 이준이 분통을 참지 못해 스스로 배를 가르고 뜨거운 피를 움켜 좌석에다 뿌리며

헤이그 특사와 고종의 신임장
고종은 자신의 뜻과 상관없이 체결된 을사조약이 무효임을 알리고 외교권을 회복하기 위해 1907년 4월 네덜란드 헤이그에서 열리는 만국평화회의에 세 사람의 밀사를 보냈다. 그러나 이 회의는 조선과 같은 식민지 국가에게는 참가조차 허용하지 않은 것으로, 제국주의 국가의 식민지 분할을 위한 것이었다. 그러므로 고종의 시도는 처음부터 성과를 기대하기 어려운 것이었다. 왼쪽부터 이준, 이상설, 이위종이다.

말했다.

"이래도 믿지 못하겠소?"

그가 피를 철철 흘리며 쓰러지자 무리가 크게 놀라 서로 돌아보며 혀를 차고 말했다.

"천하의 열혈 장부다. 일본은 참으로 나쁜 나라로다."

왜국은 우리 한국이 자기 나라에 부속되기를 진정으로 원한다며 만국을 속였다. 구주인들이 반신반의했는데, 이때 저들의 기만성이 모두 드러났다. 왜놈들이 변명할 말이 없어 부끄러운 나머지 화를 내며 이상설 등을 해치려고 하자 미국 사신이 그들을 데려갔다.

이준은 왕실과 성이 같으며, 함경도 출신이다. 몸집은 작고 뚱뚱했으며, 성품은 강렬했다. 술에 취하면 주먹을 불끈 쥐고 "죽을 때 죽더라도 어찌 이대로 죽겠는가" 했는데, 이때 비로소 실천했다.

이상설은 이때부터 구미를 두루 돌아다녔다. 어쩌다 해삼위에 이르면 자기 집과 연통하여 몰래 땅을 팔아다가 여비로 사용했다. 그는 본래 재산이 넉넉했는데, 몇 년이 안 되어 다 없어졌다. 아내와 자식들도 옮겨 다녔다. 왜놈들은 해아 사건을 듣고 이상설을 교수형에 처한다고 안팎으로 공포했다.

이등박문이 해아 사건의 책임을 추궁하자
임금이 황태자 척에게 정사를 맡기다

6월 9일〔무진〕에 임금이 내선(內禪)˙하기로 하고, 황태자 척(坧)에게 명하여 모든 정사를 대신하게 했다.

이에 앞서 안팎으로 '주상이 덕을 많이 잃어 민심이 이미 떠났다. 이제 만회할 수 없게 되었으니 내선을 전하여 보좌할 사람을 얻을 수만 있다면 이목이 일신하여 어느 정도 유지할 수 있을 것이다'라는 논의가 있었다. 그러나 아무도 감히 먼저 말을 꺼내지 못했다. 한번은 유성준(兪星濬)이 바깥 여론을 몰래 아뢰었다.

"폐하께서 쉬시며 (정사를) 부탁할 만한 사람을 얻는다면 종묘사직을 맡길 수 있습니다. 이보다 다행한 일이 어디 있겠습니까?"

임금이 아무 말도 없자 유성준이 두려워하며 물러 나왔다. 이때 왜국이 해아 사건에 원한을 품고 우리를 더욱 조이기 위

˙ 내선 임금이 살아 있는 동안에 아들에게 임금 자리를 물려주는 일.

해 군대를 보내 궁성을 포위했다. 또한 이등박문은 이완용을 불러 세 가지 일을 요구했다.

첫째, 을사5조약 문서를 추인하여 옥새를 찍을 것.

둘째, 섭정할 사람을 천거하여 황위를 같이하게 할 것.

셋째, 임금이 바다를 건너가서 왜국 황제에게 사죄할 것.

임금이 모두 허락하지 않자 이완용 등이 말했다.

"그렇다면 태자에게 황제위를 전하여 바깥의 말을 막으십시오."

임금이 그래도 허락하지 않자 이완용이 칼을 뽑아 들고 큰 소리로 말했다.

"폐하께서는 지금이 어떤 세상인지 아십니까?"

그때 폐하를 모시는 무감武監과 시종들이 많았는데, 이완용의 꼴을 보고 분노하지 않는 자가 없었다. 모두 칼을 빼어 들고 임금의 말 한마디만 있으면 이완용을 찔러 죽여 만 조각을 내려고 했다. 임금은 못 들은 것처럼 묵묵히 앉아 있다가 잠시 뒤 이완용을 곁눈질하며 말했다.

"그렇다면 황제 자리를 전하는 것이 옳겠다."

이완용 등이 물러났다. 이튿날 조칙을 조작하여 이렇게 발표했다.

짐이 열조의 큰 기업을 이어받은 지 이제 사십사 년이 되었다. 여러 차례 많은 어려움을 겪으면서 뜻대로 되지 않았고 기용한 사람도 알맞지 않아 날로 소란이 심해지고 시정에 어긋남이 많았다. 바야흐로 간난이 급박한 지경에 이르렀으니, 백성들이 병들고 국운이 위태로운 것이 이보다 더

대궐로 향하는 이등박문
일본은 헤이그 밀사 파견 사건을 빌미로 대한제국의 내정까지 장악해 갔다. 1907년 7월, 강제로 한일신협약을 맺어 통감이 임명하는 일본인 차관으로 하여금 조선 내정을 통치하게 했고, 고종을 황제 자리에서 내쫓고 군대마저 해산했다. 사진은 고종 황제를 내쫓은 뒤 새 황제 순종을 만나기 위해 대궐로 향하는 이등박문을 담은 것이다.

심한 적이 없었다. 마치 살얼음판을 건너가는 것처럼 위태롭고 두려울 뿐이다.

다행히도 원량元良˙은 덕스러운 기량을 타고나 일찍부터 그 이름이 드러났으며, 문안드리고 보살피는 여가에도 도움을 주는 바가 매우 많아 시정 개선을 부탁할 만하다. 짐이 그윽이 생각해 보건대, 역대에도 다스리기에 지쳐 선위禪位한 예가 있고 우리 선왕조에서도 그러한 예가 많았으니 의당 이어받아서 행하라. 짐은 이제부터 군국대사를 황태자에게 맡기노라. 무릇 각종 예의 절차는 궁내부와 장례원에서 마련하여 거행하도록 하라.

원량 황태자나 왕세자를 달리 이르는 말.

한일신협약[정미7조약]을 체결하다

15일〔갑술〕에 일곱 개 조항으로 된 새 조약을 체결했다.

1. 한국 정부는 모든 시정 개선 방법을 통감의 지도에 따른다.
2. 한국의 법령과 제도는 반드시 통감의 승인을 거친다.
3. 한국의 사법 사무는 보통 행정과 구별한다.
4. 한국의 관리는 통감의 동의를 얻어 임명하고 면직한다.
5. 통감이 추천하는 일본인을 한국의 관리로 임용한다.
6. 통감의 동의 없이는 외국인을 고용하거나 초빙하지 못한다.
7. 갑진년〔1904. 고종 41년〕 8월 22일에 조인한 한일협약 제1조 "대한 정부는 일본이 추천한 한 명을 재정 고문으로 삼고, 재정과 관련한 모든 사항은 그의 의견에 따른다"를 지금부터 폐지한다.

조약 끝에 '내각총리 이완용'과 '통감 후작 이등박문'이라고 쓴 뒤 조인했으며, '대한'이나 '일본'이라는 글자는 쓰지 않았다. 이등박문이 조약을 체결하려고 구 내각과 의논하자 박제순과 이지용 등이 사양하며 말했다.

"우리는 5조약을 맺은 이래로 위로는 황제를 우러러 뵐 수 없고, 아래로는 백성들을 대할 수가 없어 제대로 허리도 펴지 못하고 오늘까지 지냈습니다. 그러니 또 이 조약까지 감당하기란 어렵지 않겠습니까?"

이에 이완용만 적극적으로 호응하여 드디어 조약을 체결했다.

군대를 해산하고 은사금을 나누어 주다

칠적七賊 등은 군사들의 동태가 갑자기 바뀔까 우려하여 왜놈들을 시켜 더 엄히 경계하도록 했다. 23일에는 각 부대장을 불러 부대를 이끌고 훈련원에 모이게 했다. 먼저 맨손으로 무예를 연습시켜 무기를 지니지 못하게 했다. 왜놈들은 한쪽에서 병사들이 군영을 떠나는 것을 엿보고 있다가 틈을 타서 들어가 그들의 총포를 거두었다.

각 부대 병사들이 훈련원에 이르러 무예 시범을 마치자 조칙에 따라 은사금恩賜金을 나누어 주었다. 하사 팔십 원, 병졸 오십 원, 그 다음은 이십오 원이었다. 병사들은 분노를 이기지 못해 종이돈을 찢어 버리고 통곡했다. 군영으로 돌아왔지만 무기가 하나도 없어 각자 흩어져 돌아갔다.

제1대대장 박성환이 군대 해산에 항거하다 자결하다

박성환 본명은 박승환 朴昇煥이다. 육군 참령으로 시위대 제1연대 제1대대장으로 있었다. 양력 8월 1일에 일제가 군대 해산을 통고하려고 대대장 이상의 장교를 통감의 관저인 대관정에 집합시키자 병을 핑계로 참석하지 않았다. 결국 그는 대대장실에서 몇 자의 유서를 쓴 뒤 "대한제국 만세"를 외치고 권총으로 자결했다고 한다.

박성환朴星煥은 기색이 수상한 것을 살피고는 다른 무기고에 총포를 몰래 감춰 두고 왜놈들에게 바치지 않았으며, 그 자신도 훈련원에 나가지 않았다. 그러나 군대를 해산하라는 조칙을 듣고는 통곡하며 부하에게 일렀다.

"내가 나라의 은혜를 입은 지 몇 년이나 되었는데, 나라가 망하는데도 왜놈 하나를 죽이지 못했으니 죽어도 죄가 남을 것이다. 나는 너희가 흩어져 떠나는 것을 차마 볼 수 없으니 차라리 죽는 것이 낫겠다."

시위대
한말 국왕 호위 부대인 시위대도 1907년 8월 일본의 강요로 끝내 해산되고 말았다. 이에 항거하여 당시 제1대대장 박성환이 자결하자 한국군의 분노는 절정에 달했다. 이 항거는 곧 제3차 의병 봉기로 이어졌다.

그러고는 의자에 기댄 채 칼을 빼어 들고 몸을 찌르며 외쳤는데, 몸과 의자가 함께 쓰러졌다. 이때 그는 십여 일간 입직하여 집으로 돌아가지도 않았는데, 문을 닫아걸고 슬픔을 견디다가 결국 이날 자결했다. 부위副尉 구의선具義善도 같은 날 박성환과 함께 자결했으며, 정교正校 한 사람과 종졸 한 사람〔모두 이름을 잊어버렸다. ─ 원주〕도 뒤를 따라 자결했다.

제1대대가 왜군과 맞서 싸우다

부위 남상덕南相悳이 왜군과 함께 싸우다가 전사했다. 그는 박성환이 죽은 것을 보고 이렇게 외쳤다.

"박공朴公과 함께 죽을 자가 누구냐?"

전 부대가 일제히 "함께 죽겠다"고 소리쳤다. 남상덕의 지휘 아래 군영을 나서자 왜군들이 이미 포위해 있었다. 이틀쯤은 용감하게 싸웠는데, 고전한 지 사흘째 되자 양쪽으로 시체가 쌓여 서로 베고 누웠다. 조사 결과 우리측 사망자는 아흔여덟 명으로 그중 장교가 일곱 명이었으며, 왜군 장교 미원梶原[카지와라]도 전사했다.

이때 왜군은 숭례문에 의지해 기관포를 발사했는데, 연일 천둥처럼 진동하여 성 안팎의 수백 집이 모두 불탔다. 남상덕도 마침내 총알에 맞아 죽고, 대관 권기홍權基泓도 전사했다. 병사들은 남상덕이 이미 죽고 탄약까지 떨어진 것을 알자 드디어 사방으로 달아나 목숨을 구했다. 싸움을 지켜보던 자들은 탄약만 떨어지지 않았더라면 왜군이 크게 패했을 것이라고 했다.

미원은 뛰어난 장교였다. 갑진년[1904, 고종 41년]에 아라사와 싸우며 특출한 공을 세웠는데, 이때 남상덕에게 사살되자 왜군들이 군영으로 끌고 가서 통곡했다.

흩어진 병사들이 여염집으로 달아나 마루나 문간방 사이에 엎드리자 왜놈들이 집집마다 뒤지며 찾았다. 왜녀들을 시켜 안방까지 샅샅이 뒤졌는데, 탈출한 자가 얼마 되지 않았다. 곧바로 성 밖으로 달아난 자들은 모두 의병과 합류했다. 왜녀들이 탈출병을 찾는다는 핑계로 많은 재물을 약탈했는데, 강도보다도 더 심하여 백성들은 꼼짝없이 거듭 난리를 만났다.

참위 이충순李忠淳이 군대 해산 소식을 듣고 서모와 작별하며 말했다.

"제 직책이 비록 낮지만 나라가 어지러우니 죽지 않을 수가 없습니다."

이에 적진으로 뛰어들었다가 전사했다.

한참 싸울 때 여학교 간호부 몇 명이 탄환을 무릅쓰고 인력거에 아군 부상자를 실어 병원으로 옮겼다. 미국 의사 어비신魚飛信[어비슨; O. R. Avison]과 목사 조원시趙元時[존스; G. H. Jones]도 아군 부상자를 싣고 제중원濟衆院*으로 들어가 열심히 치료했다. 장안 백성 김기철金命哲, 기인홍奇仁洪, 김창기金昌基, 이원선李元善 등도 돈을 거두어 전사한 장병들의 장례를 치르고 슬픔을 다해 곡한 뒤 돌아갔다.

제중원 갑신정변 때 민영익이 중상을 입자 미국인 선교사 알렌이 치료했는데, 이것이 인연이 되어 1885년 2월에 정부의 후원으로 재동에 있던 홍영식의 집에다 서양식 병원을 차렸으니 이것이 제중원이다. 처음에는 광혜원廣惠院이라 불렸다.

정미년〔1907, 순종 1년, 융희 후〕

연호를 융희로 정하다

광무 11년 6월을 고쳐 융희隆熙 원년 7월로 했다. 연호는 태시太始가 부망副望에 올랐지만 수망首望에 따랐다.

왜놈들이 차관 정치를 시작하다

경무사를 고쳐서 경무총감이라 하고, 왜놈 환산중준丸山重俊〔마루야마 시게토시〕을 총감에, 목내중사랑木內重四郞〔기우치 쥬지로〕을 내부차관에, 표손일俵孫一〔다이라 마고이치〕을 학부차관에, 학원정길鶴原定吉〔스루하라 사다기치〕을 궁내부차관에,

목하전종태랑目賀田種太郞〔메가타 슈타로〕을 탁지부차관에 임명했다. 왜놈들이 정임正任 경관京官이 된 것은 이때부터다.

　이등박문은 각부 대신들의 자리를 빼앗으려고 했지만 나쁜 소문이 나는 것을 싫어하고 인심이 흔들릴 것을 두려워하여 차관 자리를 빼앗았다. 그러나 차관의 봉급은 대신보다도 삼분의 일이나 더 많았고, 모든 일의 결정권도 차관에게 있었으며 대신은 서명만 할 뿐이었다. 이때부터 왜놈이 아니면 차관이 될 수 없었다.

온 나라에 의병이 일어나다

관동, 호서, 영남 지방에 의병이 크게 일어나자 서울 동쪽의 여러 고을에서도 일시에 메아리쳐 일어났다. 왜놈들이 잇달아 정예병을 보냈지만 지형에 어두워 제대로 나아가거나 물러나지 못했다. 새로 일어난 의병들의 기세에 아낙네들은 나무나 돌을 날라다 주었고, 늙은이나 어린아이들은 술이나 장을 가져다주었다. 의병들은 천 리 길에 줄을 이으며 험한 곳에 웅거했다가 나타났다. 이에 왜놈들은 분주한 명령을 따르는 데 지쳐 자주 패했다. 그러나 패전 사실을 우리 백성들에게 알리지 않았다.

　이때 원주에서 죽은 왜놈들이 1차 싸움에서 이백여 명, 2차 싸움에서 사백여 명이었으며, 충주에서도 육백 명이 죽었다. 이들의 목을 베어 배에다 가득 싣고 양근강을 떠나 서울로 들어오니, 모두 네댓 척이나 되었다. 그 밖의 사실은 의병

월일표義兵月日表에 자세히 기록되어 있다.

이완용이 며느리와 간통하자 아들이 자살하다

이완용의 아들 이명구李明九의 아내인 임씨는 임선준任善準의 형 임대준任大準의 딸이다. 이명구가 왜국에 들어가 몇 년간 유학하는 사이에 이완용이 간통했다. 그가 돌아와 어느 날 안방에 들어갔다가 이완용이 임씨를 끌어안고 누운 것을 보고 나와서 탄식했다.

"집과 나라가 모두 망했으니 죽지 않고 어찌하랴!"

그가 자살하자 이완용이 드디어 독차지하여 뻔뻔하게 첩처럼 여겼다.

민형식閔炯植은 바로 민긍식閔兢植으로, 자기 첩이 낳은 딸과 함께 살면서 아이를 낳았다. 그는 이미 세 아들이 있었는데, 이 아이가 생기자 품에 안고 손님에게 자랑했다.

"점쟁이가 내게 아들 넷을 보겠다고 했는데, 이놈이 그 수를 채웠소. 정말 용한 점쟁이입니다."

죽은 판서 홍종헌의 조카 아무개는 과부로 사는 사촌누이와 간통하여 첩으로 삼고 아이를 낳았다. 이것은 두드러지게 소문난 일이고, 그 밖의 소소한 것은 이루 다 기록할 수가 없다.

순종 황제가 즉위하다

19일〔무신〕에 황제가 돈덕전에서 즉위식을 거행하고 대사령을 내렸다. 황제와 황태자 이은은 모두 머리를 깎고 서울 안팎의 인민들에게도 일제히 준행하도록 했다. 민종식과 민형식閔衡植은 유배지에 도착한 지 겨우 한 달 만에 모두 돌아왔다. 십 년 이래 귀양살이한 자들 가운데 석방되지 않은 자가 없었다. 양 궁이 비록 머리를 깎고 단발령을 내렸지만 관리와 군인 말고는 깎고 싶은 자는 깎고 깎기 싫은 자는 깎지 않아 옛날처럼 뒤섞였다.

전남관찰사 김규창金奎昌은 영내 군수들을 모아 놓고 한 번에 모두 깎았다. 이때 지방 관리 중에서도 아직 머리를 깎지

조선의 마지막 왕손들
왼쪽부터 영친왕, 순종 황제, 고종 황제, 순종 비 윤황후, 고종의 딸 덕혜옹주다.

않은 자가 있었기 때문이다.

　영변 아전 김기홍金基弘이 7조 협약 소식을 듣고 통곡하며 관찰사 박승봉朴勝鳳에게 말했다.

　"소인은 비록 천하지만 망국의 때를 당하여 차마 다시 돌아다닐 수가 없습니다."

　이에 일자리를 버리고 떠나갔다. 경성 아전 가운데 머리 깎기를 피하여 달아난 자가 여섯 명이나 되었다.

대한자강회를 해산하다

민심을 선동한다며 자강회自强會를 해산했다.

사관연성학교와 헌병사령부를 폐지하다

군부대신 이병무李秉武가 진위대 장관들을 불러 위로금을 하사했다. 이를 은사금이라 했는데, 위관과 참령은 육백 원, 정위는 오백 원, 부위는 사백 원, 참위는 삼백 원이었으며, 연성학교 위관은 백오십 원, 헌병은 백 원이었다. 이 돈으로 군대 해산을 위로하고 무마했다. 이때 이미 병사들을 해산하고 사관연성학교와 헌병사령부도 폐지했다.

　이병무의 시골집은 공주에 있다. 어머니 회갑 잔치에 널리 손님을 초대했으나 "역적의 집안에서 어찌 잔치하며 즐길 수 있겠는가" 하며 아무도 가지 않았다.

매천야록 제6권

정미년〔1907, 순종 1년〕

· 녹아도의 조선 도공

선조 임진년〔1592, 선조 25년〕에 영남의 도공 몇 집이 왜놈의 포로가 되어 잡혀갔다. 왜놈들은 그들의 기술을 배우기 위해 녹아도鹿兒島〔가고시마〕에 살게 했는데, 그들은 대대로 자기들끼리 혼인하고 혼례와 상례 등의 예법도 모두 옛 제도를 따랐다. 해마다 새해가 되면 북향하여 망궐례望闕禮를 행했고, 멀리 단군에게도 제사를 지냈다. 자손을 가르쳐 본국 말로 부모를 부르게 했다. 지금은 백여 호에 이르고, 인구가 천 여 명을 헤아린다고 한다.

일진회 회원들이 자위단을 만들다

10월에 일진회 회원들이 왜놈들과 의논하여 자위단自衛團을 만들어 의병을 막았다. 정미년〔1907, 순종 1년〕 7월부터 (이듬해) 5월까지 죽은 일진회 회원이 구천이백여 명이나 되었다.

황태자 이은을 일본으로 유학 보내다

황태자 이은에게 일본으로 유학을 가라고 명했다. 이때 이등박문을 태자태사太子大師로, 이완용을 태자소사太子少師로 삼고, 송병준과 이윤용으로 하여금 태자를 호위하게 했다. 이는

영친왕 이은과 이등박문
대한제국의 마지막 황태자인 이은〔1897(고종 34년)~1970〕은, 고종과 엄비의 소생으로 영왕이라고도 불린다. 1907년에 황태자로 봉해졌으나 그해 12월 이등박문에 의해 유학이라는 명목으로 일본에 인질로 잡혀갔다. 1920년 일본 황실의 정책에 따라 일본 왕족인 마사코〔한국 이름 이방자李方子〕와 정략결혼을 했다.

이등박문이 태자가 슬기롭고 숙성하여 일찍 신학문을 배울 수 있다며 힘껏 청한 데 따른 것이었다. 그가 또 말했다.

"일본 황태자께서 내빙하셨으니 어찌 사례하지 않을 수 있겠습니까?"

태황제(고종)가 그의 뜻을 어기지 못하고 눈물을 흘리며 황태자를 보냈다.

김윤식이 흥사단을 창설하다

김윤식이 흥사단興士團을 창설했다.

류인석이 순천에서 의병을 일으키다

류인석이 순천군에서 의병을 일으켰다. 평안도 사람들이 평소 류인석을 존경하여 따라와 배운 자가 천여 명이나 되었다. 순천 사람 김여석金呂錫은 살림이 넉넉하여 류인석에게 집을 주고 자금을 대어 주었다. 류인석이 기치를 세우고 한번 부르자 의병에 투신하는 자들이 구름처럼 몰려들었다.

기독교청년회관을 준공하다

기독교청년회관을 준공했다. 상량식 때 황태자가 다녀갔으며, 친히 상량한 들보에 연월을 쓰고 만 원을 하사했다. 왜놈 목하전종태랑도 이만 원, 미국 정부도 십만 원을 기부했다. 회관을 준공하자 지붕 높이가 산 같았는데, 종현교당과 함께 남북으로 우뚝 마주 서 장안에서 가장 큰 건물이 되었다. 일찍이 공사 관청이나 집 가운데 그만한 건물이 없었다고 한다.

〈합성신보〉와 〈대동공보〉를 창간하다

미국 포와와 상항에 사는 우리 백성들이 두 가지 신문을 간행하여 해외로 보냈다. 〈합성신보合成新報〉와 〈대동공보大同共報〉가 그것으로, 본국의 정세를 통탄하며 왜놈들의 무도한 행위를 꾸짖었다. 왜놈들이 이를 싫어하여 내부에 칙령을 내려 치안 방해라는 명목으로 자주 압수하여 간행할 수 없게 했다. 〈매일신보〉도 그러했다. 왜놈들은 교과서나 재야의 저술에 이르기까지 조금이라도 비분강개한 말을 쓰면 당장 금지했다. 이에 사람들이 탄식하며 말했다.

"우리 한국을 망치는 것은 '치안 방해'라는 네 글자다."

측량법을 시행하여 토지를 조사하다

12월에 측량법을 시행하고 임야법을 반포했다. 이 법은 (모든 땅을) 국유, 공유, 사유 세 가지로 나누었다. 궁장宮庄·둔전屯田 등은 국유라 했고, 교궁校宮·이청吏廳·동계洞契 등은 공유라 했으며, 서로 사고 팔 수 있는 땅은 사유라 했다.

국유지는 탁지부에서 측량하고, 공유지는 군청에서 측량하며, 사유지는 지주가 측량하되, 먼저 임야부터 시행하고 경술년〔1910, 순종 4년〕겨울까지로 한정했다. 기한 전에 측량하지 않은 것은 일체 국유지로 인정했고, 척식회사拓殖會社에 귀속해 이민 오는 왜놈들의 자산으로 삼았다. 논밭이나 집은 그 기한을 늦추었으나 측량법은 같았다.

넓이의 단위는 정町·반反·묘畝·평坪·보步·합合〔홉〕·작勺이었으며, 사방을 기록하여 각 구역마다 지도 네 벌을 그렸다. 농부農部에서 두 장을, 지주와 측량사가 각각 한 장씩 가져 서로 증빙 자료로 삼았다.

법령을 반포하자 백성들은 처음 겪는 일이라 믿어야 할지 말아야 할지 정하지 못했다. 그러나 왜놈들에게 빼앗기는 것이 두려워 제각기 사람을 모아서 서울로 들어가 측량법을 배웠다. 이에 일시에 쌀이 귀해졌다. 또한 측량기가 교묘하고도 괴상하여 왜놈이 아니면 만들지 못했으므로 아끼지 않고 왜국에서 사들여 왔다. 한 대에 삼십오 원이나 했다. 측량기를 파는 왜놈들 앞에는 지폐가 언덕처럼 쌓였다. 그들은 앉아서 열 배의 이득을 챙겼다.

이때 서울에는 측량사무소와 측량총관회가 있었으며, 각 도와 군에도 지회가 있었다. 신문사에서도 날마다 (토지를 측량하라고) 알려 주었으며, 기한 내 측량할 것을 권했다. 그러나 기술을 배운 자들은 측량비를 다투느라 측량을 서두르지 않았다. 지주도 돌이 많고 메마른 땅은 이득이 많지 않아 측량비가 땅값보다 더 많이 들었으므로 왕왕 포기하면서 말했다.

"법대로 빼앗아 가라."

측량비는 정한 규칙이 없어서 일만 평에 일 원도 받고 이 원도 받았는데, 서로 버티다가 결정하지 못한 경우도 있었다. 경술년〔1910, 순종 4년〕겨울까지 측량을 마친 자들은 십분의 일에도 미치지 못했다.

무신년 〔1908, 순종 2년〕

왜놈들이 척식회사를 만들다

(융희 2년, 청나라 광서 34년, 일본 명치 41년 1월에) 송병준이 왜놈들에게 황무지를 개간하도록 허락했고, 이완용도 역둔토를 저들에게 주었다. 왜국이 우리나라에 이민을 보내려고 자국에서 주금株金을 모집했다. 이른바 척식 정책拓殖政策이라는 것으로, 송병준 등이 이에 영합하여 토지로 아첨했다. 지난해 이윤용이 왜국에 들어가자 왜놈들이 척식회사의 모금 방법을 의논했다. 이윤용이 말했다.

"우리나라는 본래 가난해서 응모할 수가 없으니 역둔토로 대신하겠소."

왜놈들이 말했다.

동양척식주식회사
1908년 일본이 한국의 경제를 착취하기 위해 세운 것으로, 현재 서울 을지로2가 외환은행 자리에 있었다. 이 회사는 일본 정부에게서 거액의 융자를 받아 한국의 토지를 수중에 넣었는데, 토지조사사업이 끝날 무렵에는 한국 최대의 지주가 되어 있었다.

"그렇다면 조인으로써 승낙하시오."

이윤용이 기꺼이 따랐다. 이는 그의 형제가 의논하여 결정한 것이었다. 이때 육백만 명이 이민 와서 살 것이라는 신문보도가 있었다. 왜놈들은 전국의 바닷가에 사람을 싣고 와 퍼트렸고, 바다에서 강으로 들어와 흩어 놓았다. 바닷가나 강가 가운데 배가 다닐 만하기만 하면 왜놈들이 살지 않는 곳이 없었다.

해삼위 교민들이 〈해조신문〉을 창간하다

아라사 땅에 들어가 사는 우리 백성들이 해삼위에 신문사를 세우고 장지연을 주필로 임명했다. 이 신문을 〈해조신문海朝新聞〉이라 했다. 장지연이 생각하는 바대로 써서 왜놈들을 배척하고 쌓인 분노를 펴자 저들이 크게 노하여 내부에 명해 간행을 금하게 했다. 게다가 장지연까지 구속하려고 먼저 그의 아들을 가두니, 장지연이 상해로 들어갔다가 결국 일 년 만에 돌아왔다. 시골구석에 몸을 내맡겼는데, 일이 오래되면서 차츰 풀렸다.

장인환과 전명운이 친일파 수지분을 죽이다

2월에 장인환張仁煥과 전명운田明雲이 상항에서 미국인 수지분須知芬〔스티븐스; D. W. Stevens〕을 죽였다. 처음에 수지분은 주미 왜국 공사관에 고용되었는데, 일을 잘해 사랑을 받았다. 마침내 우리나라 외부의 고문관이 되자 왜국을 이롭게 하고 한국을 해치는 일이라면 무엇이든 알선했다. 이때도 본국으로 돌아가 한국이 일본에게 보호를 요구한 건 진정에서 나온 것이라며 떠들어 댔고, 우리나라를 온갖 수단으로 헐뜯고 더럽혔다.

장인환과 전명운
미주 지역 이주 노동자로 있다가 조국의 주권이 침탈당한 데 통분하여 친일파 미국인 스티븐스를 응징했다.

 장인환 등이 마침 상항에 머물다가 원통함과 분함을 참지 못해 수지분이 차에서 내리는 틈을 타 권총으로 저격해서 죽

였다. 미국인들도 그들을 의롭다 여겨 치죄를 너그럽게 했
다. 결국 장인환은 징역 십오 년을 받았고, 전명운은 완전히
석방되었다. 이는 장인환이 범행을 시인하고 다른 사람을 끌
어들이지 않았기 때문이다. 장인환과 전명운은 모두 평양 사
람이다.

〈매일신보〉가 3대 노예를 지목하다

3월에 〈매일신보〉가 송병준, 조중응趙重應, 신기선을 일본에
충성하는 3대 노예로 지목했다.

의병들이 통감부에 고종 복위를 요구하다

4월에 의병들이 통감부에 투서하여 네 가지 일을 요구했다.
　　첫째, 태황을 복위하라.
　　둘째, 통감은 철수하라.
　　셋째, 일본인 관리들을 파면하라.
　　넷째, 외교권을 돌려 달라.
　　이때 우리 통역관들이 무고하게 사람을 죽이고 약탈했는
데, 외구外寇보다도 더 심했다. 사람들이 그들을 '토왜土倭'라
고 불렀다. 경북 금전 장터 한곳에서 죽은 자만 해도 백여 명
이나 되었다.

〈매일신보〉 사장 배설을 면직하다

5월에 〈매일신보〉 사장인 영국인 배설을 면직하고 후임으로 만함萬咸[만함; A. W. Manham]을 임명했다. 그 역시 영국인이다. 왜놈들은 배설이 자신들의 죄상을 폭로하고 신문도 의병 선동을 위주로 하자 이를 염려했다. 이에 신문 폐간을 청했으나 듣지 않았고, 신문사 매도도 청했지만 듣지 않았다. 결국 영국 정부에 많은 뇌물을 주고 배설이 국교를 방해하고 손상했다고 모함했다.

영국에서는 상해 영사를 우리나라로 보내 사건을 심판하게 했는데, 애매하게 조사하여 배설을 치안 방해를 이유로 삼 주간 감금하여 상해로 이송했다가 기일이 다하자 귀환시켰다. 이는 진정한 처벌이 아니라 뇌물 보답에 그친 것이었다. 배설은 억울함을 참다가 병이 생겨 결국 만함에게 신문사 일을 맡겼다.

사찰재산보호령을 반포하다

7월에 사찰재산보호령寺刹財産保護令을 반포했다. 왜국 풍속으로는 본래 승려를 존중하므로 우리나라에서도 저들을 보호하는 데 힘썼다. 승려들이 그 형세를 믿고 날로 횡포를 더했지만 평민들은 감히 대항하지 못했다. 승려들은 통감부에 부탁하여 이러한 법령을 내리게 했다. 간혹 스스로 학교를 세우거나 예술을 익힌 승려들도 있었지만 간사한 승려들이 부엉이가 날개를 편 것처럼 거침없이 굴어 계율이 다 없어졌다. 사람들이 말했다.
"우리나라가 쇠약해지더니 석씨釋氏[불교]가 먼저 망한다."

평안도 의병들이 마적과 내통하다

평안도 의병들이 청나라 마적들과 내통하여 세가 매우 커졌다. 왜놈들이 두려워하여 이 사실을 〈동경보東京報〉에 실었다.

송시열의 옛집을 후손이 왜놈에게 팔다

우암 송시열의 옛집이 회덕에 있는데, 후손 송재복宋在復이 왜놈에게 팔았다. 송씨들이 돈을 거두어 다시 사들였다.

동양척식회사법을 반포하다

8월에 동양척식회사법을 반포했다. 이때 왜놈 우좌천일정宇佐川一正을 총재로 삼고, 민영기를 부총재로 삼았으며, 정친정실定親町實正을 척식회사 위원장으로 삼았다.

사립학교령을 반포하다

학부대신 이재곤李載崑이 서울과 지방에 사립학교령을 반포했다. 이때 군마다 사립학교가 앞 다투어 들어섰다. 교과서 집필을 모두 우리나라 사람이 했는데, 망국을 통분하여 비슷한 내용으로 서술했다. 종종 비분강개한 뜻을 담아 사람들을 감동시켰다.

　왜놈들이 이를 싫어하여 이재곤에게 그들을 억누르라고 칙령을 내렸다. 이에 애국이라는 말이 나오는 교과서는 모두 모아서 불태웠으며, 관리들에게 다시 편집하라고 명하여 온순하고 공손한 행실만 가려 뽑아 책을 만들어 익히게 했다.

의병장 이강년이 체포되다

7월에 의병장 이강년李康秊이 체포되었다. 그는 문경에 살았는데, 의병을 일으킨 이래 수십 년간 고난을 겪었다. 이에 남도 백성들이 그의 충의에 감복했다. 왜놈들도 그의 지략과 용기를 두려워하여 많은 상금을 내건 뒤 결국 그를 체포했다.

　허위와 이강년이 차례로 패하자 의병들의 사기가 떨어졌다. 이때 김태원金泰元은 이미 패하여 죽었고, 이석용李錫庸은 임실에서, 안제홍安濟弘은 보성에서 의병을 일으켰다. 모두 조금씩 왜적을 죽이는 소득이 있었지만 두려워 쫓겨 다녔으므로 능히 군대를 이루지 못했다. 문태수文泰洙는 호남과 영남을 오가며 적은 숫자로 왜군을 잘 공격했지만 죽거나 다치는 자

이강년과 그의 글씨
1858(철종 9년)~1908. 1895년 명성황후가 시해되고 단발령이 떨어지자 1896년에 문경에서 의병을 일으켰다. 1907년 일본의 침략이 더욱 노골화되자 영춘에서 다시 봉기해 큰 전과를 올렸다. 주로 강원·충청·경북 일대에서 활약했는데, 엄격한 군율로 기강이 바로 서 있어 백성들의 절대적인 지지를 받았다. 그러나 1908년 청풍과 작성에서 벌어진 전투에서 그만 체포되고 말았다. 지시로 《운강문집雲岡文集》이 있다.

또한 많아 큰 위력을 떨치지는 못했다.

세종대왕 이전에 국문을 만들다

《진언집眞言集》에 "고승 요의了義가 처음으로 국문을 만들었다"고 했는데, 그가 언제 사람인지는 모르지만 세종대왕 이전의 사람이라는 것은 의심할 여지가 없다. 또 일본인들이 근래 땅속에서 운족雲族의 고대 문자를 발굴했는데, 마·메·아·오 등과 비슷한 글자가 있었다. 이는 백제 때 한문이 왜국으로

> 《진언집》 불교의 진언을 모아 한글, 한문, 범어 순으로 병기한 책.
>
> 요의 매천은 구례에 있으면서도 신문을 읽어 새로운 소식을 알았는데, 이 글은 〈대한매일신보〉를 읽고 쓴 듯하다. 요의는 당나라 스님이다. 그가 만든 서른여섯 개의 자모는 범어를 중국어로 표기한 것으로, 훈민정음과는 관계가 없다.

건너간 것과 같은 것으로, 이 문자가 우리나라에서 들어간 것인지 어찌 알겠는가? 그렇다면 국문을 처음 만든 것은 아마 단군 시대였다고 말할 수 있을 것이다.

구세군 군영을 세우다

영국 기독교인 허수두許壽斗〔호가트; R. Hoggard〕와 반우거班禹㠯〔본윅; G. Bonwik〕 등이 스스로 구세군救世軍이라 칭하고 서울에 와 머물며 서대문 밖 평동에 군영을 세웠다. 열흘 사이에 수천 명의 사람들이 몰려들었다.

이종호와 안창호가 대성중학교를 세우다

이종호李鍾浩, 윤치호, 안창호安昌浩 등이 평양에 대성중학교大成中學校를 세웠다. 이종호는 서울에서도 십만 원을 기부하여 이미 협성학교協成學校를 세우는 등 무릇 교육과 관련한 일이라면 행여 뒤질세라 발 빠르게 따랐다. 이는 할아버지 이용익의 유지에 따른 것이었다. 우리나라에 중학교가 생긴 것은 이때부터다.

의병장 허위가 살해되다

28일에 의병장 허위가 처형되었다. 그가 교수형을 당할 때 왜국 승려가 불경을 읽어 그의 명복을 빌려고 하자 그가 꾸짖으며 말했다.

"충의로운 귀신은 스스로 신선이 되어 올라가거나 지옥으로 떨어질 것이다. 어찌 원수 같은 너희 오랑캐 중놈에게 부탁해서 황천길을 인도받겠느냐."

왜놈 관리가 유언이 있는지 물었다.

"대의를 펼치지 못했으니 어찌 유언이 있겠느냐."

또 시신을 거둘 사람이 있는지 물었다.

"시신을 거둘 필요가 있겠느냐? 이 감옥에서 썩어 문드러져도 좋다."

그는 의기양양한 낯빛으로 이렇게 외쳤다.

"빨리 나를 죽여라."

신문사에서는 "하늘의 해가 빛을 잃었다"라고 보도했다. 이에 눈물을 흘리지 않는 자가 없었다. 옥졸 두 명이 허위와 이강년의 죽음을 보고 비분을 참지 못해 모자를 찢고 물러나왔다.

의병장 임병찬이 영광군수에 부임하지 않다

임병찬이 영광군수에 부임하지 않자 왜놈들이 그를 체포하여 서울 감옥으로 압송한 뒤 심문했다.

"그대가 벼슬하지 않는 것은 다시 의병을 일으키기 위한 것인가?"

임병찬이 큰소리로 말했다.

"내가 의병을 다시 일으키지 못하는 것은 힘이 모자라기 때문이다. 오늘 할 수 있다면 오늘이라도 의병을 일으킬 것이고, 내일 할 수 있다면 내일이라도 일으킬 것이다. 내 일은 내가 알아서 하거늘 너희가 어찌 묻는 것이냐?"

그는 오랜 시간이 지난 뒤 석방되었다.

임병찬
1851(철종 2년)~1916. 1906년 최익현과 함께 태인에서 의병을 일으켰다. 같은 해 순창 전투에서 최익현과 같이 붙잡혀 대마도로 유배되었다가 1907년에 귀국했다. 저서로 《돈헌문집遯軒文集》이 있다.

왜놈들이 청결비를 걷다

11월에 서울의 왜놈들이 가옥의 한 칸당 이전의 청결비를 걷었다. 이때 불같이 독촉하여 사람들이 매우 괴로워했다.

심의평이 만사천 권의 책을 모으다

전 군수 심의평沈宜平이 일생 동안 만사천 권이나 되는 책을 모았는데, 늙어서도 그치지 않았다.

왜놈들이 《조선왕조실록》을 수색하다

왜놈들이 강화도 정족산성에 들어가 사초史草를 수색하고 갔다.

해삼위에서 〈대동공보〉를 간행하다

12월에 해삼위에 거류하는 한인들이 자본을 모아 〈대동공보大東共報〉를 간행했다.

태양력을 반포하다

이달 10일[신유]은 양력으로 기유년[1909, 순종 3년] 1일 금요일이다. 이때부터 양력을 정삭正朔으로 삼고 태양력을 반포했다. 그런데 (책력의) 아래 칸에는 여전히 태음력을 적어 놓았는데, 이는 음력이 주가 되고 양력이 종이 되는 예다. 정삭을 이미 고쳤으므로 이 뒤로는 연월을 양력에 따라 기록한다.

기유년 〔1909, 순종 3년〕

기유년 아침이 밝다

(융희 3년, 청나라 선통 원년, 일본 명치 42년) 1월 1일은 음력으로 무신년〔1908, 순종 2년〕 12월 10일이다.

처음으로 석판 인쇄를 시작하다

2월에 서울 화문관華文館에서 처음 석판 인쇄를 가동했다.

각지에 민회를 설치하다

열세 개 도 각 군에 종종 민회民會를 설치하여 왜놈들에게 항의했지만 끝내 효력이 없었다. 왜놈들이 그들을 비웃으며 쥐모임[鼠會]이라고 했다. 이는 고양이만 만나면 달아난다는 뜻에서 붙인 것이었다.

일진회가 이등박문의 유임을 청원하다

일진회가 최영년崔永年을 일본으로 보내 이등박문의 유임을 청원했다.

포와 교민들이 국민회를 만들다

포와에 거류하는 우리 백성들 사이에는 일찍이 공립共立, 합성合成, 전흥電興이라는 세 개의 민회가 있었다. 이때 이르러 한 단체로 묶어 국민회라 불렀는데, 회원이 이미 육, 칠천 명이나 되었다. 이들은 〈신한민보新韓民報〉와 〈신한국보新韓國報〉라는 두 가지 신문을 간행하여 일본을 배격했다.

국민회
1908년 장인환과 전명운이 스티븐스를 저격하자 교포들 사이에서는 항일의 기운이 한층 고조되었다. 이에 1909년 이승만과 박용만 등이 미국에 흩어져 있는 애국 단체를 하나로 묶어 국민회라 칭했다.

윤정원이 고등여학교 교사가 되다

윤정원尹貞媛을 고등여학교 교사로 임명했다. 윤정원은 윤효정尹孝定의 딸로, 일찍이 일본으로 건너가 유학했다. 또한 왜놈 추원萩原이라는 자와 함께 비리시로 갔다가 구주를 둘러보고 돌아왔다.

이도표가 의병들의 활동비를 마련하러 가다가 붙잡히다

4월 7일 이도표李道杓가 재판소에 수감되었다. 이도표는 서울 사람으로, 영민하고 지혜가 풍부했다. 그는 태황제의 옥새가 찍힌 문서를 들고 장차 상해로 가서 민영익, 이윤재李允在, 현상건玄尙健과 내통하여 본국에서 의병이 일어나면 의사들을 규합해 국난에 임하고자 했다.

이때 민영익에게는 신묘년[1891, 고종 28년]과 임진년[1892, 고종 29년]에 홍삼 값으로 보낸 팔십일만 환이 있었고, 이윤재에게는 그의 숙부 이용익이 상해 노청은행露淸銀行에 저축해 둔 국고금 이십일만 원이 있어 모두 운동 자금으로 쓰려고 했다. 이도표는 남대문에서 차를 타고 인천항으로 향하다가 바로 순찰하던 왜놈에게 붙잡혔는데, 왜놈들은 그 옥새 찍힌 문서를 위조한 것으로 판단했다.

〈매일신보〉 사장 배설이 죽다

5월 1일에 〈매일신보〉 사장인 영국인 배설이 죽었다. 향년 37세로, 양화도에 장사지냈다. 그는 몇 년간 신문을 간행하면서 외세를 배격하는 데 매우 힘썼다. 그가 죽자 많은 사람들이 슬퍼했다.

강화도에 있던 《조선왕조실록》을 경복궁으로 옮기다

강화도 전등사에 보관하던 사초와 열성조의 어진을 경복궁으로 옮겼다.

《월남망국사》와 《동국사략》을 팔지 못하게 하다

왜놈들이 서점에 명해 《월남망국사越南亡國史》, 《동국사략東國史略》, 《유년필독幼年必讀》 등의 책을 팔지 못하게 했다. 저들이 우리나라 사람들을 구속하는 것이 이와 같았다. 또한 인쇄법을 정했다.

통감이 바뀌다

왜국 정부가 통감 이등박문을 면직하고, 후임으로 부통감 증미황조曾彌荒助〔소네 아라스케〕를 임명했다.

공자교회를 세우다

서울에 공자교회孔子敎會를 세웠다. 왜놈들은 우리나라 사람들이 차츰 신학문을 연구하는 것을 싫어하여 옛 가르침으로 우매한 상태에 묶어 두려고 했다. 이에 우리 정부와 종실 외척, 여러 고관들에게 권유하여 이 교회를 세웠다.

최익현의 문집을 간행하다

7월에 고 최익현의 문생들이 그의 문집을 간행했다. 왜놈들이

이 소식을 듣고 포위하여 수색했는데, 그의 소차疏箚와 '왜놈을 토벌하라'는 글자가 들어 있는 책은 모두 빼앗아 갔다. 이는 정부에서 사주한 것이라고 한다. 결국 문집은 낙질이 되어 널리 배포되지 못했다.

쥐를 잡다

이 무렵 쥐로 인한 전염병을 예방하자는 논의가 있었다. 병균이 쥐에서 나온다고 봤기 때문이다. 이에 각 항구에 명하여 외국에서 들어오는 배를 검역했고, 쥐가 있으면 닥치는 대로 때려잡았다. 또한 쥐 한 마리에 삼 전씩 주고 샀는데, 인천과 부산 두 항구에서는 날마다 사, 오십 마리씩 잡았다.

왜놈들이 통치권 위임과 군부 폐지를 요구하다

10일에 이등박문과 증미황조가 이완용과 박제순을 불러 두 가지 일을 허락해 달라고 요구했다. 그것은 통치권 위임과 군부 폐지였다. 이완용 등이 대답했다.

"모든 각료들과 협의해서 알려 주겠소."

각의를 열자 여러 대신들이 우물쭈물하며 결정을 내리지 못하고 총사직을 결의했다. 이등박문이 이 소식을 듣고 크게 노하자 이완용이 두려워하여 그대로 따르겠다고 했다.

법부를 폐지하고 사법권을 왜놈들에게 위임하다

12일에 법부를 폐지하고 사법권을 일본 정부에 위임하자 법률학교 학생들이 탄식했다.

"사법권이 이미 없어졌으니 법률을 배운들 무슨 소용이 있으랴."

이에 서로 통곡하고 흩어진 자가 절반이 넘었다. 이완용이 각의를 열고 협약에 도장을 찍어 그날 밤 통감부에 갖다 바쳤다.

삼천여 명이 국고금을 포탈하다

갑오년(1894, 고종 31년)부터 정미년(1907, 순종 1년)까지 포탈당한 국고금이 약 삼백만 원에 이르고, 범인이 삼천여 명이나 되었다.

단군교를 창설하다

나인영과 오기호 등이 서울에서 단군교를 창설했다.

천조대신을 섬기는 신궁을 세우다

윤택영尹澤榮과 이재극 등이 일본 천조대신天照大神과 단군을 형제라고 하면서 신궁神宮을 창건하여 교회를 열었다. 이는 왜놈들의 사주를 받은 것이었다.

고희준이 국시유세단을 만들다

고희준高義駿이 국시유세단國是游說團을 만들어 인민을 회유했다. 그 내용은 일본인에게 저항하지 말고 그들이 지도하는 대로 따라서 함께 개명해 나가자는 것이었다. 이는 외세에 아부하자는 뜻에서 나온 짓이다.

왜놈들이 간도를 청나라에게 넘겨주다

9월에 왜놈들이 간도 문제로 청일협약을 맺은 뒤 간도를 다시 청나라에게 돌려주고는 토문강을 한국과 청나라의 분계선으로 정했다.

골불안이 한미전기회사를 왜놈들에게 팔다

미국인 골불안骨佛安〔콜브란; H. Collbran〕이 한미전기회사를 왜놈들에게 팔자 장안 사람들이 크게 노하여 골불안을 쫓아냈다.

한미전기회사
1904년 고종과 미국인 골불안이 합작해서 세운 것으로, 한성전기회사가 그 전신이다. 러일전쟁 후 한국에 대한 지배권을 강화한 일본은 이 회사를 매입하려고 했고, 콜브란도 매도할 의사가 있어 매매 계약이 체결되었다. 이 과정에서 고종은 전적으로 제외되었다.

이화학당을 설립한 시란돈 부인이 죽다

10월에 영국인 시란돈施蘭敦[스크랜턴; W. B. Scranton]의 어머니[스크랜턴; M. F. Scranton]가 상동교회당에서 죽었다. 부인은 이십 년 전에 우리나라에 와서 부인학회를 세우도록 권하고 이현학당梨峴學堂•을 세웠다.

이현학당 이화학당을 잘못 쓴 듯하다. 스크랜턴 부인은 영국인이 아니라 미국 감리교 선교사다.

단군교 교인이 단군의 사적을 발견하다

단군교 교인이 백두산 석굴 속에서 단군의 사적을 발견했다면서 드디어 고경각古經閣을 짓고 백봉白峰이란 자를 추대하여 대종사로 삼았다. 단군교에 들어오는 자마다 반드시 백봉의 인장을 찍어 주어 신표로 삼았으니, 대개 동학과 비슷하다.

안중근이 합이빈에서 이등박문을 죽이다

26일[음력 9월 13일]에 안중근安重根이 합이빈에서 이등박문을 죽였다. 안중근은 갑산에서 태어났는데,* 정처 없이 떠돌다가 평양에서 살았다. 이때 그의 나이 31세로, 이등박문을 죽여서 나라의 부끄러움을 씻으려고 혼자 계획한 지 벌써 여러 해가 되었다. 그는 올해 봄에 동지들과 이렇게 맹세했다.

"올해에도 이 도적놈을 죽이지 못한다면 맹세코 자결하겠다."

그는 여름과 가을 사이에 이등박문이 만주를 순회한다는 소식을 듣고 해삼위에서 급히 왔다. 마침 이등박문이 합이빈에 이르러 아라사 관원들과 만나기로 약속했는데, 그가 차에서 내리자 안중근이 러시아 병사들 속에 섞여서 잇달아 권총을 쏘았다. 세 발을 쏘아 세 발 모두 명중했다. 이등박문이 차에서 떨어져 병원으로 옮겼으나 삼십 분 만에 죽었다.

권총은 한 번에 여섯 발이 나갔다. 그중 세 발은 호위하던 왜놈들이 맞았지만 모두 죽지는 않았다. 이때 이등박문은 오

> 안중근의 고향 안중근은 황해도 해주에서 진사 안태훈安泰勳의 아들로 태어났다. 황현이 그에 관한 기록을 잘못 전해 들은 듯하다.

른쪽 배와 등에 총을 맞았다. 이 소식이 하루도 안 되어 동서양으로 전해지자 모든 나라가 깜짝 놀라며 "조선에 아직도 사람이 있구나" 했다. 안중근과 함께 계획한 열댓 명이 모두 포박되었으나 웃으면서 말했다.

"우리 일을 이미 이루었으니 죽는 것이야 누가 알랴."

이 소식이 서울에 전해지자 사람들은 감히 통쾌하다고 칭찬하지는 못했지만 모두 어깨를 추켜세우고 깊은 방에 앉아 술을 따르며 서로 경하했다.

이때 이완용, 윤덕영尹德榮, 조민희趙民熙, 유길준은 양 궁의 명命이라고 속여 대련大連으로 나아가 조문했다. 임금은 통감부에 나아가 친히 조문했고, 이등박문에게 문충공文忠公이라는 시호를 내렸으며, 제전비祭奠費로 삼만 원을 부의했고, 유족에게는 십만 원을 주었다. 이학재李學宰 등은 이등박문의 송덕비頌德碑를 세우자고 건의했고, 민영우閔泳雨는 동상을 세우자고 건의했다. 이들이 미치광이처럼 분주하게 돌아다니자 왜놈들이 그만두라고 명령했다〔이등박문의 아내는 매자梅子(우메코)이고, 아들은 박방博邦(히로구니)이다. ─ 원주〕.

안중근의 글씨
1909년 10월 26일 오전 9시 만주 하얼빈역, 겨레의 원한을 일거에 설욕해 준 대사건이 일어났다. 침략의 원흉 이등박문이 안중근에 의해 피격된 것이었다. 장렬한 최후를 앞둔 애국지사의 강인과 기개와 의지는 글씨에서도 그대로 나타나는 듯하다.

정부에서 왜국에 조문사를 파견하다

임금이 조문사로 민병석을 보냈고, 태황제는 박제빈朴齊斌을 보냈다. 김윤식은 원로 대표로서 함께 일본으로 갔다. 이때 일본의 조야가 크게 놀라고 슬퍼하며 이등박문의 장례를 국장으로 치렀는데, 군중의 분노가 채 풀리지 않아서 마치 조수가 밀려들고 불이 타오르는 것 같았다. 민병석 등이 도착하는 것을 보고 어리석은 백성들이 분풀이를 하려고 했지만 왜놈 관원들이 엄히 경호하여 위기를 모면했다. 황태자는 일찍이 이등박문을 사부師傅로 모셨으므로 스승에 대한 예로 삼 개월간 상복을 입었다.

안중근은 여순에 있는 왜놈 감옥에 갇혔다. 이등박문은 죽기 며칠 전에 자기의 측근 소산小山에게 이렇게 말했다.

"암살당하는 것이 내가 바라는 바다."

이에 사람들이 그 말대로 되었다고 했다.

고서간행회가《고려사》를 간행하다

11월에 왜놈들이 우리나라 고서를 모아 간행했는데, 그 회사의 이름을 국서간행회國書刊行會라고 했다. 이로써《고려사高麗史》가 널리 유포되었다. 그러나 면수가 너무 많고 글자도 너무 작아서 사람들이 읽기 어렵다고 했다.

대한협회와 일진회가 합하려고 하다

대한협회가 일진회와 합하기 위해 성명서를 제출했지만 일진회가 응하지 않았다. 이에 대한협회장 김가진이 서신을 보내 꾸짖었다.

국민대연설회를 열다

12월에 민영규 등이 임시국민대연설회를 열었다. 이때 간사한 무리가 호응하여 합방 논의가 크게 일었는데, 민영규 등이 관리들과 일반 서민들을 모아 놓고 통렬하게 논박했다. 모인 자가 약 사천 명이었는데, 일진회를 통렬히 꾸짖으며 함께하지 않을 것을 맹세했다.

일진회가 정부에 한일합방을 청하다

일진회가 정부에 합방론을 제의하여 임금께 아뢸 것을 청했지만 이완용이 물리쳤다. 이완용은 스스로 합방론을 주장하려다가 일진회에게 선수를 빼앗겨 시기했다. 이에 민영규 등을 부추겨 연설회를 열게 하고, 일진회의 헌의를 물리쳤다.

민영익이 안중근의 변호 비용을 내놓다

민영익이 상해에 있으면서 사만 원을 내어 법국과 아라사의 변호사를 고용한 뒤 안중근의 재판을 도왔다.

고수형 당한 사람의 시신을 해부하다

대한의원에서 교수형 당한 사람의 시신을 해부하여 의생들의 견습 자료로 삼았다.

소금 장수 김두원이 왜국 총리대신에게 편지하다

원산의 소금 장수 김두원金斗源이 일본 총리대신 계태랑桂太郞〔가쓰라 다로〕과 전 의장 산현유붕山縣有朋〔야마가타 아리토모〕과 장곡장순효長谷場純孝〔하세바 스미타카〕 등에게 여러 차례 장문의 편지를 보내 소금 값을 돌려 달라고 독촉했다.

이재명이 이완용을 칼로 찌르다

23일〔음력 10월 11일 정사〕에 이재명李在明이 이완용을 칼로 찔렀지만 죽이지는 못했다. 이재명은 평양 사람으로, 이때 나이 21세였다. 육 년 전 미국에 유학 갔다가 돌아온 뒤로 언제나

이재명
1890(고종 27년)~1910(순종 4년). 매국의 앞잡이 이완용을 암살하려다 실패한 젊은 호국지사다. 사형이 선고되었을 때 "왜법이 불공평하여 내 생명을 빼앗기는 하나 내 충혼은 빼앗지 못할 것이다" 하며 재판장을 호령했다고 한다. 사진 왼쪽에서 둘째가 이재명이다.

국치를 생각하며 분을 풀지 못했다. 이때 합병론이 일어나자 탄식하며 말했다.

"이용구를 죽이지 않을 수 없다."

얼마 뒤에 다시 말했다.

"화의 근원은 이완용이다."

이에 처음 계획을 바꾸었다. 이때 비리시 황제가 죽자 이완용이 종현교당에서 열리는 추도회에 참석했다. 이재명이 교당 밖에서 엿보고 있다가 이완용이 나와서 인력거를 탈 때 칼을 휘두르며 곧바로 인력거꾼 박원문朴元文을 찔러 쓰러뜨렸다. 이어 한달음에 뛰어올라 이완용이 빨리 피하는 사이에 그의 허리와 등 세 곳을 잇달아 찔렀다. 순사들이 이재명을 찔러 인력거에서 떨어뜨린 뒤 곧 이완용을 데리고 돌아갔다.

이완용은 머리를 깎고 양복을 입고 있어 잡기가 쉽지 않았고, 두꺼운 모직 옷을 입고 있어서 곧바로 급소를 찌를 수도 없었다. 양의사를 불러 치료했는데, 칼이 폐부를 범했지만 요행히 살게 되었다고 했다. 이재명이 결박되자 탄식하며 말했다.

"이완용을 죽이지 못했으니 내 마땅히 이용구를 죽이겠다."

그러나 일이 발각되어 순사에게 붙잡히자 단도를 옥관에게 집어던지며 말했다.

"이 칼은 이용구를 죽이려던 물건이다. 이제 끝났으니 무엇에 쓰겠느냐?"

이때 서울 사람들이 크게 놀랐고, 조중응과 박제순 등은 경계를 더욱 엄히 했다.

송병준을 죽이려던 원주신이 자결하다

일본 유학생 원주신元周臣이 바다에 몸을 던져 죽었다. 그는 우리나라로 돌아오다가 하관下關에 이르러 갑자기 성난 파도 속으로 몸을 던졌는데, 그의 짐 보따리를 조사해 보니 이런 유서가 있었다.

"송병준의 목을 베려다 기회를 얻지 못해 빈손으로 돌아가게 되었으니 사람들을 대할 낯이 없다."

하관 시모노세키를 가리킨다. 마관馬關이라고도 한다.

경술년〔1910, 순종 4년〕

안중근의 아우가 서울에 변호를 요청하다

(융희 4년, 청나라 선통 2년, 일본 명치 43년 1월에) 안중근의 아우 안정근安定根과 안공근安恭根이 여순에서 서울변호사회로 편지를 보내 한국 변호사 한 명을 보내 안중근 변호를 도와 달라고 청했다. 서울 사람들이 서로 눈치만 보며 감히 떠나지 못했는데, 평양 변호사 안병찬安秉瓚이 분연히 자원하여 10일 여순을 향해 떠났다.

미국이 만주 중립화를 주장하다

미국인이 만주 중립화를 주장하고는 왜국을 억눌러 철도를 청나라에 돌려주라고 했다. 영국과 덕국도 스스로 채무를 맡아 줄 테니 청나라더러 왜국에게 갚으라고 했다. 왜국이 청나라, 아라사와 전쟁한 뒤로 국력이 갑자기 강대해져 동서양의 여러 나라가 모두 미워했다. 만약 왜국이 만주를 점령한다면 패권의 형세가 한쪽으로 기울어 아라사인들이 크게 꺼리게 될 터였다. 이에 미국인을 사주하여 국외에서 언권을 행사하게 했다. 각 나라 신문이 마치 눈발이 날리듯 야단스럽게 보도했는데, 한 달이 지나도록 그치지 않았다.

동아찬영회를 창설하고 이등박문을 추도하다

민영우가 동아찬영회東亞贊英會를 창설하고 이등박문을 추도했다. 또한 윤진학尹進學은 백성들에게 십 전씩 거두어 사당을 세워 모시려고 했고, 동상을 만들거나 비석을 세우자고 하는 자들도 있었다. 이들은 마치 미친개처럼 분주하게 돌아다녔다. 민영우는 민영주의 고친 이름이다.

의병장 연기우가 아들보다도 군자금을 아끼다

(2월에) 의병장 연기우延基羽가 춥고 굶주려서 거의 죽게 된

아들을 길에서 만났다. 그의 부하가 그를 가엾게 여겨 몰래 오십 환을 주었다. 그러자 연기우가 크게 노하며 말했다.

"이 돈은 군자금인데 어찌 감히 사사롭게 쓰느냐?"

이에 그 돈을 도로 빼앗았다.

안중근이 합이빈에 이르러 시를 짓다

안중근이 합이빈에 이르렀을 때 시가를 지어 함께 온 우덕순 禹德淳과 주고받았다. 그 노래는 다음과 같다.

丈夫處世兮　其志大矣
時造英雄兮　英雄造時
雄視天下兮　何日成業
東風漸寒兮　必成目的
鼠窺鼠窺兮　豈肯此命
豈度至此　時勢固然
同胞同胞兮　速成大業
萬歲萬歲兮　大韓獨立

장부가 세상에 처함이여
그 뜻이 크도다.
시대가 영웅을 만듦이여
영웅이 시대를 만들도다.
비장하게 천하를 내려다보니

어느 날에나 대업을 이루려나.
동풍이 차츰 차가워지니
반드시 목적을 이루리로다.
쥐처럼 우물쭈물 엿보다가는
하늘에서 받은 이 명을 어찌할거나.
어찌 이 지경까지 이르렀는가
시국과 정세가 참으로 그렇게 되었네.
동포, 동포여
빨리 대업을 이루소서.
만세 만세여
대한독립이로다.

태극교를 창설하고 전우와 곽종석이 참여하다

태극교 본부의 김성근金聲根·남정철·김학진 등이 열세 개 도의 도都·부훈장副訓長을 선정했는데, 전우·곽종석·기우만·박문호朴文鎬·송병순宋秉珣 등이 모두 참여했다.

왜놈들이 안중근에게 사형을 언도하다

왜놈들이 관동도독부로 들어가 여순항에다 재판장을 설치하고 안중근 사건을 공판했다. 이때 안중근에게는 사형을, 우덕순에게는 징역 삼 년을, 조도선曺道先과 유동하劉東夏에게는 징역 일 년 육 개월을 언도했다. 안중근은 해주에서 태어나 신천으로 이사했다가, 사 년 전에 다시 평양 진남포로 옮겼다.

안중근이 여순 감옥에서 처형되다

3월 26일〔경인〕에 안중근이 여순 감옥에서 처형되자 나라 안팎의 사람들이 그를 장하게 여기며 동정했다. 처음에 안중근은 이등박문의 열다섯 개 죄목을 다음과 같이 밝혔다

사형되기 이틀 전의 안중근 의사
안중근은 사형을 받은 그 순간까지 시종일관 의젓하고 당당했는데, 이러한 그의 태도는 일본 법관들까지 감복시켰다. 그는 마지막으로 "내가 죽거든 우리나라가 독립하기 전에는 반장返葬하지 말라. 대한 독립의 소리가 천국에 들려오면 나는 마땅히 춤을 추며 만세를 부를 것이다"라고 유언하고는 교수대의 이슬로 사라졌다.

1. 명성황후를 시해했다.
2. 광무 9년 11월에 강제로 5조약〔을사조약〕을 체결했다.
3. 융희 원년 7월에 강제로 7협약을 체결했다.
4. 태황제를 폐위했다.
5. 군대를 해산했다.
6. 양민을 살육했다.
7. 이권을 약탈했다.
8. 한국 교과서를 금지했다.
9. 신문 구독을 금지했다.
10. 은행권을 발행했다.
11. 동양 평화를 교란했다.
12. 일본 천하를 기만했다.
13. 교과서를 금지하고 폐기했다.
14. 일본 효명천황孝明天皇을 시해했다.
15. 〔원문이 없어졌다.〕

그 후 왜놈들이 안중근의 사진을 팔아서 많은 재물을 모았다.

왜놈들이 안유의 묘를 도굴하다

도굴을 업으로 하는 왜놈들이 문성공文成公 안유安裕의 묘를 도굴했다. 명기明器와 보물은 훔쳐 가고 해골은 버려둔 채로 가버렸다.

사색당파 위원이 양반을 조사하다

사색당파 위원을 정해 양반을 조사했다. 노론의 김학진, 소론의 이중하, 남인의 강경희姜敬熙, 북인의 남규희가 조사 위원이었다. 지방의 각 군에서는 수비대가 유생과 양반을 조사했다.

덕수궁에 석조전을 세우다

4월에 덕수궁에 서양식 석조 건물[석조전]을 세웠다. 십삼만이천이백구십구 원의 경비가 들어갔다.

단군이 하늘로 올라간 날을 정하다

음력 3월 15일을 단군이 하늘로 올라간 날로 정했는데, 어느 책에 근거한 것인지 알 수가 없다.

국채보상금을 처리하다

서울에 국채보상금처리회를 설치하여 각처에서 모은 금액을 조사하니, 이때 현재 십오만구천이백오십삼 원 구십구 전이었다. 이것을 교육비로 쓰기로 했다.

황후가 왜말을 배우다

황후 윤씨가 왜놈 말을 배웠다.

왜국에서 차입한 국채

왜국에서 차입한 국채 총액이 현재 사천사백오십삼만칠천구백오십팔 원 팔십구 전 칠 리였다.

경복궁을 헐어서 팔기로 하다

5월에 경복궁을 헐어서 팔기로 했다. 모두 사천여 칸으로, 한 칸에 십오 원에서 이십칠 원 했다. 우리 백성과 왜놈들 가운데 사고자 하는 자가 팔십여 명이나 되었는데, 삼분의 일은 왜놈 북정청삼랑北井靑三郞에게 팔기로 했다. 계약이 되면 장차 대공원을 만들기로 했다.

이재명을 사형에 처하다

이재명을 신문했다. 왜놈 검사 이등伊藤[이토]이 이재명을 교수형에, 김정익金貞益·이동수李東秀·김병록金丙錄·조창호趙昌鎬는 징역 십오 년 형에, 오복원吳復元·김낙선金樂善은 징역 십 년 형에, 박태은朴泰殷·김용문金龍文은 징역 칠 년 형에, 이학필李學泌·김이걸金履杰·김병현金秉鉉·이응삼李應三은 징역 오 년 형에 처했다.

이등은 많은 뇌물을 받았으므로 (이재명을) 반드시 사형에 처하려고 했다. 그는 이재명이 살인 미수에 그쳤는데도 일부러 인력거꾼 박원문의 죽음을 끌어들여 고의로 죽였다고 뒤집어씌우고는 사형을 선고하려고 했다. 왜국 변호사 대기大岐, 암전岩田, 목미木尾 세 사람이 모두 그를 공박하며 말했다.

"박원문의 죽음은 우발적인 것이지 고의가 아니었다. 만약 이재명을 사형에 처한다면 법률의 본의를 크게 잃은 것이다."

한국 변호사 이면우李冕宇와 안병찬도 한목소리로 이재명을 사형에 처할 수 없다고 변호했는데, 안병찬이 더욱 결연했다. 교수형이 선고되자 방청석에 가득한 사람들 가운데 눈물을 흘리지 않는 자가 없었다.

상항에서 〈신한민보〉를 발행하다

상항에 거주하는 한국인들이 〈신한민보新韓民報〉를 발행했다. 제181호부터 영문을 넣어 배포하여 구미 각국에 우리 한국의 상황을 알렸다.

해삼위에 안중근 기념비를 세우다

해삼위에 사는 한국인 류승하柳承夏가 모금하여 안중근 기념비를 세웠다.

왜놈 신문이 사십 종이나 되다

한국에 거류하는 왜놈들이 발간한 신문이 사십 종에 이르렀다.

을지문덕의 석상을 발견하다

안주 용당현龍塘峴 땅속에서 을지문덕의 석상과 석비를 발견했다. 비석은 부러져 절반만 남았는데, 그 군에 있는 안흥학교로 옮겨 두었다.

왜놈들이 신식 공원을 만들다

왜놈들이 남산 밑에 신식 공원을 만들었다.

서울 거리를 통과하는 사내정의 일행
증내황조 사임 후 사내정의가 3대 통감으로 취임했다. 한일 합방과 동시에 그는 그대로 초대 총독이 되었다.

왜놈들이 육군대신을 통감으로 임명하다

왜국 정부가 육군대신 사내정의寺內正毅〔데라우치 마사타케〕를 통감에, 산현이삼랑山縣伊三郎〔야마가타 이사부로〕을 부통감에 임명했다.

〈매일신보〉가 사원들에게 인수되다

6월에 〈매일신보〉 사장인 영국인 만함이 신문사 일을 정리하고 본국으로 돌아갔다. 사원 이장훈李章薰 등이 사만 원을 주고 그 활판을 산 뒤 포전병문布廛屛門으로 건물을 옮겼다. 이장훈이 주필을 맡아 이달 14일부터 신문을 발간했다. 그러나 논조가 차츰 온건해졌다.

해인사의 대장경 판목을 박물원으로 옮기다

해인사의 대장경 판목을 궁내부로 옮겼다가 다시 박물원으로 옮겼다.

왜놈들이 양반 수를 조사하다

7월에 왜놈들이 우리나라 양반을 조사했는데, 원로 이하 실직實職에 있는 사람과 이름만 빌린 양반이 모두 팔만여 명이었고, 유생은 백십만여 명이었다.

왜놈들이 중앙복음전도관을 설립하다

왜놈들이 중앙복음전도관을 설립했다. 왜놈들은 안중근과 이재명 등이 모두 야소교 출신이라 야소교인을 매우 미워했다. 그러나 금지할 수 없었으므로 복음 전도라는 이름으로 사람들에게 입교하라고 권했다.

> **포전병문** 베전병문이라고도 하며, 지금의 종로2가 탑골공원 동쪽 낙원동 입구를 가리킨다.

"나라의 흥망을 염려하지 말고 자신의 생사도 꾀하지 말라. 오직 한마음으로 하늘을 믿으면 복음이 절로 이른다."

이는 우리 백성들의 충의와 기백을 없애 허무하고 적막한 지경으로 떨어뜨리려는 술책이었는데, 어리석은 백성들이 많이 미혹되었다. 이때 왜놈들이 만든 종교로는 신궁경의회神宮敬義會·정토종·신리교神籬教·천조교天照教가 있었는데, 이제는 이러한 술책까지 쓰게 된 것이다.

함경도 백성들이 계속 북간도로 이주하다

작년 9월부터 올해 4월까지 함경북도 백성들 가운데 북간도로 이주한 자들이 천삼백사 호나 되었다.

망국 직전에 벼슬을 남발하여 금관자가 동이 나다

정2품으로 자품이 오른 자가 저자 사람처럼 많아 금관자가 거의 동이 날 지경이었다.

한일합방조약을 체결하다

8월 22일〔기미〕에 합방조약을 체결했다〔이후로는 고용주가 덧붙여 썼다. — 원주〕.

한일 합방 직후의 황족과 총독부 고관들
1910년 8월 22일, 마침내 일본의 조선 식민지화 정책이 마무리되었다. 조약 1조에 "한국 황제 폐하는 한국에 관한 모든 통치권을 완전하고 영구히 일본국 황제 폐하에게 양여한다"라고 적혀 있듯이 한국은 마침내 모든 국가 권력을 빼앗기고 말았다.

한국의 국호를 조선으로 고치다

8월 29일[음력 경술년 7월 25일], 한국을 왜국에 병합하고 한국의 국호를 조선으로 고쳤으며, 통감부를 조선총독부라고 했다. 이후로 한국의 대신 이하 모든 관리들을 귀속시켜 잔무를 정리하게 했다.

한국 황제를 왕으로 책봉하다

한국 황제를 왕으로 책봉하고 창덕궁 이왕李王이라 칭했다.

황태자는 왕세자로 책봉했고, 태황제는 태왕으로 책봉한 뒤 덕수궁 이태왕李太王이라 불렀다. 각 후后와 비妃는 왕비, 왕태비, 세자왕비로 책봉했다.

진사 황현이 자결하다

한국이 망하자 전 진사 황현이 약을 먹고 죽었다.

황현이 시 네 수를 남기다

황현의 자는 운경雲卿으로, 그의 선조는 장수 사람이다. 무민공武愍公 황진黃進의 후손이며, 호가 매천梅泉이다. 어려서부터 재주가 있었으며, 노사 기정진을 찾아가 뵙자 선생이 기특하게 여겼다.

장성한 뒤에는 서울에서 노닐었는데, 영재 이건창, 창강 김택영과 사귀었다. 태상황제 무자년[1888, 고종 25년]에 성균관에 들어갔는데, 담론을 잘하고 기절氣節을 좋아했다. 그는 세상에 할 만한 일이 없음을 알고 집으로 돌아와 시와 문장에 마음을 붙여 훌륭한 문장을 구사했으며, 평소 손에서 책을 놓은 적이 없었다.

융희 4년 8월 3일에 군청에서 마을로 합방령이 반포되자 그날 밤 아편을 먹고 이튿날 운명했다. 시 네 수를 남겼다.

亂離滾到白頭年　　幾合捐生却未然.
今日眞成無可奈　　輝輝風燭照蒼天.

어지러운 세상 부대끼면서 흰머리가 되기까지
몇 번이나 목숨을 버리려 했지만 여태 그러지 못했구나.
오늘은 참으로 어찌할 수 없게 되어
가물거리는 촛불만 푸른 하늘을 비추네.

妖氛掩翳帝星移　　九闕沈沈晝漏遲.
詔勅從今無復有　　琳琅一紙淚千絲.

요사스런 기운이 가려 임금별 자리를 옮기니
구중궁궐 침침해져 햇살도 더디 드네.
조칙도 이제는 다시 있을 수 없어
구슬 같은 눈물이 종이 가닥을 모두 적시네.

鳥獸哀鳴海嶽嚬　　槿花世界已沈淪.
秋燈掩卷懷千古　　難作人間識字人.

새와 짐승도 슬피 울고 강산도 찡그리네
무궁화 이 나라가 이젠 망해 버렸네.
가을 등불 아래 책 덮고 지난 역사 생각해 보니
인간 세상에 글 아는 사람 노릇 어렵기만 하구나.

曾無支厦半椽功　　只是成仁不是忠.

止竟僅能追尹穀　　當時愧不X陳東.

내 일찍이 나라를 버티는 데 서까래 하나 놓은 공도 없으니

겨우 인을 이루었을 뿐 충을 이루진 못했구나.

겨우 윤곡*을 따른 데서 그칠 뿐

진동*을 못 넘어선 게 부끄럽기만 하구나.

윤곡 남송의 충신으로, 자가 경수耕叟다. 진사에 급제하여 조정에 진출했는데, 몽고군이 침입해 나라가 망하자 자신의 집에 불을 지르고 장렬하게 최후를 마쳤다.

진동 북송의 충신으로, 흠종欽宗이 즉위하자 채경蔡京과 동관童貫 같은 간신들을 처단하라고 상소했다. 충신 이강李綱이 파직되자 강력히 반대하는 글을 올렸다가 결국 죽임을 당했다.

구한말 주요 사건

1864년 1월 조선 제26대 국왕으로 흥선대원군興宣大院君의 둘째 아들인 고종高宗이 12세의 나이로 등극하다. 어린 임금을 대신해 흥선대원군이 정책 결정권을 받아 섭정을 맡다.

1866년 3월 민치록閔致祿의 딸 민자영〔명성황후〕이 고종의 비로 궁에 들어오다.

1866년 9월 미국 상선 제너럴셔먼 호가 대동강을 거슬러 올라와 평양에 이르러 통상을 요구하며 약탈을 자행하다. 이에 박규수朴珪壽가 포격을 가하여 상선을 불태워 격침하다.

1866년 10월 병인양요丙寅洋擾가 일어나다. 흥선대원군이 천주교를 금하고 무자비한 탄압을 자행하자 프랑스군이 그 책임을 묻기 위해 강화도를 침략하여 약탈과 방화를 일삼다가 양헌수梁憲洙에 의해 격퇴되었다. 이 사건을 계기로 흥선대원군은 전국에 척화비斥和碑를 세우는 등 쇄국정책에 더욱 박차를 가했다.

1868년 5월 독일 상인인 오페르트가 아산만에 상륙해 통상을 요구하다가 거절당하자 흥선대원군의 아버지인 남연군南延君 묘를 파헤치다.

1871년 6월 신미양요가 일어나다. 미국이 제너럴셔먼 호 사건을 빌미로 무력으로 강화도를 침략하자 어재연魚在淵 등이 이끄는 조선의 수비대가 광성보와 갑곶 등지에서 격퇴하다.

1873년 12월 경복궁 중건 등 흥선대원군의 실정이 이어지자 명성황후明成皇后가 유림의 거두인 최익현崔益鉉을 앞세워 흥선대원군을 하야시키고 고종에게 친정을 선포하게 하다.

1876년 2월 일본이 운양호 사건을 빌미로 군함과 전권 대사를 파견해 문호 개방을 강요하다. 그 결과 우리나라 최초의 근대적 조약인 강화도조약을 체결하다. 이에 부산 외 두 항구를 개방하고 일본인에게 조선 연해를 자유롭게 측량할 수 있도록 허용했다.

1876년 4월	김기수金綺秀를 대표로 한 제1차 수신사修信使를 일본에 파견하여 근대 문물을 시찰하게 하다.
1880년 5월	김홍집金弘集을 대표로 한 제2차 수신사를 일본에 파견하다. 이때 김홍집이 《조선책략朝鮮策略》을 들고 와 소개하다.
1880년 12월	통리기무아문을 설치하여 개화 정책을 추진하다.
1881년 3월	정부의 개화 정책과 《조선책략》 배포에 반발하여 영남 유생들을 중심으로 영남만인소嶺南萬人疏 사건이 일어나다.
1881년 4월	신사유람단紳士遊覽團을 일본에 파견하다.
1881년 4월	종래의 오영五營을 무위영武衛營과 장어영壯禦營 이영二營으로 통합 개편하고, 별기군別技軍을 창설하여 근대적 군사 훈련을 실시하다.
1882년 4월	조미수호통상조약을 체결하다. 조선은 이어 영국, 독일, 러시아, 프랑스와도 외교 관계를 맺다.
1882년 7월	임오군란이 일어나다. 민씨 정권이 신식 군대인 별기군을 우대하고 구식 군대를 차별 대우하자 군인들이 폭동을 일으켰다. 그 결과 일본은 조선 내 거류민 보호를 구실로 군대를 파견했고, 청나라도 민씨 세력의 요청으로 군사를 보내 흥선대원군을 군란의 책임자로 압송해 갔다. 이로써 사태는 청일 양국 간의 대립으로 번져 갔다.
1882년 8월	제물포조약을 체결하다. 그 결과 조선은 일본에게 배상금을 물고 일본 공사관의 경비병 주둔을 인정했다.
1884년 12월	김옥균金玉均, 박영효朴泳孝, 홍영식洪英植, 서광범徐光範이 중심이 된 급진 개화파에 의해 갑신정변이 일어나다. 임오군란 뒤 민씨 정권의 요직을 차지한 친청 세력은 개화당을 날로 견제하기 시작했다. 이에 개화당 요인들은 민씨 정권을 무너뜨리고 철저한 개화 정책을 추진하기 위해 정변을 일으켰으나 청군의 개입으로 삼 일 만에 막을 내렸다.
1885년 4월	청일 간 천진조약을 체결하다. 양국은 조선에서 군사를 철수할 것을 약속했고, 장차 어느 한 나라가 조선에 출병할 경우 상대국에게 미리 알리기로 했다. 이로써 일본은 청나라와 동등하게 조선에 대한 출병권을 얻었다.

1885년 8월	대원군이 석방되다.
1885년 10월	원세개袁世凱가 조선 주재 총리교섭통상사의로 부임하다.
1892년 12월	최시형崔時亨에 의해 동학의 교세가 날로 확장되자 교도들이 삼례와 보은 등지에서 대중 집회를 열고 교조 신원 운동을 벌이다.
1894년 2월	전라도 고부군수 조병갑趙秉甲의 횡포에 항거하여 전봉준全琫準이 중심이 된 천여 명의 농민이 난을 일으키다.
1894년 5월	동학 농민군이 황토현 싸움에서 관군을 격파하고, 이어 정읍·고창·함평·장성 등을 공략한 뒤, 마침내 전주성에 입성하다.
1894년 6월	동학란 진압을 명분으로 청나라와 일본이 차례로 조선에 군사를 보내다. 동학 농민군이 정부와 전주화약全州和約을 맺고 전라도 일대에 집강소執綱所를 설치하여 폐정 개혁을 추진하다.
1894년 7월	일본이 군대를 동원해 경복궁을 점령하다. 전주화약을 계기로 외국 군대의 조선 주둔에 대한 명분이 사라졌음에도 일본은 내란을 예방하려면 내정 개혁이 필요하다며 경복궁을 점령한 뒤 군국기무처를 신설하고 제1차 김홍집 내각을 수립했다.
1894년 8월	청일전쟁이 일어나다.
1894년 10월	갑오농민전쟁 제2차 봉기가 일어나다. 청일전쟁에서 승세를 잡은 일본이 내정 간섭을 강화하자 이에 대항하여 대규모의 농민군이 다시 일어났다. 동학 농민군은 공주 우금치에서 일본군과 격전을 벌였으나 큰 희생을 치러야 했다.
1894년 12월	갑신정변의 주동자들이 귀국하여 개혁에 참여함으로써 김홍집·박영효 연립 내각이 들어서다.
1895년 1월	홍범 14조洪範十四條를 발표하다. 이는 자주권, 행정, 재정, 교육, 관리 임용, 민권 보장의 내용을 규정한 국정 개혁의 기본 강령으로, 갑오개혁의 정신이 잘 나타나 있다.
1895년 4월	마관조약(시모노세키조약)을 체결함으로써 청일전쟁이 종결되다. 이 조약의 대가로 일본은 요동 반도를 할양받았다. 그러나 러시아가 프

랑스, 독일과 연합하여 삼국 간섭을 하자 일본은 결국 요동을 포기했다. 그 결과 일본의 기세도 한층 꺾였다.

1895년 10월 명성황후가 시해되다. 삼국 간섭으로 일본이 주춤하자 민씨 세력은 친러로 기울기 시작했다. 이에 일본은 명성황후를 배일 세력의 핵심으로 지목하고 그녀를 제거하기에 이른다.

1895년 12월 단발령을 시행하다. 명성황후 시해로 울분에 싸여 있던 유생층과 농민들이 이를 계기로 각지에서 의병을 일으켰다.

1896년 2월 고종이 러시아 공사관으로 거처를 옮기다. 이로써 친일 내각이 무너지니, 김홍집과 정병하鄭秉夏는 체포되어 군중의 손에 무참하게 살해되었고, 유길준兪吉濬·조희연趙羲淵·장박張博 등은 일본으로 겨우 망명했다.

1896년 7월 독립협회를 발족하다. 서재필徐載弼을 중심으로 이상재李商在, 이승만李承晚, 윤치호尹致昊 등이 적극적으로 참여했다.

1897년 2월 고종이 러시아 공사관에서 경운궁으로 돌아오다.

1897년 10월 대한제국을 선포하고 고종이 황제로 즉위하다. 이는 우리나라가 열강과 대등한 위치에 있음을 만방에 선포한 것이라는 점에서 중요한 의의를 갖는다. 또한 황제 국가로서 근대화를 이루어 나가겠다는 의지를 표명한 것이기도 하다.

1898년 3월 제1차 만민공동회를 열다. 고종이 환궁한 뒤에도 열강의 침략적 간섭은 여전했다. 이에 독립협회 회원들은 우리나라 최초의 근대적 민중 대회인 만민공동회를 열어 대한의 자주 국권 운동을 전개해 나갔다.

1898년 11월 이권에 눈이 먼 정부 대신들의 방해로 독립협회가 강제로 해산되다.

1904년 2월 러일전쟁이 일어나다. 청일전쟁이 끝난 뒤 러시아는 청나라의 빈자리를 치고 들어와 새로운 패자 노릇을 하려 했다. 일본이 조선에서 완전한 영향력을 행사하려면 거함 러시아를 반드시 넘어서야만 했다.

1904년 8월 주한 일본 공사 임권조林權助가 엄정 중립을 선언한 조선 정부에 동맹을 강요하며 제1차 한일협약을 체결하다. 그 결과 일본은 조선 정부의 거의 모든 부문에 고문을 파견해 실권을 장악함으로써 조선 식민지화의 첫걸음을 내디뎠다.

1905년 9월	일본의 압승으로 러일전쟁이 끝나다. 양국 간 포츠머드조약을 체결하다. 그 결과 일본은 한국에 대한 독점적 배타권을 승인받았다.
1905년 11월	을사조약을 강제로 체결하다. 러일전쟁에서 승리한 일본은 조선에 대한 침략의 고삐를 더욱 조이기 시작했다. 11월에 조선에 온 이등박문伊藤博文은 공포 분위기를 조성하여 고종을 고립시킨 뒤, 대신들을 협박하고 매수하여 마침내 망국 조약을 체결하는 데 성공한다.
1906년 2월	일본이 통감부를 설치하여 조선의 외교뿐만 아니라 내정까지 모두 장악하다.
1907년 6월	고종이 을사조약이 무효임을 천명하기 위해 헤이그에서 개최되는 만국평화회의에 특사를 파견하다. 그러나 이 회의는 애초 제국주의 열강이 약소국을 평화적으로 분할하기 위해 개최한 것으로, 도둑들의 만찬에 불과했다. 특사들은 결국 회의에 참여하지 못했고, 이준李儁이 순국하는 슬픔을 겪어야 했다.
1907년 7월	일본이 헤이그 밀사 파견 사건을 구실로 고종을 강제로 퇴위시킨 뒤 한일신협약(정미7조약)을 체결하다.
1907년 8월	일본이 대한제국의 군대마저 강제로 해산시키다. 그 결과 의병 운동이 전국적으로 확산되다.
1908년 3월	장인환張仁煥과 전명운田明雲이 친일파 미국인 고문인 스티븐스를 저격하다.
1909년 10월	안중근安重根이 이등박문을 저격함으로써 조선인의 의기를 만방에 과시하다.
1909년 12월	이재명李在明이 이완용을 암살하려다 실패하다.
1910년 6월	경찰권이 박탈되다.
1910년 8월	한일합방이 강제로 체결되다. 이로써 조선의 자유와 권리는 완전히 박탈당하고 만다.

찾아보기

ㄱ

가등청정加藤淸正 66
가살극哥薩克 307
간도間島 295, 433
갑술환국甲戌換國 212
갑신정변甲申政變 220, 271, 306
갑오개혁甲午改革 207, 244, 272, 378
강경희姜敬熙 448
강만리江萬里 31
《강목綱目》 63
강산薑山 ☞ 이서구
강유위康有爲 278~279
강화도조약(병자수호조규) 196
거벽巨擘 64~65
격류格類 115
경부선 297
경영군京營軍 77
경운궁慶雲宮 254, 308, 324
경인철도 271, 274
경학원經學院 148
계태랑桂太郎 439
고도병지조高島鞆之助 91
《고려사高麗史》 437
고석주高石柱 294
고석진高石鎭 376
고영근高永根 266, 268
고영일高永鎰 273
고종高宗(태황제) 12~14, 17~20, 25, 27~29, 32, 35, 39~40, 48, 50~52, 55, 65, 77, 87, 97, 102, 107, 111~112, 117, 122, 134, 138~139, 141, 148~149, 151, 153, 156~157, 167, 169, 180, 185, 187, 213, 220, 225, 226, 231, 247~248, 260, 262, 267, 270~271, 277, 283, 286, 289, 298~299, 315~316, 337, 342~345, 358, 364, 383, 396, 399, 410, 417, 429, 432, 437, 447, 456
고종高宗(청 건륭제乾隆帝) 226
고희준高羲駿 433
골불안骨佛安 433
공자孔子 65
공자교회孔子敎會 430
공진회共進會 327
공창公娼 312
공홍식孔洪植 264
곽종석郭鍾錫 121, 126, 445
관보官報 221
관상감觀象監 12
관성제군關聖帝君 94
광성보廣城堡 35
광해군光海君 38
교전소交典所 255
교정청校正廳 196, 198
구례具禮 115
구만서具萬書 334
구세군救世軍 422
구완희具完喜 348
구의선具義善 398
〈국민신보〉 365
국분상태랑國分象太郎 337, 353, 381
국시유세단國是游說團 433
국채보상운동 387
국태공國太公 ☞ 흥선대원군

군국기무처軍國機務處 202
군대 해산 397, 447
〈군산신보〉 301
굴본예조堀本禮造 79
궁본수일宮本守一 91
권기홍權基弘 399
권봉희權鳳熙 170
권세연權世淵 243
권재형權在衡 275
권정호權鼎鎬 50~51, 87
권중현權重顯 348, 359
권형진權瀅鎭 202, 239, 246
《근사록近思錄》 23
〈기독교보〉 301
기독교청년회관 410
기독청년회 327
기림진삼磯林眞三 109, 114
기산도奇山度 367
기우만奇宇萬 367, 445
기인홍奇仁洪 400
기정진奇正鎭 38~39, 121~122, 456
길도덕삼吉島德三 181~182
길모吉毛 128
길영수吉永洙 268
김가진金嘉鎭 132, 134, 202, 216, 217, 224, 228, 438
김갑규金甲奎 177
김개남金開南(김기범) 178, 215~216, 223, 286
김광제金光濟 387
김귀현金龜鉉 267
김규창金奎昌 404
김규홍金奎弘 137
김규홍金圭弘 257

김기범金箕範 ☞ 김개남
김기석金箕錫 151
김기술金箕述 376
김기철金命哲 400
김기홍金基弘 405
김낙선金樂善 449
김낙영金樂永 374
김덕명金德明 228
김도진金嶋鎭 325
김동운金東運 205
김두원金斗源 439
김두현金斗鉉 267
김만식金晩植 91, 211
김매순金邁淳 61
김명규金明圭 172~173
김명진金明鎭 137
김문근金汶根 15
김문현金文鉉 178~179, 185
김병국金炳國 15, 101
김병기金炳冀 15, 20, 37
김병기金炳箕 93
김병덕金炳德 101, 168
김병록金丙錄 449
김병시金炳始 83, 196, 199, 242
김병필金炳弼 15
김병학金炳學 15, 17
김병현金秉鉉 450
김보현金輔鉉 53~54, 80, 82
김상용金尙容 15, 127, 228
김상준金商濬 272
김상헌金尙憲 15, 325
김상현金尙鉉 60, 91
김석규金錫圭 256
김선준金善駿 388

김성근金聲根 445
김세기金世基 173
김수항金壽恒 16
김승규金昇圭 128
김승집金升集 236
김여석金呂錫 410
김영덕金永悳 281
김영덕金永悳 82
김영수金永壽 196
김영적金永迪 173
김영준金永準 132
김옥균金玉均 69, 91, 93~94, 102, 104, 106~107, 112, 179~183
김용문金龍文 450
김유근金逌根 15, 58
김유연金有淵 165~166
김윤식金允植 75~76, 88, 115, 119, 139~142, 202, 224, 236~237, 247, 249, 260~261, 410, 437
김윤정金潤晶 372
김이걸金履杰 450
김정근金禎根 266
김정익金貞益 449
김정희金正喜 26, 58
김조순金祖淳 14~16
김종한金宗漢 202, 210
김종화金鍾和 264
김좌근金左根 15, 71
김중환金重煥 256
김창기金昌基 400
김창열金昌烈 95, 213
김창집金昌集 16
김태웅金太雄 281
김태원金泰元 420

김택영金澤榮 345~346, 456
김평묵金平默 72, 124
김하영金夏英 202
김학우金鶴羽 202, 218, 219
김학진金鶴鎭 183, 215, 386, 445, 448
김홍륙金鴻陸 253, 256, 261, 264~265
김홍집金弘集 71~72, 196~197, 202, 217, 221, 224, 226, 232, 239, 244, 246~248, 270
김흔金炘 173
김흥균金興均 69
김흥근金興根 16~18

ㄴ

나인영羅寅永 342, 432
나합羅閤 71
낙폭전落幅錢 65~66
남경천南敬天 377
남공철南公轍 163
남궁억南宮檍 267, 276~277
남규희南奎熙 137, 448
남상교南尙敎 27
남상덕南相悳 398~399
남연군南延君(이구) 24~25
남정순南廷順 212
남정철南廷哲 136, 255, 261, 445
남종삼南鍾三 27
《납량사의納凉私議》 121
《노사집蘆沙集》 123
노영현盧永鉉 367
노응규盧應奎 243
녹천정綠泉亭 91

ㄷ

다산茶山 ☞ 정약용
단군교檀君敎 432, 435
단발령 239~241, 246, 404
단연회斷煙會 387, 389
담사동譚嗣同 278
당백전當百錢 26, 33
당오전當五錢 92
대기大岐 450
대도의창大島義昌 189, 202~203, 206
〈대동공보大同共報〉 411
〈대동공보大東共報〉 425
《대동기년大東紀年》 298
〈대동보〉 301
대보단大報壇 23
대산암大山巖 300
대성중학교大成中學校 422
대원군大院君 ☞ 흥선대원군
대정관일大庭寬一 329
대조규개大鳥圭介 189~191, 196~201, 208, 216~217
《대학大學》 211
대한의원 439
〈대한일보〉 301
대한자강회大韓自强會 405
대한협회 438
덕니德尼 115
덕종德宗 277
덕천군德泉君 31
독도獨島 373
독립협회 265~267, 315
돈암遯菴 선우협鮮于浹 128
〈동경보東京報〉 419

《동국사략東國史略》 430
동농산인東農山人 134
《동비기략東匪紀略》 170, 223
동순태同順泰 292
동아찬영회東亞贊英會 443
동양척식회사법東洋拓殖會社法 419
동포전洞布錢 39
동학東學 169~171, 177~178, 186, 220, 283, 286, 315~316, 366~367, 435
동향평팔랑東鄕平八郞 300, 333
두란사발국杜蘭斯拔國 281

ㄹ

류승하柳承夏 451
류인석柳麟錫 72, 243, 252~253, 410
류재현柳載賢 102, 106, 180
류제관柳濟寬 14
류중교柳重敎 124, 243

ㅁ

마건상馬建常 115
마건충馬建忠 88~90
마관조약馬關條約 229, 346
마옥곤馬玉崑 210
만동묘萬東廟 22~23
만민공동회萬民共同會 268
만인萬印 28~29
만함萬咸 418, 452
〈매일신보每日申報〉 379~380, 411, 417~418, 429, 452
매자梅子 436
명성明成 ☞ 명성황후

명성왕후明成王后 ☞ 명성황후
명성황후明成皇后(명성, 명성왕후, 민비, 왕후 민씨) 17, 56~57, 70, 135, 140~141, 162~165, 167, 233, 238~239, 260, 272, 447
모간摸杆 328
목내중사랑木內重四郎 401
목미木尾 450
목인덕穆麟德 92, 104, 113, 115~116
《목민심서牧民心書》 61
〈목포신보〉 301
목하전종태랑目賀田種太郎 402, 411
무술정변戊戌政變 278
목패墨牌 22
묵현리墨賢理 115
묵희墨戲 67
문석환文奭煥 377
문세전門稅錢 21
문태수文泰洙 420
미원梶原 399
민겸호閔謙鎬 57, 78~82, 284
민경호閔京鎬 286
민관호閔觀鎬 57
민규호閔奎鎬 57~58, 68
민긍식閔兢植 403
민긍식閔肯植 85
민대식閔大植 273
민두호閔斗鎬 57, 149, 151, 201
민병석閔丙奭 211~212, 437
민병승閔丙昇 201
민보閔寶 284
민비閔妃 ☞ 명성황후
민상호閔商鎬 132, 337
민승호閔升鎬 52, 55~57, 135, 284

민영규閔泳奎 69, 438
민영기閔泳綺 132, 265, 268, 284, 324, 356, 370, 419
민영달閔泳達 135, 201~202
민영목閔泳穆 69, 102, 105
민영상閔泳商 69, 373
민영선閔泳璇 179, 284
민영소閔泳韶 137, 201, 264
민영수閔泳壽 177
민영우閔泳雨 436, 443
민영위閔泳緯 69~70, 85, 212
민영익閔泳翊 57, 68~70, 84~85, 101, 104, 113, 201, 249, 284, 429, 439
민영주閔泳柱 130~131, 135, 172, 189, 201, 443
민영준閔泳駿 134, 136, 159, 171~172, 177, 183, 186~189, 201, 212~213, 249
민영찬閔泳瓚 284
민영철閔泳喆 286, 337
민영환閔泳煥 137, 160~161, 201, 275, 287, 325, 332, 337, 360~361, 364, 375
민영휘閔泳徽 365
민원식閔元植 391
민유중閔維重 70
민응식閔應植 85, 212, 231
민정식閔珽植 284
민정중閔鼎重 70, 84
민종묵閔種默 266, 268
민종식閔宗植 373~376, 404
민창식閔昌植 84
민치구閔致久 113
민치록閔致祿 17
민치헌閔致憲 132
민태호閔台鎬 57, 97, 102~105, 113, 166,

284
민형식閔亨植 179, 213
민형식閔炯植 403
민형식閔衡植 404

ㅂ

박규수朴珪壽 45, 142
박기양朴箕陽 314
박남수朴南壽 315~316
박문국博文局 151~152
박문오朴文五 127
박문일朴文一 127
박문호朴文鎬 445
박방博邦 436
박병익朴炳翊 297
박성환朴星煥(박승한) 397~398
박승봉朴勝鳳 405
박승환朴昇煥 ☞ 박성환
박시순朴始淳 172~173
박영교朴泳敎 93, 105, 107~108, 111, 113
박영호朴泳好 111
박영효朴泳孝 91, 93, 101~109, 111, 180, 220~221, 224, 228, 233, 245, 268, 380
박용선朴用先 173
박용화朴鏞和 348, 353
박원명朴源明 176~177
박원문朴元文 440, 450
박원양朴元陽 111, 220
박유붕朴有鵬 13~14
박윤대朴允大 262
박은식朴殷植 379~380
박인환朴寅煥 256
박장법朴長法 372

박정양朴定陽 76, 153~154, 196, 202, 224
박제교朴齊敎 101
박제빈朴齊斌 437
박제순朴齊純 275, 289, 348~349, 355~357, 359, 370, 396, 431, 441
박준양朴準陽 202
박태영朴台榮 289
박태은朴泰殷 450
박헌양朴憲陽 222
박화중朴和重 329
반우거班禹巨 422
방거房巨 128
《방례초본邦禮艸本》 61
방성칠房星七 260~261
방한덕方漢德 267
배계주裵季周 273
배동익裵東益 161
배설裵說 378~380, 418, 429
배화학당 263
백낙구白樂九 390
백낙서白樂瑞 156
백리帛黎 115
백봉白峰 435
변하진卞河璡 267
별기대別技隊 79
병자수호조규丙子修好條規 ☞ 강화도조약
병조호란 227
보덕사報德寺 25
보안회保安會 314~315, 317~318
보정부保定府 26, 118~119
봉서封諝 263
부대부인府大夫人 민씨閔氏 81, 167, 259
《북여요람北輿要覽》 295~296

북원北苑 23
북원연차랑北原延次郎 181~182
북정청삼랑北井靑三郎 449
〈북한시보〉 301

ㅅ

사납기史納機 115
사내정의寺內正毅 452
사수寫手 64~65
사을사四乙巳 77
사찰재산보호령寺刹財産保護令 418
산현유붕山縣有朋 439
산현이삼랑山縣伊三郎 452
산홍山紅 383~384
삼국 간섭 230
삼전도비三田渡碑 227~228
삼촌빈杉村彬 278
삼포오루三浦梧樓 233~234, 236~238
상궁 엄씨嚴氏 ☞ 엄비
서광범徐光範 93, 107, 112, 221, 224, 228, 256
서광언徐光彦 111
서병달徐丙達 294
서병무徐丙懋 222~223
서병묵徐丙默 183~184
서병수徐丙壽 211
서상돈徐相敦 387, 389
서상면徐相勉 273
서상열徐相說 243
서상우徐相雨 115, 237
서상욱徐相郁 286
서상익徐相翊 112, 220
서상집徐相集 202

서상훈徐相勛 128
서석보徐碩輔 49
서수붕徐壽朋 282
서승보徐承輔 163
서염순徐念淳 212
서우학회西友學會 377
서운관書雲觀 12
서재우徐載雨 111
서재창徐載昌 109
서재필徐載弼 103~105, 107, 110~111, 306, 337
서재형徐載衡 111
서주보徐周輔 260
서태후西太后 248, 278
석숭石崇 65
석유 74
석조전石造殿 448
석파란石坡蘭 26, 118
선조宣祖 254, 331, 408
섭사성聶士成 189, 205~206, 210
섭지초葉志超 189, 202~205, 210
성강호成康鎬 272
성두한成斗漢 228
성조聖祖 227
세종대왕世宗大王 421
소우렴邵友濂 229
소촌수태랑小村壽太郎 336~347
소촌실小村室 234~235
손문孫文 ☞ 손일선
손병희孫秉熙 315~316, 366, 382
손일선孫逸仙(손문) 279
손택孫澤 353
손화중孫化中 178, 228
송근수宋近洙 101

470

송병선宋秉璿 101
송병선宋秉璿 122
송병순宋秉珣 445
송병준宋秉畯 313, 335, 367, 409, 414, 417, 441
송수만宋秀萬 315
송시열宋時烈 22, 51, 67, 419
송인섭宋寅燮 315
송일회宋一會 262
송재복宋在復 419
송준길宋浚吉 70
송진용宋鎭用 256
수양대군首陽大君 52
수용전水用錢 21
수지분須知芬 416
숙종肅宗 51
순정효황후純貞孝皇后(황후 윤씨) 449
순조純祖 36, 43
순종純宗 386, 404, 409, 412~413, 425~426, 432
순치順治 227
《승정원 일기承政院日記》 148
시두時痘 73
시란돈施蘭敦 434
시위대侍衛隊 236
시천교侍天教 382~383
시헌력時憲曆 226, 250
시헌서時憲書 226, 250
신궁경의회神宮敬義會 454
신기선申箕善 93, 221, 259, 265, 314, 321, 417
신대균申大均 128
신랑전腎囊錢 21
신래新來 67

신리교神籬教 454
신보균申輔均 377
신사유람단紳士遊覽團 76
신임당화辛壬黨禍 31
신정희申正熙 149~150, 170, 220
〈신조신문〉 348
신철균申哲均 56, 57
신태규申泰圭 329
신태휴申泰休 312~313, 372
〈신한국보新韓國報〉 427
〈신한민보新韓民報〉 427, 450
신헌구申獻求 51
신현두申玄斗 377
《심경心經》 23
심노정沈魯正 101
심상학沈相學 76
심상훈沈相薰 69, 106~107, 265, 332, 355
심상희沈相禧 294
심순택沈舜澤 63, 166, 196, 198~199, 257, 265
심의평沈宜平 424
심인택沈仁澤 173
《심학종요心學宗要》 120

ㅇ

아관파천俄館播遷 244
〈아리랑 타령〉 189
아소당我笑堂 34
안경수安駉壽 132, 198, 202
안공근安恭根 442
안관현安寬鉉 248
안기영安驥泳 26, 51, 87
안련安連 115, 328

안병찬安秉瓚 442, 450
안영중安永重 285~286
안유安裕 447
안정근安定根 442
안정수安鼎洙 329
안제홍安濟弘 420
안중근安重根 435~437, 439, 442,
　　444~447, 451, 453
안창호安昌浩 422
안항식安恒植 377
안효제安孝濟 172
암전岩田 450
약령藥令 231
양계초梁啓楚 279
양명학陽明學 120
양무호揚武號 293
양지수楊枝秀 278
양헌수梁憲洙 30~31, 149, 151
어비신魚飛信 400
어윤중魚允中 69, 76, 88, 119, 138,
　　170~171, 224, 247~249
어재순魚在洵 36
어재연魚在淵 35~36
엄비嚴妃(상궁 엄씨) 237~238, 244, 258,
　　329, 381
엄세영嚴世永 76, 224
여규형呂圭亨 151
여성제呂聖齊 272
《여유당집與猶堂集》 62
《여지승람輿地勝覽》 334
연기우延基羽 443~444
연무공원鍊武公園 148
연상정조淵上貞助 334
염기룡閻起龍 206

염중모廉仲謨 267
영목창鈴木彰 219
영선사領選使 75
영은문迎恩門 227~228
영친왕英親王 ☞ 이은
오기호吳基鎬 342, 432
오복원吳復元 449
오영석吳榮錫 161
오영五營 77, 83
오인택吳仁澤 277, 279
오장경吳長慶 90, 346
오적五賊 323, 349, 360, 367
오정헌吳靜軒 181
오조유吳兆有 108
오진영吳晉泳 110
오창모吳昌摸 109~110
오천배吳天培 206
옥석창玉錫鬯 115
옥호루玉壺樓 235
완화군完和君 14, 163~164
왕국우王國佑 206
왕륜王倫 299
왕봉조汪鳳藻 194~195, 197
왕후 민씨 ☞ 명성황후
요의了義 421
우덕순禹德淳 444~445
우두법牛痘法 73, 270
우범선禹範善 239, 246
우용택禹龍澤 334~335
우익덕禹益德 336~337
우좌천일정宇佐川一正 419
우체국郵遞局 255
운미란芸楣蘭 284
운현궁雲峴宮 12, 14, 18, 32, 56, 167, 199

운현雲峴 ☞ 흥선대원군
원굴冤屈 210
원납전願納錢 21
〈원산신보〉 301
원세개袁世凱 105, 107~108, 113, 119, 140, 187, 195, 346~347
원용팔元容八 334
원주신元周臣 441
《월남망국사越南亡國史》 430
위여귀衛汝貴 205, 210
유긍환俞肯煥 273
유기환俞箕煥 266
유길준俞吉濬 202, 239~240, 242~244, 246~247, 436
《유년필독幼年必讀》 430
유도석柳道錫 87
유동하劉東夏 445
유득공柳得恭 133
유맹劉猛 267
유사헌劉士賢 159
유성준俞星濬 393
유수부留守府 149
유신회維新會 318
유유정승唯唯政丞 59
유준근柳濬根 376
유학주兪鶴柱 267
유협용柳協用 133
유형원柳馨遠 61
유후조柳厚祚 87
육영공원育英公院 128
육오종광陸奧宗光 194, 229
윤곡尹穀 458
윤길병尹吉炳 315
윤덕영尹德榮 436

윤돈구尹敦求 324
윤병관尹秉寬 173, 215
윤병구尹炳球 372
윤병尹秉 314
윤시병尹始炳 268, 314~316, 318, 335, 367
윤영신尹榮信 36, 95
윤용선尹容善 265, 308
윤웅렬尹雄烈 132, 221
윤이병尹履炳 294
윤정원尹貞媛 427
윤진학尹進學 443
윤치호尹致昊 265~266, 330, 422
윤태준尹泰駿 85, 102~104
윤택영尹澤榮 432
윤하영尹夏營 267
윤효정尹孝定 427
율곡栗谷 이이李珥 121~122
을미사변乙未事變 244, 284
을사5조약乙巳五條約 ☞ 을사조약
을사조약乙巳條約(을사5조약) 335, 346, 348, 351, 353, 358, 370, 382, 391, 394, 396, 447
을유정약乙酉訂約 ☞ 천진조약
《음빙실집飮冰室集》 279
의병義兵 242~243, 251~252, 334, 370, 372~375, 380, 390~391, 410, 417~420, 424
의친왕義親王 ☞ 이강
의화군義和君 ☞ 이강
의화단義和團 277~278, 280, 299
이강년李康秊 420, 423
이강李堈(의친왕, 의화군) 164, 276, 329
이건창李建昌 25, 31, 41, 42, 44, 100, 119, 123, 124, 158, 166, 221, 456

이건하李健夏 314
이건호李建鎬 267
이경방李經方 231
이경석李景奭 228
이경직李畊稙 233~234
이경하李景夏 28~29, 128
이교영李喬榮 331
이교하李敎夏 44
이구李球 ☞ 남연군
이규원李圭遠 166
이규태李圭泰 223
이근수李根洙 99~100
이근철李根哲 369
이근택李根澤 348, 350, 359, 367~369
이근호李根澔 173, 286
이기동李基東 266, 268
이기李沂 314, 342
이남규李南珪 251
이대본李大本 205
이덕유李德裕(이음죽) 159~160
이도재李道宰 93, 170, 223, 231, 241, 386
이도표李道杓 428~429
이돈상李敦相 59
이돈하李敦夏 173
이동수李東秀 449
이동우형伊東祐亨 189
이두황李斗璜 219, 223, 239, 246
이등박문伊藤搏文 152, 229, 299, 346~349, 353~357, 359, 370, 380, 393, 394, 396, 402, 409, 410, 427, 430~431, 435~437, 443, 446
이등伊藤 449~450
이만재李萬宰 128
이면백李勉伯 41

이면우李冕宇 450
이명구李明九 403
이문구李文九 99~100
이문영李文榮 66, 183
이문호李文鎬 334
이범래李範來 246
이범윤李範允 295~296, 313
이범진李範晋 128~132, 134, 244, 246~247, 249, 391
이범창李範昌 317
이병무李秉武 405
이병휘李秉輝 260
이봉구李鳳九 107, 113, 159
이상두李相斗 377
이상설李相卨 391~393
이상재李商在 267
이서구李書九(강산) 62
이석렬李錫烈 268
이석용李錫庸 420
이선득李善得 115, 117
이성렬李聖烈 335
이세보李世輔 20
이세우李世愚 52
이수홍李秀弘 101
이승만李承晚 372
이승오李承五 237, 260
이승희李承熙 121
이시원李是遠 31, 40~43
이식李植 376~377
《이언易言》72
이여고李汝古 273
이영二營 77
이옥상李玉祥 206
이완용李完用 348, 394, 396, 403, 409, 414,

474

431~432, 436, 438~441
이용구李容九 382, 440~441
이용원李容元 386
이용익李容翊 85, 173, 256, 306, 422, 429
이용준李容準 98
이용직李容直 173
이용직李容稙 362
이용태李容泰 176, 178~179, 321
이용호李容鎬 285
이원긍李源兢 202
이원선李元善 400
이원일李源逸 173
이원진李源進 97
이원회李元會 76, 184, 186
이원희李元熙 29, 30
이위李蔿 121
이위종李瑋鍾 391
이유원李裕元 91, 101
이유인李裕寅 95~96, 314
이윤용李允用 26, 132, 202, 244, 247, 256, 275, 313, 409, 414~415
이윤재李允在 429
이은李垠(영친왕) 258, 276, 404, 409
이음죽李陰竹 ☞ 이덕유
이응삼李應三 450
이응익李應翼 202
이이첨李爾瞻 38
이익李瀷 61
이인기李仁基 273
이인기李寅夔 29
이인명李寅命 101
이인우李寅祐 265
이인응李寅應 20
이장훈李章薰 453

이재곤李載崑 420
이재극李載克 337, 355, 357, 432
이재림李載林 388
이재만李載晩 97
이재면李載冕 26, 76, 168, 259
이재명李在明 439~441, 449~450, 453
이재선李載先 26, 87~88
이재순李載純 265, 275
이재윤李載允 386
이재李縡 36
이정구李廷龜 162
이정李埩 36
이조연李祖淵 102, 132, 179
이종원李淙遠 242
이종필李鍾弼 136
이종호李鍾浩 422
이준용李埈鎔 168, 380
이준李儁 391~392
이중칠李重七 69
이중하李重夏 120, 189, 243, 448
이지용李址鎔 337, 348~349, 380~381, 383~384, 389, 396
이지원李止遠 31
이진검李眞儉 40
이진급李眞伋 40
이진상李震相 120
이진유李眞儒 40
이진호李珍鎬 246
이집원언길伊集院彦吉 314
이최승李最承 162
이최응李最應 ☞ 흥인군
이충순李忠淳 400
이충익李忠翊 40~41
이탁원李卓元 100

이탁李倬 179
이태진李泰鎭 273
이태호李泰浩 273
이풍래李豊來 87
이하영李夏榮 310, 317, 334~335, 337, 356
이하응李昰應 ☞ 홍선대원군
이학재李學宰 324
이학재李學宰 436
이학필李學泌 450
이한응李漢膺 333
이항로李恒老 38~39, 48, 72, 124, 127, 243, 252
이헌직李憲稙 156
이현학당梨峴學堂 434
이홍경李洪卿 381
이홍장李鴻章 75, 88, 102, 187, 189, 195, 202, 206, 229, 231, 280
이회정李會正 97
인례경범仁禮景範 91
인목대비仁穆大妃 254
인조仁祖 227
〈인천상보〉 301
일진회一進會 318, 320~321, 327, 335~365, 367, 370, 382, 409, 427, 438
임권조林權助 305, 310, 315, 321~322, 325, 348, 355
임대준任大準 403
임병찬林炳瓚 376, 384, 423~424
임선준任善準 403
임오군란壬午軍亂 77, 90~91, 99
임응준任應準 97
임응칠林應 376
임철호任哲鎬 87
임헌회任憲晦 126~127

ㅈ

자위단自衛團 409
〈작설가嚼舌歌〉 381
《잔운협우기棧雲峽雨記》 102
《잠영록簪纓錄》 38
장각張角 263
장건張謇 346
장경일張慶一 27, 29
장곡장순효長谷場純孝 439
장곡천호도長谷川好道 321, 325~348, 355, 357, 381, 389
장김壯金 ☞ 장동 김씨
장동 김씨壯洞 金氏(장김) 14~16, 20, 24
장박張博 244, 246
장삼등길長森藤吉 310~311
장유張維 62
장음환長蔭桓 229
장인환張仁煥 416, 417
장지연張志淵 353, 379, 416
적십자병원 334
전동석田東錫 219
전명운田明雲 416~417
전봉준全琫準 177~178, 215, 223, 228
전우田愚 124~126, 211, 445
〈전제고田制考〉 61
전제홍全濟弘 157~158
전하묵全夏默 154
정건섭丁健燮 87
정경세鄭經世 70
정경원鄭敬源 202
정광연鄭匡淵 173
정교鄭喬 267
정규찬鄭逵贊 222~223

정기세鄭基世 37, 55, 60
정기조鄭耆朝 314
정낙용鄭洛鎔 165
정덕규鄭德奎 390
정미7조약丁未七條約 ☞ 한일신협약
정범조鄭範朝 37, 59~60, 196, 199, 267
정병원鄭秉源 324
정병조鄭丙朝 260
정병하鄭秉夏 236, 240, 244~245
정상각오랑井上覺五郞 151~152
정상형井上馨 91, 114~115, 233
정수동鄭壽銅 168
정순원鄭淳元 137~138
정약용丁若鏞(다산) 60~63
정약종丁若鍾 61
정여창鄭汝昌 138
정여창丁汝昌 88
정원로鄭元老 248
정원용鄭元容 37, 55
정인학鄭寅學 172
정인홍鄭仁弘 38
정조正祖 27
정지용鄭志鎔 79~80
정지윤鄭芝潤 168
정친정실정定親町實正 419
정태호鄭泰好 95
정토종淨土宗 328, 454
정한용鄭漢容 243
정항모鄭恒謨 267
정현덕鄭顯德 50, 89, 97
정현석鄭顯奭 220
〈제국신문〉 301
제너럴셔먼 호 45
제등간齊藤幹 329

제물포조약 344
제중원濟衆院 400
조경호趙慶鎬 26
조경호趙慶鎬 76
조규순趙奎淳 176
조기하趙夔夏 286
조도선曺道先 445
조동만趙東萬 271~272
조동윤趙東潤 111, 179, 188, 271~272
조동희趙同熙 69
조만승曺萬承 173
조민희趙民熙 436
조병갑趙秉甲 176
조병로趙秉老 100
조병세趙秉世 166, 196, 199, 360~362, 364
조병식趙秉式 95, 157~158, 266, 268, 275·276
조병직趙秉稷 76
조병창趙秉昌(조연창) 71, 97
조병필趙秉弼 44
조병호趙秉鎬 115
〈조선시보〉 301
〈조선신보〉 301
《조선왕조실록朝鮮王朝實錄》 425, 429
조선총독부朝鮮總督府 455
조성하趙成夏 76~77, 99
조신희趙臣熙 17
조연창趙然昌 ☞ 조병창
조영하趙寧夏 76, 83, 90, 102, 105, 111, 271
조우희趙宇熙 97
조원시趙元時 400
조정구趙鼎九 26
조정희趙定熙 286

조종순趙鍾純 256
조준구趙駿九 173
조준영趙準永 76
조중응趙重應 417, 441
조창호趙昌鎬 449
조채하趙采夏 97
조충희趙忠熙 85
조한국趙漢國 286
조한우趙漢禹 267
조희연趙義淵 202, 221, 224, 239, 244, 246, 248
조희일趙熙一 216~218, 220
종두種痘 73, 270
종현교당鐘峴敎堂 271, 411, 440
좌보귀左寶貴 210
좌야전려佐野前勵 231
주용규朱庸奎 243
죽첨진일랑竹添進一郞 102, 105, 108~109, 115
《중동전기中東戰紀》 180, 183
중앙복음전도관 453
《중용中庸》 211
증미황조曾彌荒助 430~431
지석영池錫永 73, 223, 270
진동陳東 458
진령군眞靈君 94, 95~96, 172, 201, 213
진언眞諺 225
《진언집眞言集》 421
진회秦檜 299

ㅊ

채동술蔡東述 50~51
채동술蔡東述 87

채제공蔡濟恭 212
척식회사拓殖會社 412, 414
척양비斥洋碑 40
천도교 366~367, 382~383
천연정天然亭 79
천조교天照敎 454
천진조약天津條約(을유정약) 186, 195
철종哲宗 12, 15~16, 20, 26, 41~42, 48
청국전淸國錢 27
〈청의보淸議報〉 279
청일전쟁 277, 299
청전淸錢 49
최경선崔敬善 178, 228
최란헌崔蘭軒 45
최복술崔福述 ☞ 최제우
최봉구崔鳳九 50
최상돈崔相敦 382
최시형崔時亨 169, 228, 262~263
최영년崔永年 427
최영조崔永祚 326, 376, 386
최영학崔永學 386
최우형崔遇亨 34
최익현崔益鉉 48~49, 52, 72, 323, 325~326, 376~377, 384~386, 430
최제우崔濟愚(최복술) 169~170, 316
최제학崔濟學 376
최중일崔重一 377
최지천崔遲川(최명길崔鳴吉) 349
〈추수자전秋水子傳〉 100
추원수일萩原守一 310, 337, 356, 381
추원萩原 427
충무공忠武公 66~67

ㅌ

태극교太極教 445
태황제太皇帝 ☞ 고종
토문강土們江 120, 295, 433
퇴계退溪 이황李滉 121, 123
평남대平南隊 306

ㅍ

포전병문布廛屛門 453
포츠머드조약 336
표손일俵孫一 401
풍승하豊陞河 210

ㅎ

하겸락河兼洛 126
하문덕河文德 115
학원정길鶴原定吉 401
한계원韓啓源 212
한광수韓光洙 141
한규설韓圭卨 256, 348~351, 355~357
한규직韓圭稷 102
한기동韓耆東 50, 221
한미전기회사 433
한북흥학회漢北興學會 377
〈한성신보〉 301
한욱韓昱 273
한인호韓麟鎬 179
한일신협약韓日新協約(정미7조약) 396
한일의정서 305, 354
한일합방韓日合邦 454
한일협정서 321

한장석韓章錫 141~142
《한주집寒洲集》 123
한창수韓昌洙 141
한치유韓致愈 267
한확韓確 91
〈합성신보合成新報〉 411
해래백사奚來白士 116
해아평화회의 391
해인사 경판각經板閣 28
〈해조신문海朝新聞〉 415~416
향약鄕約 171
향음주鄕飮酒 171
허수두許壽斗 422
허위許蔿 325, 420, 423
허의우許義友 206
허진許璡 240
허태신許台身 282, 296, 313
허훈許薰 121
헌정연구회憲政研究會 327
현종憲宗 16
현상건玄尙健 429
현영운玄映運 310, 317
현제창玄濟昶 267
현종顯宗 51
협성학교協成學校 422
혜론蕙論 115
호열자虎列刺 232
홍계훈洪啓薰(홍재희) 81, 170, 184~186, 233, 235
홍국영洪國榮 18
홍만식洪萬植 110~111, 271~272, 358~359, 364
홍범洪範 266
홍봉주洪鳳周 27

홍순경洪淳敬 359
홍순목洪淳穆 101, 110, 220, 359
홍순학洪淳學 115
홍순형洪淳馨 69
홍시형洪時衡 173
홍영식洪英植 69, 93, 107~108, 110~111, 271, 359
홍재학洪在鶴 72
홍재현洪在鉉 134
홍재희洪在羲 ☞ 홍계훈
홍정후洪正厚 267
홍종우洪鍾宇 179~183, 268
홍종철洪鍾哲 256
홍종헌洪鍾軒 134, 403
홍표洪杓 358, 359
화문관華文館 426
화방의질花房義質 79~80, 91
화양동서원華陽洞書院 22~23
화투 383
환구단圜丘壇 257
환산중준丸山重俊 401
황기연黃耆淵 285
황기인黃夔仁 263
황만기黃萬己 262
황산黃山 58
〈황성신문皇城新聞〉 262, 276, 301, 353
황승훤黃承暄 182
황옥黃鈺 31
황용성黃溶性 329
황준헌黃遵憲 72
황후 윤씨 ☞ 순정효황후
효명천황孝明天皇 447
흑전청륭黑田淸隆 58, 66
흘법訖法 298

《흠흠신서欽欽新書》 61
흥사단興士團 410
흥선군興宣君 ☞ 흥선대원군
흥선대원군興宣大院君(국태공, 대원군, 운현, 이하응, 흥선군) 12, 14, 16~20, 22~26, 28~29, 32~34, 36~39, 48~52, 54, 56, 60, 66, 70, 80~81, 83, 87~89, 97, 99, 117~119, 126, 140, 155~156, 167~168, 186, 196, 198~199, 212, 219, 234, 238, 259~260
흥인군興寅君(이최응) 33, 52, 55~56, 58, 63, 80~81
희랍 정교 283